颠覆认知
争做时代变革

领航者

U0361541

油改电叉车综合使用成本更低 每年节省**2万元**

对比项目	内燃叉车	油改电叉车（ICE301B）	节省费用
每小时能耗	4.7L柴油（连续不断工作）	6kw·h（连续不断工作）	
1天使用成本	4.7L/h* 3h* 6.2元=**87.42**元	6kw·h*3h *1元=18元	每天节省69元
1月使用成本	87.42元*24天=**2098.08**元	18元*24天=432元	每月节省1666元
1年使用成本	2098.08元*11.5月=**24127.92**元	432元*11.5月=4968元	每年节省19160元
常规维护成本	常规保养间隔周期为300h/一次，平均3次/年，380元/次（机油滤芯、柴油滤芯、空气滤芯、机油）**一年：380元/次×3次/年=1140元/年**	油改电叉车搭载中力锂电池**锂电池免维护！**	每年节省20300元

较内燃车节省80%

用的越多
省的越多

北京起重运输机械设计研究院有限公司成立于1958年，经过半个多世纪的发展，由原机械工业部门直属的国家起重运输机械行业技术归口研究所发展成为集科研开发、工程承包、设备成套、设计制造、检验检测、监理服务为一体的国有科技型企业，隶属于世界500强企业中国机械工业集团有限公司所属的中工国际工程股份有限公司。

北起院现有职工近600人，其中工程技术人员达80%以上。具有索道工程设计甲级资质，索道前期咨询、项目管理咨询资质，客运索道、起重机械、厂内机动车辆三类特种设备检验检测资质，ISO 9001、14001、18001体系认证证书。

工程业务板块

客运索道　　自动化物流仓储　　起重机械

散料运输　　液力液压技术产品　设备监理监造

三大监督检验中心

国家起重运输机械质量监督检验中心

国家客运架空索道安全监督检验中心

国家安全生产北京矿用起重运输设备检测检验中心

"三个"国际标准化组织的主席职务

ISO/TC96 起重机技术委员会　主席

ISO/TC110/SC5 工业车辆可持续性分技术委员会　主席

ISO/TC96/SC4 起重机技术委员会试验方法分技术委员会　主席

"七类"科研与服务类平台

国家中小企业公共服务示范平台

博士后科研工作站　　北京市设计创新中心

北京市自动化物流装备工程技术研究中心

机械工业物料搬运工程技术研究中心

起重机械轻量化技术重点实验室

起重机械减量化产业技术创新战略联盟

"五个"国家一级、二级学会协会秘书长

中国索道协会　中国工程机械工业协会工业车辆分会

桥式起重机专业委员委员会　中国机械工程学会物流工程分会

中国重型机械工业协会物流与仓储机械分会

主办行业核心学术期刊《起重运输机械》

Web: www.bmhri.com　**E**-mail: admin@bmhri.com　**T**el: +86 010-64031206　**F**ax: +86 010-64052584

智能 创全新未来
Intelligence makes the future bet

林德搬运机器人 Linde robotics
梦想做指引，创新为动力

Linde robotics

Linde
MATIC

er

为物流装备企业提供

高附加值的
集成服务平台

◎ 进驻中叉智联产业城
　和你一起开拓更多业务

产业城出租类别一览表			
序 号	类 别	面积（m²）	用 途
1	办公室	60~500	办事处、电子商务
2	商 铺	70~1400	产品陈列、存储
3	展 厅	115~2800	体验中心、周转仓
4	公 寓	30~140	拎包入住
5	空 地	4800	会展、展示、考场
6	广告位	6~600	企业宣传、引流获客

中叉智联国际物流装备产业城
CFIDG International Logistics Equipment Center

—— 致 力 于 成 为 中 国 领 先 的

配备丰田发动机

高环保／低噪声／低振动／高效能

TOYOTA 1DZ-3

台励福机器设备(青岛)有限公司
GLOBAL-POWER CO.,LTD.

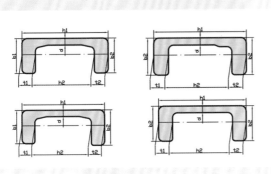

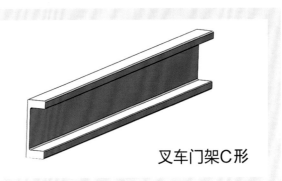

叉车门架C形

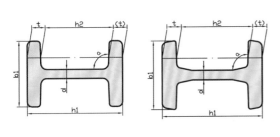

叉车门架H形

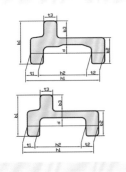

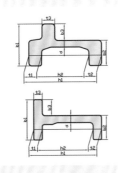

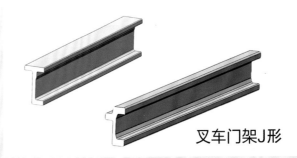

叉车门架J形

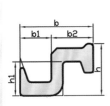

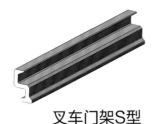

叉车门架S型

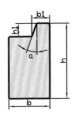

叉车门架横梁

中国机械工业年鉴系列

中国工业车辆年鉴

2019—2020

中国工程机械工业协会工业车辆分会
中国工业车辆年鉴编辑委员会 编

机械工业出版社
China Machine Press

《中国工业车辆年鉴 2019—2020》设置了行业综述，市场情况，统计资料，企业概况，法律、法规与标准，大事记 6 个栏目；集中反映了 2019—2020 年工业车辆行业的发展情况；详细记录了工业车辆行业的生产经营、科研成果、销售、租赁等情况；系统公布了工业车辆行业权威统计数据；介绍了行业骨干企业的生产经营情况及在研发创新方面的最新成果；梳理了行业和重点企业 2019—2020 年的重大事件。

　　《中国工业车辆年鉴 2019—2020》主要发行对象为政府决策机构，机械工业、物流行业及其他相关行业的企业决策者，从事市场分析、企业规划的中高层管理人员以及国内外投资机构、贸易公司、银行、证券、咨询服务部门和科研单位的机电项目管理人员等。

图书在版编目（CIP）数据

中国工业车辆年鉴 . 2019—2020 / 中国工程机械工业协会工业车辆分会，中国工业车辆年鉴编辑委员会编 . —北京 ：机械工业出版社，2021.10

（中国机械工业年鉴系列）

ISBN 978-7-111-69364-2

Ⅰ. ①中… Ⅱ. ①中… ②中… Ⅲ. ①机车车辆工业—中国—2019-2020—年鉴 Ⅳ. ① F426.472-54

中国版本图书馆 CIP 数据核字（2021）第 207206 号

机械工业出版社（北京市西城区百万庄大街 22 号　　邮政编码 100037）

责任编辑：张珂玲

编　　辑：刘世博　赵　敏　任智惠　董　蕾

责任校对：李　伟

责任印制：罗彦成

北京宝昌彩色印刷有限公司印制

2021 年 10 月第 1 版第 1 次印刷

210mm×285mm · 20 印张 · 20 插页 · 599 千字

标准书号：978-7-111-69364-2

定价：380.00 元

购书热线电话（010）88379838、68326294

封底无机械工业出版社专用防伪标均为盗版

中国工业车辆年鉴
编辑委员会

中国工业车辆年鉴

鉴证行业发展足迹

振兴工业车辆行业

主　　任　唐　超　中国工程机械工业协会工业车辆分会会长

　　　　　　　　　　北京起重运输机械设计研究院有限公司董事长

副　主　任　（按姓氏笔画排列）

丁　毅　诺力智能装备股份有限公司董事长

李曙光　国家起重运输机械质量监督检验中心主任

杨安国　安徽叉车集团有限责任公司党委书记、董事长

何金辉　浙江中力机械股份有限公司董事长

张　洁　中国工程机械工业协会工业车辆分会秘书长

陈　超　中国龙工控股有限公司常务副总裁

林佳郁　台励福机器设备（青岛）有限公司总经理

孟祥亭　大连叉车有限责任公司董事长

赵礼敏　杭叉集团股份有限公司董事长

俞传芬　广西柳工集团机械有限公司高级副总裁

郭进鹏　林德（中国）叉车有限公司首席执行官

储　江　宁波如意股份有限公司董事长

雷晓卫　中机寰宇认证检验有限公司副总经理

委　　员　（按姓氏笔画排列）

Waylan.Dabbs　科朗叉车商贸（上海）有限公司商务运营总经理

山村圭弥　丰田产业车辆（上海）有限公司总经理

叶　勇　上海海斯特叉车制造有限公司总经理

白大平　永恒力叉车（上海）有限公司中国区总经理

立川元祥　上海力至优叉车制造有限公司总经理

毕国忠　韶关比亚迪实业有限公司叉车事业部总经理

朱旭东　凯傲宝骊（江苏）叉车有限公司总裁

张志安　山东沃林重工机械有限公司总经理

陆 金 红　海斯特美科斯叉车（浙江）有限公司首席执行官

陈 云 福　浙江吉鑫祥叉车制造有限公司副董事长

季 亚 伟　无锡汇丰机器有限公司董事长

黄 李 平　安徽江淮银联重型工程机械有限公司总经理

崔 光 植　斗山叉车（中国）有限公司总经理

中国工业车辆年鉴
编委会办公室

主　任　张　洁

成　员　高　山　　尚瀚坤　　刘　川

前　言

2021 年，我们迎来了中国共产党百年华诞，工程机械行业从业者同全国各族人民一道，回顾中国共产党百年奋斗的光辉历程，展望中华民族伟大复兴的光明前景。

2021 年，也恰逢《中国工业车辆年鉴 2019—2020》出版年，在 2019—2020 年，世界形势复杂多变，受新冠肺炎疫情影响，世界经济、政治、安全及全球生态发生重大变化，外部形势复杂严峻。中国工程机械行业认真贯彻落实习近平新时代中国特色社会主义思想和党中央的部署，有效应对外部环境变化，扎扎实实推进行业高质量发展，行业持续稳定发展确保了行业经济运行的总体平稳、行业转型升级持续推进的良好局面。2019—2020 年，工业车辆行业主要经济指标持续快速增长，经济运行质量持续提高，较好地完成了行业"十三五"发展规划制定的总体目标。

中国工业车辆行业 2020 年仍然延续了 2019 年的增长态势，作为车辆装备中重要的组成部分，行业企业紧跟时代发展，于"危机中育新机、变局中开新局"，克服新冠肺炎疫情带来的停工、进口零部件断供、物流受阻等困难，有序推动复工复产，快速恢复产能；面对新冠肺炎疫情防控常态化下新的市场需求，行业企业不断开发数字化、智能化的新产品，国内销量和出口双双创历史新高。2020 年，中国工业车辆行业叉车销售突破 80 万台，出口销量也达到了破纪录的 18 万台，连续 12 年保持世界第一大生产和销售市场的地位；国内企业自主创新能力增强，产品质量持续稳定提升，品牌知名度日渐增强，整体竞争力不断提高；坚持整机产品数字化、智能化、绿色化和网联化的技术发展方向，绿色制造、节能减排取得丰硕成果；关键零部件和平台技术取得突破，在新能源、中高端液压件、高效传动、绿色动力、车辆网联化平台开发和应用方面取得长足进步。智能制造、智能产品的不断推进，促进了全产业链的协同快速发展，使中国工业车辆行业始终保持着健康快速发展的节奏。2021 年 1—5 月中国工业车辆行业各项经济技术指标也有良好的表现。

"十四五"期间，仍将是中国工业车辆行业发展的重要机遇期，全行业要坚持高质量发展的道路，加快产业结构调整和转型升级，打好产业基础高级化、产业链现代化的攻坚战，要主动适应增量需求和存量更新相互作用的市场需求结构以及环保排放政策升级的约束性要求，提高产品技术、质量、可靠性和服务品质，加强市场布局，加快国际化步伐，增强国际竞争力，在加快构建以国内大循环为主体、国内国际双循环相互促进的新发展格局中发挥更大的作用。

《中国工业车辆年鉴》一直致力于真实地记载我国工业车辆行业的发展变化、经历的风风雨雨，记载我国工业车辆行业从发展壮大到质量提升、从快速发展到高质量发展各个阶段的历史转折过程。作为记录行业发展足迹的年度报告，《中国工业车辆年鉴》将继续发挥其独特的作用，引导企业加快转型升级、提质增效，与广大企业、用户和关心行业发展的读者一起推动我国工业车辆行业全面实现高质量发展。

中国工程机械工业协会

二〇二一年七月

编 辑 说 明

中国机械工业年鉴系列

《中国机械工业年鉴》
《中国电器工业年鉴》
《中国工程机械工业年鉴》
《中国机床工具工业年鉴》
《中国通用机械工业年鉴》
《中国机械通用零部件工业年鉴》
《中国模具工业年鉴》
《中国液压气动密封工业年鉴》
《中国重型机械工业年鉴》
《中国农业机械工业年鉴》
《中国石油石化设备工业年鉴》
《中国塑料机械工业年鉴》
《中国热处理行业年鉴》
《中国齿轮工业年鉴》
《中国磨料磨具工业年鉴》
《中国机电产品市场年鉴》
《中国机械工业集团有限公司年鉴》
《中国电池工业年鉴》
《中国工业车辆年鉴》

中国工业年鉴出版基地

一、《中国机械工业年鉴》是由中国机械工业联合会主管、机械工业信息研究院主办的大型资料性、工具性年刊，创刊于 1984 年。

二、根据行业需要，1998 年中国机械工业年鉴编辑委员会开始出版分行业年鉴，逐步形成了中国机械工业年鉴系列。该系列现已出版了《中国电器工业年鉴》《中国工程机械工业年鉴》《中国机床工具工业年鉴》《中国通用机械工业年鉴》《中国机械通用零部件工业年鉴》《中国模具工业年鉴》《中国液压气动密封工业年鉴》《中国重型机械工业年鉴》《中国农业机械工业年鉴》《中国石油石化设备工业年鉴》《中国塑料机械工业年鉴》《中国热处理行业年鉴》《中国齿轮工业年鉴》《中国磨料磨具工业年鉴》《中国机械工业集团有限公司年鉴》《中国电池工业年鉴》《中国机电产品市场年鉴》和《中国工业车辆年鉴》。

三、《中国工业车辆行业发展史》一书详细地记录了中国工业车辆行业 1953—2012 年的发展历程，经各方努力于 2014 年正式出版。同年，为了连续记载本行业的发展历程，总结行业的成功经验，记录成长的每一阶段，中国工程机械工业协会工业车辆分会常务理事会决定，开启《中国工业车辆年鉴》的编纂工作。《中国工业车辆年鉴》自 2015 年起每两年出版一次，2019—2020 版为第 4 版，自此版开始加入中国机械工业年鉴系列。该年鉴集中反映了工业车辆行业的发展情况，全面系统地提供了工业车辆行业及其企业的主要经济技术指标。

四、《中国工业车辆年鉴》2019—2020 版内容由行业综述，市场情况，统计资料，企业概况，法律、法规与标准，大事记 6 个栏目构成。全书内容由中国工程机械工业协会工业车辆分会提供，统计数据截至 2020 年 12 月 31 日。

五、本年鉴由中国工程机械工业协会工业车辆分会编写，得到了中国工程机械工业协会、北京起重运输机械设计研究院有限公司和行业内企业的大力支持和帮助，在此深表谢意。

六、未经中国工程机械工业协会工业车辆分会和中国机械工业年鉴编辑部的书面许可，本书内容不允许以任何形式转载。

七、由于编者水平有限，书中难免有疏漏及不足之处，敬请读者批评指正。

中国机械工业年鉴编辑部

2021 年 10 月

综合索引

「鉴」证行业发展

挖掘企业亮点

中国工业年鉴出版基地

广告索引

索引

『鉴』证行业发展
挖掘企业亮点

中国工业年鉴出版基地

自立自强谋创新
同心同德促发展

中国工程机械工业协会　副会长
中国工程机械工业协会工业车辆分会　会　长

目　　录

法律、法规与标准

大 事 记

Contents

Enterprise Profile

Regulations & Standard

Important Events

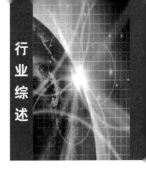

行业综述

市场情况

统计资料

中国工业车辆年鉴 2019—2020

行业综述

分析总结 2019—2020 年工业车辆行业发展情况、主要企业生产经营情况、科研成果，分析总结"十三五"规划制定的目标完成情况，展望工业车辆行业未来发展趋势

企业概况

法律、法规与标准

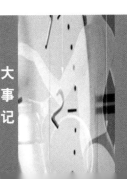

大事记

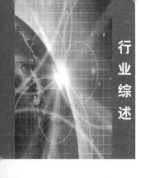

行业综述

市场情况

统计资料

企业概况

法律、法规与标准

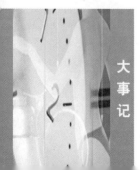

大事记

2019—2020 年中国工业车辆行业综述

2019—2020 年中国工业车辆行业综述

一、2019—2020 年工业车辆行业运行情况

（一）行业发展趋势更加明显，调整后的增长超出预期，国内销量和出口继续创新高

2019—2020 年，面对风云变幻的世界经济大环境和新冠肺炎疫情带来的多重影响，我国工业车辆行业顶住压力，在求新、求变、求突破的道路上奋力前行，创造出了令人振奋的成绩。2019 年我国机动工业车辆总销售量突破了 60 万台，2020 年更是一举闯过 80 万台大关。这样的成绩一方面得益于我国经济的快速发展，物料搬运效率的提升和机器换人大趋势带来的社会需求量增加；另一方面在于行业内主机企业、配套企业响应国家政策，不断完善产业链，提高生产效率，使工业车辆产品在满足国内市场的同时，不断提升其在全球的竞争力。"中国制造"在世界工业车辆领域占据了越来越重要的地位，我国已经连续十一年保持世界第一大机动工业车辆生产和销售市场的地位，并与排名第二的国家拉开的距离越来越大，在世界机动工业车辆市场的占比继续提升。

工业车辆行业继续围绕电动化、新能源、智能化和网联化开展工作，产品创新速度加快，尤其是锂电池叉车，已经占到了电动叉车总销售量的 40% 左右。主机制造企业、锂电池主力供应商、电池管理系统服务商纷纷加入锂电池叉车领域，使得产品在技术、安全、质量和可靠性等方面得到进一步提升，2020 年锂电池叉车销售量已超过 16 万台。同时有些企业已经开发出氢燃料叉车，氢燃料叉车的示范项目也已经启动。在智能叉车领域，2019—2020 年工业车辆行业主要企业在无人驾驶、远程监控管理方面同样投入了更大的技术研发力量，并将研发成果应用在新车型上。

根据中国工程机械工业协会工业车辆分会统计，2016—2020 年机动工业车辆行业各类产品年度销售量见表 1。

表 1 2016—2020 年机动工业车辆行业各类产品年度销售量

年份	销售量（台）					同比增长（%）
	电动平衡重乘驾式叉车	电动乘驾式仓储车辆	电动步行式仓储车辆	内燃平衡重式叉车	合计	
2016	39 985	8 477	93 063	228 542	370 067	
2017	52 946	10 247	140 458	293 087	496 738	34.23
2018	63 054	12 088	205 954	316 056	597 152	20.21
2019	63 462	9 323	225 852	309 704	608 341	1.87
2020	76 257	11 077	322 932	389 973	800 239	31.54

（二）我国市场在全球继续领先，在亚洲、世界占比进一步提升

自 2009 年开始，我国市场一直是世界第一大机动工业车辆生产和销售市场，近年来我国的机动工业车辆需求量持续增加，备受世界瞩目。传统的平衡重式车型应用范围广，在总销售量中依然占有重要地位，新型轻量化仓储搬运车辆替代手动、半自动车辆，一直在行业快车道上加速前行。因此，我国机动工业车辆市场始终保持了整体向上的格局，新冠肺炎疫情带来的影响被强劲的市场需求迅速抵销，2020 年出现了十年来少见的超预期增长，这也表明我国工业车辆行业仍然具有

良好的发展空间。

根据世界工业车辆统计协会的数据，2016—2020年机动工业车辆行业各类产品国内市场年度销售量见表2。

表2 2016—2020年机动工业车辆行业各类产品国内市场年度销售量

年份	销售量（台）					同比增长（%）
	电动平衡重乘驾式叉车	电动乘驾式仓储车辆	电动步行式仓储车辆	内燃平衡重式叉车	合计	
2016	32 560	6 745	45 542	183 720	268 567	
2017	43 629	8 014	78 628	241 346	371 617	38.37
2018	50 582	9 453	114 178	256 994	431 207	16.04
2019	49 649	7 834	142 867	256 535	456 885	5.95
2020	61 079	9 422	213 788	335 776	620 065	35.72

2019—2020年，在世界机动工业车辆市场中，我国机动工业车辆销售量一直占世界总销售量的30%～40%，占亚洲总销售量的比例为70%～78%。根据世界工业车辆统计协会的数据，2016—2020年机动工业车辆的国内市场销售量所占比重见表3。

表3 2016—2020年机动工业车辆的国内市场销售量所占比重

年份	世界市场销售量（台）	亚洲市场销售量（台）	国内市场销售量（台）	国内市场销售量占世界市场销售量之比（%）	国内市场销售量占亚洲市场销售量之比（%）
2016	1 152 857	440 186	268 567	23.30	61.01
2017	1 333 790	555 663	371 617	27.86	66.88
2018	1 489 523	630 310	431 207	28.95	68.41
2019	1 493 271	647 229	456 885	30.60	70.59
2020	1 582 605	804 831	620 065	39.18	77.04

（三）电动叉车占比迅速增加，电动化、仓储化产品更受关注

2019—2020年，内燃叉车与电动叉车在总销售量中的占比继续发生变化，电动叉车在"油改电"和电动步行式仓储叉车大幅增长情况下，占比已经从2018年的40.40%上升到2020年的45.85%，提高了5.45百分点。环保政策的出台、各地排放监管力度的加大，新能源叉车使用量的增加，使得电动平衡重式叉车增量比内燃叉车高；物料搬运效率的提升、手动搬运车向电动搬运车转换需求的释放，也使得仓储车辆的使用量呈现爆发式增长，在没有任何国家政策补贴的情况下，电动叉车完全依靠市场行为，占比提升速度超乎大家的预估。根据世界工业车辆统计协会的数据，2016—2020年国内市场内燃叉车和电动叉车销售量和占比情况见表4。

电动仓储叉车的单月销售量正在逼近内燃叉车的单月销售量，2020年甚至出现了电动仓储叉车单月销售量超越内燃叉车单月销售量的情况，电动仓储叉车与平衡重式叉车的占比变化同样非常明显。由于国内企业在经济型搬运车上具有竞争优势，经济型搬运车在满足国内市场的同时，还大量出口，贴牌产品同样受到世界市场的青睐。根据世界工业车辆统计协会的数据，2016—2020年我国国内市场平衡重式叉车与仓储叉车销售量和占比情况见表5。

表4　2016—2020年国内市场内燃叉车和电动叉车销售量和占比情况

年份	销售量（台）			占比（%）	
	电动叉车	内燃叉车	合计	电动叉车	内燃叉车
2016	84 847	183 720	268 567	31.59	68.41
2017	130 271	241 346	371 617	35.06	64.94
2018	174 213	256 994	431 207	40.40	59.60
2019	200 350	256 535	456 885	43.85	56.15
2020	284 289	335 776	620 065	45.85	54.15

表5　2016—2020年我国国内市场平衡重式叉车与仓储叉车销售量和占比情况

年份	销售量（台）			占比（%）	
	平衡重式叉车	仓储叉车	合计	平衡重式叉车	仓储叉车
2016	216 280	52 287	268 567	80.53	19.47
2017	284 975	86 642	371 617	76.69	23.31
2018	307 576	123 631	431 207	71.33	28.67
2019	306 184	150 701	456 885	67.02	32.98
2020	396 855	223 210	620 065	64.00	36.00

（四）出口虽有波折，但新冠肺炎疫情后复工复产的有序推进成就了机动工业车辆的新一轮高速增长

2020年，世界机动工业车辆的总销售量逼近160万台，因受美国加征关税的影响，2019年我国最大的工业车辆出口市场——美国市场受到了严峻考验，对美国的产品出口出现了负增长。2020年开年新冠肺炎疫情给我国和全球的生产、销售、运输带来了巨大考验，随着复工复产的有序推进，国产化品牌产品在全年取得了高速增长的成绩，再次刷新历史纪录。主要企业加强国际市场布局，多管齐下，在产品、销售网络、服务能力等方面狠下功夫，努力提升品牌知名度，进一步融入全球工业车辆生态圈中，取长补短，努力奋进，取得了显著的成效。

根据中国工程机械工业协会工业车辆分会统计数据，2016—2020年机动工业车辆行业年度各类产品累计出口情况见表6。

表6　2016—2020年机动工业车辆行业年度各类产品累计出口情况

年份	出口量（台）					同比增长（%）
	电动平衡重乘驾式叉车	电动乘驾式仓储车辆	电动步行式仓储车辆	内燃平衡重式叉车	合计	
2016	7 534	1 955	47 669	45 058	102 216	11.12
2017	9 421	2 444	61 941	51 919	125 725	23.00
2018	12 603	2 836	92 242	59 242	166 923	32.77
2019	14 262	1 881	83 133	53 549	152 825	-8.45
2020	15 619	2 017	109 316	54 706	181 658	18.87

从机动工业车辆出口去向来看，我国的机动工业车辆出口至世界五大洲，其中欧洲、亚洲和美洲依然是我国机动工业车辆产品的主要出口市场，出口至欧洲和亚洲的电动叉车数量分别占45.10%和25.63%；出口至亚洲和欧洲的内燃叉车数量分别占31.60%和30.60%。电动叉车出口比例继续增加，2020年电动叉车出口量占机动工业车辆出口量的比例达到69.89%，在世界范围内，电动叉车的使用量占绝对优势。

二、2019—2020年中国工业车辆行业主要企业生产经营情况

2019—2020年，面对严峻复杂的世界经济形势和罕见的全球新冠肺炎疫情挑战，业内企业迎难而上，坚定高质量发展路线，全方位提升企业的竞争力，在提质增效、拓展产品线、创新模式、开拓渠道和加强服务等方面都迈出了坚实的步伐，主要企业经济指标持续迈上新台阶，国产化品牌产品的市场占有率继续提升，超过了90%。在满足国内市场的同时，出口竞争力也在不断增强，尤其是轻量化电动步行式仓储车辆的优势更加明显。

主要企业的表现可圈可点，安徽叉车集团有限责任公司围绕既定发展战略及规划，进一步巩固市场地位，推进科技创新，进行基础技术和重大项目攻坚，提升企业的核心竞争力；杭叉集团股份有限公司提出"一核两翼，全面统筹"的技术创新体系，为技术研发工作的持续创新、企业的永续发展提供了保证；林德（中国）叉车有限公司致力于为客户提供高效的物料搬运解决方案，凭借扎实的技术研发、产品制造、销售网络和服务体系，坚持"以客户为导向、产品服务创新和强化内部精益管理"的发展理念；龙工（上海）叉车有限公司坚持以科技创新驱动高质量发展、以科技创新引领现代化建设，致力于成为中国工业车辆市场上效率与效益具有

最佳比例的制造商和推动者；浙江中力机械股份有限公司在实现从手动搬运到电动搬运的基础上，全力推动从柴油叉车到锂电池叉车的绿色革命，并且正在朝机器人搬运的方向大步迈进，努力实现绿色搬运、智能搬运和数字搬运；诺力智能装备股份有限公司通过走兼并之路，搭建全球产业生态体系，目前已成为全球为数不多的能够同时提供物料搬运设备、智能立体仓库、智能输送分拣系统、无人搬运机器人AGV及其系统、供应链综合系统软件等整体解决方案的公司；宁波如意股份有限公司以做精、做专、做大、做强智能仓储物流搬运设备为己任，积极抢占物流搬运装备产业"风口"；柳州柳工叉车有限公司围绕着产品与市场"突破者"战略开展了一系列工作，在规模突破、结构优化、持续降本、组织授权与赋能方面取得了良好的业绩；台励福机器设备（青岛）有限公司坚持创新驱动，坚持低碳环保的产品研发理念，坚持由直销和经销商带动服务提升，因地制宜，明确责任销售主体，以确保完成公司的各项目标任务；韶关比亚迪实业有限公司继续引领锂电池叉车的发展；徐州徐工特种工程机械有限公司和三一机器人科技有限公司已进入电动工业车辆领域。行业新的企业正在带来新的技术进步。

2020年主要企业各车型销售量占比情况见表7。

表7　2020年主要企业各车型销售量占比情况

产品名称	前3家占比（%）	前5家占比（%）	前10家占比（%）
电动平衡重式叉车	55.19	73.32	87.95
电动乘驾式仓储叉车	51.67	67.74	90.87
电动步行式仓储叉车	56.78	77.36	96.88
内燃平衡重式叉车	81.17	86.36	95.07

三、工业车辆行业很好地完成了"十三五"规划制定的目标

我国工业车辆行业的实际销售情况已超出了"十三五"规划制定时的预期,增长主要源于我国物流业的深入发展和"中国制造"在世界主要市场竞争力的提升。我国市场继续保持世界第一大工业车辆市场的地位,企业生产规模和能力迈上了新台阶,产业链进一步完善,整机和配套件的技术水平和质量稳定性不断提高,产品覆盖范围进一步扩大,市场竞争能力进一步增强,主要成就表现在:

1)产品类型覆盖更加全面。"十三五"期间,环保要求更趋严格,新能源叉车受到市场重视。物流业的提质增效、电商发展速度的进一步加快,带动了新能源工业车辆、仓储类叉车、AGV 产品的需求爆发,各企业在相关产品研发和销售中的投入增大,技术更新的速度加快。相比传统车型,新能源工业车辆成为市场的新增长点,也成为"十三五"期间的关注点。

2)市场竞争激烈,企业收购兼并速度加快。"十三五"期间,全行业企业的数量仍然庞大,市场竞争进一步加剧,主机和配套件企业的利润空间仍然较小。内资企业依然保持 80% 以上的市场占有率,外资企业为扩大在我国市场的优势,弥补其产品在中、低端市场的缺失而进行的收购兼并案例不断发生;同时,国内企业尤其是行业内的主要企业通过产业链结构的优化调整,对关键技术掌控的需求随之增加,因此也采取了收购、入股的策略,进一步提升其竞争能力,龙头企业继续保持优势地位。

3)技术水平不断提升,产品转型升级已经开始。仓储叉车、大吨位电动叉车、新能源工业车辆、无人驾驶产品的研发生产取得成效,不断有新品推向市场。近年来,随着国家非道路移动机械排放标准的升级和北京等城市出台更严格的地方标准,以及仓储物流在全国范围内的需求增加,机动工业车辆市场中电动叉车与内燃叉车所占的比例继续呈现明显的变化,电动叉车占比已经超过 45%,锂电池叉车因为寿命长、免维护和方便充电等优势得到了用户认可,近年来年增长速度均超过 100%,与其相关的技术、标准、配套政策也在逐步完善。

4)工业车辆租赁市场、后市场服务等发展迅速。虽然工业车辆租赁市场起步较晚,市场规模相比世界其他主要工业车辆市场有较大差距,近年来已走过起步阶段,在行业内和部分客户中得到了进一步认可并付诸实践,但还需要进一步完善法律、税收、规模、品牌和管理等软硬件。近年来,租赁企业正在向规模化、品牌化和规范化方向发展,通过市场摸索和实践,主要租赁企业已经形成了各自的特色,具备了独特的优势。工业车辆后市场已成为新的利润增长点,受到工业车辆行业主要企业的关注,一些新的管理、服务模式正在形成。

四、行业取得的成果

工业车辆行业是一个非常特殊的行业,工业车辆应用范围广泛,是物料搬运中应用最多的设备,60 多年来通过引进、消化、吸收、替代、创新发展,国产化能力目前已经达到最高水平。在 20 世纪 90 年代的工业车辆加速发展初期,工业车辆市场以外资品牌为主。随着主机及其配套企业的不断发展、壮大,虽然外资企业在我国不断对国产品牌进行收购,但我国工业车辆的国产化率一直在不断提升,到 2020 年,国产机动工业车辆在国内市场的占比达到了 90.36%。

无论是主机还是配套件,在车型和关键技术上找差距、补短板一直是行业的重点工作。近年来,在省部级以上获奖名单和重点项目中,可以看到众多工业车辆相关企业的身影。2019—2020 年工业车辆行业部分省部级以上获奖项目见表 8。

表8 2019—2020年工业车辆行业部分省部级以上获奖项目

获奖企业	项目名称	证书类型	获奖等级	批准机构
安徽叉车集团有限责任公司	工程机械液压系统摩擦副材料关键技术开发与产业化应用	安徽省科学技术进步奖	一等奖	安徽省人民政府
	前移式叉车关键技术开发与应用	安徽省科学技术进步奖	三等奖	安徽省人民政府
	发明专利"双泵合流节能型叉车液压系统"	第七届安徽省专利奖	金奖	安徽省市场监管局
	重型叉车关键技术研发及产业化	中国机械工业科学技术进步奖	二等奖	中国机械工业联合会
	重型叉车关键技术研发及产业化	安徽省机械工业科学技术进步奖	一等奖	安徽省机械行业联合会
	G 系列 CPD85-100 电动平衡重式叉车	安徽省机械工业科学技术进步奖	二等奖	安徽省机械行业联合会
	G2 系列 1.5 ～ 1.8t 蓄电池站式前移式叉车	安徽省机械工业科学技术进步奖	三等奖	安徽省机械行业联合会
	G 系列 12 ～ 16t 内燃平衡重式叉车	安徽省首台（套）重大技术装备		安徽省经济和信息化厅
	G 系列 45t 标准型正面吊运机	安徽省首台（套）重大技术装备		安徽省经济和信息化厅
	发明专利"大吨位电动叉车门架起升驱动功率控制系统"	第六届安徽省专利奖	优秀奖	安徽省知识产权局
	H3 系列 1 ～ 3.5t 蓄电池平衡重式叉车	安徽省机械工业科学技术奖	一等奖	安徽省机械行业联合会
	G 系列 2 ～ 3.2t 小轴距平衡重式叉车	安徽省机械工业科学技术奖	二等奖	安徽省机械行业联合会
	"合力杯"叉车设计专项赛	安徽省第七届工业设计大赛奖	优秀组织奖	安徽省经济和信息化厅
	外观专利"电动叉车（10t）"	第七届安徽省外观设计奖	银奖	安徽省市场监管局
	"虾兵蟹将"字母叉车	首届工业装备互联协同创新设计大赛奖	二等奖	工业和信息化部
	新型门架优化设计	首届工业装备互联协同创新设计大赛奖	三等奖	工业和信息化部
	HELI-Q1 四足式全地形叉车	"合力杯"叉车设计专项奖	三等奖	安徽省经济和信息化厅
	多功能搬运叉车	BICES 第五届中国国际工程机械及专用车辆创意设计大赛奖	三等奖	中国工程机械工业协会
	大吨位电动叉车	首届全国机械工业设计创新大赛产品奖	银奖	中国机械工业联合会
	"多面英雄"多功能智能叉车	首届全国机械工业设计创新大赛概念奖	银奖	中国机械工业联合会
	G2 系列前移式叉车	首届全国机械工业设计创新大赛产品奖	铜奖	中国机械工业联合会
杭叉集团股份有限公司	高性能蓄电池平衡重式叉车	浙江制造精品		浙江省经济和信息化厅
	A 系列 1.2 ～ 2t 基本型托盘堆垛车	浙江省优秀工业新产品（新技术）项目	三等奖	浙江省经济和信息化厅
	节能电动叉车设计制造关键技术研究及在冷链物流中的应用	中国机械工业科学技术奖	一等奖	中国机械工业联合会
	工业车辆主动安全技术及其应用	发明创业成果奖	一等奖	中国发明协会
	高性能电动工业车辆集成驱动关键技术研发及应用	中国机械工业科学技术奖	三等奖	中国机械工业联合会
	杭叉新能源叉车涂装与总装智能装备研发项目	中国机械工业科学技术奖	三等奖	中国机械工业联合会
	高性能电动工业车辆关键技术研发及应用	浙江省机械工业科技奖	一等奖	浙江省机械工业联合会
	高性能前移式叉车关键技术研发及应用	浙江省机械工业科技奖	三等奖	浙江省机械工业联合会
	杭叉 16t 重装内燃叉车	中国设计红星奖		中国设计红星奖委员会
	绿色智能大举力新能源叉车	浙江省装备制造业重点领域首台（套）产品	省内首台（套）	浙江省经济和信息化厅

（续）

获奖企业	项目名称	证书类型	获奖等级	批准机构
宁波如意股份有限公司	全国模范劳动关系和谐企业	部级		人力资源和社会保障部、中华全国总工会、中国企业联合会/中国企业家协会、中华全国工商业联合会
	全国文明单位	省级		中央文明委
	全军武器装备承制资格单位认证	省级		中央军委某部
	全国模范退役军人（名誉董事长储吉旺）	省级		国家退役军人事务部
	浙江省信用管理示范企业	省级		浙江省企业信用促进会
	浙江省首届"最美退役军人"	省级		浙江省委退役军人事务工作领导小组
	设立"储吉旺奖教奖学金"和"储吉旺报告厅"	省级		北京大学
	庆祝新中国成立70周年工程机械行业突出贡献人物（储吉旺）	省级		中国工程机械工业协会
	GJB9001C—2015武器装备质量管理体系认证	省级		国家国防科技工业局
	全国信息化和工业化"两化融合"体系认证	省级		全国信息化和工业化融合管理标准化技术委员会
	浙江省上云标杆企业	省级		浙江省经济和信息化厅
	浙江省"隐形冠军"及培育企业	省级		浙江省经济和信息化厅
	液压搬运车机器人焊接加工柔性自动化装备关键技术研究及其应用	浙江省科学技术进步奖	三等奖	浙江省人民政府
	国家高新技术企业（复评通过）	省级		科技部
	浙江省AAA重合同守信用企业（复评）	省级		浙江省工商行政管理局
	"浙江制造"标准（蓄电池前移式叉车）	省级		浙江省品牌建设促进会
	浙江出口名牌（复评）	省级		浙江省商务厅
诺力智能装备股份有限公司	庆祝新中国成立70周年工程机械行业突出贡献人物	省级		中国工程机械工业协会
	国家绿色供应链管理示范企业	省级		工业和信息化部办公厅
	制造业单项冠军示范企业	省级		工业和信息化部、中国工业经济联合会
	无人驾驶工业车辆关键技术及应用	高等学校科学研究优秀成果奖	二等奖	教育部
	国家知识产权示范企业	省级		国家知识产权局
	工业车辆自动控制技术及其应用	浙江省科学技术奖	二等奖	浙江省人民政府
浙江中力机械股份有限公司	WPL201	浙江省优秀工业产品		浙江省优秀工业产品评选委员会
	步行式锂电池搬运车物流城市配送专用2t搬运车	浙江制造精品		浙江省经济和信息化厅
	基于电子液压助力转向的锂电池三支点叉车	浙江省优秀工业产品		浙江省优秀工业产品评选委员会
	中力智能机器人	科技创新奖	一等奖	中国科技产业化促进会
	基于电子液压助力转向的锂电池三支点叉车	浙江制造精品		浙江省经济和信息化厅

（续）

获奖企业	项目名称	证书类型	获奖等级	批准机构
江苏万达特种轴承有限公司	专精特新"小巨人"企业（第一批）	部级	小巨人	工业和信息化部
	江苏省工人先锋号	省级		江苏省总工会
	江苏省民营科技企业	省级		江苏省民营科技企业协会
	工程机械轴承"十三五"（2015—2020年）期间优秀供应商	省级		中国工程机械工业协会、中国轴承工业协会
	叉车高性能特种轴承关键技术研发及产业化	江苏省科学技术奖	三等奖	江苏省科技厅
安徽合力股份有限公司安庆车桥厂（2021年7月1日更名为"安庆合力车轿有限公司"）	Q-3tD电瓶叉车驱动桥	安徽省机械工业科学技术奖	三等奖	安徽省机械行业联合会、安徽省机械工程学会
江苏华骋科技有限公司	江苏省四星级上云企业	省级	四星级	江苏省工业和信息化厅
	2019年度江苏省服务型制造示范企业	省级		江苏省工业和信息化厅
	中国农机零部件龙头企业	省级		中国农业机械工业协会
	车用仪表委员会会员单位	省级		中国汽车工业协会
安徽全柴动力股份有限公司	第五届安徽省人民政府质量奖	省级	质量奖	安徽省人民政府
	中国内燃机行业排头兵企业	省级		中国内燃机工业协会
浙江新柴股份有限公司	2019浙江省装备制造行业数字化领军企业	省级		浙江省企业信息化促进会
	2019年浙江省企业信息化创新项目	省级	优秀奖	浙江省企业信息化促进会
	2019年中国机械工业百强企业	省级		中国机械工业联合会/中国汽车工业协会
	2019年度浙江省节水型企业	省级		浙江省经济和信息化厅
	中国内燃机行业排头兵企业	省级		中国内燃机工业协会
	中国内燃机工业协会成立30周年卓越企业	省级		中国内燃机工业协会
	安全生产标准化二级达标企业	省级		浙江省应急管理厅
	浙江省信用管理示范企业	省级		浙江省企业信用促进会
龙合智能装备制造有限公司	专精特新"小巨人"企业（第一批）	部级	小巨人	工业和信息化部
	第八届中国创新创业大赛（福建赛区）	中国创新创业大赛奖	二等奖	福建省科技厅
	福建省第三批制造业单项冠军企业	省级		福建省工业和信息化厅
	福建省循环经济示范试点单位	省级		福建省工业和信息化厅
	2020年福建省绿色工厂	省级		福建省工业和信息化厅
	福建省第二批工业互联网应用标杆企业	省级		福建省工业和信息化厅
合肥长源液压股份有限公司	工程机械液压系统摩擦副材料关键技术开发与产业化应用	2019年安徽省科学技术奖	一等奖	安徽省人民政府

五、工业车辆行业未来发展趋势

工业车辆行业在发展的同时，也要注意现阶段行业中存在的一些问题。

1）行业差异化产品结构调整和关键核心技术升级的任务依然艰巨。目前，我国产品同质化导致的价格竞争依然是制约行业向高质量发展的主要因素，过去价格竞争主要集中在内燃工业车辆领域，近年来经济型仓储叉车又成为新的竞争焦点，主机和零部件供应商的盈利空间在减少；虽然多家企业都在设计生产高端电动及高起升堆垛仓储车辆、智能搬运车辆、物流解决方案等，但与国际知名企业相比，在技术层面还需要加强。国内企业生产的叉车整体配置较低，安全操控的保障技术还需要进一步提升。

2）后市场服务能力还需要加快提升。工业车辆行业经过20多年的快速发展，目前基数已经很大。根据世界主要市场的发展经验，从增量市场向存量市场迈进是迟早的事，国内工业车辆行业的企业必须看到市场发展的这个规律，努力提升后市场服务能力和服务水平，借助新技术、新模式开展设备租赁、融资租赁、电子商务、二手车和车队管理等后市场业务。后市场业务发展空间大、潜力足，需要加强学习，摆脱销售单一驱动的传统经营理念，向专业化服务模式转变。

3）国际市场开拓和境外资源利用能力依然处于较低水平。

4）企业品牌的知名度、综合竞争能力需要努力提升。

5）作为世界第一大工业车辆市场，我国在国际标准、规则的参与度等方面需要加强，以提升国际话语权。

6）企业的国际化程度不高，走出去面临诸多挑战，需要补短板。目前，全球新一轮科技革命和产业革命正在兴起，不同文明、不同制度的交流碰撞愈加频繁，不同国际力量对比也在发生变化，加上新冠肺炎疫情蔓延对经济的打击，全球经济将面临百年未有之大变局。同时，美国、德国和日本等发达国家纷纷提出"再工业化"战略，重塑制造业的全球竞争优势，新兴经济体也在发展方式转型上发力，数字化、网联化、平台化、智能化与产业的深度融合，为全球经济注入了新技术、新模式、新业态、新平台方面的增长动能。所以，内外环境给工业车辆行业企业带来了巨大考验，如何生存、发展，需要仔细思考和谋划。

在全面建成小康社会之后，我国将开启第二个一百年的奋斗新征程。我国作为全球第二大经济体，有制度优势，有积累的雄厚物质技术基础和产业基础，有超大规模的市场优势和内需增长潜

力，有雄厚的人力资本和庞大的人才资源，无论遇到什么困难，我国经济稳中向好、长期向好的基本趋势没有变，我国发展仍处于并将长期处于重要战略机遇期不会变，新发展理念、高质量发展仍然是主题、主线不会变。

在"十四五"期间，我国宏观经济工作仍将保持稳中求进的总基调，同时，结合国家环保排放政策的升级和刚性约束指标的落地，电动化、新能源化、轻小型化、智能化和网联化等技术将有较好的发展空间。

我国工业车辆行业的发展任务和主要目标：

1）电动工业车辆整机和关键零部件技术水平的提升。我国"油改电"的步伐将加速，电动工业车辆的占比即将超过内燃车辆，而随着锂电池技术的进步、成本的下降，锂电池工业车辆在电动工业车辆中的占比将快速提升。预计到2022年，电动工业车辆的占比将超过内燃工业车辆；2025年，特别是国五排放实施后，电动工业车辆的占比预计能达到55%，甚至达到更高的水平。

2）增强自主创新能力，提升行业发展质量。我国工业车辆行业要坚决贯彻落实中央决策部署，坚决贯彻执行国家相关政策，紧紧围绕《中国制造2025》，践行"创新、协调、绿色、开放、共享"的新发展理念，结合行业和企业实际，实现我国工业车辆行业由制造向创造转变，由规模向质量转变，由产品向品牌转变，进而实现高质量发展。

创新将是我国工业车辆行业未来的增长驱动力。"十四五"期间应该重点鼓励整机和关键零部件的技术创新、产品创新，以及销售、服务、管理模式的创新等。我国工业车辆行业市场上的产品将从传统的基本型产品，积极向根据应用场景而设计的专业化、客制化、精细化、智能化、自动化、物流解决方案等差异化产品发力，并使中高端产品得到更快发展。

3）重点关注产品安全性。通过提高安全标准、开发安全保障产品、加强操作人员培训来有效降低事故率。行业内的企业要提高安全技术方

面的配置，给客户提供更加安全有效的产品，同时在使用环节给予使用方在车辆工作状态、操作人员管理、安全隐患及时预警和排除等方面的更多帮助。

4）主机生产企业和配套件供应企业需要通过技术、工艺、生产、检测和管理等方面的不断改善，提升产品质量，在可靠性和耐久性方面要进一步与世界主要品牌缩小差距。

整机产品升级——以数字化、智能化、绿色化和网联化为产品技术发展方向，加快产品创新和升级换代，鼓励产品向差异化及中高端化发展；加大电动工业车辆、新能源车辆、无人驾驶车辆、系统解决方案的发展。

关键部件和平台技术攻关——紧盯世界技术发展趋势和全球行业标杆企业，在"三电"特别是锂电、中高端液压件、高效传动、绿色动力等关键部件和技术，车辆网联化平台开发与应用，物流解决方案与系统等方面实现突破。

5）做好从增量市场逐渐向存量市场转变的准备，大力发展"互联网＋后市场"，引导行业发展包括设备租赁、融资租赁、配件、维修服务、二手车、再制造、电子商务等在内的后市场业务，大力发展生产性服务，使后市场业务逐渐成为叉车制造商、经销商、服务商的新利润增长点，叉车后市场业务将得到更快发展，进一步提升后市场业务在行业整体销售额中的占比。

6）快速发展基于互联网、5G技术的应用。通过互联网和控制系统，实现远程监控和对车队进行远程管理。对于叉车用户和制造商、租赁商、服务商来说，互联网、5G技术都能对其业务发展发挥积极有效的作用，可以达到科学管理、合理安排工作、实时监控、提高搬运效率的目的，同时可以提升服务能力和服务水平，也将使产品和服务的定制化、市场渠道的扁平化成为可能。

7）国际化将成为企业的发展方向。"十四五"时期仍将是我国工业车辆行业加快国际化进程的重要机遇期，国产品牌产品需要不断提升技术、质量和可靠性，布局销售和服务网络，提升综合竞争力，加上国内市场增速放缓、行业结构性产能过剩、同质化竞争等因素，将迫使本土企业加快国际化进程；同时，我国政府鼓励企业加快实施"走出去"、"一带一路"倡议的发展方向等，也为企业加快国际化进程提供了良好的外部政策环境。

大企业要加快国际化步伐，加强品牌建设，加快世界主要市场销售、服务网络的开发建设，提升在国际市场上的知名度和占有率。中小企业要通过特色产品，形成竞争力优势，努力在国际机动工业车辆细分领域占有不可替代的地位。

8）围绕机动工业车辆产业链，进一步加快横向和纵向一体化的全球或国内企业并购、整合、合资合作进程。未来，企业会更加关注核心技术，龙头企业由于能够对供应链进行掌控，与高端技术企业合作，可以进行定制化生产和服务，将拥有更多的机会。

〔供稿单位：中国工程机械工业协会工业车辆分会〕

中国工业车辆年鉴
2019—2020

市场情况

行业综述

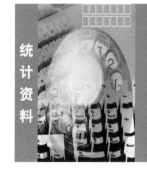

市场情况

统计资料

企业概况

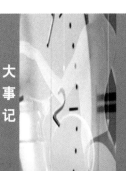

法律、法规与标准

大事记

分析 2019—2020 年工业车辆销售情况、租赁情况

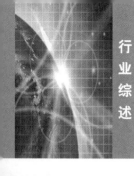

行业综述

市场情况

统计资料

企业概况

法律、法规与标准

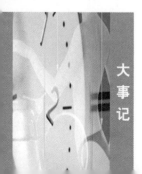

大事记

中国工业车辆年鉴 2019—2020

市场情况

2019—2020 年中国工业车辆销售情况

2019—2020 年中国工业车辆行业租赁市场情况

中国工业车辆租赁市场的发展前景与思考

物流搬运设备高维共享平台建设的挑战与创新

2019—2020 年中国工业车辆销售情况

2019—2020 年，我国工业车辆销售量连续两年创历史新高。2019 年，参与中国工程机械工业协会工业车辆分会统计的企业机动工业车辆总销售量突破 60 万台大关，达到 608 341 台（不含贴牌产品，贴牌产品销售量为 71 511 台），与 2018 年同期的 597 152 台（不含贴牌产品，贴牌产品销售量为 27 233 台）相比，增长了 1.87%；非机动工业车辆销售量为 1 028 375 台（不含贴牌产品，贴牌产品销售量为 138 846 台），与上年同期的 1 597 977 台（不含贴牌产品，贴牌产品销售量为 85 155 台）相比，下降了 35.65%。

2020 年，参与中国工程机械工业协会工业车辆分会统计的企业机动工业车辆总销售量突破 80 万台大关，达到 800 239 台（不含贴牌产品，贴牌产品销售量为 98 712 台），与 2019 年同期的 608 341 台（不含贴牌产品，贴牌产品销售量为

71 511 台）相比，增长了 31.54%；其他工业车辆和非机动工业车辆销售量为 1 000 588 台（不含贴牌产品，贴牌产品销售量为 134 919 台），与上年同期的 1 028 375 台（不含贴牌产品，贴牌产品销售量为 138 846 台）相比，下降了 2.70%。

一、国内市场概况

（一）机动工业车辆市场情况

2019 年，我国机动工业车辆全年销售量为 608 341 台。其中：电动叉车为 298 637 台，同比增长 6.24%；内燃叉车为 309 704 台，同比下降 2.01%。2020 年，我国机动工业车辆全年销售量为 800 239 台。其中：电动叉车为 410 266 台，同比增长 37.38%；内燃叉车 389 973 台，同比增长 25.92%。2019—2020 年我国机动工业车辆每月销售量见表 1，2019—2020 年我国机动工业车辆每月销售量走势见图 1。

表 1 2019—2020 年我国机动工业车辆每月销售量

年份	销售量（台）												
	1 月	2 月	3 月	4 月	5 月	6 月	7 月	8 月	9 月	10 月	11 月	12 月	累计
2019	45 940	34 669	72 370	56 804	50 768	46 073	47 446	47 156	50 725	49 918	54 857	51 615	608 341
2020	34 201	19 904	73 694	69 719	67 523	72 172	66 608	73 150	84 057	78 613	85 978	74 620	800 239

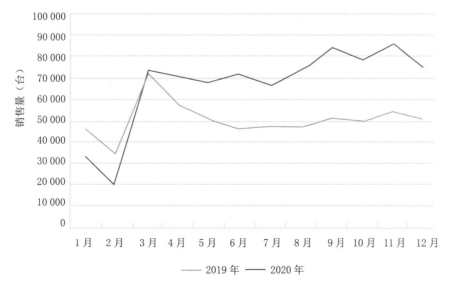

图 1 2019—2020 年我国机动工业车辆每月销售量走势

1.电动叉车和内燃叉车销售情况

2019 年，我国电动叉车销售量占国内机动工业车辆总销售量的 49.09%，内燃叉车占国内总销售量的 50.91%。2020 年，我国电动叉车销售量所占比例上升到 51.27%，比 2019 年提高了 2.18 个百分点；内燃叉车所占比例下降到 48.73%。

2020 年，我国电动叉车按销售量排名前 5 位的企业是：浙江中力机械股份有限公司、安徽叉车集团有限责任公司、杭叉集团股份有限公司、诺力智能装备股份有限公司、林德（中国）叉车有限公司。内燃叉车按销售量排名前 5 位的企业是：杭叉集团股份有限公司、安徽叉车集团有限责任公司、龙工（上海）叉车有限公司、柳州柳工叉车有限公司、台励福机器设备（青岛）有限公司。2019—2020 年我国电动叉车与内燃叉车销售量和市场占比情况见表 2。

表 2 2019—2020 年我国电动叉车与内燃叉车销售量和市场占比情况

年份	电动叉车		内燃叉车		总销售量（台）
	销售量（台）	占比（%）	销售量（台）	占比（%）	
2019	298 637	49.09	309 704	50.91	608 341
2020	410 266	51.27	389 973	48.73	800 239

2.仓储叉车和平衡重式叉车销售情况

随着电商和物流业的持续高速发展，我国机动工业车辆行业中的仓储叉车也继续呈现爆发式增长。2019 年，我国仓储叉车销售量占机动工业车辆总销售量的 38.66%，平衡重式叉车占机动工业车辆总销售量的 61.34%。2020 年，仓储叉车销售量所占比例上升到 41.74%，比 2019 年提高了 3.08 个百分点；内燃叉车销售量所占比例下降到 58.26%。

2020 年，我国仓储叉车按销售量排名前 5 位的企业是：浙江中力机械股份有限公司、安徽叉车集团有限责任公司、诺力智能装备股份有限公司、杭叉集团股份有限公司、林德（中国）叉车有限公司。平衡重式叉车按销售量排名前 5 位的企业是：杭叉集团股份有限公司、安徽叉车集团有限责任公司、龙工（上海）叉车有限公司、安徽江淮银联重型工程机械有限公司、台励福机器设备（青岛）有限公司。2019—2020 年我国仓储叉车与平衡重式叉车销售量占比情况见表 3。

表 3 2019—2020 年我国仓储叉车与平衡重式叉车销售量占比情况

年份	仓储叉车		平衡重式叉车		总销售量（台）
	销售量（台）	占比（%）	销售量（台）	占比（%）	
2019	235 175	38.66	373 166	61.34	608 341
2020	334 009	41.74	466 230	58.26	800 239

3.各地区叉车销售情况

根据中国工程机械工业协会工业车辆分会统计，2019 年和 2020 年工业车辆产品热门销售地区为华东地区，占全国销售量的 45% 以上。各省份中涨幅较大的是浙江省、广东省和天津市，降幅较大的是上海市、北京市和湖北省。2020 年按销售量排名前 3 位的分别为广东省、浙江省和江苏省。2019—2020 年我国机动工业车辆在各地区、各省份的销售情况见表 4、表 5。

表 4　2019—2020 年我国机动工业车辆在各地区的销售情况

地区	2019 年		2020 年	
	销售量（台）	占比（%）	销售量（台）	占比（%）
华东地区	215 955	47.41	28 995	45.91
华南地区	80 926	17.77	117 551	19.00
华中地区	39 892	8.76	62 305	10.07
华北地区	48 103	10.56	62 316	10.07
西北地区	21 992	4.83	27 626	4.47
西南地区	28 308	6.21	38 448	6.22
东北地区	20 340	4.47	26 340	4.26
合计	455 516	100.00	618 581	100.00

表 5　2019—2020 年我国机动工业车辆在各省份的销售情况

排名	2019 年			2020 年		
	省份	销售量（台）	占比（%）	省份	销售量（台）	占比（%）
1	广东	69 668	15.29	广东	100 349	16.22
2	江苏	56 266	12.35	浙江	78 161	12.64
3	浙江	49 877	10.95	江苏	76 416	12.35
4	山东	40 101	8.80	山东	56 192	9.08
5	上海	27 765	6.10	上海	30 121	4.87
6	安徽	18 419	4.04	河南	24 195	3.91
7	河北	18 235	4.00	安徽	23 978	3.88
8	河南	17 440	3.83	河北	23 244	3.76
9	福建	15 033	3.30	福建	19 127	3.09
10	湖北	12 196	2.68	广西	14 638	2.37
11	北京	11 143	2.45	湖北	14 415	2.33
12	湖南	10 256	2.25	四川	14 084	2.28
13	辽宁	10 084	2.21	天津	13 304	2.15
14	四川	9 496	2.08	湖南	13 035	2.11
15	广西	9 373	2.06	辽宁	11 688	1.89
16	陕西	9 128	2.00	北京	11 676	1.89
17	江西	8 494	1.86	陕西	11 450	1.85
18	天津	8 098	1.78	江西	10 660	1.72
19	山西	6 475	1.42	重庆	9 232	1.49

（续）

排名	2019年			2020年		
	省份	销售量（台）	占比（%）	省份	销售量（台）	占比（%）
20	重庆	6 418	1.41	山西	8 473	1.37
21	贵州	5 984	1.31	黑龙江	7 714	1.25
22	新疆	5 728	1.26	贵州	7 177	1.16
23	云南	5 585	1.23	新疆	7 046	1.14
24	吉林	5 399	1.19	吉林	6 938	1.12
25	黑龙江	4 857	1.07	云南	6 714	1.09
26	内蒙古	4 152	0.91	内蒙古	5 619	0.91
27	甘肃	3 486	0.77	甘肃	4 217	0.68
28	宁夏	2 140	0.47	宁夏	2 861	0.46
29	海南	1 885	0.41	海南	2 564	0.41
30	青海	1 510	0.33	青海	2 052	0.33
31	西藏	825	0.18	西藏	1 241	0.20
合计		455 516	100.00		618 581	100.00

（二）非机动工业车辆市场情况

根据中国工程机械工业协会工业车辆分会统计，2019年我国其他工业车辆和非机动工业车辆销售量为1 028 375台，与上年同期的1 597 977台相比，下降了35.65%。2020年其他工业车辆和非机动工业车辆销售量为1 000 588台，与上年同期的1 028 375台相比，下降了2.70%。销售非机动工业车辆的主要以生产销售轻小型搬运车辆的企业为主，如诺力智能装备股份有限公司、宁波如意股份有限公司等。2019—2020年我国其他工业车辆和非机动工业车辆销售情况见表6。

表6 2019—2020年我国其他工业车辆和非机动工业车辆销售情况

车型	2019年			2020年			同比增长（%）
	国内销售量（台）	出口量（台）	总销售量（台）	国内销售量（台）	出口量（台）	总销售量（台）	
牵引车	2 436	617	3 053	2144	381	2 525	−17.29
越野叉车	526	420	946	755	402	1 157	22.30
手动和半动力车辆	394 649	629 262	1 023 911	334 020	662 433	996 453	−2.68
固定平台搬运车	293	172	465	223	230	453	−2.58
合计	397 904	630 471	1 028 375	337 142	663 446	1 000 588	−2.70

（三）我国工业车辆出口情况

2019年，我国机动工业车辆总出口量为152 825台，与上年同期的166 923台相比，下降了8.45%。其中：电动叉车出口量为99 276台，同比下降7.81%；内燃叉车（含集装箱叉车）出口量为53 549台，同比下降9.61%。2020年，我国机动工业车辆总出口量为 181 658 台,与上年同期的 152 825 台相比,增长 18.87%。其中:电动叉车出口量为 126 952 台,同比增长了 27.88%;内燃叉车(含集装箱叉车)出口量为 54 706 台,

同比增长了 2.16%。2019—2020 年我国机动工业车辆每月出口量见表 7,2019—2020 年我国机动工业车辆每月出口量走势见图 2。

表 7　2019—2020 年我国机动工业车辆每月出口量

年份	出口量(台)												
	1 月	2 月	3 月	4 月	5 月	6 月	7 月	8 月	9 月	10 月	11 月	12 月	累计
2019	14 100	8 535	12 979	11 494	12 128	12 350	13 264	11 538	13 143	11 554	15 569	16 171	152 825
2020	11 140	6 714	17 324	13 093	12 143	15 516	15 609	16 293	17 953	16 408	20 749	18 716	181 658

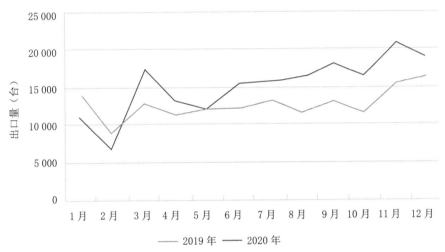

图 2　2019—2020 年我国机动工业车辆每月出口量走势

1. 电动叉车和内燃叉车出口情况

2019 年机动工业车辆的总出口量为 152 825 台。其中:电动叉车出口量为 99 276 台,占总出口量的 64.96%;内燃叉车出口量为 53 549 台,占总出口量的 35.04%。2020 年机动工业车辆的总出口量为 181 658 台。其中:电动叉车出口量为

126 952 台,占总出口量的 69.89%;内燃叉车出口量为 54 706 台,占总出口量的 30.11%。电动叉车出口量占比与上年同期相比提高了 4.93 个百分点。2019—2020 年我国机动工业车辆出口量与占比情况见表 8。

表 8　2019—2020 年我国机动工业车辆出口量与占比情况

年份	总出口量(台)	电动叉车		内燃叉车	
		出口量(台)	占比(%)	出口量(台)	占比(%)
2019	152 825	99 276	64.96	53 549	35.04
2020	181 658	126 952	69.89	54 706	30.11

2. 出口各大洲情况

2019—2020 年,我国共向世界 170 余个国家和地区出口机动工业车辆,遍布世界五大洲,亚洲、

欧洲和美洲是我国机动工业车辆的传统出口市场。2019 年出口到亚洲的机动工业车辆数量为 45 912 台,同比下降 1.41%;出口到欧洲的机动工业车

辆量为 60 695 台，同比下降 11.26%；出口到美洲的机动工业车辆数量为 31 459 台,同比下降 7.97%。2020 年出口到亚洲的机动工业车辆数量为 49 819 台，同比增长 8.51%；出口到欧洲的机动工业车辆数据为 73 994 台，同比增长 21.91%；出口到美洲的机动工业车辆数据为 43 325 台，同比增长 37.72%。2019—2020 年我国机动工业车辆出口各洲的情况见表 9。

表 9　2019—2020 年我国机动工业车辆出口各洲的情况

地区	电动平衡重乘驾式叉车			电动乘驾式仓储叉车			电动步行式仓储叉车			内燃平衡重式叉车			合计		
	出口量（台）		同比增长（%）	出口量（台）		同比增长（%）	出口量（台）		同比增长（%）	出口量（台）		同比增长（%）	出口量（台）		同比增长（%）
	2019 年	2020 年		2019 年	2020 年		2019 年	2020 年		2019 年	2020 年		2019 年	2020 年	
全世界	14 262	15 619	9.51	1 881	2 017	7.23	83 133	109 316	31.50	53 549	54 706	2.16	152 825	181 658	18.87
欧洲	5 347	5 427	1.50	223	260	16.59	38 469	51 565	34.04	16 656	16 742	0.52	60 695	73 994	21.91
美洲	2 549	3 230	26.72	309	298	-3.56	18 144	27 185	49.83	10 457	12 612	20.61	31 459	43 325	37.72
亚洲	4 917	5 538	12.63	1 028	903	-12.16	22 416	26 091	16.39	17 551	17 287	-1.50	45 912	49 819	8.51
非洲	668	621	-7.04	89	96	7.87	1 443	1 534	6.31	5 271	5 016	-4.84	7 471	7 267	-2.73
大洋洲	781	803	2.82	232	460	98.28	2 661	2 941	10.52	3 614	3 049	-15.63	7 288	7 253	-0.48

2019 年，从电动叉车出口情况来看，欧洲和亚洲的占比较高，分别占 44.36% 和 28.57%；从内燃叉车出口情况来看，亚洲和欧洲的占比较高，分别占 32.78% 和 31.10%。2020 年，从电动叉车的出口情况来看，欧洲和亚洲的占比较高，分别为 45.10% 和 25.63%；从内燃叉车的出口情况来看，亚洲和欧洲的占比较高，分别为 31.60% 和 30.60%。2019—2020 年我国电动及内燃叉车出口各洲的情况见表 10。

表 10　2019—2020 年我国电动及内燃叉车出口各洲的情况

地区	2019 年				2020 年			
	电动叉车		内燃叉车		电动叉车		内燃叉车	
	出口量（台）	占比（%）	出口量（台）	占比（%）	出口量（台）	占比	出口量（台）	占比（%）
欧洲	44 039	44.36	16 656	31.10	57 252	45.10	16 742	30.60
美洲	21 002	21.16	10 457	19.53	30 713	24.19	12 612	23.05
亚洲	28 361	28.57	17 551	32.78	32 532	25.63	17 287	31.60
非洲	2 200	2.21	5 271	9.84	2 251	1.77	5 016	9.17
大洋洲	3 674	3.70	3 614	6.75	4 204	3.31	3 049	5.58
全世界	99 276	100.00	53 549	100.00	126 952	100.00	54 706	100.00

2019 年，机动工业车辆出口量在 3 000 台以上的国家和地区有 15 个，前 5 位分别是美国、俄罗斯联邦、德国、法国和澳大利亚；2020 年，机动工业车辆出口量在 3 000 台以上的国家和地区有 18 个，前 5 位分别是美国、德国、俄罗斯联邦、法国和中国香港。2019—2020 年我国机动工业车辆出口去向排名前 15 位的国家和地区见表 11。

表 11　2019—2020 年我国机动工业车辆出口去向排名前 15 位的国家和地区

2019 年	电动叉车		内燃叉车		合计	
	国家和地区	出口量（台）	国家和地区	出口量（台）	国家和地区	出口量（台）
1	美国	13 588	俄罗斯联邦	3 184	美国	16 115
2	德国	6 058	澳大利亚	3 113	俄罗斯联邦	8 032
3	法国	5 686	印度尼西亚	2 629	德国	7 296
4	中国香港	5 192	美国	2 527	法国	7 092
5	俄罗斯联邦	4 848	巴西	2 399	澳大利亚	6 108
6	韩国	4 761	英国	2 138	中国香港	5 737
7	西班牙	4 335	泰国	2 096	泰国	5 140
8	波兰	3 088	波兰	1 788	西班牙	5 007
9	泰国	3 044	南非	1 763	韩国	4 963
10	澳大利亚	2 995	越南	1 715	波兰	4 876
11	比利时	2 549	阿根廷	1 473	巴西	4 648
12	荷兰	2 549	法国	1 406	英国	4 648
13	英国	2 510	德国	1 238	印度尼西亚	4 423
14	瑞典	2 397	马来西亚	1 225	越南	3 653
15	巴西	2 249	菲律宾	1 119	比利时	3 048

2020 年	电动叉车		内燃叉车		合计	
	国家和地区	出口量（台）	国家和地区	出口量（台）	国家和地区	出口量（台）
1	美国	22 167	俄罗斯联邦	3 648	美国	25 229
2	德国	8 979	阿根廷	3 231	德国	10 253
3	法国	6 827	美国	3 062	俄罗斯联邦	8 624
4	中国香港	6 524	巴西	3 042	法国	8 488
5	韩国	5 536	澳大利亚	2 656	中国香港	7 181
6	比利时	5 366	土耳其	2 306	澳大利亚	6 217
7	西班牙	5 056	波兰	1 754	西班牙	6 142
8	俄罗斯联邦	4 976	法国	1 661	波兰	5 642
9	波兰	3 888	泰国	1 613	阿根廷	5 630
10	澳大利亚	3 561	越南	1 585	韩国	5 621
11	意大利	3 226	阿尔及利亚	1 565	比利时	5 484
12	泰国	3 116	英国	1 340	巴西	5 344
13	以色列	2 928	南非	1 335	泰国	4 729
14	英国	2 768	德国	1 274	英国	4 108
15	阿根廷	2 399	沙特阿拉伯	1 176	越南	3 918

二、国际市场概况

2019—2020 年，全世界工业车辆行业销售情况整体呈持续上升趋势，连年创销售历史新高，2020 年销售量接近 160 万台。根据世界工业车辆统计协会的统计，2019 年全世界共销售工业车辆 1 493 271 台，与上年同期的 1 489 523 台相比，增长了 0.25%；2020 年全世界共销售机动工业车辆 1 582 605 台，与上年同期的 1 493 271 台相比，增长了 5.98%。2020 年全世界各种类型叉车的销售情况与 2019 年同期相比，电动平衡重乘驾式叉车下降了 4.48%，电动乘驾式仓储叉车下降了 8.72%，电动步行式仓储叉车增长了 13.09%，内燃平衡重式叉车增长了 6.93%。2019—2020 年世界各大洲工业车辆销售情况见表 12。

表 12　2019—2020 年世界各大洲工业车辆销售情况

| 产品名称 | 电动平衡重乘驾式叉车 | | | 电动乘驾式仓储叉车 | | | 电动步行式仓储叉车 | | | 内燃平衡重式叉车 | | | 合计 | | |
| | 销售量（台） | | 同比增长（%） | 销售量（台） | | 同比增长（%） | 销售量（台） | | 同比增长（%） | 销售量（台） | | 同比增长（%） | 销售量（台） | | 同比增长（%） |
	2019 年	2020 年		2019 年	2020 年		2019 年	2020 年		2019 年	2020 年		2019 年	2020 年	
全世界	248 286	237 151	-4.48	135 811	123 972	-8.72	575 770	651 119	13.09	533 404	570 363	6.93	1 493 271	1 582 605	5.98
欧洲	97 958	76 909	-21.49	47 316	38 690	-18.23	283 909	282 142	-0.62	74 511	59 776	-19.78	503 694	457 517	-9.17
美洲	51 984	50 726	-2.42	42 497	39 061	-8.09	98 690	104 573	5.96	106 643	89 393	-16.18	299 814	283 753	-5.36
亚洲	92 712	104 705	12.94	41 336	42 736	3.39	182 311	254 540	39.62	330 870	402 850	21.75	647 229	804 831	24.35
非洲	2 578	1 934	-24.98	1 258	922	-26.71	3 861	3 463	-10.31	11 272	9 053	-19.69	18 969	15 372	-18.96
大洋洲	3 054	2 877	-5.80	3 404	2 563	-24.71	6 999	6 401	-8.54	10 108	9 291	-8.08	23 565	21 132	-10.32

从世界各地区所占的工业车辆市场份额来看，2020 年与 2019 年相比，欧洲同比下降 4.82 个百分点，美洲同比下降 2.15 个百分点，亚洲同比提高 7.51 个百分点，非洲同比下降 0.30 个百分点，大洋洲同比下降 0.24 个百分点。2019—2020 年世界各地区所占的工业车辆市场份额见表 13。

表 13　2019—2020 年世界各地区所占的工业车辆市场份额

| 年份 | 市场占比（%） | | | | | 年份 | 市场占比（%） | | | | |
	欧洲	美洲	亚洲	非洲	大洋洲		欧洲	美洲	亚洲	非洲	大洋洲
2019	33.73	20.08	43.34	1.27	1.58	2020	28.91	17.93	50.85	0.97	1.34

根据世界工业车辆统计报告数据，我国工业车辆连续 12 年销售量位列世界第一。2019—2020 年世界叉车销售量排名前 10 位的国家见表 14。

表 14　2019—2020 年世界叉车销售量排名前 10 位的国家

| 序号 | 2019 年 | | 2020 年 | | 序号 | 2019 年 | | 2020 年 | |
	国家	销售量（台）	国家	销售量（台）		国家	销售量（台）	国家	销售量（台）
1	中国	456 885	中国	620 065	6	意大利	54 116	意大利	49 573
2	美国	236 843	美国	222 904	7	英国	39 774	英国	31 088
3	德国	96 325	日本	88 268	8	西班牙	36 431	西班牙	30 406
4	日本	87 528	德国	88 047	9	波兰	28 767	波兰	22 739
5	法国	80 740	法国	72 678	10	韩国	22 442	韩国	22 707

2020 年，在欧洲销售的工业车辆中，电动叉车占比为 86.94%，内燃叉车占比为 13.06%。其中：电动步行式仓储叉车的占比最大，为 61.67%，电动平衡重乘驾式叉车次之。在美洲销售的工业车辆中，电动叉车占比为 68.50%，内燃叉车占比为 31.50%。其中：电动步行式仓储叉车的占比最大，为 36.85%，内燃平衡重式叉车次之。在亚洲销售的工业车辆中，电动叉车占比为 49.95%，内燃叉车占比为 50.05%。其中：内燃平衡重式叉车的占比最大，电动步行式仓储叉车次之。在非洲销售的工业车辆中，电动叉车占比为 41.11%，内燃叉车占比为 58.89%。其中：内燃平衡重式叉车的占比最大，电动步行式仓储叉车次之。在大洋洲销售的工业车辆中，电动叉车占比为 56.03%，内燃叉车占比为 43.97%。其中：内燃平衡重式叉车的占比最大，电动步行式仓储叉车次之。

世界各地销售的各类工业车辆占比情况见表 15。

表 15　世界各地销售的各类工业车辆占比情况

地区	2019 年销售量占比（%）			
	电动叉车			内燃平衡重式叉车
	电动平衡重乘驾式叉车	电动乘驾式仓储叉车	电动步行式仓储叉车	
欧洲	19.45	9.39	56.37	14.79
美洲	17.34	14.17	32.92	35.57
亚洲	14.32	6.39	28.17	51.12
非洲	13.59	6.63	20.35	59.43
大洋洲	12.96	14.45	29.70	42.89

地区	2020 年销售量占比（%）			
	电动叉车			内燃平衡重式叉车
	电动平衡重乘驾式叉车	电动乘驾式仓储叉车	电动步行式仓储叉车	
欧洲	16.81	8.46	61.67	13.06
美洲	17.88	13.77	36.85	31.50
亚洲	13.01	5.31	31.63	50.05
非洲	12.58	6.00	22.53	58.89
大洋洲	13.61	12.13	30.29	43.97

从 2019 年工业车辆在世界各地的销售情况来看，内燃平衡重式叉车销售量最大的地区是亚洲，电动步行式仓储叉车、电动平衡重乘驾式叉车、电动乘驾式仓储叉车销售量最大的地区是欧洲；从 2020 年工业车辆在世界各地的销售情况来看，内燃平衡重式叉车、电动平衡重乘驾式叉车、电动乘驾式仓储叉车销售量最大的地区是亚洲，电动步行式仓储叉车销售量最大的地区是欧洲。世界各地各类工业车辆的市场份额见表 16。

表 16　世界各地各类工业车辆的市场份额

年份	车辆类型	占比（%）				
		欧洲	美洲	亚洲	非洲	大洋洲
2019	电动平衡重乘驾式叉车	39.45	20.94	37.34	1.04	1.23
	电动乘驾式仓储叉车	34.84	31.29	30.44	0.93	2.50
	电动步行式仓储叉车	49.31	17.14	31.66	0.67	1.22
	内燃平衡重式叉车	13.97	19.99	62.03	2.12	1.89
2020	电动平衡重乘驾式叉车	32.43	21.39	44.15	0.82	1.21
	电动乘驾式仓储叉车	31.21	31.51	34.47	0.74	2.07
	电动步行式仓储叉车	43.33	16.06	39.09	0.53	0.99
	内燃平衡重式叉车	10.48	15.67	70.63	1.59	1.63

〔供稿单位：中国工程机械工业协会工业车辆分会〕

2019—2020 年中国工业车辆行业租赁市场情况

根据世界工业车辆统计协会的统一分类，工业车辆分为机动工业车辆和非机动工业车辆。机动工业车辆又分为五大类，即电动平衡重乘驾式叉车、电动乘驾式仓储叉车、电动步行式仓储叉车、内燃平衡重式叉车（实心轮胎）和内燃平衡重式叉车（充气轮胎），每大类车型又可按具体型式和吨位进行细分。租赁行业按上述分类进行统计，并且纳入统计范围的车型不分新旧。租期分为三档：一年（含一年）以下、一年至两年（含两年）、两年以上。

一、2019 年的租赁情况

2019 年统计报告数据来源于行业内 9 家企业，涵盖独立的叉车租赁公司、生产企业和代理商等。其中：叉车租赁公司包括永恒力合力工业车辆租赁有限公司、广州佛朗斯股份有限公司、上海弘陆物流设备股份有限公司、上海利驰智能装备股份有限公司；叉车生产企业包括杭叉集团股份有限公司、浙江中力机械股份有限公司、林德（中国）叉车有限公司、丰田产业车辆（上海）有限公司；叉车经销商包括伟轮叉车（东莞）有限公司。

2019 年，参与中国工程机械工业协会工业车辆分会统计的 9 家企业用于租赁的机动工业车辆数量为 40 670 台，其中：租期一年（含一年）以下的机动工业车辆数量为 15 978 台，占总租赁量的 39.29%；租期一年至两年（含两年）的机动工业车辆数量为 10 312 台，占总租赁量的 25.35%；租期为两年以上的机动工业车辆数量为 14 380 台，占总租赁量的 35.36%。由此可见，租期一年（含一年）以下的短租及两年以上的长租业务占比较大。2019 年我国工业车辆租赁情况见表 1。

表1 2019年我国工业车辆租赁情况

租期	租赁量（台）			占总租赁量的比例（%）
	内资品牌	外资品牌	合计	
一年（含一年）以下	7 975	8 003	15 978	39.29
一年至两年（含两年）	4 233	6 079	10 312	25.35
两年以上	4 731	9 649	14 380	35.36
合计	16 939	23 731	40 670	100.00

1. 2019年各租期的租赁情况

1）一年（含一年）以下租期的机动工业车辆数量为15 978台，其中：内资品牌的机动工业车辆租赁量为7 975台，占比为49.91%；外资品牌的机动工业车辆租赁量为8 003台，占比为50.09%。租赁区域分布在30个省份，排名前3位的省份为上海市、广东省和江苏省，三个省份的租赁量分别为4 571台、3 029台和2 076台，上海市的占比最大。以上三个省份的合计占比为60.56%。

2）一年至两年（含两年）租期的机动工业车辆数量为10 312台，其中：内资品牌的机动工业车辆租赁量为4 233台，占比为41.05%；外资品牌的机动工业车辆租赁量为6 079台，占比为58.95%。租赁区域分布在28个省份，排名前3位的省份为上海市、江苏省和广东省，三个省份的租赁量分别为5 649台、1 228台和1 227台，上海市的占比最大。以上三个省份的合计占比为78.59%。

3）两年以上租期的机动工业车辆数量为14 380台，其中：内资品牌的机动工业车辆租赁量为4 731台，占比为32.90%；外资品牌的机动工业车辆租赁量为9 649台，占比为67.10%。租赁区域分布在28个省份。排名前3位的省份仍为上海市、广东省和江苏省，三个省份的租赁量分别为5 661台、2 107台和1 570台，仍然是上海市的占比最大。以上三个省份的合计占比为64.94%。

2. 2019年各车型的租赁情况

2019年，参与中国工程机械工业协会工业车辆分会统计的9家企业用于租赁的机动工业车辆数量为40 670台，其中：电动叉车的租赁量为35 629台，占总租赁量的87.61%；内燃叉车的租赁量为5 041台，占总租赁量的12.39%。由此可见，用于租赁的机动工业车辆中电动叉车的占比较大。在电动叉车中，电动乘驾式仓储叉车的租赁量为15 692台，占电动叉车总租赁量的44.04%，占比最大。2019年电动及内燃叉车租赁情况见表2。

表2 2019年电动及内燃叉车租赁情况

租期	电动叉车		内燃叉车		合计（台）
	租赁量（台）	占比（%）	租赁量（台）	占比（%）	
一年（含一年）以下	13 828	86.54	2 150	13.46	15 978
一年至两年（含两年）	9 075	88.00	1 237	12.00	10 312
两年以上	12 726	88.50	1 654	11.50	14 380
合计	35 629	87.61	5 041	12.39	40 670

用于租赁的仓储叉车数量为20 667台，占机动工业车辆总租赁量的50.82%；平衡重式叉车租赁量为20 003台，占机动工业车辆总租赁量的49.18%。2019年仓储及平衡重式叉车租赁情况见表3。

表3 2019年仓储及平衡重式叉车租赁情况

租期	仓储叉车		平衡重式叉车		合计（台）
	租赁量（台）	占比（%）	租赁量（台）	占比（%）	
一年（含一年）以下	7 686	48.10	8 292	51.90	15 978
一年至两年（含两年）	6 295	61.05	4 017	38.95	10 312
两年以上	6 686	46.50	7 694	53.50	14 380
合计	20 667	50.82	20 003	49.18	40 670

二、2020 年的租赁情况

2020 年，参与中国工程机械工业协会工业车辆分会统计的 11 家企业用于租赁的机动工业车辆数量为 59 036 台，与 2019 年用于租赁的 40 670 台相比增长了 45.16%。其中：租期一年（含一年）以下的机动工业车辆数量为 24 326 台，占机动工业车辆总租赁量的 41.21%，与 2019 年的 15 978 台相比增长了 52.25%；租期一年至两年（含两年）

的机动工业车辆数量为 19 541 台，占机动工业车辆总租赁量的 33.10%，与 2019 年的 10 312 台相比增长了 89.50%；租期两年以上的机动工业车辆数量为 15 169 台，占机动工业车辆总租赁量的 25.69%，与 2019 年的 14 380 台相比增长了 5.49%。由此可见，租期一年（含一年）以下的短租业务占比最大。2020 年我国机动工业车辆租赁情况见表 4。

表4 2020年我国机动工业车辆租赁情况

租期	租赁量（台）			占总租赁量的比例（%）
	内资品牌	外资品牌	合计	
一年（含一年）以下	11 883	12 443	24 326	41.21
一年至两年（含两年）	6 107	13 434	19 541	33.10
两年以上	6 752	8 417	15 169	25.69
合计	24 742	34 294	59 036	100.00

1．2020 年各租期的租赁情况

1）一年（含一年）以下租期的机动工业车辆数量为 24 326 台，其中：内资品牌的机动工业车辆租赁量为 11 883 台，占比为 48.85%；外资品牌的机动工业车辆租赁量为 12 443 台，占比为 51.15%。租赁区域分布在 31 个省份，排名前 3 位的省份为广东省、上海市和江苏省，三个省份的租赁量分别为 4 071 台、3 017 台和 2 801 台，广东省的占比最大。以上三个省份的机动工业车辆总租赁量为 9 889 台，占比为 40.65%。

2）一年至两年（含两年）租期的机动工业车辆数量为 19 541 台，其中：内资品牌的机动工

业车辆租赁量为 6 107 台，占比为 31.25%；外资品牌的机动工业车辆租赁量为 13 434 台，占比为 68.75%。租赁区域分布在 31 个省份，排名前 3 位的省份仍为广东省、上海市和江苏省，三个省份的租赁量分别为 3 895 台、3 213 台和 2 450 台，广东省的占比最大。以上三个省份的机动工业车辆总租赁量为 9 558 台，占比为 48.91%。

3）两年以上租期的机动工业车辆数量为 15 169 台，其中：内资品牌的机动工业车辆租赁量为 6 752 台，占比为 44.51%；外资品牌的机动工业车辆租赁量为 8 417 台，占比为 55.49%。租赁区域分布在 31 个省份，排名前 3 位的省份为上

海市、广东省和江苏省，三个省份的租赁量分别为 3 661 台、2 947 台和 1 977 台，上海市的占比最大。以上三个省份的机动工业车辆总租赁量为 8 585 台，占比为 56.60%。

2．2020 年各车型的租赁情况

2020 年，参与中国工程机械工业协会工业车辆分会统计的 11 家企业用于租赁的机动工业车辆数量为 59 036 台，其中：电动叉车的租赁量为 51 690 台，占总租赁量的 87.56%；内燃叉车的租赁量为 7 346 台，占总租赁量的 12.44%。在电动叉车中，电动平衡重乘驾式叉车的租赁量为 24 268 台，占电动叉车租赁量的 41.11%，占比最大。2020 年电动及内燃叉车租赁情况见表 5。

表 5　2020 年电动及内燃叉车租赁情况

租期	电动叉车		内燃叉车		合计（台）
	租赁量（台）	占比（%）	租赁量（台）	占比（%）	
一年（含一年）以下	21 582	88.72	2 744	11.28	24 326
一年至两年（含两年）	17 541	89.77	2 000	10.23	19 541
两年以上	12 567	82.85	2 602	17.15	15 169
所有年限	51 690	87.56	7 346	12.44	59 036

仓储叉车的租赁量为 27 422 台，占机动工业车辆总租赁量 59 036 台的 46.45%；平衡重式叉车租赁量为 31 614 台，占机动工业车辆总租赁量的 53.55%，占比较大。2020 年仓储及平衡重式叉车租赁情况见表 6。

表 6　2020 年仓储及平衡重式叉车租赁情况

租期	仓储叉车		平衡重式叉车		合计（台）
	租赁量（台）	占比（%）	租赁量（台）	占比（%）	
一年（含一年）以下	11 139	45.79	13 187	54.21	24 326
一年至两年（含两年）	11 142	57.02	8 399	42.98	19 541
两年以上	5 141	33.89	10 028	66.11	15 169
合计	27 422	46.45	31 614	53.55	59 036

〔供稿单位：中国工程机械工业协会工业车辆分会〕

中国工业车辆租赁市场的发展前景与思考

随着我国制造、电商和物流等行业的快速发展，作为场内物流搬运设备的工业车辆近年来也实现了高速增长。而作为典型的共享经济经营模式的经营性租赁模式，因其能给客户带来省钱、省事和省心等好处，近年来越来越受到工业车辆行业用户的青睐，市场前景被看好。

一、工业车辆租赁行业发展现状

目前，我国工业车辆租赁市场处在一个持续高速发展的阶段，其发展现状可以简要概括为以下几点：

1) 发展速度快。电商和物流快递业的快速发展拉动工业车辆租赁需求的持续快速增长。根据有关统计，10多年来，我国工业车辆租赁市场的复合增长率高达25%，工业车辆租赁行业是一个增长强劲的朝阳行业。

2) 规模小。一方面，工业车辆租赁业还停留在以小型、分散和独立经营为主要特点的传统原始状态；另一方面，我国工业车辆租赁市场起步较晚，目前处于初级阶段，对经营性租赁模式还需要一个理解和接受的过程。2020年，我国工业车辆经营性租赁业务的市场渗透率为6%～7%，远低于发达国家的25%～30%（如果包含融资租赁，其占比高达60%～80%），租赁市场空间巨大。

3) 不均衡。据有关统计，我国工业车辆经营性租赁市场的区域发展严重不均衡，租赁业务主要集中在长三角和珠三角地区，约占市场总量的70%。近年来，随着物流企业向内地布局和延伸，内地的租赁市场也有所发展。

4) 盈利难。由于我国工业车辆租赁行业规范少，缺少协调机制，少数企业对重资产运营的风险估计不足，盲目追求发展规模，资本化运作过度，从而造成企业间的无序竞争，使得一个朝阳行业尚未进入最好的发展时期，便已深陷价格战的恶性竞争中。目前，租赁公司盈利非常困难，工业车辆租赁行业提前进入了微利时代。

二、行业发展中存在的问题与挑战

租赁行业作为高速发展的行业，未来可期。但就目前的发展情况来看，工业车辆租赁行业正处在一个十字路口，前几年部分发展较好的租赁公司目前已陷入经营困境，行业发展遇到了不少新的问题和挑战。

1) 行业盈利能力的急剧下降制约了多数租赁企业的进一步发展。工业车辆租赁行业是一个重资产行业，发展需要大量的资金，盈利能力的下降使得租赁企业获得外部投资的能力下降，企业

的发展严重受限。目前，经营性租赁业务的增长主要依赖于厂商租赁业务的开展和个体小型租赁公司的发展，但厂商或制造企业不可能持续投入大量的财力来发展经营性租赁业务。

2) 租赁企业管理能力的欠缺在一定程度上影响了租赁业务的开展。工业车辆租赁企业应是高度专业化的设备管理公司，必须具备很强的客户管理能力、资产运营能力、资金运作能力和风险控制能力等。显然，我国租赁企业在租赁业务方面的管理能力还需要花很长时间来逐步提升。

3) 市场环境的不确定带来租赁业务经营风险的增加。受经济环境的不断变化、市场竞争的日益加剧和新冠肺炎疫情的影响等，工业车辆租赁业务的经营风险越来越大。客户的违约率逐年上升、收款周期逐年加长、对租赁服务的要求越来越苛刻，从而造成租赁企业运营成本越来越高，风险持续加大。

4) 行业发展所需的人才极度匮乏。租赁业务开展得好不好，运营是关键，微利时代的租赁工作更需要精细管理。合格的租赁业务运营人应具有很强的专业知识和综合能力，这需要时间来沉淀。

5) 相关政策还需进一步完善。国家《特种设备使用管理规则》和《场（厂）内专用机动车辆安全技术监察规程》的颁布，为工业车辆租赁行业的健康有序发展提供了法律保障，同时国家相关环保法规的颁布、执行也为租赁业务的发展提供了契机。但作为流动作业设备，机动工业车辆的上牌、年检程序如何简化、如何有效实施，各地环保政策如何统一，仍需要一个漫长的过程。

三、工业车辆租赁行业发展趋势

随着租赁行业规则的逐步建立，租赁企业自律性的逐步增强，租赁市场也由无序竞争逐步回归理性竞争，我国工业车辆租赁行业将迎来较好的发展时期，租赁业务的增长速度将快于整个工业车辆行业的增长速度。根据目前市场的发展特点，

工业车辆行业主要呈现以下几个趋势：

1）各地环保政策的严格要求，将强力拉动工业车辆租赁业务的增长。由于电动产品购买价格相对较高，租赁成本相对较低，在"油改电"的大趋势下，选择租赁工业车辆的客户也越来越多。

2）锂电池车辆等新能源车辆逐步成为工业车辆租赁设备的主力军。锂电池具有寿命长、充电快、免维护和质量可靠等特点，能为客户提供更好的使用体验，也更加适合租赁市场需求，越来越多的客户已经选择租赁锂电池车辆。

3）AGV等自动化装备的租赁市场将迎来广阔的发展空间。随着人力成本的逐年升高，企业对提高工作效率的需求非常迫切，员工对改善劳动条件的要求也不断提高，因此，性价比高的自动化工业车辆租赁市场的发展空间巨大。

4）进入租赁行业的厂商系租赁公司会越来越多，其规模会越来越大。厂商开展经营性租赁业务既可以为客户提供最新技术产品，也可以为制造企业的新产品、新技术提供试验的机会。厂商系工业车辆租赁公司虽然有服务网络的优势，但很快也会遇到发展瓶颈（如融资难），走向独立运营是其必然选择。

5）我国短租市场发展迅速，且市场空间较大。近年来租赁企业感受颇深的是客户要求越来越高，租赁价格越来越低，租赁周期却越来越短，而成熟的经营性租赁市场应该是以短租为主要业务的市场，这样才能真正体现经营性租赁的优势。

6）租赁客户对新车租赁的需求会越来越高。随着我国租赁市场的发展和成熟，以及国家监管力度的加强，以进口二手车为主的早期租赁市场已逐步成为历史。随着市场的逐步规范，客户对车辆安全性、可靠性和舒适性的要求会越来越高，客户租车观念也实现了从早期的车辆能用，到车辆好用，再到无忧使用的转变，因此新车租赁的比例将逐年提高。据有关统计，目前新车租赁业务量占租赁市场总业务量的70%以上，新车已是租赁设备的主力军。

四、工业车辆租赁企业经营思路探讨

由于工业车辆租赁行业过早地进入了微利时代，而且新进入租赁行业的企业较多，竞争将越来越激烈，未来的利润将来自于企业内控管理和资源整合。对租赁企业而言，要精准定位、练好内功、顺应规律、灵活应变，以实现稳步健康发展。

1）租赁企业要找准自己企业的定位，选择适合自己的发展规模和模式。研究表明，规模与效益的关系符合典型的微笑曲线理论，中等规模（2 000~6 000台）的企业因管理能力的欠缺和投资收益的相对较低等原因，抗风险能力和盈利能力普遍较差。企业要做大需要有持续的足够资金支持和较强的资产运营能力、资源调配能力和抗风险能力。

2）租赁企业要回归设备经营性租赁的本质属性，聚焦资产运营，资本运作要慎重。金融特性和服务特性是租赁企业的根本属性和灵魂，资产仅是运营的基础，以资产为载体为客户提供优质的租赁服务才是企业的核心价值所在。租赁企业应把重点放在如何更好地发挥资产的作用、如何提高资产利用率上，否则会本末倒置，得不偿失。

3）向管理要效益是工业车辆租赁公司未来的主要盈利模式。微利时代拼的是内功，租赁企业要充分运用租赁管理系统、数据信息技术、车联网平台等先进信息技术，不断强化内部管理、整合社会资源，实现对销售、采购、仓储、运输、维修保养、配件、年检和人员等运营全过程的精细管理，降低成本，提高效益。

4）租赁企业要注重租赁产品品牌结构的优化、配置的标准化，减少资金投入。一方面，使用品牌相对单一、高可靠性的产品。这样做使综合使用成本较低、资产管理难度较低，客户体验更好。另一方面，优化租赁产品结构可以较好地兼顾短租市场需求，大大提高租赁产品生命周期内的利用率，提升盈利能力。

5）租赁企业应关注租赁设备全生命周期的价值最大化。一般来说租赁成本包括折旧、维修、配件、管理、仓储、运输和人员等多个方面，而租赁收入包括租金收入和二手车处置收益。为此，对新车租赁价格的计算，要考虑设备全生命周期价值链的总体情况，即除充分考虑各项成本外，还要考虑利用率和二手车处置收益。租赁企业需要研究不同客户群体对车辆品质（车龄）的需求情况，以及租赁车队工业车辆的最佳处置年限，以实现资产价值的最大化。

五、行业实现可持续发展的思考

任何行业可持续发展的前提是要有合理的利润。利润空间可以被压缩，但绝不能消失，否则连同利润一起消失的还有服务质量乃至行业前途。目前，我国工业车辆租赁市场有足够的体量来容纳现有的租赁企业去经营，如果只看重眼前利益，以超低的价格抢市场，非理性地扩张，无异于杀鸡取卵，危害行业的健康发展。

1）行业头部企业应主动承担行业责任，按照市场规律办事。租赁行业作为典型的重资产行业，其市场运行无捷径可走，稳健才是王道。租赁企业应摒弃急功近利的思想，敬畏市场、理性投入、有序竞争，以实现良性发展。

2）加强行业内的交流，营造合作共赢、和谐共生的发展环境。租赁企业间要加强合作、互通有无，同时要着眼未来，诚实守信。在不同类型

的租赁企业之间总是能够找到合作的切入点，如厂商系租赁企业具有资金和销售网络的优势，个体和小型租赁公司具有触角较深和灵活性强等特点，双方可在跨地区业务和服务外包方面开展深入合作。

3）发挥行业协会的协调作用，逐步建立起工业车辆租赁行业的标准规范。目前，工业车辆租赁行业还很难建立起统一的标准，但可以尝试共同制定合理的流程和规则，以引导行业规范发展。这些流程和规则可以包括租赁管理流程、租赁服务标准、客户用车规范、客户信用评估等，相关企业和有关机构可就此进行深入探讨。

4）积极争取国家的相关财税政策支持。租赁设备高昂的融资成本和租赁业务较高的税率严重挤压了经营性租赁企业的利润空间。作为现代服务业，租赁企业应该积极争取国家政策支持，提高竞争力，促进行业健康发展。

工业车辆租赁行业是高度专业化的行业，与一般设备租赁行业不同的是，其进入的门槛较低，但做好的门槛很高。租赁企业的目标是为客户带来价值，与客户实现共赢，而无节制的价格战导致的恶性竞争最终会使客户和租赁企业都得不到实惠，这是行业发展的大忌，也会让整个行业失去资本市场的支持。那么，如何做好工业车辆租赁业务，需要整个行业共同去深入思考和不断探索。

〔撰稿人：永恒力合力工业车辆租赁有限公司
周兴华　陈先成〕

物流搬运设备高维共享平台建设的挑战与创新

2020年春天，一场突如其来的新冠肺炎疫情席卷全球，深度地搅动着全世界经济发展格局，病毒传播速度之快，人类感染数量之多，发生程度之惨烈均超出了我们的想象，已经严重地影响了世界经济的发展和人民生活的安定。这场突如

其来的疫情，让众多企业不得不按下"经济暂停键"。它对世界经济的影响是显而易见的且是重大的。这严重地影响着消费信心。近一段时间以来，最受关注的就是现金流。一方面企业需要发展，因为没有发展就没有了前途；另一方面又要保障

现金流，因为现金没了，不要说发展，生存都成了问题。在这种两难的局面下，企业获取设备使用权的方式就会发生非常大的变化，新冠肺炎疫情之后，设备租赁和二手设备交易一定会成为国内企业客户获取设备使用权的重要手段，这两个细分行业都将会获得一次巨大的发展机遇。

高维共享，顾名思义是相对于面向 C 端，以生活工具、生活资料以及生活服务类作为对象的低维共享来定义的，更多的是指面向 B 端，以生产工具、生产资料以及生产服务类为对象的共享。高维共享，才是真正的共享经济，毕竟人类的资源是有限的，如何让有限的资源无限地被社会所利用，这才是共享经济的意义之所在。共享经济就是要让设备高效率、低成本、长寿命地去运营，以便真正地建立起一种可持续、可循环发展的绿色经济。在新的形势下，为了打造出一个强大的 B2B 设备高维共享平台，必须要加强两个能力建设。第一个是要有超强的资产管理和运营能力，这是核心，也是高维共享经济的命门。超强的资产管理和运营能力是由三个 KPI 指标来实现和衡量的，即设备的使用效率、使用成本和使用寿命。高效率、低成本、长寿命地使用设备，就意味着资产的管理和运营能力强。高效率，就是设备的高出租率；低成本，就是设备使用过程中的维护、保养、维修费用低；长寿命就是通过维护保养来预防故障发生，通过再制造来让设备焕发出新的生命。第二个是要有极其优越的客户使用感，为客户提供令其满意的服务能力。让客户满意是由四个 KPI 指标来体现的，即价格、货期、服务和质量，说得通俗一点，就是极为优惠的价格、极短的货期、及时的服务、极为安心的质量构成了极其优越的客户使用体验感。极为优惠的价格就是让客户能亲身感受到成本降低的体验；极短的货期就是缩短客户从下订单到供应商制造再到交货的周期；及时的服务就是服务网络一直在你身边。让 7 个 KPI 指标足够优秀，以支撑起两个强

大的能力体系，必须要落实 10 个生态环的建设：

第 1 个是供应链。强大的供应链是平台的保障，不仅要保障整机的供给，而且要保障全套的配件供给，因为涉及设备全生命周期的运营和管理。这里所讲的供应链，不仅仅是指依靠其能买到设备，能买到性价比高的设备，更是要依靠其能买到适合于做共享的设备。

第 2 个是服务网络。遍布全国各地的服务网络是平台的基础，没有及时到位的服务作为后盾，客户的使用是没有任何安全感的，客户的使用体验感就会非常差。在经济发达的地方以 30～50km 为半径，经济不发达的地方以 100～150km 为半径组建自己的服务圈，将来在大型城市里会用"metro model"，也就是地铁站的模式组建服务网络，应该说，设备在哪，服务就在哪。

第 3 个是市场开发。B 端的市场推广和客户开发方式是远远有别于 C 端的，单纯地靠打广告、发传单建立一个信息网站的方式进行市场开发是解决不了问题的。借助产业互联网的客户专业推广手段进行市场开发将会是一个高效率、高黏性的方式。

第 4 个是资产管理。资产管理是指对设备进行动态和状态管理，掌控设备在其全生命周期中每一时点的动态和状态，对资产所有人来说非常重要。另外，为了满足客户需要，精准推荐和匹配设备，不断优化组合设备等都成为资产管理的内容。

第 5 个是再制造。地球的资源有限，我们必须要建设一个节约型社会，强大的再制造能力能够让设备长寿命多循环地服务于社会。

第 6 个是资产退出。再好的设备，哪怕是经历过几次再制造的设备，在经过一定周期的运行后必将退出历史舞台，让设备以最适合的方式退出很重要。

第 7 个是物联网。万物互联是高维共享平台的催生剂，物联网的价值本质上和互联网是没有任

何区别的,可以极大地改善管理边界和提高管理效率。物联网的价值之一就是让服务可视化,同时也可以改变资产的动态属性,使之具有类不动产的特征,让设备和金融的结合激发出无限可能。

第8个是IT,也就是信息技术。条形码开启了设备的信息技术管理时代,一台设备从投放市场开始就有了独立的身份,扫描设备的条形码进入IT系统后,该设备在使用过程中的保养、维护、维修以及再制造、二手交易、甚至金融保险、车队管理、大数据、设备的每一次移动,直至退出平台等信息都将被IT系统监控。

第9个是金融。金融起到了媒介的作用,让设备的使用权和所有权产生了分离,让使用的人不拥有,拥有的人不使用。追根溯源就是让专业的人做专业的事,这也是高维共享的核心价值。

第10个是资本。资本是平台发展的助推器,没有资本的助推,平台是启动不起来的。资本和金融双轮驱动,推动着平台不断前行。

平台的建设并非一日之功,10个生态环需要一个一个地去构建,让7个KPI指标完全达标,构建一个设备高维共享平台,这是挑战,也是创新。

〔撰稿人:广州佛朗斯股份有限公司侯泽宽〕

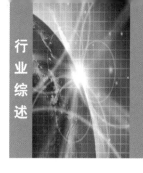

中国工业车辆年鉴 2019—2020

统计资料

公布 2019—2020 年工业车辆行业主要统计数据，准确、系统、全面地反映工业车辆行业的主要经济指标

2019 年工业车辆行业主要产品产销存情况

2019 年机动工业车辆出口订货量、发货量

2019 年机动工业车辆销售全国流向表

2019 年机动工业车辆租赁行业租赁情况（租期 ≤ 1 年）

2019 年机动工业车辆租赁行业租赁情况（1 年 < 租期 ≤ 2 年）

2019 年机动工业车辆租赁行业租赁情况（租期 > 2 年）

2020 年工业车辆行业主要产品产销存情况

2020 年机动工业车辆出口订货量、发货量

2020 年机动工业车辆销售全国流向表

2020 年机动工业车辆租赁行业租赁情况（租期 ≤ 1 年）

2020 年机动工业车辆租赁行业租赁情况（1 年 < 租期 ≤ 2 年）

2020 年机动工业车辆租赁行业租赁情况（租期 > 2 年）

2019 年工业车辆行业

产品类别		产品名称	动力形式	起重量（t）	生产量（台）			订货量（台）						出口到集团公司	合计
代号	名称				境内生产	整机进口	合计	自主品牌			贴牌				
								国内	出口	合计	国内	出口	合计		
		合计			60 531	222	60 753	50 407	14 378	64 785	285	521	806	1 301	66 892
1	电动平衡重乘驾式叉车	站立操纵叉车	电动	0.0～1.199											
				1.2～1.499	6		6	9		9					9
				1.5～1.699	120		120	120		120					120
				1.7～1.999	7		7	6	1	7					7
				≥2.0	235		235	151	3	154	85		85		239
		三支点叉车	电动	0.0～1.199	439	7	446	457	10	467					467
				1.2～1.499	129	1	130	100	59	159					159
				1.5～1.699	5 812	4	5 816	3 762	1 397	5 159	4	69	73	485	5 717
				1.7～1.999	1 093	16	1 109	303	992	1 295		15	15	17	1 327
				≥2.0	885	18	903	423	573	996	51	29	80	2	1 078
		四支点叉车（实心软胎）	电动	0.0～1.199	1		1								
				1.2～1.499	14		14	11	2	13					13
				1.5～1.699	124		124	111		111	1		1		112
				1.7～1.999	7		7	4		4					4
				2.0～2.499	1 270		1 270	1 900	1 353	3 253	5		5	205	3 463
				2.5～2.999	110		110	90		90	20		20	1	111
				3.0～3.499	57		57	43	2	45	2		2		47
				3.5～3.999	16		16	8		8					8
				4.0～4.999	1		1	1		1					1
				5.0～6.999	14		14	15		15					15
				7.0～9.999											
				≥10.0											
		四支点叉车（充气胎、实心胎和除实心软胎以外的其他轮胎）	电动	0.0～1.199	209		209	200	13	213					213
				1.2～1.499	2		2	28		28					28
				1.5～1.699	8 271	11	8 282	7 259	1 071	8 330	21	198	219	79	8 628
				1.7～1.999	1 962	5	1 967	1 401	635	2 036		20	20	4	2 060
				2.0～2.499	10 831	32	10 863	9 873	1 381	11 254	31	42	73	253	11 580
				2.5～2.999	11 798	41	11 839	7 594	4 415	12 009	22	77	99	114	12 222
				3.0～3.499	11 725	47	11 772	11 059	1 661	12 720	28	39	67	91	12 878

主要产品产销存情况

| 发货量（台） | | | | | | | | 现有库存 | 其中：AGV叉车和新能源叉车销售量（台） | | | | | |
| 自主品牌 | | | 贴牌 | | | 出口到集团公司 | 合计 | | AGV | | | 1～3类锂电池／4～5类氢燃料叉车 | | |
国内	出口	合计	国内	出口	合计				国内	出口	合计	国内	出口	合计
49 200	14 262	63 462	227	481	708	1 004	65 174	1 276	1		1	8 146	2 282	10 428
9		9					9							
120		120					120					7		7
6	3	9					9							
151	3	154	85		85		239	21						
456	11	467					467							
101	60	161					161							
3 733	1 470	5 203		69	69	505	5 777	51				218	251	469
289	925	1 214		15	15	20	1 249	29				65	372	437
447	544	991	47	21	68	1	1 060	36				13	32	45
1		1					1	1						
11	2	13					13							
120		120					120	28				1		1
7		7					7	4						
2 217	1 643	3 860					3 860	38				1		1
104		104				3	107	32				13		13
55	2	57					57	7				11		11
14		14					14	3						
1		1					1							
25		25					25							
191	7	198	1		1		199	4				4		4
26		26					26							
6 993	1 065	8 058	15	198	213	76	8 347	92	1		1	794	18	812
1 314	609	1 923		20	20	1	1 944	34				83	15	98
9 930	1 338	11 268	25	42	67	253	11 588	283				1 681	275	1 956
7 481	4 254	11 735	5	48	53	89	11 877	266				1 859	774	2 633
10 407	1 536	11 943	32	37	69	45	12 057	212				1 804	320	2 124

产品类别 代号	产品类别 名称	产品名称	动力形式	起重量（t）	生产量（台） 境内生产	整机进口	合计	订货量（台） 自主品牌 国内	出口	合计	贴牌 国内	出口	合计	出口到集团公司	合计
1	电动平衡重乘驾式叉车	四支点叉车（充气胎、实心胎和除实心软胎以外的其他轮胎）	电动	3.5～3.999	4 019	2	4 021	3 987	613	4 600	13	15	28	50	4 678
				4.0～4.999	519	8	527	658	36	694		3	3		697
				5.0～6.999	700	30	730	678	134	812	2	14	16		828
				7.0～9.999	71		71	63	19	82					82
				≥10.0	84		84	93	8	101					101
2	电动乘驾式仓储车辆	合计			9 695	795	10 490	7 425	1 891	9 316	131	574	705	269	10 290
		低起升托盘搬运车和平台搬运车	电动	≤2.0	677	56	733	501	155	656	2	21	23	7	686
				>2.0	116		116	128	31	159		52	52		211
		高起升堆垛车	电动	0.0～1.199	7		7	4	11	15		25	25	2	42
				1.2～1.499	16		16	22	13	35					35
				1.5～1.999	182	6	188	153	72	225	1		1		226
				≥2.0	9	3	12	6	5	11		20	20		31
		货叉前移式叉车	电动	0.0～1.199	1		1								
				1.2～1.499	68		68	72		72					72
				1.5～1.999	56		56	60	1	61					61
				≥2.0	16		16	16		16					16
		门架前移式叉车	电动	0.0～1.199	123	1	124	83	1	84				81	165
				1.2～1.499	2 212	8	2 220	1 779	182	1 961	2		2	3	1 966
				1.5～1.999	3 779	44	3 823	3 017	622	3 639	32	8	40	21	3 700
				≥2.0	1 984	47	2 031	1 206	577	1 783	94	4	98	2	1 883
		高起升拣选车	电动		327	76	403	155	205	360		13	13	153	526
		侧向堆垛车（操作台可起升）	电动	≤1.25	78	36	114	72		72					72
				>1.25	15	102	117	103	1	104					104
		侧向堆垛车（操作台在下面）	电动	≤1.0	17	3	20	17		17					17
				>1.0,≤1.25											
				>1.25	12	406	418	31	13	44		431	431		475
		侧面式和多向叉车	电动	0.0～1.199											
				1.2～1.499											
				1.5～1.999						2	2				2
				≥2.0		7	7								

（续）

| 发货量（台） | | | | | | | | 现有库存 | 其中：AGV叉车和新能源叉车销售量（台） | | | | | |
| 自主品牌 | | | 贴牌 | | | 出口到集团公司 | 合计 | | AGV | | | 1～3类锂电池/4～5类氢燃料叉车 | | |
国内	出口	合计	国内	出口	合计				国内	出口	合计	国内	出口	合计
3 611	608	4 219	12	14	26	11	4 256	71				1 382	182	1 564
595	34	629	2	3	5		634	25				97	7	104
660	128	788	3	14	17		805	22				104	31	135
52	17	69					69	6				8	5	13
73	3	76					76	11				1		1
7 442	1 881	9 323	154	583	737	341	10 401	139	25		25	122	40	162
526	165	691	11	38	49	13	753					9		9
93	27	120	3		3		123							
1	6	7					7							
22	23	45	2		2		47	6						
101	71	172	4	2	6		178	16						
2	6	8		3	3		11							
			1		1		1							
78	3	81					81							
60		60					60							
17		17					17							
73	3	76				72	148							
1 908	179	2 087	2		2	10	2 099	13						
2 965	571	3 536	35	3	38	32	3 606	46	5		5	98	38	136
1 190	561	1 751	94	2	96	16	1 863	58	19		19	15	2	17
166	244	410	1	7	8	198	616		1		1			
74		74					74							
125	1	126					126							
15		15					15							
12		12					12							
13	21	34	1	521	522		556							
1		1		7	7		8							

产品类别 代号	产品类别 名称	产品名称	动力形式	起重量（t）	生产量（台）境内生产	生产量（台）整机进口	生产量（台）合计	订货量（台）自主品牌 国内	订货量（台）自主品牌 出口	订货量（台）自主品牌 合计	订货量（台）贴牌 国内	订货量（台）贴牌 出口	订货量（台）贴牌 合计	订货量（台）出口到集团公司	订货量（台）合计
		合计			222 936	1 420	224 356	150 273	86 019	236 292	31 898	32 935	64 833	15 610	316 735
3	电动步行式仓储车辆	低起升托盘搬运车和平台搬运车	电动	≤1.6	90 600	214	90 814	57 000	38 404	95 404	11 630	24 755	36 385	12 791	144 580
				>1.6，≤2.0	11 134	152	11 286	8 615	5 742	14 357	2 796	857	3 653	251	18 261
				>2.0	2 132	77	2 209	1 665	603	2 268	15	3	18	163	2 449
		低起升驾驶式平台托盘搬运车	电动	≤1.6	266		266	56	91	147	64	2	66	66	279
				>1.6，≤2.0	13 264	4	13 268	13 202	2 368	15 570	116	168	284	283	16 137
				>2.0	630	185	815	802	96	898	20	27	47	11	956
		低起升乘驾/步行式托盘搬运车	电动	≤1.6	16 301		16 301	6 122	770	6 892	9 241		9 241		16 133
				>1.6，≤2.0	10 913	72	10 985	6 415	5 082	11 497	584	549	1 133		12 630
				>2.0	538		538	519	90	609	115	7	122	3	734
		高起升堆垛车	电动	0.0～1.199	12 789	248	13 037	2 116	6 720	8 836	298	5 042	5 340	1 350	15 526
				1.2～1.499	33 443	49	33 492	37 330	17 302	54 632	141	763	904	266	55 802
				≥1.5	20 546	105	20 651	9 146	4 509	13 655	5 985	37	6 022	105	19 782
		高起升驾驶式平台堆垛车	电动	0.0～1.199	140		140	61	81	142					142
				1.2～1.499	2 176	65	2 241	1 545	701	2 246	124	106	230	11	2 487
				≥1.5	3 937	137	4 074	2 774	1 962	4 736	374	225	599	2	5 337
		前移式叉车	电动	0.0～1.199	6		6	5		5	3		3		8
				1.2～1.499	368		368	301	107	408	53	14	67	4	479
				≥1.5	635		635	456	439	895	195	48	243	8	1 146
		地面拣选车	电动		642	39	681	364	408	772		1	1		773
		平衡重式叉车	电动		673	3	676	532	146	678	120		120		798
		牵引车	电动		1 803	70	1 873	1 247	398	1 645	24	331	355	296	2 296
4+5	内燃平衡重式叉车	合计			311 943	1 028	312 971	263 150	54 771	317 921	378	4 138	4 516	3 135	325 572
		标准叉车	汽油机	0.0～1.199	1		1		1	1					1
				1.2～1.499											
				1.5～1.699	380		380	14	393	407					407
				1.7～1.999	514	11	525	2	591	593					593
				2.0～2.499	225	4	229	24	210	234					234
				2.5～2.999	2 509	174	2 683	40	2 897	2 937				33	2 970
				3.0～3.499	2 807	101	2 908	2 004	1 495	3 499				140	3 639
				3.5～3.999	971	45	1 016	81	1 003	1 084				6	1 090
				4.0～4.999	312		312	1	315	316					316
				5.0～6.999	247		247	6	195	201					201
				≥7.0	95		95	2	95	97					97

（续）

| 发货量（台） | | | | | | | | 现有库存 | 其中：AGV叉车和新能源叉车销售量（台） | | | | | |
| 自主品牌 | | | 贴牌 | | | 出口到集团公司 | 合计 | | AGV | | | 1～3类锂电池/4～5类氢燃料叉车 | | |
国内	出口	合计	国内	出口	合计				国内	出口	合计	国内	出口	合计
142 719	83 133	225 852	30 975	34 165	65 140	16 033	307 025	2 343	115		115	35 996	28 151	64 147
54 304	35 876	90 180	11 561	26 082	37 643	12 930	140 753	782	9		9	15 779	16 887	32 666
8 244	5 656	13 900	1 940	879	2 819	180	16 899	116	1		1	1 345	392	1 737
1 638	701	2 339	27	16	43	267	2 649	25	23		23	77	2	79
49	91	140	64	2	66	79	285							
13 103	2 371	15 474	123	223	346	306	16 126					4 856	1 458	6 314
802	116	918	19	14	33	11	962					146	7	153
6 120	770	6 890	9 241		9 241		16 131	423				2 766	185	2 951
7 292	5 089	12 381	560	526	1 086		13 467	48				3 139	427	3 566
533	112	645	110	24	134	3	782	13				2 399	4 235	6 634
2 116	6 640	8 756	309	4 709	5 018	1 395	15 169	106				1	7	8
32 224	17 180	49 404	126	771	897	275	50 576	99	9		9	4 787	4 206	8 993
8 921	4 415	13 336	5 987	158	6 145	107	19 588	731	71		71	126	5	131
64	66	130					130							
1 537	675	2 212	140	95	235	16	2 463					164	216	380
2 672	1 943	4 615	353	199	552		5 167					239	30	269
5		5	4		4		9							
311	109	420	47	14	61	4	485							
461	469	930	211	54	265	12	1 207					73	49	122
294	354	648		1	1		649							
530	146	676	120		120		796							
1 499	354	1 853	33	398	431	448	2 732		2		2	99	45	144
256 155	53 549	309 704	649	4 277	4 926	1 817	316 447	3 665						
	1	1					1							
14	390	404					404	38						
2	590	592				4	596	4						
22	222	244				3	247	2						
50	2 962	3 012				65	3 077	67						
1 934	1 710	3 644				67	3 711	8						
80	992	1 072				8	1 080	44						
1	299	300					300							
6	189	195					195							
1	78	79					79							

产品类别 代号	名称	产品名称	动力形式	起重量（t）	生产量（台） 境内生产	整机进口	合计	订货量（台）自主品牌 国内	出口	合计	贴牌 国内	出口	合计	出口到集团公司	合计
4+5	内燃平衡重式叉车	标准叉车	柴油机	0.0～1.199	33		33	25	6	31					31
				1.2～1.499											
				1.5～1.699	1 389	3	1 392	468	878	1 346	5	53	58	6	1 410
				1.7～1.999	849	4	853	115	739	854		104	104	1	959
				2.0～2.499	5 025	1	5 026	3 169	1 586	4 755	21	81	102	52	4 909
				2.5～2.999	10 857	306	11 163	2 005	8 748	10 753	13	868	881	478	12 112
				3.0～3.499	134 144	189	134 333	123 049	15 438	138 487	183	891	1 074	1 082	140 643
				3.5～3.999	108 113	114	108 227	105 526	5 169	110 695	86	474	560	199	111 454
				4.0～4.999	9 108	21	9 129	7 082	2 160	9 242		49	49	4	9 295
				5.0～6.999	12 552	18	12 570	9 894	2 773	12 667	16	149	165	19	12 851
				7.0～9.999	7 047		7 047	5 282	1 747	7 029	14	76	90	176	7 295
				10.0～11.999	2 967	2	2 969	2 569	454	3 023	2	35	37	7	3 067
				12.0～14.999	414		414	354	47	401	2		2	8	411
				15.0～16.999	308		308	207	91	298				30	328
				17.0～24.999	22		22	9	19	28					28
				25.0～31.999	54		54	46	13	59				3	62
				32.0～41.999	25		25	28	3	31					31
				≥42.0	17		17	1	3	4					4
			液化石油气/天然气	0.0～1.199											
				1.2～1.499				7		7					7
				1.5～1.699	437		437	4	345	349		84	84	8	441
				1.7～1.999	757	1	758	13	581	594		92	92		686
				2.0～2.499	710		710	122	531	653		20	20	25	698
				2.5～2.999	4 688	19	4 707	329	3 242	3 571	27	762	789	652	5 012
				3.0～3.499	2 482	10	2 492	243	1 839	2 082	8	255	263	142	2 487
				3.5～3.999	883	5	888	108	589	697	1	112	113	62	872
				4.0～4.999	280		280	11	239	250		12	12		262
				5.0～6.999	275		275	19	208	227		11	11		238
				≥7.0	116		116	8	97	105		10	10		115
		空箱叉车			71		71	73		73					73
		重箱叉车													
		空箱正面吊													
		重箱正面吊			101		101	90	1	91				2	93
		多式正面吊			27		27	27		27					27
		侧面式叉车			131		131	93	30	123					123

| 发货量（台） | | | | | | | | | 其中：AGV叉车和新能源叉车销售量（台） | | | | | |
| 自主品牌 | | | 贴牌 | | | 出口到集团公司 | 合计 | 现有库存 | AGV | | | 1～3类锂电池/4～5类氢燃料叉车 | | |
国内	出口	合计	国内	出口	合计				国内	出口	合计	国内	出口	合计
24	6	30					30	2						
398	832	1 230		48	48	2	1 280	43						
95	700	795		97	97	1	893	19						
3 069	1 548	4 617	16	75	91	93	4 801	112						
1 869	8 099	9 968	68	876	944	344	11 256	283						
118 492	15 104	133 596	398	1 024	1 422	404	135 422	1 334						
103 557	4 860	108 417	94	500	594	98	109 109	878						
6 746	2 129	8 875		50	50	14	8 939	82						
9 607	2 654	12 261	12	151	163	17	12 441	183						
6 600	2 196	8 796	12	77	89		8 885	93						
2 435	454	2 889	1	35	36	8	2 933	26						
341	50	391	2		2	13	406	15						
187	87	274				25	299	23						
6	16	22					22	1						
42	9	51				5	56	1						
17	4	21					21	1						
2	3	5				1	6							
3		3					3							
3	310	313		84	84	7	404	31						
3	606	609		92	92	1	702	35						
29	525	554	1	40	41	15	610	5						
69	3 014	3 083	33	744	777	417	4 277	161						
113	1 796	1 909	11	245	256	86	2 251	87						
36	567	603	1	106	107	116	826	34						
	209	209		12	12	3	224	11						
14	216	230		11	11		241	20						
1	90	91		10	10		101	5						
71		71					71	1						
99	1	100					100	7						
27		27					27							
90	31	121					121	9						

产品类别		产品名称	动力形式	起重量（t）	生产量（台）			订货量（台）						出口到集团公司	合计
代号	名称				境内生产	整机进口	合计	自主品牌			贴牌				
								国内	出口	合计	国内	出口	合计		
6	牵引车	合计			3 372	1	3 373	2 431	621	3 052	260	8	268		3 320
		牵引车	电动		1 915	1	1 916	1 292	600	1 892	64	7	71		1 963
			汽油机		183		183	145		145					145
			柴油机		1 274		1 274	994	21	1 015	196	1	197		1 212
			液化石油气/天然气												
7	越野叉车	合计			948		948	522	460	982		1	1	2	985
		门架式叉车	柴油机	0.0～2.499	24		24	1	27	28					28
				2.5～2.999	171		171	13	166	179				1	180
				3.0～3.999	130		130	15	132	147				1	148
				≥4.0	13		13	1	9	10					10
		伸缩臂叉车	柴油机	0.0～2.499	610		610	492	126	618		1	1		619
				2.5～2.999											
				3.0～3.999											
				≥4.0											
8	手动和半动力车辆	合计			1 089 606		1 089 606	394 652	629 077	1 023 729	19 027	119 567	138 594		1 162 323
		手动托盘搬运车		0.0～1.199	83 664		83 664	40 442	41 008	81 450	154	4 926	5 080		86 530
				1.2～1.499											
				1.5～1.699	71 931		71 931	53 060	19 213	72 273	3 674	2 257	5 931		78 204
				1.7～1.999											
				2.0～2.499	184 561		184 561	80 555	99 987	180 542	2 568	11 382	13 950		194 492
				2.5～2.999	550 009		550 009	97 581	386 398	483 979	1 946	91 635	93 581		577 560
				≥3.0	174 451		174 451	120 009	60 746	180 755	9 179	8 340	17 519		198 274
		半动力托盘搬运车		0.0～1.199	203		203	31	169	200	121	3	124		324
				1.2～1.499											
				1.5～1.699							102		102		102
				1.7～1.999											
				2.0～2.499	660		660	660		660	50		50		710
				2.5～2.999											
				≥3.0											

（续）

| 发货量（台） | | | | | | | | 现有库存 | 其中：AGV叉车和新能源叉车销售量（台） | | | | | |
| 自主品牌 | | | 贴牌 | | | 出口到集团公司 | 合计 | | AGV | | | 1～3类锂电池/4～5类氢燃料叉车 | | |
国内	出口	合计	国内	出口	合计				国内	出口	合计	国内	出口	合计
2 436	617	3 053	217	21	238		3 291	68				387	215	602
1 335	596	1 931	21	21	42		1 973	6				387	215	602
								53						
1 101	21	1 122	196		196		1 318	9						
526	420	946		1	1		947	25						
1	22	23					23	2						
16	154	170					170	9						
14	106	120					120	13						
3	12	15					15	1						
492	126	618		1	1		619							
394 649	629 262	1 023 911	19 028	119 568	138 596		1 162 507	2				3		3
40 442	41 008	81 450	154	4 926	5 080		86 530							
53 060	19 213	72 273	3 674	2 257	5 931		78 204							
80 555	99 987	180 542	2 569	11 382	13 951		194 493							
97 581	386 432	484 013	1 946	91 636	93 582		577 595	2						
120 009	60 897	180 906	9 179	8 340	17 519		198 425					3		3
28	169	197	121	3	124		321							
			102		102		102							
660		660	50		50		710							

代号	名称	产品名称	动力形式	起重量（t）	境内生产	整机进口	合计	自主品牌 国内	出口	合计	贴牌 国内	出口	合计	出口到集团公司	合计
8	手动和半动力车辆	手动托盘堆垛车（插腿式叉车）		0.0～1.199	20 190		20 190	917	18 773	19 690	192	1 023	1 215		20 905
				1.2～1.499											
				1.5～1.699	1 598		1 598	694	1 024	1 718	655		655		2 373
				1.7～1.999											
				2.0～2.499							193	1	194		194
				2.5～2.999											
				≥3.0											
		半动力托盘堆垛车（插腿式叉车）		0.0～1.199	2 255		2 255	619	1 759	2 378	126		126		2 504
				1.2～1.499	84		84	84		84					84
				1.5～1.699							39		39		39
				1.7～1.999											
				2.0～2.499							28		28		28
				2.5～2.999											
				≥3.0											
9	固定平台搬运车	固定平台搬运车		合计	563		563	312	172	484	11		11		495
			电动	0.0～1.199	4		4	4		4					4
				1.2～1.499											
				1.5～1.699											
				1.7～1.999											
				2.0～2.499	149		149	135	11	146					146
				2.5～2.999	2		2	2		2					2
				≥3.0	393		393	171	146	317	11		11		328
			汽油机	0.0～1.199											
				1.2～1.499											
				1.5～1.699											
				1.7～1.999											
				2.0～2.499											
				2.5～2.999											
				≥3.0											
			柴油机	0.0～1.199											
				1.2～1.499											
				1.5～1.699											
				1.7～1.999											
				2.0～2.499											
				2.5～2.999											
				≥3.0											
		旅游车			15		15	15		15					15

〔供稿单位：中国工程机械工业协会工业车辆分会〕

（续）

| 发货量（台） | | | | | | | | 现有库存 | 其中：AGV叉车和新能源叉车销售量（台） | | | | | |
| 自主品牌 | | | 贴牌 | | | 出口到集团公司 | 合计 | | AGV | | | 1～3类锂电池/4～5类氢燃料叉车 | | |
国内	出口	合计	国内	出口	合计				国内	出口	合计	国内	出口	合计
917	18 773	19 690	192	1 023	1 215		20 905							
694	1 024	1 718	655		655		2 373							
			193	1	194		194							
619	1 759	2 378	126		126		2 504							
84		84					84							
			39		39		39							
			28		28		28							
293	172	465	11		11		476	46	17		17		15	15
4		4					4							
117	11	128					128	29	13		13			
2		2					2		2		2			
170	146	316	11		11		327	17	2		2			
	15	15					15						15	15

2019 年机动工业车辆出口订货量、发货量

| 销往国家和地区 | 2019 年 1—12 月出口订货量（台） | | | | | 2019 年 1—12 月出口发货量（台） | | | | |
国家和地区名称	第 1 类	第 2 类	第 3 类	第 4 类 + 第 5 类	合计	第 1 类	第 2 类	第 3 类	第 4 类 + 第 5 类	合计
合计	14 378	1 891	86 019	54 771	157 059	14 262	1 881	83 133	53 549	152 825
欧洲										
阿塞拜疆	16	2	42	104	164	15	2	39	91	147
奥地利	23	1	197	160	381	20	1	177	105	303
亚美尼亚	15	1	17	25	58	12	1	14	25	52
比利时	167	29	2 519	485	3 200	128	18	2 403	499	3 048
波黑	2	1	7	46	56	2	1	7	51	61
保加利亚	38		617	274	929	47		579	257	883
白俄罗斯	346		161	717	1 224	48		97	205	350
克罗地亚	2		82	46	130	2		71	46	119
捷克	61	14	921	398	1 394	64	19	752	388	1 223
丹麦	34		612	117	763	34	2	586	100	722
爱沙尼亚	9		105	33	147	8		112	37	157
芬兰	5		103	87	195	2		139	79	220
法国	986	14	4 735	1 358	7 093	969	10	4 707	1 406	7 092
格鲁吉亚	20	1	19	42	82	30	1	30	38	99
德国	312	19	5 669	1 307	7 307	292	12	5 754	1 238	7 296
希腊	36	8	386	175	605	21	1	358	123	503
匈牙利	45	6	610	679	1 340	50	1	376	569	996
冰岛	2	2	39	8	51	2	6	74	9	91
爱尔兰	35	2	80	252	369	21	2	89	216	328
意大利	397	2	2 067	515	2 981	428	2	1 765	582	2 777
拉脱维亚	10	2	13	56	81	17	2	17	25	61
列支敦士登			5		5			9		9
立陶宛	9			23	32	9			20	29
卢森堡			6		6				10	10
马耳他	5		98	4	107	7		67	4	78

销往国家和地区	2019 年 1—12 月出口订货量（台）					2019 年 1—12 月出口发货量（台）				
国家和地区名称	第 1 类	第 2 类	第 3 类	第 4 类 + 第 5 类	合计	第 1 类	第 2 类	第 3 类	第 4 类 + 第 5 类	合计
摩尔多瓦	35		102	35	172	36		106	28	170
黑山	8		37	8	53	7		37	7	51
荷兰	678	11	2 034	611	3 334	486	10	2 053	357	2 906
挪威	111	1	455	209	776	122	3	511	202	838
波兰	131	22	3 214	1 750	5 117	104	28	2 956	1 788	4 876
葡萄牙	109	8	343	154	614	99	4	310	156	569
罗马尼亚	81	1	705	475	1 262	85	1	501	452	1 039
俄罗斯联邦	774	50	3 673	2 964	7 461	1 112	53	3 683	3 184	8 032
圣马力诺			49	29	78			47	23	70
塞尔维亚	46		261	293	600	37		177	206	420
斯洛伐克	7		213	160	380	4		214	154	372
斯洛文尼亚	24	1	189	67	281	23	1	196	64	284
西班牙	183	8	4 298	648	5 137	186	4	4 145	672	5 007
瑞典	111	1	2 238	73	2 423	78	3	2 316	64	2 461
瑞士	92		561	272	925	89	1	539	293	922
乌克兰	193	6	274	578	1 051	268	4	302	742	1 316
前南马其顿			46	5	51	9		48	3	60
英国	339	54	2 273	2 131	4 797	374	30	2 106	2 138	4 648
美洲										
安提瓜和巴布达	3				3	2				2
阿根廷	339	17	1 160	1 482	2 998	612	22	850	1 473	2 957
巴哈马	5		1	14	20				7	7
巴巴多斯				6	6				6	6
多民族玻利维亚国	1		19	28	48	1		19	26	46
巴西	521	70	1 791	2 495	4 877	469	71	1 709	2 399	4 648
英属维尔京群岛				37	37				37	37
加拿大	153	2	1 051	570	1 776	165	12	926	654	1 757
智利	77	9	322	483	891	60	8	322	506	896
哥伦比亚	79	2	328	273	682	72	3	305	262	642
哥斯达黎加	9	3	22	64	98	11	4	37	56	108
古巴			1	17	18	1		1	16	18
多米尼加共和国	2		14	121	137	2		14	119	135

（续）

销往国家和地区	2019年1—12月出口订货量（台）					2019年1—12月出口发货量（台）				
国家和地区名称	第1类	第2类	第3类	第4类+ 第5类	合计	第1类	第2类	第3类	第4类+ 第5类	合计
厄瓜多尔	9	3	95	267	374	9		90	236	335
萨尔瓦多			11	15	26			11	12	23
法属圭亚那				11	11				11	11
瓜德罗普	2	2		6	10	3	2		6	11
危地马拉	3	8	22	64	97	2		18	70	90
圭亚那	2			3	5					
海地	2			3	5	2			5	7
洪都拉斯	23		75	91	189	23		71	88	182
牙买加	14	4	83	102	203	14	4	77	97	192
墨西哥	187	23	509	1 027	1 746	170	22	529	1 006	1 727
荷属安地列斯	1				1					
阿鲁巴				3	3				3	3
尼加拉瓜				11	11				11	11
巴拿马	12	4	69	62	147	9	3	67	106	185
巴拉圭	3		35	149	187	2		24	122	148
秘鲁	41	13	122	288	464	41	10	118	295	464
波多黎各	14		87	7	108	14	1	74	12	101
圣其茨和尼维斯									1	1
苏里南	3			35	38	3			47	50
特立尼达和多巴哥			5	30	35			5	32	37
美国	741	81	11 646	2 558	15 026	801	145	12 642	2 527	16 115
乌拉圭	56	1	173	228	458	59	2	162	187	410
委内瑞拉	1		73	11	85	2		73	9	84
其他				6	6				13	13
亚洲										
巴林	5		11	77	93	5		11	73	89
孟加拉国	26	4	46	175	251	22	2	49	175	248
文莱	3	2	6		11	1	2	5		8
缅甸	16	17	136	142	311	22	25	113	118	278
柬埔寨	47	13	101	347	508	30	5	87	1 055	1 177
斯里兰卡	3	1	89	80	173	4	1	90	71	166
台澎金马关税区	211	36	1 606	886	2 739	222	48	1 207	833	2 310
塞浦路斯	11		208	42	261	11		220	41	272

（续）

销往国家和地区	2019 年 1—12 月出口订货量（台）					2019 年 1—12 月出口发货量（台）				
国家和地区名称	第 1 类	第 2 类	第 3 类	第 4 类 + 第 5 类	合计	第 1 类	第 2 类	第 3 类	第 4 类 + 第 5 类	合计
中国香港	315	66	5 861	636	6 878	308	57	4 827	545	5 737
印度	280	193	969	908	2 350	268	222	864	973	2 327
印度尼西亚	585	174	1 178	2 668	4 605	514	160	1 120	2 629	4 423
伊朗	36			91	127	34	6		91	131
伊拉克	3	1	34	203	241	4		27	179	210
以色列	157	4	1 819	516	2 496	129		1 755	410	2 294
日本	49	5	1 267	10	1 331	46	1	1 364	15	1 426
哈萨克斯坦	54	3	28	298	383	45	3	13	267	328
约旦	12	1	37	56	106	9	1	43	46	99
韩国	734	36	3 847	501	5 118	823	37	3 901	202	4 963
朝鲜									5	5
科威特	3	1	119	142	265	3		33	156	192
吉尔吉斯斯坦	4	1		22	27	4	1		22	27
老挝				84	84				56	56
黎巴嫩	10		22	79	111	12	1	32	94	139
中国澳门			21		21			20		20
马来西亚	331	33	511	1 286	2 161	431	37	507	1 225	2 200
马尔代夫	1		2	10	13			2	8	10
蒙古	19	3	8	44	74	16	3	4	43	66
阿曼	11	2	31	202	246	12	2	32	191	237
尼泊尔联邦民主共和国	1			7	8				6	6
巴基斯坦	39	18	175	143	375	36	18	168	132	354
菲律宾	180	79	412	1 261	1 932	159	70	372	1 119	1 720
东帝汶				6	6				5	5
卡塔尔	15	4	44	82	145	15	5	46	125	191
沙特阿拉伯	52	1	106	1 022	1 181	47	2	102	885	1 036
新加坡	227	69	517	438	1 251	217	68	464	340	1 089
越南	533	102	1 411	1 773	3 819	476	104	1 358	1 715	3 653
叙利亚	4		30	29	63	7		28	25	60
塔吉克斯坦				1	1				1	1
泰国	576	109	2 128	1 902	4 715	609	122	2 313	2 096	5 140
阿联酋	167	15	417	616	1 215	149	17	386	581	1 133

（续）

销往国家和地区	2019年1—12月出口订货量（台）					2019年1—12月出口发货量（台）				
国家和地区名称	第1类	第2类	第3类	第4类+第5类	合计	第1类	第2类	第3类	第4类+第5类	合计
土耳其	134	6	738	801	1 679	100	6	781	717	1 604
土库曼斯坦	4		1	9	14	3		1	8	12
乌兹别克斯坦	89	2	156	234	481	123	2	69	244	438
也门	1		2	28	31	1		2	29	32
非洲										
阿尔及利亚	185	5	201	936	1 327	85	11	209	981	1 286
安哥拉	14		8	79	101	13		8	75	96
博茨瓦纳			1	4	5			1	4	5
喀麦隆	3	3	14	30	50	4	3	14	35	56
乍得	2		1		3	2				2
马约特			10	3	13			10	3	13
刚果（布）				57	57	2			47	49
刚果（金）				43	43				58	58
贝宁				2	2				1	1
赤道几内亚				2	2					
埃塞俄比亚	20		16	40	76	20		16	44	80
厄立特里亚				3	3				3	3
吉布提				4	4				7	7
加蓬	3		6	37	46	2		6	60	68
加纳	7	6	64	112	189	7	5	64	107	183
几内亚				20	20				15	15
科特迪瓦	23		46	292	361	23		42	254	319
肯尼亚	20	4	76	74	174	19	4	72	69	164
利比里亚	3		10	16	29	4		10	16	30
利比亚	3	2	68	88	161	3	2	75	97	177
马达加斯加	14	1	31	39	85	13	1	22	29	65
马拉维				23	23				20	20
马里				7	7				7	7
毛里塔尼亚									1	1
毛里求斯	13	4	40	73	130	11	4	40	74	129
摩洛哥	99	2	61	93	255	98	3	58	115	274
莫桑比克	2	1	4	41	48	2	1	5	38	46

（续）

销往国家和地区	2019 年 1—12 月出口订货量（台）					2019 年 1—12 月出口发货量（台）				
国家和地区名称	第 1 类	第 2 类	第 3 类	第 4 类 + 第 5 类	合计	第 1 类	第 2 类	第 3 类	第 4 类 + 第 5 类	合计
纳米比亚		8		17	25		6		12	18
尼日尔				2	2				2	2
尼日利亚	35	4	94	341	474	28	4	99	323	454
留尼汪	2	4	23	3	32	2	4	24	6	36
卢旺达				3	3				3	3
塞内加尔	2		14	15	31			3	9	12
塞舌尔				4	4				4	4
塞拉利昂				1	1				1	1
南非	270	44	313	1 775	2 402	309	36	398	1 763	2 506
津巴布韦			18	29	47		1	21	29	51
苏丹	2		20	38	60	2		4	31	37
多哥				12	12				10	10
突尼斯	20	1	127	298	446	8		127	299	434
乌干达	1		2	34	37			2	31	33
埃及	12	3	70	405	490	10	3	64	422	499
坦桑尼亚		1	17	69	87		1	17	73	91
布基纳法索	1			10	11	1			10	11
赞比亚			34	100	134			32	83	115
大洋洲										
澳大利亚	709	262	2 213	3 174	6 358	642	204	2 149	3 113	6 108
所罗门群岛	1				1				1	1
库克群岛	1		1		2	1		1		2
斐济	2			28	30	2			28	30
法属波利尼西亚			2	11	13			2	11	13
新喀里多尼亚	1	2	5	19	27	1	2	8	21	32
瓦努阿图	1			2	3	1			2	3
新西兰	151	17	521	391	1 080	126	19	497	372	1 014
巴布亚新几内亚	8	7	6	49	70	8	6	3	49	66
萨摩亚			1	3	4			1	3	4
其他			4	17	21		1		14	15

〔供稿单位：中国工程机械工业协会工业车辆分会〕

2019 年机动工业车辆

产品类别		产品名称	动力形式	起重量（t）	销售量（台）									
代号	名称				辽宁	吉林	黑龙江	北京	天津	河北	山西	内蒙古	山东	江苏
		合计			1 143	813	558	1 729	1 276	1 647	632	437	5 175	5 972
		站立操纵叉车	电动	0.0～1.199										
				1.2～1.499										
				1.5～1.699				5	2	3	3		4	11
				1.7～1.999										1
				≥2.0	4				2		2		7	14
		三支点叉车	电动	0.0～1.199	3			25	20	19	9	11	23	43
				1.2～1.499	2			1	2				4	19
				1.5～1.699	66	50	13	189	156	93	20	11	301	511
				1.7～1.999	1	1	2	6	8	4	1		57	38
				≥2.0	11	1	3	13	4	11	1	2	33	54
1	电动平衡重乘驾式叉车	四支点叉车（实心软胎）	电动	0.0～1.199										1
				1.2～1.499										11
				1.5～1.699									10	12
				1.7～1.999							1			1
				2.0～2.499	23	23	11	113	56	31	7	7	210	399
				2.5～2.999		1		3	1		3		12	10
				3.0～3.499					2				4	6
				3.5～3.999									3	2
				4.0～4.999										1
				5.0～6.999							1		3	4
				7.0～9.999										
				≥10.0										
		四支点叉车（充气胎、实心胎和除实心软胎以外的其他轮胎）	电动	0.0～1.199	4	2	5	2	3	8	1		9	23
				1.2～1.499						1	3		1	3
				1.5～1.699	270	76	63	213	203	156	59	91	834	893
				1.7～1.999	35	12	4	16	69	34	20	14	177	111
				2.0～2.499	255	289	260	315	237	212	231	79	801	919
				2.5～2.999	201	141	51	213	207	356	108	51	765	1 089
				3.0～3.499	151	191	98	492	210	532	104	105	1 377	1 257
				3.5～3.999	97	17	43	67	66	121	51	59	413	393

销售全国流向表

浙江	安徽	福建	江西	上海	广东	广西	海南	湖南	湖北	河南	四川	云南	贵州	西藏	重庆	陕西	甘肃	宁夏	青海	新疆	自主品牌国内合计	自主品牌出口	贴牌	出口到集团公司	总计
4 614	2 005	1 472	613	4 701	6 639	830	226	905	1 308	1 508	1 260	551	410	16	629	1 250	303	88	106	384	49 200	14 262	708	1 004	65 174
	2			7																	9				9
12	10	4		20	41			2	2	1											120				120
		1		1	3																6	3			9
47	10	6		30	28				1												151	3	85		239
65	18	23		77	101			6	6	3	1	1					2				456	11			467
16	3	9		13	17	1		2	1		2	4	2		3						101	60			161
303	55	268	50	615	594	43	10	54	95	38	76	9	7		46	23	13		4	20	3 733	1 470	69	505	5 777
28	1	5	2	10	75	3		3	3	1	6				1	25	4			4	289	925	15	20	1 249
87	14	5	1	99	47	6		10	6	4	9	2	6		6	4			3	4	447	544	68	1	1 060
																					1				1
																					11	2			13
	6	6	8	31	46				1												120				120
1		1									2				1						7				7
190	23	177	7	489	328	23	6	26	22	18	14	3	3		4	4					2 217	1 643			3 860
5	9		1	8	7	3			15			6			5	15					104			3	107
5		2	6		8	11			4			6									55	2			57
2		1	2	1					1												14				14
																					1				1
2	4			1	7										1	3					25				25
45	2			16	31	4		4	11	4	4	3				1	4	3	1	1	191	7		1	199
2	3			6	5	1			1												26				26
743	317	121	92	509	967	77	16	210	187	218	138	27	52	8	81	212	72	19	13	56	6 993	1 065	213	76	8 347
105	29	33	13	93	183	10	7	10	22	35	10	2	1		7	220	13	3	2	24	1 314	609	20	1	1 944
927	489	401	104	913	1 003	201	120	252	335	230	313	331	189	1	144	156	88	22	15	98	9 930	1 338	67	253	11 588
677	313	142	60	613	1 136	99		85	213	232	247	48	53	4	96	159	35	6	15	51	7 481	4 254	53	89	11 877
935	360	194	182	850	1 131	112	34	159	273	528	351	85	49	3	173	246	59	26	35	105	10 407	1 536	69	45	12 057
271	251	63	70	177	593	197	18	55	85	142	58	17	36		38	168	10	6	17	12	3 611	608	26	11	4 256

中国工业车辆年鉴 2019—2020

代号	名称	产品名称	动力形式	起重量（t）	辽宁	吉林	黑龙江	北京	天津	河北	山西	内蒙古	山东	江苏
1	电动平衡重乘驾式叉车	四支点叉车（充气胎、实心胎和除实心软胎以外的其他轮胎）	电动	4.0～4.999	9	1		1	7	11			83	41
				5.0～6.999	11	8	4	47	18	43	11	5	32	97
				7.0～9.999				5		5	1	1	5	5
				≥10.0			1	3	2	3		1	7	4
2	电动乘驾式仓储车辆	合计			219	89	26	503	174	119	41	33	347	1 406
		低起升托盘搬运车和平台搬运车	电动	≤2.0	25	1		21	5	20	7	3	16	84
				>2.0	13		4	6	2	3				4
		高起升堆垛车	电动	0.0～1.199										1
				1.2～1.499				1		2		1	2	2
				1.5～1.999		6								16
				≥2.0										
		货叉前移式叉车	电动	0.0～1.199										
				1.2～1.499	1			4	2	1				10
				1.5～1.999		1		3	2	1			5	14
				≥2.0						1				1
		门架前移式叉车	电动	0.0～1.199	4			3	1				1	10
				1.2～1.499	42	9	9	272	33	11	1	11	66	267
				1.5～1.999	79	21	7	158	97	57	26	9	149	580
				≥2.0	32	44	4	19	23	17	7	9	91	257
		高起升拣选车	电动		3	5		12	1	5			9	62
		侧向堆垛车（操作台可起升）	电动	≤1.25	4			3		1			2	26
				>1.25	12		2		7				6	56
		侧向堆垛车（操作台在下面）	电动	≤1.0	1	1		1						4
				>1.0, ≤1.25	1				1					5
				>1.25	2	1								6
		侧面式和多向叉车	电动	0.0～1.199										
				1.2～1.499										
				1.5～1.999										
				≥2.0										1

浙江	安徽	福建	江西	上海	广东	广西	海南	湖南	湖北	河南	四川	云南	贵州	西藏	重庆	陕西	甘肃	宁夏	青海	新疆	自主品牌国内合计	自主品牌出口	贴牌	出口到集团公司	总计
63	68	1	4	57	159	34		6	11	12	8				10	6				3	595	34	5		634
66	14	10	10	53	108	5		16	14	27	19	10			13	5	4	3	1	6	660	128	17		805
3	2			10	10					4					1						52	17			69
14	1		1	1	9			5	1	9	2	9									73	3			76
763	185	248	33	1 316	1 100	48	10	107	172	120	129	27	21	2	58	119	7	1		19	7 442	1 881	737	341	10 401
32	28	36	5	51	74	5	4	9	7	34	24	2	4		4	24				1	526	165	49	13	753
4				3	20	2		10	2	4			7			9					93	27	3		123
																					1	6			7
4	1	2		1	1					1					2				2	22	23	2		47
18	6	21		14	16					2					1	1					101	71	6		178
					2																2	6	3		11
																						1			1
9	4	1		9	21	4			4		3	5									78	3			81
10	1			9	12					2											60				60
2				2	9					2											17				17
15		1		12	18			1	2											5	73	3		72	148
198	24	110	10	439	241	3	4	20	56	6	31	5	1		18	14	3			4	1 908	179	2	10	2 099
264	72	53	10	563	507	23	2	31	72	50	40	9	5	2	22	49	3			5	2 965	571	38	32	3 606
178	40	22	4	128	165	11		31	25	25	21	5	3		10	18				1	1 190	561	96	16	1 863
7	4			47	6				1						2	1				1	166	244	8	198	616
10	4			21						1					1	1					74				74
11	1	2	4	13	5			4			1				1						125	1			126
				1					4		1		1					1			15				15
				3						1		1									12				12
1					3																13	21	522		556
																					1			7	8

产品类别 代号	产品类别 名称	产品名称	动力形式	起重量（t）	销售量（台） 辽宁	吉林	黑龙江	北京	天津	河北	山西	内蒙古	山东	江苏
3	电动步行式仓储车辆	合计			1 956	972	710	2 972	2 020	2 223	618	293	7 755	20 075
		低起升托盘搬运车和平台搬运车	电动	≤1.6	531	188	106	868	645	702	177	67	2 903	7 376
				>1.6，≤2.0	60	20	25	81	65	138	5	25	432	968
				>2.0	8	1	1	19	60	70	3	1	67	282
		低起升驾驶式平台托盘搬运车	电动	≤1.6		2		5	2		2		4	7
				>1.6，≤2.0	332	87	83	909	390	214	72	31	687	1 927
				>2.0	25			15	24	18	3		101	169
		低起升乘驾/步行式托盘搬运车	电动	≤1.6	77	60	45	31	99	117	39	46	434	604
				>1.6，≤2.0	90	17	77	92	80	83	38	20	211	422
				>2.0	10			7	15	6	4	1	41	75
		高起升堆垛车	电动	0.0～1.199	59	21	8	66	27	25	2	2	73	401
				1.2～1.499	411	279	267	389	281	567	201	82	1 855	5 082
				≥1.5	131	43	35	145	126	106	40	13	426	1 601
		高起升驾驶式平台堆垛车	电动	0.0～1.199						4			5	8
				1.2～1.499	23	16	18	90	26	26	14		74	322
				≥1.5	34	21	11	92	34	76	4	2	227	404
		前移式叉车	电动	0.0～1.199		1								
				1.2～1.499	4			18	14	5			35	53
			电动	≥1.5	13	9		11	14	14	2		40	72
		地面拣选车	电动		7		1	63	8	6	1		9	28
		平衡重式叉车	电动		23	23	11	30	3	12	4	1	31	21
		牵引车	电动		118	184	22	41	107	34	7	2	100	253
4+5	内燃平衡重式叉车	合计			6 766	3 525	3 561	5 939	4 628	14 246	5 184	3 389	26 824	28 811
		标准叉车	汽油机	0.0～1.199										
				1.2～1.499										
				1.5～1.699			2	1		2		2	2	1
				1.7～1.999								1		1
				2.0～2.499		3					3		5	3
				2.5～2.999			2			2			9	4
				3.0～3.499	128	89	7	48	33	45	6	59	115	246
				3.5～3.999			3	3		2			3	16
				4.0～4.999										1
				5.0～6.999		1	1			1				2
				≥7.0										1
			柴油机	0.0～1.199						1	1	1	1	8
				1.2～1.499										

浙江	安徽	福建	江西	上海	广东	广西	海南	湖南	湖北	河南	四川	云南	贵州	西藏	重庆	陕西	甘肃	宁夏	青海	新疆	自主品牌国内合计	自主品牌出口	贴牌	出口到集团公司	总计
22 079	6 160	5 662	1 559	10 438	37 903	2 567	150	2 528	2 961	2 989	2 182	1 062	1 003	4	1 471	1 361	357	144	75	470	142 719	83 133	65 140	16 033	307 025
8 801	1 211	2 389	427	2 993	18 597	1 378	55	908	1 121	814	402	310	324	2	494	211	75	37	1	191	54 304	35 876	37 643	12 930	140 753
1 522	125	360	65	777	2 579	51	3	176	162	130	93	61	44		152	45	23	9	4	44	8 244	5 656	2 819	180	16 899
233	125	74	38	201	226	33		11	54	19	46	9	13		15	7				22	1 638	701	43	267	2 649
5		5		4	7			3	1	1						1					49	91	66	79	285
1 780	485	751	211	1 076	1 814	124	8	213	336	287	411	161	139		239	241	24		36	35	13 103	2 371	346	306	16 126
59	65	17	20	44	99	9	1	5	25	53	8	3	7		14	14	1			3	802	116	33	11	962
719	930	81	127	911	904	90		88	78	250	119	37	23		87	85	26			13	6 120	770	9 241		16 131
983	190	113	90	689	2 978	110	14	97	214	237	122	73	30		48	141	16	2	3	12	7 292	5 089	1 086		13 467
54	66	18	9	75	76	38		8	6	7	5	2			6	3				1	533	112	134	3	782
397	56	58	32	409	243	11		24	18	24	95	12	2		8	28	3			12	2 116	6 640	5 018	1 395	15 169
4 586	1 699	1 162	354	2 045	7 923	553	44	793	613	903	531	217	378	1	274	445	95	80	27	87	32 224	17 180	897	275	50 576
1 713	1 021	289	135	718	1 329	86	2	121	166	136	189	117	22		63	41	74	14	2	17	8 921	4 415	6 145	107	19 588
6	1	1		11	8	1	2	2		5	7					2	1				64	66			130
343	19	64	14	82	220	16	1	9	44	16	27	26	5		6	21	7			8	1 537	675	235	16	2 463
547	90	182	22	179	382	41	1	35	53	52	39	16	8	1	40	56	4	1	2	16	2 672	1 943	552		5 167
				1	3																5		4		9
30	5	10	2	35	71			5	2		10	3	3			4				2	311	109	61	4	485
55	15	21	4	23	64	17		15	15	20	17	7	1		5	6	1				461	469	265	12	1 207
13	11	31	1	23	43			5	11	1	21	2			1	3	2			3	294	354	1		649
116	15	33	1	37	84			15	4	11	31	11	2		2	1	4	1		3	530	146	120		796
117	31	3	7	105	253	9	4	9	29	3	28	4	4		17	7				1	1 499	354	431	448	2 732
22 421	10 069	7 651	6 289	11 307	24 026	5 928	1 499	6 716	7 755	12 823	5 925	3 945	4 550	803	4 260	6 398	2 819	1 907	1 329	4 855	256 148	53 549	4 926	1 817	316 440
																								1	1
			2	2																	14	390			404
																					2	590		4	596
			4	2																	22	222		3	247
12			1	12	7																50	2 962		65	3 077
137	24	50	42	61	66	14	47	53	130	59	86	38	41		68	21	66	62	60	33	1 934	1 710		67	3 711
13	1	3	4	10	9			7	2		1					1				2	80	992		8	1 080
																					1	299			300
			1																		6	189			195
																					1	78			79
2		2	2	1				2	1		1				1						24	6			30

产品类别 代号	产品类别 名称	产品名称	动力形式	起重量（t）	销售量（台）辽宁	吉林	黑龙江	北京	天津	河北	山西	内蒙古	山东	江苏
4+5	内燃平衡重式叉车	标准叉车	柴油机	1.5～1.699	10	5	12	17	9	19	7	5	35	62
				1.7～1.999	3					1	1		9	28
				2.0～2.499	92	43	69	33	60	79	55	31	331	390
				2.5～2.999	55	13	14	23	40	55	18	11	94	423
				3.0～3.499	4 011	1 880	1 840	3 130	2 539	7 676	1 979	1 610	12 818	14 010
				3.5～3.999	1 810	1 278	1 311	2 197	1 489	5 501	2 535	1 369	10 993	10 393
				4.0～4.999	172	39	123	67	73	210	75	53	559	701
				5.0～6.999	201	86	121	148	123	306	220	131	1 049	1 337
				7.0～9.999	178	66	34	194	158	222	225	81	457	531
				10.0～11.999	80	17	18	52	67	96	52	26	245	450
				12.0～14.999	3	3		14	20	10	3	5	31	56
				15.0～16.999	7	1		7	8	10	3	2	25	32
				17.0～24.999										1
				25.0～31.999				4	1	1	1		7	4
				32.0～41.999						3	2		6	4
				≥42.0										
			液化石油气/天然气	0.0～1.199										
				1.2～1.499										
				1.5～1.699										
				1.7～1.999										2
				2.0～2.499	1				2					2
				2.5～2.999					2				5	7
				3.0～3.499	2				1				11	61
				3.5～3.999										10
				4.0～4.999										
				5.0～6.999	10									1
				≥7.0										
		空箱叉车											1	2
		重箱叉车													
		空箱正面吊													
		重箱正面吊			2	1	1					1	3	5
		多式正面吊												
		侧面式叉车			1		3	1		5		1	10	16
	1～5类合计				10 084	5 399	4 855	11 143	8 098	18 235	6 475	4 152	40 101	56 264
6	牵引车	合计			34	31	11	122	42	12	5	3	189	515
		牵引车	电动		13	17		99	31	12	5	3	111	74
			汽油机											
			柴油机		21	14	11	23	11				78	441
			液化石油气/天然气											

〔供稿单位：中国工程机械工业协会工业车辆分会〕

浙江	安徽	福建	江西	上海	广东	广西	海南	湖南	湖北	河南	四川	云南	贵州	西藏	重庆	陕西	甘肃	宁夏	青海	新疆	自主品牌国内合计	自主品牌出口	贴牌	出口到集团公司	总计
79	12	6	5	29	27	3		5	25	6	5	3	1		2	2	2	1		4	398	832	48	2	1 280
19	1		2	23	2				1	1					3	1					95	700	97	1	893
547	112	91	43	244	285	29	25	73	82	107	53	9	24	16	41	28	19	9	5	44	3 069	1 548	91	93	4 801
331	51	53	22	199	223	27	3	25	22	23	36	18	12	1	31	9	9			24	1 865	8 099	944	344	11 252
10 254	4 917	4 026	2 558	5 549	8 557	2 078	599	3 027	3 344	5 178	2 575	2 121	1 983	435	1 880	2 694	1 107	883	615	2 618	118 491	15 104	1 422	404	135 421
8 120	3 777	2 698	2 854	3 545	12 498	3 351	590	2 957	3 071	6 110	2 356	1 490	2 101	318	1 595	2 997	1 198	777	497	1 781	103 557	4 860	594	98	109 109
1 399	453	151	169	376	577	88	10	183	166	399	243	33	141	3	128	53	37	23	20	22	6 746	2 129	50	14	8 939
810	364	273	235	465	946	187	39	146	467	512	328	146	113	18	196	286	115	83	42	114	9 607	2 654	163	17	12 441
317	217	236	303	353	435	91	171	207	348	306	185	67	118	11	295	244	233	52	78	186	6 599	2 196	89		8 884
267	89	41	35	155	282	48	13	26	83	94	42	11	11	1	15	53	22	13	11	18	2 435	454	36	8	2 933
64	9	13	6	20	41	5	1	2	7	6	4	3	3		3	2	2	1		4	341	50	2	13	406
15	13	2	1	20	16	3	1	1		5		2	2		1	7	2		1		187	87		25	299
2		1		1						1											6	16			22
3				8	9	1				1					1					1	42	9		5	56
							1												1		17	4			21
				1						1										1	2	3		1	6
										3											3				3
1					2																3	310	84	7	404
					1																3	606	92	1	702
2	10			5	7																29	525	41	15	610
9	2	3		22	12				7												69	3 014	777	417	4 277
7	2	2		21	3					1	2										113	1 796	256	86	2 251
	11			10						3	2										36	567	107	116	826
																					209	12		3	224
1				1	1																14	216	11		241
																						90	10		100
				65	2										1						71				71
2	2	·		74	3	1														4	99	1			100
				27																	27				27
8	1	3	6	3	9	1		4	6	1	4	1				5	1				90	31			121
49 877	18 419	15 033	8 494	27 762	69 668	9 373	1 885	10 256	12 196	17 440	9 496	5 585	5 984	825	6 418	9 128	3 486	2 140	1 510	5 728	455 509	152 825	71 511	19 195	699 040
76	83	30	32	313	613	32		47	62	36	36	12	2		35	57	3		2	1	2 436	617	238		3 291
66	60	30	32	101	412	13		47	62	24	19	4	2		35	57	3		2	1	1 335	596	42		1 973
10	23			212	201	19				12	17	8									1 101	21	196		1 318

2019 年机动工业车辆

产品类别		产品名称	起重量（t）	租赁量（台）											
代号	名称			广东	江苏	山东	浙江	上海	河北	福建	河南	安徽	湖北	辽宁	四川
1	电动平衡重乘驾式叉车	合计		1 295	868	110	370	1 567	131	36	80	175	435	85	102
		站立操纵叉车 电动	0.0～1.199												
			1.2～1.499												
			1.5～1.699												
			1.7～1.999												
			≥2.0												
		三支点叉车 电动	0.0～1.199	1											
			1.2～1.499					2	1				1		
			1.5～1.699	335	251	10	67	483	13	11	5	10	74	12	12
			1.7～1.999	1	6		3	10				3			
			≥2.0	47	54			90					1		
		四支点叉车（实心软胎） 电动	0.0～1.199	1											
			1.2～1.499	19	1			9							
			1.5～1.699	92	35	5	18	114	4	3	13	18	45	14	8
			1.7～1.999	20	3	1	3	16					4	3	
			2.0～2.499	354	254	35	54	385	27	7	21	56	101	10	43
			2.5～2.999	115	67	24	11	191	15		12	38	82	9	15
			3.0～3.499	59	81	9	25	136	19	1	5	33	47	27	10
			3.5～3.999	33	15	11	4	9	23	7	1	4	3	1	3
			4.0～4.999	1	38			2							
			5.0～6.999		5			9					5		1
			7.0～9.999												
			≥10.0												
		四支点叉车（充气胎、实心胎和除实心软胎以外的其他轮胎） 电动	0.0～1.199					1							
			1.2～1.499						1						
			1.5～1.699	79	3		42	25	1	1		1	6		1
			1.7～1.999	12			7	1						3	
			2.0～2.499	31	10	5	32	23	10	4	1	9	15	3	4
			2.5～2.999	28	18	1	30	38	9		12	6	25		4
			3.0～3.499	44	21	8	52	15	6	2			23	1	1

租赁行业租赁情况（租期≤1年）

北京	天津	广西	江西	湖南	陕西	新疆	重庆	吉林	山西	云南	黑龙江	甘肃	内蒙古	贵州	宁夏	海南	青海	西藏	总计	其中：内资品牌	其中：外资品牌
191	257	34	21	48	42	9	129	41	20	18	14	2	18	19		8		17	6 142	2 657	3 485
																			1		1
1																			5	2	3
22	54			22		6	14	2		5		1				4		5	1 418	652	766
1	2						1												27	12	15
1	3						1												197	5	192
																			1	1	
							1												30	2	28
20	20	1		5	1		13	1	5	3			1					2	441	126	315
2	5						4					1							62	35	27
37	54	16	4	10	19		40	12	4	6	4			9				8	1 570	375	1 195
35	37	3	8	2	3		5	15	1			1	1	2					692	298	394
37	62	1	1	5	6		23	8		3						4		2	604	206	398
5	1		6	2	1	3	1	1			9			3					146	106	40
3				2															46	5	41
	2						1												23	10	13
																			1	1	
																			1	1	
	1		1				1												162	157	5
																			23	21	2
3	4						7	1					17	3					182	172	10
17	3	2	1						3					1					198	174	24
5	8	4			11		15	1	7										224	217	7

产品类别		产品名称		起重量（t）	租赁量（台）											
代号	名称				广东	江苏	山东	浙江	上海	河北	福建	河南	安徽	湖北	辽宁	四川
1	电动平衡重乘驾式叉车	四支点叉车（充气胎、实心胎和除实心软胎以外的其他轮胎）	电动	3.5～3.999	20	3		20	8	1		7		2		
				4.0～4.999	1	2				1						
				5.0～6.999	2	1	1		1						1	
				7.0～9.999					1							
				≥10.0												2
2	电动乘驾式仓储车辆	合计			1 069	527	62	498	1 740	45	64	66	174	230	115	139
		低起升托盘搬运车和平台搬运车	电动	≤2.0	644	126	30	329	870	13	29	51	143	115	37	58
				＞2.0	78	41	16	6	4	1			3	11	3	15
		高起升堆垛车	电动	0.0～1.199					3					3	1	
				1.2～1.499	7	9			26	1			1	2		1
				1.5～1.999	71	5		4	17	4	1		1	2	3	1
				≥2.0		6								7		
		货叉前移式叉车	电动	0.0～1.199	2			2	2				1			
				1.2～1.499	147	184	7	98	361	16	33	3	8	38	19	26
				1.5～1.999	65	98	4	41	271	10	1	7	10	47	50	16
				≥2.0	40	32	5	2	61			3		10	2	1
		门架前移式叉车	电动	0.0～1.199												
				1.2～1.499	1	18		4	52				1			
				1.5～1.999	4	6		7	26					1		
				≥2.0	8	1		5	8					1	1	
		高起升拣选车	电动			2	1		35							21
		侧向堆垛车（操作台可起升）	电动	≤1.25												
				＞1.25					4							
		侧向堆垛车（操作台在下面）	电动	≤1.0												
				＞1.0，≤1.25												
				＞1.25												
		侧面式和多向叉车	电动	0.0～1.199												
				1.2～1.499												
				1.5～1.999												
				≥2.0												

北京	天津	广西	江西	湖南	陕西	新疆	重庆	吉林	山西	云南	黑龙江	甘肃	内蒙古	贵州	宁夏	海南	青海	西藏	总计	其中：内资品牌	其中：外资品牌
		6			1		2			1									71	68	3
	1																		5	4	1
2		1																	9	6	3
																			1	1	
																			2		2
110	222	12	37	18	19	3	150	21	28	23	6	1	3	23	3	10		1	5 419	2 124	3 295
52	76	10	25	14	7	3	48		24	20	2	1	3	13	3	10			2 756	1 723	1 033
	41		7	1			27												254	120	134
																			7	7	
9	7			1			1												65	18	47
6	2						2	9											128	57	71
																			13	13	
																			7		7
22	34		1	1			26	2	1	1	1			10					1 039	47	992
12	34	1	3	1	11		30	9	3	2	2								728	88	640
8	8	1	1		1		6	1			1								183	21	162
	2						6											1	85	3	82
	2						4												50	14	36
	2																		26	6	20
1	14																		74	7	67
																			4		4

代号	名称	产品名称		起重量（t）	广东	江苏	山东	浙江	上海	河北	福建	河南	安徽	湖北	辽宁	四川
		合计			435	301	5	243	354	101	23	61	35	351	17	14
3	电动步行式仓储车辆	低起升托盘搬运车和平台搬运车	电动	≤1.6	21			3	5							
				>1.6，≤2.0	109	3	1	72	8	28						
				>2.0	2	10		6	1							
		低起升驾驶式平台托盘搬运车	电动	≤1.6												
				>1.6，≤2.0												
				>2.0												
		低起升乘驾/步行式托盘搬运车	电动	≤1.6	3			4	25					13		
				>1.6，≤2.0	143	203	1	55	135	11	22	49	12	147		7
				>2.0		8			7							
		高起升堆垛车	电动	0.0～1.199	9	1			14					5		
				1.2～1.499	1	15		8	21					7		
				≥1.5	31	11		70	28						8	6
		高起升驾驶式平台堆垛车	电动	0.0～1.199												
				1.2～1.499												
				≥1.5	1				1							
		前移式叉车	电动	0.0～1.199												
				1.2～1.499												
				≥1.5												
		地面拣选车	电动						33							
		平衡重式叉车	电动													
		牵引车	电动		115	50	3	25	77	61	1	12	15	173	17	7
4	内燃平衡重式叉车（实心软胎）	合计			183	353	66	21	869	7	17	28	54	13	2	33
		内燃室内叉车	汽油机	0.0～1.199												
				1.2～1.499												
				1.5～1.699												
				1.7～1.999												
				2.0～2.499												
				2.5～2.999												
				3.0～3.499					7							
				3.5～3.999												
				4.0～4.999												
				5.0～6.999												
				≥7.0												

北京	天津	广西	江西	湖南	陕西	新疆	重庆	吉林	山西	云南	黑龙江	甘肃	内蒙古	贵州	宁夏	海南	青海	西藏	总计	其中:内资品牌	其中:外资品牌
74	87	11		13	6		56	40		29	8					1		2	2 267	1 506	761
7	5									14									55	7	48
							5												226	210	16
		5					5												29	29	
								8											53		53
	5			10			1			15	8					1			825	784	41
	3																		18		18
6	15						3												53	6	47
1	18			3			4												78	6	72
	29							9											192	112	80
																			2	2	
																			33		33
60	12	6			6		38	23										2	703	350	353
10	45	13	6	4	5		17	7	2	12	10		3	19	1	1			1 801	1 371	430
																			7	5	2

| 产品类别 | | 产品名称 | 起重量（t） | 租赁量（台） | | | | | | | | | | | |
代号	名称			广东	江苏	山东	浙江	上海	河北	福建	河南	安徽	湖北	辽宁	四川
4	内燃平衡重式叉车（实心软胎）	内燃室内叉车 柴油机	0.0～1.199												
			1.2～1.499												
			1.5～1.699												
			1.7～1.999		6			23							
			2.0～2.499	9	14	10	9	37	1	1	9		1		
			2.5～2.999	18	6	2		12				1			1
			3.0～3.499	16	123	30	4	627	1	3	3	6	4	1	1
			3.5～3.999	97	174	23	3	133	5	10	13	43	5	1	27
			4.0～4.999	25	12		3	6		2	2	4	2		1
			5.0～6.999	12	17	1		21		1	1				1
			≥7.0	6	1			2	3					1	2
		液化石油气/天然气	0.0～1.199												
			1.2～1.499												
			1.5～1.699												
			1.7～1.999												
			2.0～2.499												
			2.5～2.999												
			3.0～3.499												
			3.5～3.999												
			4.0～4.999												
			5.0～6.999												
			≥7.0												
5	内燃平衡重式叉车（充气胎、实心胎和除实心软胎以外的其他轮胎）	合计		47	27	1	176	41	11			8	3	1	3
		标准叉车 汽油机	0.0～1.199												
			1.2～1.499												
			1.5～1.699												
			1.7～1.999												
			2.0～2.499												
			2.5～2.999												
			3.0～3.499												
			3.5～3.999												
			4.0～4.999												
			5.0～6.999												
			≥7.0												
		柴油机	0.0～1.199												
			1.2～1.499												

北京	天津	广西	江西	湖南	陕西	新疆	重庆	吉林	山西	云南	黑龙江	甘肃	内蒙古	贵州	宁夏	海南	青海	西藏	总计	其中：内资品牌	其中：外资品牌
																			29	29	
	4		4		3	1			3						1	1			108	99	9
3	1				1				2			3							50	40	10
1	11	4	2		1	1		1		1									841	827	14
4	24	7		4			11	5	1	11	4			14					619	255	364
1		2					1			1					5				67	60	7
		4																	58	49	9
1	5							1											22	7	15
	24						1	3		1	2								349	317	32

产品类别 代号	产品类别 名称	产品名称		起重量（t）	租赁量（台）											
					广东	江苏	山东	浙江	上海	河北	福建	河南	安徽	湖北	辽宁	四川
5	内燃平衡重式叉车（充气胎、实心胎和除实心软胎以外的其他轮胎）	标准叉车	柴油机	1.5～1.699				2								
				1.7～1.999												
				2.0～2.499				1	2							
				2.5～2.999	2	3		9					1	1		
				3.0～3.499	25	19	1	73	11	10			7	2	1	1
				3.5～3.999	20	2		70	24	1						
				4.0～4.999				4								1
				5.0～6.999		2		10	4							1
				7.0～9.999		1		3								
				10.0～11.999				3								
				12.0～14.999				1								
				15.0～16.999												
				17.0～24.999												
				25.0～31.999												
				32.0～41.999												
				≥42.0												
			液化石油气/天然气	0.0～1.199												
				1.2～1.499												
				1.5～1.699												
				1.7～1.999												
				2.0～2.499												
				2.5～2.999												
				3.0～3.499												
				3.5～3.999												
				4.0～4.999												
				5.0～6.999												
				≥7.0												
		空箱叉车														
		重箱叉车														
		空箱正面吊														
		重箱正面吊														
		多式正面吊														
		侧面式叉车														
1～5类合计					3 029	2 076	244	1 308	4 571	295	140	235	446	1 032	220	291

〔供稿单位：中国工程机械工业协会工业车辆分会〕

北京	天津	广西	江西	湖南	陕西	新疆	重庆	吉林	山西	云南	黑龙江	甘肃	内蒙古	贵州	宁夏	海南	青海	西藏	总计	其中:内资品牌	其中:外资品牌
																			2	2	
	1																		4	2	2
																			16	14	2
	19						1	3		1	2								176	155	21
	4																		121	116	5
																			5	4	1
																			17	16	1
																			4	4	
																			3	3	
																			1	1	
385	635	70	64	83	72	12	353	112	50	83	40	3	24	61	4	20		20	15 978	7 975	8 003

2019 年机动工业车辆

产品类别 代号	名称	产品名称	动力	起重量（t）	广东	江苏	山东	浙江	上海	河北	福建	河南	安徽	湖北	辽宁	四川
					租赁量（台）											
		合计			567	585	92	64	636	61	19	26	97	106	35	43
1	电动平衡重乘驾式叉车	站立操纵叉车	电动	0.0～1.199												
				1.2～1.499												
				1.5～1.699												
				1.7～1.999												
				≥2.0												
		三支点叉车	电动	0.0～1.199		1			1							
				1.2～1.499	1	1										
				1.5～1.699	8	92	12	13	76		5	6	10	16		2
				1.7～1.999	29	15		2	33	2			4	1		1
				≥2.0	2	4		1	2					1		
		四支点叉车（实心软胎）	电动	0.0～1.199					2							
				1.2～1.499	13				16							
				1.5～1.699	209	116	7	16	238	3	7	8	9	9		7
				1.7～1.999	6			2	3						4	
				2.0～2.499	7	64	8	8	37	7	3		50	1	4	2
				2.5～2.999	95	70	5	6	82	16	3	3	10	31	3	20
				3.0～3.499	46	109	25	5	47	9		4	6	25	19	6
				3.5～3.999	64	6	32		10	7		3	4	6		2
				4.0～4.999		5			2	5						1
				5.0～6.999		3		4	2						1	
				7.0～9.999												
				≥10.0												
		四支点叉车（充气胎、实心胎和除实心软胎以外的其他轮胎）	电动	0.0～1.199		4			4	1					1	
				1.2～1.499	1				1							
				1.5～1.699	46	10		1	28	7				3	2	1
				1.7～1.999	2	49	1		13	4						1
				2.0～2.499	3	3			14		1			2	2	
				2.5～2.999	27	17			7					1	6	1
				3.0～3.499	6	14		3	17				2	1	5	

租赁行业租赁情况（1 年＜租期≤ 2 年）

北京	天津	广西	江西	湖南	陕西	新疆	重庆	吉林	山西	云南	黑龙江	内蒙古	贵州	宁夏	海南	总计	其中：内资品牌	其中：外资品牌
107	87	48	50	14	22	6	30	50	14		5	1	3	12		2 780	1 113	1 667
	4															6		6
																2		2
4	6				6		2									258	121	137
2	3		1	1			1									95	27	68
2																12	6	6
																2		2
																29		29
10	5			2	1		4	1				1				653	176	477
	1		1													17	5	12
24	4		5				1	17	3					4		249	75	174
19	16		2	3	2		1	1								388	131	257
37	9		3				17	28								395	174	221
2	28	41	37	2	11	6	1	1	10			4				277	121	156
2			6													21	11	10
1	3		1		1											16	11	5
1																1	1	
1	2															13	5	8
																2		2
	2						1	1	1							103	68	35
1	2															73	23	50
1	2						1	1					2			32	22	10
			1													60	60	
		3					1					1	1	8		62	62	

产品类别 代号	产品类别 名称	产品名称		起重量（t）	租赁量（台） 广东	江苏	山东	浙江	上海	河北	福建	河南	安徽	湖北	辽宁	四川
1	电动平衡重乘驾式叉车	四支点叉车（充气胎、实心胎和除实心软胎以外的其他轮胎）	电动	3.5～3.999	1	1	2	3	1							
				4.0～4.999												
				5.0～6.999				1								
				7.0～9.999	1											
				≥10.0												
2	电动乘驾式仓储车辆	合计			419	303	28	154	4 429	38	15	62	37	30	55	59
		低起升托盘搬运车和平台搬运车	电动	≤2.0	279	97	24	99	4 145	9	11	35	29	17	18	39
				>2.0	27	69		1	1							
		高起升堆垛车	电动	0.0～1.199												
				1.2～1.499	2	2		4	7	2	1				3	
				1.5～1.999	45	2		3	10	6			2	2	1	
				≥2.0					1					1		
		货叉前移式叉车	电动	0.0～1.199					5							
				1.2～1.499	15	39	3	28	91	8	2	21	1	6	6	11
				1.5～1.999	39	64		13	81	9	1	5	3	4	9	4
				≥2.0	2	11	1	2	21			1			2	1
		门架前移式叉车	电动	0.0～1.199												
				1.2～1.499		12		1	34							
				1.5～1.999	1	7		2	15							
				≥2.0	9			1	6					1	1	
		高起升拣选车	电动						12	4					16	4
		侧向堆垛车（操作台可起升）	电动	≤1.25												
				>1.25												
		侧向堆垛车（操作台在下面）	电动	≤1.0												
				>1.0,≤1.25												
				>1.25												
		侧面式和多向叉车	电动	0.0～1.199												
				1.2～1.499												
				1.5～1.999												
				≥2.0												

北京	天津	广西	江西	湖南	陕西	新疆	重庆	吉林	山西	云南	黑龙江	内蒙古	贵州	宁夏	海南	总计	其中:内资品牌	其中:外资品牌
		4														12	12	
																1	1	
																1	1	
47	70	6	13	24	10		49	8	5	7	5		3		3	5 879	2 122	3 757
16	12	4	11	11	9		26	2	4	5	3		2		3	4 910	1 989	2 921
	6			1			6									111	24	87
1				1				1								24	18	6
	1															72	11	61
			2				1									5	5	
							1									6	3	3
14	21		1	2			8	1		2	1					281	15	266
14	16	2		2			1	1	1		1					270	30	240
2	12		1	5	1		2	2						1		67	14	53
							3									50		50
	1						1									27	2	25
																18	11	7
	1							1								38		38

产品类别		产品名称		起重量（t）	租赁量（台）											
代号	名称				广东	江苏	山东	浙江	上海	河北	福建	河南	安徽	湖北	辽宁	四川
3	电动步行式仓储车辆	合计			132	101	8	16	47	1	17		9	15		3
		低起升托盘搬运车和平台搬运车	电动	≤1.6	13				6		2					
				＞1.6，≤2.0	53	4			13					9		
				＞2.0		12								2		
		低起升驾驶式平台托盘搬运车	电动	≤1.6												
				＞1.6，≤2.0												
				＞2.0												
		低起升乘驾/步行式托盘搬运车	电动	≤1.6	4	3	1		3							2
				＞1.6，≤2.0	6			5	4		6					
				＞2.0		4					8		2			
		高起升堆垛车	电动	0.0～1.199												
				1.2～1.499		7		2	1					1		
				≥1.5	20	10		5	6		1					
		高起升驾驶式平台堆垛车	电动	0.0～1.199												
				1.2～1.499												
				≥1.5												
		前移式叉车	电动	0.0～1.199												
				1.2～1.499												
				≥1.5												
		地面拣选车	电动													
		平衡重式叉车	电动													
		牵引车	电动		36	61	7	4	14	1			7	3		1
4	内燃平衡重式叉车（实心软胎）	合计			100	193	47	10	509	9	18	23	16	4	5	13
		内燃室内叉车	汽油机	0.0～1.199												
				1.2～1.499												
				1.5～1.699												
				1.7～1.999												
				2.0～2.499												
				2.5～2.999												
				3.0～3.499												
				3.5～3.999												
				4.0～4.999												
				5.0～6.999												
				≥7.0												

（续）

北京	天津	广西	江西	湖南	陕西	新疆	重庆	吉林	山西	云南	黑龙江	内蒙古	贵州	宁夏	海南	总计	其中：内资品牌	其中：外资品牌
15	26	7		3	7		5	2						2		416	232	184
	1						1									23	5	18
																79	56	23
																14	14	
								1								14		14
	11			3			1	1								37	5	32
																14	10	4
	1				1											13	2	11
	7				1											50	36	14
15	6	7		5			3							2		172	104	68
27	23	18	6	50	3		23	4	2	3			1			1 107	677	430

产品类别 代号	名称	产品名称		起重量（t）	租赁量（台） 广东	江苏	山东	浙江	上海	河北	福建	河南	安徽	湖北	辽宁	四川
4	内燃平衡重式叉车（实心软胎）	内燃室内叉车	柴油机	0.0～1.199		3			20							
				1.2～1.499												
				1.5～1.699					1							
				1.7～1.999												
				2.0～2.499			8		7				2			
				2.5～2.999		4	4			5		17				
				3.0～3.499	42	100	32	7	418	4	9	6	14	2	5	8
				3.5～3.999	42	61		2	36		4		2			
				4.0～4.999	5	2			7							1
				5.0～6.999	7	17	2	1	12		5					3
				≥7.0	4	6	1		8							1
			液化石油气/天然气	0.0～1.199												
				1.2～1.499												
				1.5～1.699												
				1.7～1.999												
				2.0～2.499												
				2.5～2.999												
				3.0～3.499												
				3.5～3.999												
				4.0～4.999												
				5.0～6.999												
				≥7.0												
5	内燃平衡重式叉车（充气胎、实心胎和除实心软胎以外的其他轮胎）	标准叉车	合计		9	46	11	6	28	3	1	8	4	4	1	1
			汽油机	0.0～1.199												
				1.2～1.499												
				1.5～1.699												
				1.7～1.999												
				2.0～2.499												
				2.5～2.999												
				3.0～3.499		1		2	12							
				3.5～3.999	1											
				4.0～4.999												
				5.0～6.999												
				≥7.0												
			柴油机	0.0～1.199												
				1.2～1.499												

北京	天津	广西	江西	湖南	陕西	新疆	重庆	吉林	山西	云南	黑龙江	内蒙古	贵州	宁夏	海南	总计	其中：内资品牌	其中：外资品牌
																23	23	
																1	1	
							1									18	11	7
1	1															32	4	28
25	21	7	3	49			17	4		3			1			777	468	309
		11	3			2	1									164	108	56
							1									16	11	5
1			1	1			2		2							54	34	20
	1						1									22	17	5
2	2	1					2	1								130	89	41
	2															17	7	10
																1		1

| 产品类别 | | 产品名称 | 起重量（t） | 租赁量（台） | | | | | | | | | | | |
代号	名称			广东	江苏	山东	浙江	上海	河北	福建	河南	安徽	湖北	辽宁	四川
5	内燃平衡重式叉车（充气胎、实心胎和除实心软胎以外的其他轮胎）	标准叉车 柴油机	1.5～1.699										1		
			1.7～1.999				1								
			2.0～2.499	1				2							
			2.5～2.999		4	2		9	1			1	3	1	1
			3.0～3.499	4	30	9	3	3	1	1		1			
			3.5～3.999	2	9			2	1				8	2	
			4.0～4.999												
			5.0～6.999	1											
			7.0～9.999		2										
			10.0～11.999												
			12.0～14.999												
			15.0～16.999												
			17.0～24.999												
			25.0～31.999												
			32.0～41.999												
			≥42.0												
		液化石油气/天然气	0.0～1.199												
			1.2～1.499												
			1.5～1.699												
			1.7～1.999												
			2.0～2.499												
			2.5～2.999												
			3.0～3.499												
			3.5～3.999												
			4.0～4.999												
			5.0～6.999												
			≥7.0												
		空箱叉车													
		重箱叉车													
		空箱正面吊													
		重箱正面吊													
		多式正面吊													
		侧面式叉车													
1～5类合计				1 227	1 228	186	250	5 649	112	70	119	163	159	96	119

〔供稿单位：中国工程机械工业协会工业车辆分会〕

（续）

北京	天津	广西	江西	湖南	陕西	新疆	重庆	吉林	山西	云南	黑龙江	内蒙古	贵州	宁夏	海南	总计	其中:内资品牌	其中:外资品牌
																1	1	
																1	1	
							2	1								6	5	1
		1														23	10	13
																52	40	12
																24	24	
																1	1	
																2		2
2																2		2
198	208	80	69	91	42	6	109	65	21	10	10	1	7	14	3	10 312	4 233	6 079

2019 年机动工业车辆

代号	名称	产品名称	动力形式	起重量（t）	租赁量（台）											
					广东	江苏	山东	浙江	上海	河北	福建	河南	安徽	湖北	辽宁	四川
		合计			944	650	522	110	1 740	210	91	38	121	205	114	149
1	电动平衡重乘驾式叉车	站立操纵叉车	电动	0.0～1.199												
				1.2～1.499												
				1.5～1.699												
				1.7～1.999		1										
				≥2.0												
		三支点叉车	电动	0.0～1.199												
				1.2～1.499					1							
				1.5～1.699	61	135	47	26	155	7	36	6	13	30	6	32
				1.7～1.999		10			43							
				≥2.0					2							
		四支点叉车（实心软胎）	电动	0.0～1.199	1											
				1.2～1.499	16				16							
				1.5～1.699	41	28	6	15	121	1		4	2	11	15	1
				1.7～1.999	13			2	10	1					3	
				2.0～2.499	120	60	45	31	830	22	11	13	19	18	28	10
				2.5～2.999	59	44	145	6	266	33	4	2	6	8	1	10
				3.0～3.499	159	112	141	19	141	22	9	5	15	30	15	71
				3.5～3.999	161	33	92	2	4	11		11	28	1		6
				4.0～4.999	4	5	1	1	2					1		
				5.0～6.999		1			3							
				7.0～9.999												1
				≥10.0												
		四支点叉车（充气胎、实心胎和除实心软胎以外的其他轮胎）	电动	0.0～1.199												
				1.2～1.499												
				1.5～1.699	12	14	2	1	24	2			1		2	3
				1.7～1.999	5	3										
				2.0～2.499	35	69	27	2	80		9	-1	19	65	35	12
				2.5～2.999	46	34	5	1	6	76	5			4	11	2
				3.0～3.499	88	86	11	3	27	30	9		4	17	18	3

租赁行业租赁情况（租期＞2年）

北京	天津	广西	江西	湖南	陕西	新疆	重庆	吉林	山西	云南	黑龙江	甘肃	贵州	海南	西藏	总计	其中：内资品牌	其中：外资品牌
214	262	33	68	69	82	33	67	174	23	53	21	4	21	22		6 040	2 469	3 571
																1		1
																1	1	
34	34		10	5	2	1		26	1			1		8		676	102	574
	1															54	11	43
																2		2
																1	1	
							1									33		33
10	18			11			3	3		2				2		295	65	230
	2															31		31
7	53	10		11	16		24	31		17	10		12	12		1 410	684	726
6	33		9	2	1		1	8			4					648	215	433
16	72	18	33	33	4		24	16	1	19	7		8			990	494	496
32	17	1	13	1	51	1		4	21							490	342	148
							1									15		15
	3					31	1			9						48	44	4
																1	1	
	5			2												68	29	39
1																9	9	
54	15		3		8		11	38		5		3				489	90	399
9	1	1						1				1				203	142	61
45	8			2			1	47		1						400	94	306

代号	名称	产品名称	动力形式	起重量（t）	广东	江苏	山东	浙江	上海	河北	福建	河南	安徽	湖北	辽宁	四川
1	电动平衡重乘驾式叉车	四支点叉车（充气胎、实心胎和除实心软胎以外的其他轮胎）	电动	3.5～3.999	117	7			3	3	4			3	3	
				4.0～4.999		1			5					4		
				5.0～6.999	6	6		1	1	2				2		
				7.0～9.999		1								1		
				≥10.0												
2	电动乘驾式仓储车辆	合计			260	385	60	117	3 001	24	22		36	64	30	21
		低起升托盘搬运车和平台搬运车	电动	≤2.0	137	82	24	48	2 336	1	9		7	28	4	2
				＞2.0	26	16	27	4	22							7
		高起升堆垛车	电动	0.0～1.199		1								1		
				1.2～1.499	2	5	3		15						1	
				1.5～1.999	4	22	1		10	4						
				≥2.0	2	3		1		1						
		货叉前移式叉车	电动	0.0～1.199					1							
				1.2～1.499	6	37	1	7	127	6			5	14	2	
				1.5～1.999	9	72	1	30	182	4			4	1	15	3
				≥2.0	6	44		3	20				2		1	
		门架前移式叉车	电动	0.0～1.199												
				1.2～1.499	30	57	1	12	158		6		3	17	3	5
				1.5～1.999	31	29	1	5	59	4	7		15	3	4	4
				≥2.0	7	14	1	7	18	1						
		高起升拣选车	电动						38	3						
		侧向堆垛车（操作台可起升）	电动	≤1.25		2			4							
				＞1.25					11							
		侧向堆垛车（操作台在下面）	电动	≤1.0		1										
				＞1.0，≤1.25												
				＞1.25												
		侧面式和多向叉车	电动	0.0～1.199												
				1.2～1.499												
				1.5～1.999												
				≥2.0												

北京	天津	广西	江西	湖南	陕西	新疆	重庆	吉林	山西	云南	黑龙江	甘肃	贵州	海南	西藏	总计	其中:内资品牌	其中:外资品牌
		3		1												144	125	19
																10	4	6
			1													19	15	4
																2	1	1
126	59		11	38	7		56	49	3	7	10		2	1	5	4 394	970	3 424
8	19		7	4	3		17	1		4	7		1	1		2 750	856	1 894
							4									106	37	69
																2	1	1
																26	5	21
5																46		46
			2	3			1									13		13
																1	1	
13	3		1	22	2		2		1							249	7	242
10	7			1			2	8	1	3	3					356	30	326
1	5			1					1				1			85	13	72
53	12		1	5	1		19	1							5	389		389
35	6			1			11	3								218	1	217
1	6				1			32								88	5	83
	1			1				3								46	2	44
																6	7	−1
																11	5	6
								1								2		2

代号	名称	产品名称	动力形式	起重量（t）	广东	江苏	山东	浙江	上海	河北	福建	河南	安徽	湖北	辽宁	四川
									租赁量（台）							
3	电动步行式仓储车辆	合计			522	306	69	61	400	9	78	11	39	36	14	80
		低起升托盘搬运车和平台搬运车	电动	≤ 1.6	85	18	3		14		21			3		5
				> 1.6，≤ 2.0	14	6			15		1					
				> 2.0		1		5	17							
		低起升驾驶式平台托盘搬运车	电动	≤ 1.6				5								
				> 1.6，≤ 2.0	302	55	15	14	164	2	46		21		4	53
				> 2.0	5	2			4		1					
		低起升乘驾 / 步行式托盘搬运车	电动	≤ 1.6	1	2			2							
				> 1.6，≤ 2.0	3	5		1	35			11				
				> 2.0		1										
		高起升堆垛车	电动	0.0 ～ 1.199	2	14	1		8		1			1		
				1.2 ～ 1.499	14	47	6	3	27		1		5		2	
				≥ 1.5	14	31		11	26					1		7
		高起升驾驶式平台堆垛车	电动	0.0 ～ 1.199		1		1								1
				1.2 ～ 1.499	26	29	1	2	7		1			-1		
				≥ 1.5	20	3	1	2	4		1					
		前移式叉车	电动	0.0 ～ 1.199												
				1.2 ～ 1.499	1	2								3	1	4
				≥ 1.5	19	12	12		15	7	4			3	3	2
		地面拣选车	电动			21		6	12					16		4
		平衡重式叉车	电动													
		牵引车	电动		16	56	30	11	50		1			10	5	6
4	内燃平衡重式叉车（实心软胎）	合计			249	128	42	39	423	8	3	7	11	3	2	2
		内燃室内叉车	汽油机	0.0 ～ 1.199												
				1.2 ～ 1.499												
				1.5 ～ 1.699												
				1.7 ～ 1.999												
				2.0 ～ 2.499												
				2.5 ～ 2.999												
				3.0 ～ 3.499					11							
				3.5 ～ 3.999												
				4.0 ～ 4.999												
				5.0 ～ 6.999	1											
				≥ 7.0												

北京	天津	广西	江西	湖南	陕西	新疆	重庆	吉林	山西	云南	黑龙江	甘肃	贵州	海南	西藏	总计	其中：内资品牌	其中：外资品牌
267	170	1	10	5	11		60	139				1	2	1		2 292	318	1 974
10	7							5								171	93	78
3																39	9	30
																23	9	14
																5		5
118	93			4			60	4				1	2	1		964	16	948
																12		12
																5		5
3	1	1														60		60
																1		1
2																29	14	15
14	3				1			2								126	10	116
7	3															100	28	72
																3		3
-2			1					3								67	7	60
2																33	3	30
																11		11
11	7		10													105		105
87	12															158	37	121
1																1	1	
11	44			10				125								379	91	288
3	99		5	47	3		8	7	3	7	7	5				1 111	565	546
																11		11
																1	1	

产品类别		产品名称	动力形式	起重量（t）	租赁量（台）											
代号	名称				广东	江苏	山东	浙江	上海	河北	福建	河南	安徽	湖北	辽宁	四川
4	内燃平衡重式叉车（实心软胎）	内燃室内叉车	柴油机	0.0～1.199		3	1		1							
				1.2～1.499												
				1.5～1.699					3							
				1.7～1.999					1							
				2.0～2.499	5	4		10	10					4		
				2.5～2.999	2	2		8	17							
				3.0～3.499	55	48	27	2	293	8		1	6	1	1	1
				3.5～3.999	89	32	9	8	15		3		1			
				4.0～4.999	10	9		9	2					1		
				5.0～6.999	83	21		1	38			1		1		
				≥7.0	3	8	5	1	31			5			1	1
			液化石油气／天然气	0.0～1.199												
				1.2～1.499												
				1.5～1.699					1							
				1.7～1.999												
				2.0～2.499	1	1										
				2.5～2.999												
				3.0～3.499												
				3.5～3.999												
				4.0～4.999												
				5.0～6.999												
				≥7.0												
		合计			132	101	10	8	97	9	32	5	29	22	7	2
5	内燃平衡重式叉车（充气胎、实心胎和除实心软胎以外的其他轮胎）	标准叉车	汽油机	0.0～1.199												
				1.2～1.499												
				1.5～1.699												
				1.7～1.999												
				2.0～2.499												
				2.5～2.999												
				3.0～3.499												
				3.5～3.999												
				4.0～4.999												
				5.0～6.999												
				≥7.0												
			柴油机	0.0～1.199												
				1.2～1.499												

北京	天津	广西	江西	湖南	陕西	新疆	重庆	吉林	山西	云南	黑龙江	甘肃	贵州	海南	西藏	总计	其中:内资品牌	其中:外资品牌
																5	5	
																3	3	
																1	1	
	1															34	4	30
										1						30	2	28
2	63		1	24	2		7	7	3	4	6					562	371	191
1	6		4	4	1		1			1						175	80	95
																31		31
	24			19						2						190	76	114
	1															56	19	37
																1	1	
																2	2	
	4												5			9		9
7	13	3	3	8			12	7	4	1		3	6	22		543	409	134

产品类别		产品名称	动力形式	起重量（t）	租赁量（台）											
代号	名称				广东	江苏	山东	浙江	上海	河北	福建	河南	安徽	湖北	辽宁	四川
5	内燃平衡重式叉车（充气胎、实心胎和除实心软胎以外的其他轮胎）	标准叉车	柴油机	1.5～1.699												
				1.7～1.999												
				2.0～2.499		1		7	4	1						
				2.5～2.999		11			−3		1					
				3.0～3.499	13	53	1	1	64		19	5		22		2
				3.5～3.999	83	19	4		9	1	4		18		3	
				4.0～4.999	1		4		4	4	1				2	
				5.0～6.999	24	6			7	3	4					
				7.0～9.999			1		1		2				1	
				10.0～11.999		3			11		1					
				12.0～14.999												
				15.0～16.999												
				17.0～24.999												
				25.0～31.999												
				32.0～41.999												
				≥42.0												
			液化石油气／天然气	0.0～1.199												
				1.2～1.499												
				1.5～1.699												
				1.7～1.999												
				2.0～2.499										10		
				2.5～2.999												
				3.0～3.499	11	8								1	1	
				3.5～3.999												
				4.0～4.999												
				5.0～6.999												
				≥7.0												
		空箱叉车														
		重箱叉车														
		空箱正面吊														
		重箱正面吊														
		多式正面吊														
		侧面式叉车														
1～5类合计					2 107	1 570	703	335	5 661	260	226	61	236	330	167	254

〔供稿单位：中国工程机械工业协会工业车辆分会〕

北京	天津	广西	江西	湖南	陕西	新疆	重庆	吉林	山西	云南	黑龙江	甘肃	贵州	海南	西藏	总计	其中：内资品牌	其中：外资品牌
							1									1		1
													1			14	14	
			1										20			30	31	-1
1	7		1	6			8	5		1		6	1			216	169	47
	1	3	1	2				1	4							153	145	8
2	3															21	6	15
-1	-1											3				45	25	20
																5	3	2
								1								16	15	1
	3						3									6		6
1																11	1	10
4																25		25
617	603	37	97	167	103	33	203	376	33	68	41	16	47	24	5	14 380	4 731	9 649

2020 年工业车辆行业

产品类别		产品名称	动力形式	起重量（t）	生产量（台）			订货量（台）						出口到集团公司	合计
								自主品牌			贴牌				
代号	名称				境内生产	整机进口	合计	国内	出口	合计	国内	出口	合计		
1	电动平衡重乘驾式叉车	合计			74 672	109	74 781	65 812	16 343	82 155	1 744	552	2 296	2 338	86 789
		站立操纵叉车	电动	0.0～1.199											
				1.2～1.499	29		29	3	26	29					29
				1.5～1.699	8		8	2	6	8					8
				1.7～1.999	6	1	7	6		6					6
				≥2.0	221	2	223	159		159	92		92		251
		三支点叉车	电动	0.0～1.199	782	1	783	481	52	533					533
				1.2～1.499	551		551	519	51	570	3		3	6	579
				1.5～1.699	5 096	4	5 100	3 519	1 146	4 665	2	18	20	392	5 077
				1.7～1.999	1 133	8	1 141	385	953	1 338		3	3	49	1 390
				≥2.0	890	6	896	438	624	1 062	50	22	72	37	1 171
		四支点叉车（实心软胎）	电动	0.0～1.199											
				1.2～1.499											
				1.5～1.699	32		32	26	2	28	6		6		34
				1.7～1.999	3		3	1		1					1
				2.0～2.499	1 563		1 563	1 548	756	2 304	4		4		2 308
				2.5～2.999	102		102	72	3	75	20	4	24	34	133
				3.0～3.499	143		143	74	4	78	20		20	3	101
				3.5～3.999	50		50	17	1	18	2		2	1	21
				4.0～4.999	5		5								
				5.0～6.999	22		22	12		12	2		2		14
				7.0～9.999											
				≥10.0		1	1								
		四支点叉车（充气胎、实心胎和除实心软胎以外的其他轮胎）	电动	0.0～1.199	179	3	182	138	13	151					151
				1.2～1.499	7	2	9	2		2					2
				1.5～1.699	10 415	11	10 426	9 521	1 605	11 126	166	198	364	158	11 648
				1.7～1.999	2 745	3	2 748	2 002	1 190	3 192	45	65	110	100	3 402
				2.0～2.499	13 380	4	13 384	13 075	1 512	14 587	810	85	895	340	15 822
				2.5～2.999	15 134	10	15 144	10 303	5 111	15 414	499	67	566	485	16 465

主要产品产销存情况

| 发货量（台） | | | | | | | | 现有库存 | 其中:AGV 叉车和新能源叉车销售量（台） | | | | | |
| 自主品牌 | | | 贴牌 | | | 出口到集团公司 | 合计 | | AGV | | | 1～3类锂电池/4～5类氢燃料叉车 | | |
国内	出口	合计	国内	出口	合计				国内	出口	合计	国内	出口	合计
60 638	15 619	76 257	1 445	525	1 970	1 814	80 041	1 638				18 999	4 837	23 836
3	26	29					29							
2	6	8					8							
6		6					6							
159		159	92		92		251	14						
460	30	490					490	33				299	13	312
509	42	551	3		3	5	559	3						
3 364	1 125	4 489	1	18	19	338	4 846	65				714	399	1 113
388	935	1 323		2	2	12	1 337	71				116	436	552
424	558	982	50	20	70	1	1 053	74				50	220	270
								1						
47	11	58					58	21				16		16
4	4	8					8	1						
1 556	971	2 527					2 527	29				25		25
128	45	173					173	9				67		67
53	12	65					65	27				9		9
42	1	43					43	2				25		25
5		5					5					3		3
30		30					30							
206	20	226					226	11				2	3	5
53		53					53	2						
8 533	1 538	10 071	131	199	330	136	10 537	124				1 788	242	2 030
1 907	1 055	2 962	36	68	104	67	3 133	142				421	304	725
12 225	1 399	13 624	696	87	783	264	14 671	169				3 565	543	4 108
9 325	4 778	14 103	419	59	478	385	14 966	392				3 760	1 415	5 175

产品类别		产品名称	动力形式	起重量（t）	生产量（台）			订货量（台）							
								自主品牌			贴牌			出口到集团公司	合计
代号	名称				境内生产	整机进口	合计	国内	出口	合计	国内	出口	合计		
1	电动平衡重乘驾式叉车	四支点叉车（充气胎、实心胎和除实心软胎以外的其他轮胎）	电动	3.0～3.499	13 868	18	13 886	15 288	2 042	17 330	18	54	72	426	17 828
				3.5～3.999	6 239	2	6 241	5 908	879	6 787	5	23	28	300	7 115
				4.0～4.999	687	21	708	951	119	1 070		5	5	4	1 079
				5.0～6.999	1 095	12	1 107	1 090	200	1 290		8	8	3	1 301
				7.0～9.999	149		149	148	15	163					163
				≥10.0	138		138	124	33	157					157
2	电动乘驾式仓储车辆	合计			10 994	585	11 579	9 038	2 173	11 211	209	569	778	584	12 573
		低起升托盘搬运车和平台搬运车	电动	≤2.0	1 899	5	1 904	1 710	215	1 925	43	132	175	23	2 123
				＞2.0	255		255	174	68	242	1		1		243
		高起升堆垛车	电动	0.0～1.199	16		16	5	3	8					8
				1.2～1.499	145		145	60	99	159					159
				1.5～1.999	379	1	380	366	162	528	12		12		540
				≥2.0	348	9	357	373	22	395		1	1	1	397
		货叉前移式叉车	电动	0.0～1.199											
				1.2～1.499	124		124	120	6	126					126
				1.5～1.999	30		30	14	4	18					18
				≥2.0	18		18	10		10					10
		门架前移式叉车	电动	0.0～1.199	120		120	62	1	63				301	364
				1.2～1.499	2 095	6	2 101	1 781	216	1 997	3		3	4	2 004
				1.5～1.999	3 197	37	3 234	2 572	761	3 333	25	21	46	38	3 417
				≥2.0	1 868	19	1 887	1 434	506	1 940	125		125	2	2 067
		高起升拣选车	电动		351	18	369	164	105	269				215	484
		侧向堆垛车（操作台可起升）	电动	≤1.25	65	23	88	36	1	37					37
				＞1.25	54	30	84	123	2	125					125
		侧向堆垛车（操作台在下面）	电动	≤1.0	20	3	23	12		12					12
				＞1.0，≤1.25											
				＞1.25	10	434	444	22	2	24	415		415		439
		侧面式和多向叉车	电动	0.0～1.199											
				1.2～1.499											
				1.5～1.999											
				≥2.0											

（续）

发货量（台）								现有库存	其中:AGV叉车和新能源叉车销售量（台）					
自主品牌			贴牌			出口到集团公司	合计		AGV			1～3类锂电池／4～5类氢燃料叉车		
国内	出口	合计	国内	出口	合计				国内	出口	合计	国内	出口	合计
13 699	1 925	15 624	9	46	55	369	16 048	240				4 899	791	5 690
5 513	802	6 315	8	13	21	237	6 573	143				2 455	319	2 774
713	107	820		5	5		825	35				251	55	306
1 031	181	1 212		8	8		1 220	18				463	93	556
147	15	162					162	2				62	3	65
106	33	139					139	10				9	1	10
9 060	2 017	11 077	302	540	842	330	12 249	137	155		155	2 187	278	2 465
1 918	197	2 115	77	79	156	10	2 281	12	2		2	1 488	70	1 558
200	62	262	12		12		274	1	22		22	14	4	18
	5	5	6		6		11	6						
67	92	159					159	8				13		13
359	171	530	27		27		557	25	2		2	56	10	66
320	21	341	2	9	11	1	353	14	44		44	63	1	64
112	6	118	2		2		120							
19	4	23	16		16		39					2		2
11	1	12	7		7		19					1		1
51		51				134	185	3				1		1
1 783	145	1 928	3		3	4	1 935	8				103		103
2 473	769	3 242	26	22	48	23	3 313	21	66		66	276	152	428
1 355	454	1 809	124	3	127	2	1 938	34	19		19	165	41	206
174	85	259				156	415	5				2		2
44	1	45					45					3		3
136	2	138					138							
7		7					7							
6		6					6							
25	2	27		427	427		454							

产品类别		产品名称	动力形式	起重量（t）	生产量（台）			订货量（台）							
								自主品牌			贴牌			出口到集团公司	合计
代号	名称				境内生产	整机进口	合计	国内	出口	合计	国内	出口	合计		
3	电动步行式仓储车辆	合计			286 126	1 220	287 346	224 029	115 922	339 951	46 773	45 872	92 645	10 649	443 245
		低起升托盘搬运车和平台搬运车（包括电池在内的车身重量≤250kg）	电动	≤1.6	126 133	72	126 205	114 493	56 352	170 845	13 407	36 427	49 834	8 648	229 327
				>1.6，≤2.0	10 665	117	10 782	14 833	9 945	24 778	3 154	2 873	6 027		30 805
				>2.0		6	6	10		10					10
		低起升托盘搬运车和平台搬运车（包括电池在内的车身重量>250kg）	电动	≤1.6	9 475	36	9 511	1 979	875	2 854	1 078	50	1 128	21	4 003
				>1.6，≤2.0	21 978	348	22 326	18 913	6 404	25 317	204	313	517	50	25 884
				>2.0	2 800	20	2 820	4 742	647	5 389	36		36		5 425
		低起升驾驶式平台托盘搬运车	电动	≤1.6	648		648	356	43	399	134	2	136	95	630
				>1.6，≤2.0	11 167	2	11 169	11 752	1 660	13 412	45	93	138	740	14 290
				>2.0	908	72	980	851	122	973	5	1	6	3	982
		低起升乘驾/步行式托盘搬运车	电动	≤1.6	16 664		16 664	2 333	461	2 794	13 223		13 223		16 017
				>1.6，≤2.0	18 509		18 509	11 251	5 927	17 178	4 381	634	5 015		22 193
				>2.0	418		418	685	159	844	167	39	206		1 050
		高起升堆垛车	电动	0.0～1.199	11 815	291	12 106	1 676	6 699	8 375	621	3 843	4 464	717	13 556
		高起升驾驶式平台堆垛车	电动	0.0～1.199	93		93	55	34	89					89
				1.2～1.499	5 154	41	5 195	2 835	1 755	4 590	20	637	657	45	5 292
				≥1.5	4 180	59	4 239	3 226	2 336	5 562	383	205	588	5	6 155
		前移式叉车	电动	0.0～1.199	1		1	1		1					1
				1.2～1.499	227		227	206	50	256	75	24	99		355
				≥1.5	768		768	641	518	1 159	275	211	486	1	1 646
		地面拣选车	电动		569	15	584	260	296	556		28	28	6	590
		平衡重式叉车	电动		868	5	873	741	133	874	130		130		1 004
		牵引车	电动		1 084	30	1 114	879	314	1 193	51	149	200	180	1 573
4+5	内燃平衡重式叉车	合计			402 537	1 024	403 561	347 376	57 959	405 335	214	3 821	4 035	7 205	416 575
		标准叉车	汽油机	0.0～1.199	2		2		2	2					2
				1.2～1.499											
				1.5～1.699	307		307	6	524	530					530
				1.7～1.999	570	21	591	3	530	533					533
				2.0～2.499	116		116	17	182	199					199
				2.5～2.999	2 023	189	2 212	142	2 577	2 719					2 719
				3.0～3.499	2 677	55	2 732	1 399	1 210	2 609					2 609
				3.5～3.999	684	42	726	85	814	899					899
				4.0～4.999	236		236	7	328	335					335

（续）

发货量（台）								现有库存	其中：AGV叉车和新能源叉车销售量（台）					
自主品牌			贴牌			出口到集团公司	合计		AGV			1～3类锂电池/4～5类氢燃料叉车		
国内	出口	合计	国内	出口	合计				国内	出口	合计	国内	出口	合计
213 616	109 316	322 932	51 279	40 333	91 612	9 323	423 867	5 873	19		19	74 090	60 863	134 953
107 083	52 903	159 986	17 140	32 450	49 590	7 478	217 054	965	6		6	51 157	50 410	101 567
13 409	9 482	22 891	3 409	1 591	5 000		27 891	472				7 008	6 847	13 855
10	6	16					16							
3 243	838	4 081	1 078	14	1 092	101	5 274	129				33	21	54
17 521	5 611	23 132	203	151	354	35	23 521	299	2		2	3 991	732	4 723
3 943	477	4 420	36		36		4 456	186				397	17	414
362	43	405	134	2	136	89	630					10		10
11 666	1 640	13 306	45	79	124	713	14 143					5 454	139	5 593
892	114	1 006	4	6	10	3	1 019					283	11	294
2 329	463	2 792	13 223		13 223		16 015	1 749						
11 731	5 931	17 662	4 575	703	5 278		22 940	575				3 086	303	3 389
593	144	737	165	36	201		938	21				201	24	225
1 618	6 798	8 416	863	3 634	4 497	588	13 501	147				71	16	87
58	35	93					93					5		5
2 860	1 751	4 611	20	638	658	33	5 302					743	1 486	2 229
3 076	2 313	5 389	420	213	633	7	6 029					547	174	721
1		1					1							
204	47	251	79	27	106		357					20	2	22
622	516	1 138	285	193	478	1	1 617					79	20	99
354	342	696		28	28	6	730					60	11	71
737	136	873	130		130		1 003							
889	307	1 196	54	103	157	131	1 484	31	3		3	129	34	163
335 267	54 706	389 973	541	3 747	4 288	6 116	400 377	4 979						
	1	1					1							
3	478	481					481	22						
	401	401					401	22						
17	188	205					205	2						
76	2 076	2 152					2 152	36						
1 495	1 209	2 704					2 704	5						
65	787	852					852	13						
4	333	337					337							

产品类别		产品名称	动力形式	起重量（t）	生产量（台）			订货量（台）							
代号	名称				境内生产	整机进口	合计	自主品牌			贴牌			出口到集团公司	合计
								国内	出口	合计	国内	出口	合计		
4+5	内燃平衡重式叉车	标准叉车	汽油机	5.0～6.999	233		233	18	220	238					238
				≥7.0	53		53	1	58	59					59
			柴油机	0.0～1.199	124		124	23	1	24					24
				1.2～1.499											
				1.5～1.699	1 306	12	1 318	484	901	1 385		15	15	7	1 407
				1.7～1.999	975	6	981	112	760	872		99	99		971
				2.0～2.499	4 798	3	4 801	3 321	1 248	4 569	5	75	80	166	4 815
				2.5～2.999	13 200	256	13 456	2 063	9 926	11 989		873	873	2 063	14 925
				3.0～3.499	168 705	254	168 959	152 300	18 008	170 308	127	1 069	1 196	2 396	173 900
				3.5～3.999	159 827	110	159 937	156 541	6 206	162 747	66	530	596	654	163 997
				4.0～4.999	7 559	17	7 576	6 524	1 516	8 040		48	48	5	8 093
				5.0～6.999	14 691	53	14 744	13 177	2 462	15 639	4	114	118	12	15 769
				7.0～9.999	7 998	3	8 001	5 773	1 515	7 288	4	46	50	2	7 340
				10.0～11.999	3 369	2	3 371	3 050	439	3 489	8	39	47	6	3 542
				12.0～14.999	498		498	493	62	555				7	562
				15.0～16.999	393	1	394	346	87	433				17	450
				17.0～24.999	21		21	13	3	16					16
				25.0～31.999	54		54	51	2	53				1	54
				32.0～41.999	24		24	23		23					23
				≥42.0	1		1	2		2					2
			液化石油气/天然气	0.0～1.199	2		2	1	1	2					2
				1.2～1.499											
				1.5～1.699	512		512	34	459	493		40	40	2	535
				1.7～1.999	901		901	46	800	846		109	109		955
				2.0～2.499	412		412	15	321	336		6	6	69	411
				2.5～2.999	5 152		5 152	207	3 563	3 770		395	395	1 123	5 288
				3.0～3.499	2 375		2 375	194	1 499	1 693		243	243	462	2 398
				3.5～3.999	1 055		1 055	98	802	900		102	102	197	1 199
				4.0～4.999	229		229	21	200	221		5	5		226
				5.0～6.999	287		287	24	285	309		9	9		318
				≥7.0	98		98	8	85	93		4	4		97
		空箱叉车			270		270	170	106	276				1	277
		重箱叉车													
		空箱正面吊						1		1				2	3
		重箱正面吊			658		658	454	222	676				13	689

（续）

| 发货量（台） | | | | | | | | 现有库存 | 其中：AGV叉车和新能源叉车销售量（台） | | | | | |
| 自主品牌 | | | 贴牌 | | | 出口到集团公司 | 合计 | | AGV | | | 1～3类锂电池/4～5类氢燃料叉车 | | |
国内	出口	合计	国内	出口	合计				国内	出口	合计	国内	出口	合计
10	205	215					215							
1	88	89					89							
98	1	99					99	17						
447	847	1 294		23	23	9	1 326	53						
109	731	840		111	111		951	66						
3 126	1 218	4 344	9	120	129	111	4 584	405						
1 752	9 271	11 023	5	917	922	1 516	13 461	748						
147 512	17 209	164 721	399	1 049	1 448	2 115	168 284	1 386						
151 104	5 808	156 912	81	485	566	493	157 971	1 021						
6 119	1 392	7 511		48	48	5	7 564	72						
12 564	2 349	14 913	5	108	113	12	15 038	211						
5 955	1 598	7 553	4	46	50		7 603	106						
2 904	421	3 325	3	39	42	8	3 375	28						
452	52	504				6	510	8						
307	76	383				17	400	13						
15	7	22					22	1						
48	5	53				1	54							
25	2	27					27	1						
4		4					4							
1	1	2					2							
	396	396		40	40	3	439	13						
11	743	754		109	109		863	38						
8	309	317	1	6	7	61	385	17						
59	3 472	3 531	17	345	362	1 135	5 028	352						
109	1 449	1 558	17	183	200	494	2 252	140						
64	739	803		100	100	130	1 033	84						
4	170	174		5	5		179	40						
24	239	263		9	9		272	41						
14	82	96		4	4		100	7						
169	106	275					275	1						
1		1					1							
447	219	666					666	3						

产品类别		产品名称	动力形式	起重量（t）	生产量（台）			订货量（台）						出口到集团公司	合计
								自主品牌			贴牌				
代号	名称				境内生产	整机进口	合计	国内	出口	合计	国内	出口	合计		
4+5	内燃平衡重式叉车	多式正面吊													
		侧面式叉车			142		142	129	35	164					164
6	牵引车	合计			2 534	1	2 535	2 370	377	2 747	273	60	333		3 080
		牵引车	电动		2 115		2 115	1 963	338	2 301	270	60	330		2 631
			汽油机		179		179	179	38	217	1		1		218
			柴油机		240	1	241	228	1	229	2		2		231
			液化石油气/天然气												
7	越野叉车	合计			1 149	9	1 158	751	397	1 148		16	16	6	1 170
		门架式叉车	柴油机	0.0～2.499	24		24		16	16					16
				2.5～2.999	119		119		114	114				2	116
				3.0～3.999	146	9	155	2	163	165		9	9	3	177
				≥4.0	14		14	3	11	14				1	15
		伸缩臂叉车	柴油机	0.0～2.499	846		846	746	93	839		7	7		846
				2.5～2.999											
				3.0～3.999											
				≥4.0											
8	手动和半动力车辆	合计			1 111 768	90	1 111 858	334 509	662 402	996 911	21 990	112 938	134 928		1 131 839
		手动托盘搬运车		0.0～1.199	41 626		41 626	4 528	31 576	36 104	277	5 311	5 588		41 692
				1.2～1.499											
				1.5～1.699	33 823		33 823	12 568	19 362	31 930	4 393	1 442	5 835		37 765
				1.7～1.999											
				2.0～2.499	234 836		234 836	85 709	132 741	218 450	3 007	15 931	18 938		237 388
				2.5～2.999	538 667		538 667	83 842	376 536	460 378	862	77 845	78 707		539 085
				≥3.0	235 473	90	235 563	145 874	78 309	224 183	11 619	10 968	22 587		246 770
		半动力托盘搬运车		0.0～1.199	117		117	1	116	117	237		237		354
				1.2～1.499											
				1.5～1.699							87		87		87
				1.7～1.999											
				2.0～2.499							44		44		44
				2.5～2.999											
				≥3.0											

（续）

| 发货量（台） | | | | | | | | 现有库存 | 其中:AGV叉车和新能源叉车销售量（台） | | | | | |
| 自主品牌 | | | 贴牌 | | | 出口到集团公司 | 合计 | | AGV | | | 1～3类锂电池/4～5类氢燃料叉车 | | |
国内	出口	合计	国内	出口	合计				国内	出口	合计	国内	出口	合计
144	28	172					172	7						
2 144	381	2 525	210	33	243		2 768	37				457	46	503
1 792	342	2 134	210	33	243		2 377	17				457	46	503
141	38	179					179	10						
211	1	212					212	10						
755	402	1 157		7	7		1 164	21						
	21	21					21	5						
2	121	123					123	4						
4	156	160					160	11						
3	11	14					14	1						
746	93	839		7	7		846							
334 020	662 433	996 453	21 991	112 663	134 654		1 131 107	1				266	10	276
4 528	31 576	36 104	277	5 251	5 528		41 632							
12 568	19 362	31 930	4 393	1 442	5 835		37 765							
85 220	132 741	217 961	3 007	15 931	18 938		236 899							
83 842	376 537	460 379	862	77 672	78 534		538 913	1						
145 874	78 339	224 213	11 620	10 926	22 546		246 759					266	10	276
1	116	117	237		237		354							
			87		87		87							
			44		44		44							

（续）

产品类别		产品名称	动力形式	起重量（t）	生产量（台）			订货量（台）							
								自主品牌			贴牌			出口到集团公司	合计
代号	名称				境内生产	整机进口	合计	国内	出口	合计	国内	出口	合计		
8	手动和半动力车辆	手动托盘堆垛车（插腿式叉车）		0.0～1.199	22 707		22 707	1 045	20 193	21 238	150	1 439	1 589		22 827
				1.2～1.499								2	2		2
				1.5～1.699	1 632		1 632	489	1 137	1 626	716		716		2 342
				1.7～1.999											
				2.0～2.499							171		171		171
				2.5～2.999											
				≥3.0											
		半动力托盘堆垛车（插腿式叉车）		0.0～1.199	2 887		2 887	453	2 432	2 885	254	2	256		3 141
				1.2～1.499											
				1.5～1.699							127		127		127
				1.7～1.999											
				2.0～2.499							44		44		44
				2.5～2.999											
				≥3.0											
9	固定平台搬运车	固定平台搬运车	合计		459		459	229	230	459	15		15		474
			电动	0.0～1.199	8		8	10		10	1		1		11
				1.2～1.499											
				1.5～1.699	1		1	1		1					1
				1.7～1.999											
				2.0～2.499	322		322	163	148	311	3		3		314
				2.5～2.999											
				≥3.0	50		50	55	4	59	6		6		65
			汽油机	0.0～1.199							3		3		3
				1.2～1.499											
				1.5～1.699							2		2		2
				1.7～1.999											
				2.0～2.499											
				2.5～2.999											
				≥3.0											
			柴油机	0.0～1.199											
				1.2～1.499											
				1.5～1.699											
				1.7～1.999											
				2.0～2.499											
				2.5～2.999											
				≥3.0											
		旅游车			78		78	78		78					78

〔供稿单位：中国工程机械工业协会工业车辆分会〕

（续）

发货量（台）								现有库存	其中:AGV叉车和新能源叉车销售量（台）					
自主品牌			贴牌			出口到集团公司	合计		AGV			1～3类锂电池／4～5类氢燃料叉车		
国内	出口	合计	国内	出口	合计				国内	出口	合计	国内	出口	合计
1 045	20 193	21 238	150	1 439	1 589		22 827							
			2		2		2							
489	1 137	1 626	716		716		2 342							
			171		171		171							
453	2 432	2 885	254	2	256		3 141							
			127		127		127							
			44		44		44							
223	230	453	15		15		468	45	8		8	1	78	79
9		9	1		1		10		8		8			
1		1					1							
163	148	311	3		3		314	41						
50	4	54	6		6		60	4				1		1
			3		3		3							
			2		2		2							
	78	78					78						78	78

2020 年机动工业车辆出口订货量、发货量

销往国家和地区	2020 年 1—12 月出口订货量（台）					2020 年 1—12 月出口发货量（台）				
国家和地区名称	第 1 类	第 2 类	第 3 类（31）	第 3 类（32）	第 4 类 + 第 5 类	合计	第 1 类	第 2 类	第 3 类（31）	第 3 类（32）	第 4 类 + 第 5 类	合计
合计	16 343	2 173	66 297	49 625	57 959	192 397	15 619	2 017	62 391	46 925	54 706	181 658
欧洲												
阿尔巴尼亚			61	4	110	175			50	4	102	156
阿塞拜疆	31	6	19	45	118	219	27	6	19	41	120	213
奥地利	14		26	107	108	255	9		22	105	134	270
亚美尼亚	7		51	7	19	84	11		51	7	19	88
比利时	208	6	3 020	1 668	108	5 010	249	9	3 373	1 735	118	5 484
波黑			6		8	14			6		20	26
保加利亚	36	4	218	240	286	784	27	4	188	195	286	700
白俄罗斯	233		52	99	252	636	140		50	77	182	449
克罗地亚	6		44	45	48	143	6		42	35	44	127
捷克	60	23	384	622	259	1 348	64	16	498	517	305	1 400
丹麦	114		572	233	150	1 069	105		546	266	152	1 069
爱沙尼亚	6		136	65	33	240	8		136	65	25	234
芬兰	4		90	65	78	237	7		95	61	101	264
法国	921	9	4 142	1 902	1 712	8 686	871	13	4 208	1 735	1 661	8 488
格鲁吉亚	11	2	15	24	62	114	10	2	19	11	48	90
德国	307	20	3 312	6 128	1 348	11 115	287	17	3 447	5 228	1 274	10 253
希腊	34		638	518	176	1 366	29	1	591	504	203	1 328
匈牙利	54		301	338	575	1 268	45	2	243	309	538	1 137
冰岛	4	1	403	9	11	428	4	1	374	9	8	396
爱尔兰	86	25	249	24	227	611	75	24	126	20	221	466
意大利	341	2	1 968	859	437	3 607	343	2	2 025	856	520	3 746
拉脱维亚	16		47	14	26	103	7		39	11	25	82
立陶宛	17		199	26	20	262	14		83	24	20	141
卢森堡			54		3	57			54		3	57
马耳他	11	3	88	46	10	158	9	1	83	27	9	129
摩尔多瓦	29	3	3	16	48	99	28	1	3	16	43	91
黑山	5	1	25	20	19	70	5	1	31	14	19	70

（续）

销往国家和地区	2020 年 1—12 月出口订货量（台）						2020 年 1—12 月出口发货量（台）					
国家和地区名称	第 1 类	第 2 类	第 3 类（31）	第 3 类（32）	第 4 类 + 第 5 类	合计	第 1 类	第 2 类	第 3 类（31）	第 3 类（32）	第 4 类 + 第 5 类	合计
荷兰	600	24	644	1 131	441	2 840	500	22	676	1 126	446	2 770
挪威	142	1	284	337	192	956	122	1	271	285	187	866
波兰	126	21	2 838	1 478	1 846	6 309	119	20	2 186	1 563	1 754	5 642
葡萄牙	90	2	268	138	142	640	78	5	208	148	140	579
罗马尼亚	67	3	469	468	481	1 488	58	2	384	370	418	1 232
俄罗斯联邦	869	32	1 162	3 045	3 597	8 705	1 030	29	972	2 945	3 648	8 624
塞尔维亚	36	2	267	95	192	592	60	1	120	90	196	467
斯洛伐克	31	1	155	98	210	495	25	1	79	101	203	409
斯洛文尼亚	25		109	104	26	264	22		112	80	24	238
西班牙	304	39	3 569	1 373	1 844	7 129	267	33	3 514	1 242	1 086	6 142
瑞典	67	11	1 849	417	23	2 367	90	21	1 612	492	23	2 238
瑞士	109	1	1 285	448	242	2 085	96	1	1 229	439	226	1 991
乌克兰	174		162	442	658	1 436	373		129	334	850	1 686
前南马其顿	4		32	11	1	48	4		32	11	1	48
英国	208	21	2 118	452	1 246	4 045	203	24	2 104	437	1 340	4 108
美洲												
阿根廷	646	34	937	963	3 205	5 785	757	32	739	871	3 231	5 630
巴哈马					1	1					3	4
巴巴多斯				1	6	7				1	6	7
多民族玻利维亚国	11		6		17	34	11		6		12	29
巴西	693	64	1 010	903	3 164	5 834	647	61	697	897	3 042	5 344
加拿大	257	41	671	355	445	1 769	239	41	774	352	405	1 811
开曼群岛		2			2	4		2			2	4
智利	106	28	126	145	638	1 043	70	23	113	132	520	858
哥伦比亚	48	15	123	157	176	519	47	6	82	170	159	464
哥斯达黎加	11	5	8	41	69	134	10	5	8	39	51	113
古巴					44	44					29	29
多米尼克	1		2			3	2		14		1	17
多米尼加共和国	6		34	2	58	100	1		2	2	65	70
厄瓜多尔	15	1	96	88	230	430	9	1	94	80	233	417
萨尔瓦多	1		3	6	32	42		6	1	6	29	42
法属圭亚那	1	1			3	5						
瓜德罗普	12			10	5	27	5			6	2	13
危地马拉	8		20	22	77	127	7	2	8	20	69	106

（续）

销往国家和地区	2020 年 1—12 月出口订货量（台）						2020 年 1—12 月出口发货量（台）					
国家和地区名称	第1类	第2类	第3类（31）	第3类（32）	第4类+第5类	合计	第1类	第2类	第3类（31）	第3类（32）	第4类+第5类	合计
圭亚那	11			3	12	26	8			2	20	30
海地			12		13	25			2		10	12
洪都拉斯	19	1	2	25	71	118	8	1	4	29	48	90
牙买加	14	12	9	10	145	190	14	6	13	9	134	176
墨西哥	203	37	183	422	868	1 713	206	32	151	332	721	1 442
蒙特塞拉特											4	4
荷属安地列斯					1	1	1				1	2
尼加拉瓜	1			1	2	4	1			1	3	5
巴拿马	19		7	15	28	69	18		5	8	29	60
巴拉圭	7	2	2	27	164	202	9	2	2	31	162	206
秘鲁	29	14	46	83	325	497	27	12	47	66	285	437
波多黎各	5	2	134	2	15	158	5	2	134	2	11	154
圣其茨和尼维斯					2	2					2	2
苏里南	5	1		5	12	23	3	1		2	12	18
特立尼达和多巴哥		1			15	16		1			6	7
美国	1 155	63	11 731	10 222	2 905	26 076	1 053	62	11 441	9 611	3 062	25 229
乌拉圭	100	1	64	83	214	462	67		62	109	220	458
委内瑞拉	5		6	3	22	36	5		6	1	23	35
亚洲												
巴林	15		5	7	51	78	6		4	9	39	58
孟加拉国	3	9	78	25	231	346	4	12	44	20	191	271
文莱		2			5	7	2	2		1	3	8
缅甸	24	7	14	41	119	205	23	7	25	54	131	240
柬埔寨	43	3	49	32	173	300	43	3	49	39	730	864
斯里兰卡	7	1	20	36	63	127	4	2	23	40	78	147
台澎金马关税区	265	61	1 311	183	986	2 806	250	51	932	199	938	2 370
塞浦路斯	55	6	237	57	82	437	42	3	269	54	68	436
中国香港	283	69	5 649	836	647	7 484	279	51	5 418	776	657	7 181
印度	285	61	285	579	1 158	2 368	237	59	184	584	1 018	2 082
印度尼西亚	262	98	295	712	1 115	2 482	318	101	331	762	1 158	2 670
伊拉克	14	1	8	10	248	281	14	1	8	13	246	282
以色列	197		2 230	749	376	3 552	172		1 987	769	409	3 337
日本	115	15	866	293		1 289	113	16	892	296	1	1 318
哈萨克斯坦	76	1	150	5	698	930	56	1	150	14	580	801

（续）

销往国家和地区	2020年1—12月出口订货量（台）						2020年1—12月出口发货量（台）					
国家和地区名称	第1类	第2类	第3类（31）	第3类（32）	第4类+第5类	合计	第1类	第2类	第3类（31）	第3类（32）	第4类+第5类	合计
约旦	19	4	18	42	82	165	20	4	50	15	71	160
韩国	1 259	91	1 605	2 898	78	5 931	1 216	50	1 332	2 938	85	5 621
科威特	8		43		87	138	7	1	43		84	135
吉尔吉斯斯坦	6		5		37	48	5		5		37	47
老挝				2	55	57				2	56	58
黎巴嫩	2		6	4	45	57	1		2	4	25	32
中国澳门		1	8			9		1	5	1		7
马来西亚	435	68	269	387	1 097	2 256	426	70	285	338	1 140	2 259
马尔代夫	3				1	4	4				1	5
蒙古	9		2	24	65	100	10		5	19	57	91
阿曼	10	2	17	14	183	226	10	2	21	10	181	224
尼泊尔联邦民主共和国	3		1		5	9	4		1		5	10
巴基斯坦	28	20	61	184	199	492	27	18	45	172	183	445
菲律宾	196	86	236	123	875	1 516	202	81	230	147	936	1 596
东帝汶	3		3		2	8					3	3
卡塔尔	19		61	19	186	285	17		56	14	121	208
沙特阿拉伯	95	33	8	118	1 340	1 594	99	33	10	145	1 176	1 463
新加坡	198	20	521	206	331	1 276	207	44	417	197	329	1 194
越南	569	103	769	1 121	1 849	4 411	523	98	704	1 008	1 585	3 918
叙利亚	1		2	3	5	11	1		2	5	6	14
塔吉克斯坦	1	1	6		5	13					1	1
泰国	835	171	1 180	1 130	1 829	5 145	772	164	1 158	1 022	1 613	4 729
阿联酋	114	19	49	190	671	1 043	126	13	45	183	603	970
土耳其	189	8	419	822	2 464	3 902	198	4	451	768	2 306	3 727
土库曼斯坦	12		18	1	43	74	11		11		39	61
乌兹别克斯坦	98	11	153	134	423	819	88	11	145	130	378	752
也门	1		4		24	29	1		4		19	24
非洲												
阿尔及利亚	57	2	89	157	2 084	2 389	25	2	86	156	1 565	1 834
安哥拉	7		4	3	41	55	5		4	3	39	51
博茨瓦纳					5	5					2	2
喀麦隆	22	2			14	30	68	22	2			14	26	64
中非					3	3					5	5
乍得	1				1	2				1	1	2

（续）

销往国家和地区	2020年1—12月出口订货量（台）						2020年1—12月出口发货量（台）					
国家和地区名称	第1类	第2类	第3类（31）	第3类（32）	第4类+第5类	合计	第1类	第2类	第3类（31）	第3类（32）	第4类+第5类	合计
马约特			3		5	8			3		5	8
刚果（布）	5			1	31	37	3			1	31	35
刚果（金）		2	12		37	51		2	12		28	42
赤道几内亚			4		6	10			4		6	10
埃塞俄比亚	1		7	4	40	52			2		31	33
厄立特里亚					1	1					1	1
吉布提			4		12	16			4		12	16
加蓬					26	26					19	19
冈比亚					1	1					1	1
加纳	9	6	37	1	154	207	9	6	37	6	138	196
几内亚				3	19	22				3	15	18
科特迪瓦	17	3	43	29	255	347	12	2	38	43	222	317
肯尼亚	14	3	36	17	130	200	8	2	26	11	81	128
利比里亚			4		13	17	3		4		9	16
利比亚	3		38	6	51	98	3			1	36	40
马达加斯加	2		17	19	25	63	2		23	20	34	79
马拉维	3				8	11	3				8	11
马里					7	7					5	5
毛里塔尼亚			2		2	4			2		2	4
毛里求斯	12	1	12	15	15	55	12		17	12	21	62
摩洛哥	118	1	11	41	55	226	57	1	15	46	64	183
莫桑比克			10		21	31			4		28	32
纳米比亚	1				11	12	1	2			14	17
尼日尔					1	1					1	1
尼日利亚	23	2	91	29	198	343	26	1	96	25	201	349
留尼汪			31	14	5	50			30	16	5	51
卢旺达					26	26					5	5
圣多美和普林西比					1	1					1	1
塞内加尔	1	1	11	8	39	60	3	1	9	7	38	58
塞舌尔		1			1	2	1				1	2
塞拉利昂	2					2	2					2

（续）

销往国家和地区	2020 年 1—12 月出口订货量（台）						2020 年 1—12 月出口发货量（台）					
国家和地区名称	第 1 类	第 2 类	第 3 类（31）	第 3 类（32）	第 4 类 +第 5 类	合计	第 1 类	第 2 类	第 3 类（31）	第 3 类（32）	第 4 类 +第 5 类	合计
索马里					1	1					2	2
南非	409	131	425	94	1 555	2 614	349	72	380	80	1 335	2 216
津巴布韦	12	1	46	1	67	127	9	1	46	1	63	120
苏丹	3		11	10	30	54	3		37		39	79
南苏丹共和国					2	2					2	2
斯威士兰					1	1						
多哥			2		16	18			2		22	24
突尼斯	114		120	44	407	685	29		99	41	399	568
乌干达			2		17	19	1		2		17	20
埃及	14		69	26	368	477	17		18	26	325	386
坦桑尼亚	18	1	17	3	63	102	17	1	15	1	55	89
布基纳法索	2	1			3	6					3	3
赞比亚			3	3	55	61			3	2	53	58
大洋洲												
萨摩亚	1	4			1	6	1	1			1	3
澳大利亚	758	423	1 670	1 124	3 266	7 241	644	431	1 353	1 133	2 656	6 217
所罗门群岛					2	2					2	2
斐济	6		7	8	32	53	4		5	4	27	40
法属波利尼西亚	3	1	10	8	21	43	3	1	9	5	19	37
新喀里多尼亚	5		12	4	12	33	3		10	3	10	26
瓦努阿图			2	1	4	7			2	1	4	7
新西兰	124	27	193	194	313	851	127	27	197	195	271	817
密克罗尼西亚联邦			2		2	4			2		2	4
巴布亚新几内亚	23		13	2	49	87	21		13	5	51	90
汤加					1	1					1	1
其他							4				5	9

〔供稿单位：中国工程机械工业协会工业车辆分会〕

2020 年机动工业车辆

产品类别		产品名称	动力形式	起重量（t）	销售量（台）											
代号	名称				辽宁	吉林	黑龙江	北京	天津	河北	山西	内蒙古	山东	江苏	浙江	安徽
		合计			1 407	803	643	1 332	1 817	2 308	753	434	6 966	7 404	6 293	2 609
1	电动平衡重乘驾式叉车	站立操纵叉车	电动	0.0～1.199												
				1.2～1.499											1	
				1.5～1.699											1	
				1.7～1.999											6	
				≥2.0	2			2	1	2			1	22	90	
		三支点叉车	电动	0.0～1.199	7	2	7	7	12	15	5	4	22	82	92	17
				1.2～1.499	10	4	3	3	8	15	1		29	87	58	15
				1.5～1.699	83	21	35	42	129	144	13	25	327	362	342	77
				1.7～1.999	3		1	4	33	6			99	72	43	17
				≥2.0	4	1	1	14	1	6			82	53	97	13
		四支点叉车（实心软胎）	电动	0.0～1.199												
				1.2～1.499												
				1.5～1.699	3	2					1		4	4	9	
				1.7～1.999											1	
				2.0～2.499	10	6	14	26	29	21	7	7	114	210	224	110
				2.5～2.999		7					3		15	1	11	24
				3.0～3.499		3							19	4	9	
				3.5～3.999		1							1	4	3	
				4.0～4.999										2		1
				5.0～6.999				2					10	2	1	
				7.0～9.999												
				≥10.0												
		四支点叉车（充气胎、实心胎和除实心软胎以外的其他轮胎）	电动	0.0～1.199		5	3	5	9	12	1	3	18	19	26	10
				1.2～1.499			1	1								
				1.5～1.699	238	104	73	204	241	269	73	76	1 078	1 082	1 101	367
				1.7～1.999	45	15	20	32	87	44	37	15	284	170	165	47
				2.0～2.499	289	299	231	278	301	467	226	93	1 269	1 467	1 274	455
				2.5～2.999	385	112	63	142	299	467	138	76	987	1 083	913	576
				3.0～3.499	246	193	152	432	461	563	167	109	1 820	1 852	1 063	437
				3.5～3.999	57	18	34	76	157	184	50	19	629	613	574	327
				4.0～4.999	12	6	2	13	5	6	5		75	79	103	60
				5.0～6.999	8	3	2	38	32	57	22	7	53	106	70	47
				7.0～9.999	5	1		7	9	29			22	10	9	9
				≥10.0			1	6	2	2			6	11	15	1

销售全国流向表

福建	江西	上海	广东	广西	海南	湖南	湖北	河南	四川	云南	贵州	西藏	重庆	陕西	甘肃	宁夏	青海	新疆	自主品牌国内合计	自主品牌出口	贴牌	出口到集团公司	总计
1 569	760	4 684	7 529	1 105	248	1 027	1 668	2 509	1 667	455	578	62	973	1 567	406	255	112	695	60 638	15 619	1 970	1 814	80 041
		1											1						3	26			29
		1																	2	6			8
																			6				6
1		23	8			1	2	2	1		1								159		92		251
11	4	19	94	5	1	8	15	7	4	2	5		1	6	2		4		460	30			490
27	3	41	135	13	4	11	13	4	7	2			2	9	1			4	509	42	3	5	559
280	54	531	451	51	10	51	72	70	63	9	5	2	51	24	20	6	1	13	3 364	1 125	19	338	4 846
9	3	17	45	3	4	5	3	4	8		2		4	3					388	935	2	12	1 337
8	3	52	39	2		6	6	16	9		1		3	5			1	1	424	558	70	1	1 053
		9		2	5		6			2									47	11			58
		3																	4	4			8
59	21	311	298	3	11	9	1	11	24	19	5			3	3				1 556	971			2 527
		10	6				34				13		4						128	45			173
							15	1		1		1							53	12			65
1		1					25	1	3				2						42	1			43
	1						1												5				5
		6			1	3		1					2	2					30				30
2	6	12	10	6		6	7	17	2		1		1	6		1		18	206	20			226
		3	41	6	1														53				53
143	84	603	1 001	90	28	193	229	264	169	44	111	13	101	282	94	50	22	106	8 533	1 538	330	136	10 537
57	15	99	216	20	12	14	18	58	23	6	5	1	10	317	38	2	2	33	1 907	1 055	104	67	3 133
345	165	855	1 280	218	86	241	355	413	404	157	210	27	265	230	78	26	20	201	12 225	1 399	783	264	14 671
210	115	553	1 131	124	22	127	299	458	222	65	93	5	223	211	44	35	18	129	9 325	4 778	478	385	14 966
295	181	1 079	1 354	180	45	274	389	746	556	119	76	11	185	322	102	99	41	150	13 699	1 925	55	369	16 048
94	82	270	1 104	291	20	60	78	333	124	22	43	3	84	103	15	13	3	33	5 513	802	21	237	6 573
6	4	66	85	56		4	41	43	20	1			18	2			1		713	107	5		825
19	18	110	192	36	2	15	57	32	19	4	5		12	34	8	17	3	3	1 031	181	8		1 220
		12	20	1	1	1	3						3	2		1		2	147	15			162
2	2	6	9		1		26	1	4				5			1	1	2	106	33			139

代号	名称	产品名称	动力形式	起重量（t）	辽宁	吉林	黑龙江	北京	天津	河北	山西	内蒙古	山东	江苏	浙江	安徽
		合计			197	101	40	336	295	251	52	26	555	1 572	1 168	273
		低起升托盘搬运车和平台搬运车	电动	≤2.0	35	26	15	70	47	70	7	4	141	189	341	51
				>2.0	4	13		2	3	4	4	1	4	16	27	15
		高起升堆垛车	电动	0.0～1.199												
				1.2～1.499				6		4		1	5	5	23	1
				1.5～1.999	4	3	11		2	5	2		13	39	57	30
				≥2.0	2	2		1	23	6			10	66	68	13
		货叉前移式叉车	电动	0.0～1.199												
				1.2～1.499				10	3	4			10	14	4	2
				1.5～1.999		1		1	1				1	1	5	
2	电动乘驾式仓储车辆			≥2.0		2	1			1			1	1	1	
		门架前移式叉车	电动	0.0～1.199				3	4				2	4	4	2
				1.2～1.499	47	21	5	92	90	42	9	5	115	343	145	29
				1.5～1.999	66	27	3	74	69	62	24	12	150	487	276	72
				≥2.0	25	6	5	33	34	45	6	3	90	288	185	53
		高起升拣选车	电动			1		37	6	1			3	61	17	
		侧向堆垛车（操作台可起升）	电动	≤1.25	1			1	1				2	22	2	2
				>1.25	7			3	11	6			6	26	13	3
		侧向堆垛车（操作台在下面）	电动	≤1.0	1				1					2		
				>1.0,≤1.25	2											
				>1.25	2			3		1			2	8		
		侧面式和多向叉车	电动	0.0～1.199												
				1.2～1.499												
				1.5～1.999												
				≥2.0												
		合计			2 393	1 164	979	3 503	3 717	2 898	1 166	547	10 344	26 484	39 759	6 774
		低起升托盘搬运车和平台搬运车（包括电池在内的车身重量≤250kg）	电动	≤1.6	1 054	677	348	1 252	1 147	1 089	697	289	4 705	11 743	15 629	3 199
				>1.6,≤2.0	126	27	71	64	124	208	12	32	543	1 445	1 778	256
3	电动步行式仓储车辆			>2.0											5	
		低起升托盘搬运车和平台搬运车（包括电池在内的车身重量>250kg）	电动	≤1.6	53	30	15	10	19	28	8	4	196	430	363	149
				>1.6,≤2.0	233	91	197	124	327	399	150	129	875	1 922	3 752	751
				>2.0	16	30	7	67	45	88	20	7	108	670	628	351

（续）

福建	江西	上海	广东	广西	海南	湖南	湖北	河南	四川	云南	贵州	西藏	重庆	陕西	甘肃	宁夏	青海	新疆	自主品牌国内合计	自主品牌出口	贴牌	出口到集团公司	总计
268	112	848	1 403	71	13	207	274	183	326	36	63	3	135	176	21	27	4	24	9 060	2 017	842	330	12 249
93	44	68	343	13	5	67	45	79	50	1	15	3	42	25	7	12	1	9	1 918	197	156	10	2 281
2	2	18	11	2		17	17	1	13	1			22	1					200	62	12		274
																				5	6		11
1	5	3	8				1	1		1			1	1					67	92			159
15	4	9	95	14		7	17	12	10				5	2				3	359	171	27		557
23		5	41	2		9	4	3	5		22		9	1				5	320	21	11	1	353
9		30	10	6			3		6					1					112	6	2		120
		2	6						1										19	4	16		39
1		2	1																11	1	7		19
		7	15	1		1	2		4	1			1						51			134	185
42	23	165	251	12	4	30	98	32	72	9	6		31	53	6	1	1	4	1 783	145	3	4	1 935
49	17	323	450	11	4	28	58	39	68	16	12		23	36	5	9	2	1	2 473	769	48	23	3 313
13	5	171	154	9		45	16	15	87	8	5		21	24	2	5		2	1 355	454	127	2	1 938
9		11	8	1			13		2				2	2					174	85		156	415
4	2	3	1				1		1					1					44	1			45
4	10	22	9			3		1	3		2			7					136	2			138
3																			7				7
		3												1					6				6
		6						3											25	2	427		454
7 563	2 600	11 795	59 169	5 597	167	3 777	4 907	4 346	3 529	1 440	1 354	23	3 110	2 552	635	394	295	635	213 616	109 316	91 612	9 323	423 867
4 162	1 275	5 169	38 498	2 954	68	2 045	2 539	2 022	1 224	774	802	3	1 444	1 032	440	279	181	343	107 083	52 903	49 590	7 478	217 054
641	122	726	5 105	735	7	253	300	204	212	82	56		107	106	36	11	14	6	13 409	9 482	5 000		27 891
		4	1																10	6			16
137	42	156	874	89	2	170	201	83	42	22	29		36	34	11	2	3	5	3 243	838	1 092	101	5 274
549	218	1 145	3 106	337	2	366	578	491	405	139	71		553	375	41	19	59	117	17 521	5 611	354	35	23 521
83	144	410	646	66		90	77	112	79	18	34		84	49	4	4	1	5	3 943	477	36		4 456

代号	名称	产品名称	动力形式	起重量（t）	辽宁	吉林	黑龙江	北京	天津	河北	山西	内蒙古	山东	江苏	浙江	安徽
3	电动步行式仓储车辆	低起升驾驶式平台托盘搬运车	电动	≤1.6	6			7					22	42	60	7
				>1.6，≤2.0	281	77	124	1 114	542	241	93	23	949	1 427	1 166	171
				>2.0	13	8	4	2	34	12	4		102	188	123	13
		低起升乘驾/步行式托盘搬运车	电动	≤1.6	18				8	7	5		76	461	1 381	10
				>1.6，≤2.0	30	25	9	141	836	176	17	12	634	802	4 109	278
				>2.0	4	3			2	6	2		85	81	95	56
		高起升堆垛车	电动	0.0～1.199	42	10	9	17	57	19	6		142	319	247	19
				1.2～1.499	177	63	104	161	167	227	101	29	621	2 323	2 670	881
				≥1.5	186	49	29	181	126	169	34	2	745	2 941	5 892	403
		高起升驾驶式平台堆垛车	电动	0.0～1.199				1	1				9	9	13	3
				1.2～1.499	46	17	13	58	49	39	8	7	108	830	613	34
				≥1.5	55	17	12	48	43	129	6	4	201	505	702	87
		前移式叉车	电动	0.0～1.199											1	
				1.2～1.499	3			3	4	6		1	9	46	23	3
				≥1.5	16	9	1	59	12	16	1	2	44	89	147	16
		地面拣选车	电动			2		66	4	2			21	37	49	51
		平衡重式叉车	电动		12	20	25	107	127	24	1		22	12	248	2
		牵引车	电动		20	11	11	21	43	13	1	6	127	157	70	34
4+5	内燃平衡重式叉车	合计			7 691	4 870	6 052	6 505	7 475	17 787	6 502	4 612	38 327	40 956	30 941	14 322
		标准叉车	汽油机	0.0～1.199												
				1.2～1.499												
				1.5～1.699					1	2						
				1.7～1.999												
				2.0～2.499										1	5	
				2.5～2.999			35			2				3	23	
				3.0～3.499	23	50	55	20	39	20	28	4	155	182	190	158
				3.5～3.999				4				1	5	19	6	
				4.0～4.999											3	
				5.0～6.999	5							1		3		
				≥7.0											1	
			柴油机	0.0～1.199								1	1	3	19	29
				1.2～1.499												
				1.5～1.699	18	12	18	6	8	5	7	8	44	56	63	15
				1.7～1.999	1	7	5	4	6	1	1		17	17	11	6
				2.0～2.499	77	36	52	97	90	120	47	30	415	491	519	87
				2.5～2.999	42	6	14	24	48	35	14	15	139	446	258	55
				3.0～3.499	4 401	2 553	3 031	3 305	3 848	9 457	2 429	2 124	16 923	18 951	14 090	6 595
				3.5～3.999	2 387	1 882	2 586	2 642	2 967	7 265	3 393	2 157	17 703	16 877	12 468	6 069

（续）

福建	江西	上海	广东	广西	海南	湖南	湖北	河南	四川	云南	贵州	西藏	重庆	陕西	甘肃	宁夏	青海	新疆	自主品牌国内合计	自主品牌出口	贴牌	出口到集团公司	总计
11	4	59	103	7	2	2	2	9	6				11	2					362	43	136	89	630
315	165	496	1 465	108	13	182	247	315	795	140	142	19	380	568	37	15	16	40	11 666	1 640	124	713	14 143
7	49	44	157	5		14	24	16	15	5	16		29	8					892	114	10	3	1 019
60	6	94	124	1		10	4	30	16	11	2		5						2 329	463	13 223		16 015
299	66	779	2 176	524	25	100	209	311	68	21	19		28	17	9			11	11 731	5 931	5 278		22 940
24	2	93	72	40		3	2	5	7		1		8	2					593	144	201		938
48	14	282	177	10		25	16	49	35	11		1	16	30	6		3	8	1 618	6 798	4 497	588	13 501
407	142	1 078	3 546	531	7	329	382	283	175	96	113		179	189	40	22	17	35	15 095	12 093	532	130	27 850
477	196	744	2 044	63	13	103	185	202	187	69	41		130	56	5	19	1	28	15 320	7 326	9 349	8	32 003
3		4	5		4		1	2		2			1						58	35			93
101	83	153	345	41	1	13	44	97	94	24	5		14	12		1		10	2 860	1 751	658	33	5 302
145	44	192	443	57	8	37	43	86	99	19	13		30	36	1			14	3 076	2 313	633	7	6 029
																				1			1
17	1	18	28	4		4	15		11		1		1	3				3	204	47	106		357
25	6	59	57		3	6	4	7	23	3	3		3	8	1			2	622	516	478	1	1 617
17		7	23			11			9				33		2	20			354	342	28	6	730
28	7	12	18	6	1		14	16	4	4			1	18				8	737	136	130		1 003
7	14	71	156	19	11	14	21	7	21	2	4		17	7	2	2			889	307	157	131	1 484
9 727	7 188	12 794	32 248	7 865	2 136	8 024	7 566	17 157	8 562	4 783	5 182	1 153	5 014	7 155	3 155	2 185	1 641	5 692	335 267	54 706	4 288	6 116	400 377
																						1	1
																			3	478			481
																				401			401
		6	1		1	1									2				17	188			205
		10	2		1														76	2 076			2 152
78		188	190	10	15	11	2		44	13	13			3	4				1 495	1 209			2 704
		12	12			3	3												65	787			852
			1																4	333			337
			1																10	205			215
																			1	88			89
		16	2										26					1	98	1			99
8	20	46	40	9	4	6	8	18	9	1	3		6	2	1	1		5	447	847	23	9	1 326
7	6	8	4		2	1	1	1	1					1	1				109	731	111		951
76	54	213	243	36	15	59	47	80	30	21	11	11	44	43	15	13	9	45	3 126	1 218	129	111	4 584
57	15	170	200	19	7	12	30	24	22	18	4	4	31	19	7	5	1	11	1 752	9 271	922	1 516	13 461
4 254	2 636	5 882	10 409	2 873	1 015	3 217	2 979	6 859	3 450	2 257	2 141	624	2 234	2 654	1 475	1 029	768	3 049	147 512	17 209	1 448	2 115	168 284
4 468	3 576	4 249	18 400	4 382	855	3 977	3 520	8 896	3 696	2 008	2 586	462	2 188	4 037	1 425	981	757	2 245	151 104	5 808	566	493	157 971

产品类别		产品名称	动力形式	起重量（t）	销售量（台）											
代号	名称				辽宁	吉林	黑龙江	北京	天津	河北	山西	内蒙古	山东	江苏	浙江	安徽
4+5	内燃平衡重式叉车	标准叉车	柴油机	4.0～4.999	270	30	30	42	60	172	64	31	433	677	965	430
				5.0～6.999	224	127	113	186	150	352	302	125	1 431	1 878	1 229	548
				7.0～9.999	123	77	59	101	99	201	122	68	588	657	539	200
				10.0～11.999	58	88	45	42	72	100	77	32	232	359	330	132
				12.0～14.999	7		3	7	23	18	11	7	30	73	81	11
				15.0～16.999	9	2	1	19	12	16	2	4	27	49	42	8
				17.0～24.999										2	2	
				25.0～31.999	2			2	1	3		1	3	7		1
				32.0～41.999				1	2	2			5	5		
				≥42.0								2		1		
			液化石油气/天然气	0.0～1.199											1	
				1.2～1.499												
				1.5～1.699												
				1.7～1.999												8
				2.0～2.499	1								3	1		
				2.5～2.999									27	2	16	
				3.0～3.499	3						1		25	42	13	
				3.5～3.999									34	7	11	
				4.0～4.999											1	
				5.0～6.999			2						4	4	4	
				≥7.0				2	3	9						
		空箱叉车				10			11				18	20	13	1
		重箱叉车														
		空箱正面吊														
		重箱正面吊			28				30	2		3	44	56	40	
		多式正面吊														
		侧面式叉车			2		3	1	5	5	1		15	25	8	6
6	牵引车	合计			32	24	27	250	100	72	43	27	157	251	129	62
		牵引车	电动		25	16	26	238	100	62	43	20	116	165	104	52
			汽油机		3	4		4		10		5	22	31	15	8
			柴油机		4	4	1	8				2	19	55	10	2
			液化石油气/天然气													
1～5类合计					11 688	6 938	7 714	11 676	13 304	23 244	8 473	5 619	56 192	76 416	78 161	23 978

〔供稿单位：中国工程机械工业协会工业车辆分会〕

（续）

福建	江西	上海	广东	广西	海南	湖南	湖北	河南	四川	云南	贵州	西藏	重庆	陕西	甘肃	宁夏	青海	新疆	自主品牌国内合计	自主品牌出口	贴牌	出口到集团公司	总计
118	273	240	358	60	14	311	160	305	641	96	92	13	114	30	28	24	11	27	6 119	1 392	48	5	7 564
357	395	605	1 067	263	65	204	525	506	480	237	209	17	287	223	122	82	62	193	12 564	2 349	113	12	15 038
217	167	701	689	110	60	134	189	321	99	70	54	16	61	62	39	31	25	76	5 955	1 598	50		7 603
73	32	180	316	66	36	75	89	99	77	52	62	6	31	64	26	16	7	30	2 904	421	42	8	3 375
7	6	38	77	7	2	3	9	6	3	2	3		2	7	3	1		5	452	52		6	510
3	3	26	23	10	2	7	2	7	7	7	3		2	6	3	2	1	2	307	76		17	400
		3	6										1	1					15	7			22
1	18	7	1							1									48	5		1	54
		4	2	1									1						25	2			27
		1																	4				4
																			1	1			2
																				396	40	3	439
		3																	11	743	109		863
		3																	8	309	7	61	385
		7	7																59	3 472	362	1 135	5 028
		16	7										2						109	1 449	200	494	2 252
		3	7					2											64	739	100	130	1 033
		3																	4	170	5		179
		3	6						1										24	239	9		272
																			14	82	4		100
		37	44	4	11														169	106			275
								1											1				1
		101	101	10	31													1		447	219		666
3	5	8	20	4	1	5	2	3	2		1		10	3	4			2	144	28			172
11	21	140	430	5	25	14	90	31	25	50	17	1	30	37		5		38	2 144	381	243		2 768
11	21	102	357	5	14	10	86	26	25	50	17	1	30	34				36	1 792	342	243		2 377
		8	12		4	4	2	4								5			141	38			179
		30	61		7		2	1						3				2	211	1			212
19 127	10 660	30 121	100 349	14 638	2 564	13 035	14 415	24 195	14 084	6 714	7 177	1 241	9 232	11 450	4 217	2 861	2 052	7 046	618 581	181 658	98 712	17 583	916 534

2020 年机动工业车辆

产品类别		产品名称	动力形式	起重量（t）	租赁量（台）									
代号	名称				广东	江苏	山东	浙江	上海	河北	福建	河南	安徽	湖北
		合计			1 834	1 173	359	650	1 179	431	136	255	445	654
1	电动平衡重乘驾式叉车	站立操纵叉车	电动	0.0～1.199										
				1.2～1.499										
				1.5～1.699		5			9					
				1.7～1.999										
				≥2.0										
		三支点叉车	电动	0.0～1.199	10									
				1.2～1.499	1				10	15				10
				1.5～1.699	411	134	19	51	259	49	2	4	42	86
				1.7～1.999		33		32	15					
				≥2.0	48	52		1	89					
		四支点叉车（实心软胎）	电动	0.0～1.199	19									
				1.2～1.499	26	51			15					
				1.5～1.699	197	210	74	102	105	36	26	46	61	107
				1.7～1.999	44	11	10	11	10			2		15
				2.0～2.499	446	221	84	75	244	42	35	51	111	105
				2.5～2.999	166	180	64	69	100	98		77	121	129
				3.0～3.499	107	96	41	48	99	45	30	25	45	74
				3.5～3.999	59	28	20	12	21	23	14	18	21	14
				4.0～4.999	15	36		1	10					
				5.0～6.999		3	1		21					4
				7.0～9.999									1	
				≥10.0										
		四支点叉车（充气胎、实心胎和除实心软胎以外的其他轮胎）	电动	0.0～1.199					1					
				1.2～1.499						7				
				1.5～1.699	89	9	2	50	30	9	11		2	21
				1.7～1.999	14			9	11				4	
				2.0～2.499	75	16	16	60	23	34	17	1	14	8
				2.5～2.999	44	27	13	31	61	12		12	17	32
				3.0～3.499	25	32	2	49	29	13	1		6	25
				3.5～3.999	32	3	6	24	16	1		7		

租赁行业租赁情况（租期≤1年）

辽宁	四川	北京	天津	广西	江西	湖南	陕西	新疆	重庆	吉林	山西	云南	黑龙江	甘肃	内蒙古	贵州	宁夏	海南	青海	西藏	总计	其中：内资品牌	其中：外资品牌
201	293	425	386	179	160	192	151	87	380	156	123	84	85	45	68	68	75	80	57	32	10 443	4 583	5 860
																					14	1	13
																					10		10
	10																				46	6	40
1	34	54	71		9	44			35	10		12	5								1 332	452	880
		15	19																		114	11	103
2		12	22			22															248	9	239
																					19	19	
																					92	55	37
35	29	45	56	35	4	45	31	13	36	15	66	10	11	2	20	9	22	30		9	1 487	700	787
9		9	15			15							11						11	10	183	7	176
13	75	65	47	35	55	33	34	33	53	22	10	12	20	10	15	15	10	10		10	1 991	773	1 218
57	45	54	51	25	48	21	42	41	22	25	22	20	26	18	15	12	13	19	20		1 600	761	839
45	34	72	55	30	25	30	16		36	58		30			18		15	15	16	13	1 118	370	748
9	15	13	1			9	23		10	13	13		9		15		15	15			403	174	229
		8					8														78	12	66
	8		3																		40	13	27
																					1	1	
																					1	1	
																					7	7	
5	11	9	1		12				7												268	172	96
5		2	1																		46	32	14
11	9	19	15						37	9						15					379	236	143
	17	19	6	6	1						5		3			1					307	219	88
5	9	15	14	11		1	4		55	4	7							3			310	239	71
		17	6		1		3											3			119	110	9

产品类别		产品名称	动力形式	起重量（t）	租赁量（台）									
代号	名称				广东	江苏	山东	浙江	上海	河北	福建	河南	安徽	湖北
1	电动平衡重乘驾式叉车	四支点叉车（充气胎、实心胎和除实心软胎以外的其他轮胎）	电动	4.0～4.999	4	17		23		47		12		23
				5.0～6.999	2	9	7		1					1
				7.0～9.999					1					
				≥10.0					1					
2	电动乘驾式仓储车辆	合计			1 401	1 010	235	928	980	303	134	318	365	554
		低起升托盘搬运车和平台搬运车	电动	≤2.0	693	395	201	637	366	181	66	253	295	339
				>2.0	23	38	2	18	34	8			1	12
		高起升堆垛车	电动	0.0～1.199										
				1.2～1.499	14	10		3	48	16				10
				1.5～1.999	48	23		18	46	9		1	1	7
				≥2.0		5							5	
		货叉前移式叉车	电动	0.0～1.199	5			7	6			8		
				1.2～1.499	281	203	8	115	97	35	35	15	31	41
				1.5～1.999	188	134	9	75	99	46	15	25	24	55
				≥2.0	66	45	6	6	77			15		9
		门架前移式叉车	电动	0.0～1.199										
				1.2～1.499	26	66	3	34	71	8	18	1		38
				1.5～1.999	39	78	3	10	55				6	38
				≥2.0	9	6	2	5	15				2	4
		高起升拣选车	电动		9	7	1		65					1
		侧向堆垛车（操作台可起升）	电动	≤1.25										
				>1.25					1					
		侧向堆垛车（操作台在下面）	电动	≤1.0										
				>1.0, ≤1.25										
				>1.25										
		侧面式和多向叉车	电动	0.0～1.199										
				1.2～1.499										
				1.5～1.999										
				≥2.0										
3	电动步行式仓储车辆	合计			519	318	76	348	224	70	54	136	72	177
		低起升托盘搬运车和平台搬运车（包括电池在内的车身重量≤250kg）	电动	≤1.6					3					
				>1.6, ≤2.0		12		8	33			33		
				>2.0										

（续）

辽宁	四川	北京	天津	广西	江西	湖南	陕西	新疆	重庆	吉林	山西	云南	黑龙江	甘肃	内蒙古	贵州	宁夏	海南	青海	西藏	总计	其中：内资品牌	其中：外资品牌
	7	9	6						49							1					198	192	6
	4		1		1																26	9	17
																					1	1	
4																					5	1	4
262	317	245	416	33	79	191	77	19	202	38	84	55	45	40	30	52		2	3	14	8 432	4 180	4 252
130	153	123	231	16	45	153	54		92		75	46	29	24	1	35		2	3	14	4 652	3 157	1 495
	17		25		8	27															213	76	137
	12	13	13		8				10												157	6	151
9	7	10	11		2	12			8	8											220	36	184
																					10	10	
																					26		26
23	40	19	29		15				15	10						9					1 021	330	691
89	34	35	44	8	8	9	8	7	25	9	9	9	7	7	29						1 007	437	570
9	7	10	10	9	9		9	12	15	11				8	9						342		342
1	6	13	12			1			4							8					310	2	308
1	16	5		5		6					1										263	41	222
		2	2		1																48	14	34
	41	4	34																		162	71	91
																					1		1
52	41	129	80	37	37	18	31	45	71	39	23	32	10	14	5	6	12	16	11	4	2 707	1 542	1 165
				1																	4	4	
																					86	33	53

产品类别 代号	产品类别 名称	产品名称	动力形式	起重量（t）	租赁量（台）广东	江苏	山东	浙江	上海	河北	福建	河南	安徽	湖北
3	电动步行式仓储车辆	低起升托盘搬运车和平台搬运车(包括电池在内的车身重量>250kg)	电动	≤1.6	35	3	5	3	8	3			2	
				>1.6, ≤2.0	97	1		67	18					
				>2.0	2	10		13	1					
		低起升驾驶式平台托盘搬运车	电动	≤1.6										
				>1.6, ≤2.0	10	15		2	8				4	
				>2.0										17
		低起升乘驾/步行式托盘搬运车	电动	≤1.6	1	6		3	12					3
				>1.6, ≤2.0	244	185	30	138	66	2	22	16	2	10
				>2.0		7								
		高起升堆垛车	电动	0.0～1.199	25	19	13	15	24	17	4	17	14	9
				1.2～1.499	15	2		7	15				9	4
				≥1.5	31	3		73	20	4	9	5	15	8
		高起升驾驶式平台堆垛车	电动	0.0～1.199										
				1.2～1.499										
				≥1.5	2									
		前移式叉车	电动	0.0～1.199										
				1.2～1.499										
				≥1.5										
		地面拣选车	电动			6								
		平衡重式叉车	电动											
		牵引车	电动		51	56	27	16	37	26	19	65	26	126
4+5	内燃平衡重式叉车	合计			317	300	121	243	634	65	48	86	130	54
		标准叉车	汽油机	0.0～1.199										
				1.2～1.499										
				1.5～1.699										
				1.7～1.999										
				2.0～2.499										
				2.5～2.999										
				3.0～3.499					15					
				3.5～3.999			1							
				4.0～4.999										
				5.0～6.999										
				≥7.0										
			柴油机	0.0～1.199										
				1.2～1.499										

（续）

辽宁	四川	北京	天津	广西	江西	湖南	陕西	新疆	重庆	吉林	山西	云南	黑龙江	甘肃	内蒙古	贵州	宁夏	海南	青海	西藏	总计	其中:内资品牌	其中:外资品牌
2	1	11	8									23					5	5	5		119	38	81
								14												1	198	197	1
				5					5												36	36	
		16																			55		55
																					17		17
									1												26		26
	12	1			2		4		1												735	724	11
	1	2																			10	1	9
20	16	11	22	16	19	4	17	19	4	5	4	4	4	3	3	4	5	6	4	3	350	142	208
		1	17	3					6	7	6	6									98	6	92
		13		3					4	10		4	4	9							215	125	90
																					2	1	1
					12																18		18
30	11	90	16	16	10	2	10	16	31	26	13	1	2	2	2	2	2	5	2		738	235	503
30	101	77	123	40	17	19	21	13	56	39	33	50	38	10	13	50		7	2	7	2 744	1 578	1 166
												2									2		2
																					15	15	
																					1	1	

产品类别		产品名称	动力形式	起重量（t）	租赁量（台）									
代号	名称				广东	江苏	山东	浙江	上海	河北	福建	河南	安徽	湖北
4+5	内燃平衡重式叉车	标准叉车	柴油机	1.5～1.699		3		5	7					
				1.7～1.999		1		3	5					
				2.0～2.499	27	9	1	2	26	15		17	1	
				2.5～2.999	19	13	12	9	20			2	20	1
				3.0～3.499	78	119	16	90	237	10	6	6	26	6
				3.5～3.999	100	119	74	84	236	28	25	45	75	31
				4.0～4.999	60	15	6	19	23	12	12	14	7	7
				5.0～6.999	17	7	9	11	28		5	2		1
				7.0～9.999	13	12	2	13	27				1	8
				10.0～11.999				4	5					
				12.0～14.999					1					
				15.0～16.999										
				17.0～24.999										
				25.0～31.999										
				32.0～41.999										
				≥42.0										
			液化石油气/天然气	0.0～1.199										
				1.2～1.499										
				1.5～1.699										
				1.7～1.999		2		2	5					
				2.0～2.499										
				2.5～2.999										
				3.0～3.499	1									
				3.5～3.999	1									
				4.0～4.999										
				5.0～6.999	1									
				≥7.0										
		空箱叉车												
		重箱叉车												
		空箱正面吊												
		重箱正面吊												
		多式正面吊												
		侧面式叉车												
1～5类合计					4 071	2 801	791	2 169	3 017	869	372	795	1 012	1 439

〔供稿单位：中国工程机械工业协会工业车辆分会〕

辽宁	四川	北京	天津	广西	江西	湖南	陕西	新疆	重庆	吉林	山西	云南	黑龙江	甘肃	内蒙古	贵州	宁夏	海南	青海	西藏	总计	其中：内资品牌	其中：外资品牌
																					15	6	9
																					9		9
			7																		105	70	35
	8	12	13						9				10								148	67	81
7	9	35	48	8	12	7	8	5	10	5	21	4	11		3	2			2		791	597	194
17	53	15	44	24		9	12	8	25	24	11	30	15	10	10	33		7		7	1 171	547	624
6	11	7		8		1			10		1	14	2			15					250	122	128
	14	1			5	1	1		1												103	72	31
	6	7	11				1	10													112	76	36
																					9	4	5
																					1	1	
																					9		9
																					1		1
																					1		1
																					1		1
545	752	876	1 005	289	293	420	280	164	709	272	263	221	178	109	116	176	87	105	73	57	24 326	11 883	12 443

2020 年机动工业车辆

产品类别		名称	动力形式	起重量（t）	租赁量（台）									
代号	名称				广东	江苏	山东	浙江	上海	河北	福建	河南	安徽	湖北
		合计			1 454	949	303	328	984	164	116	89	244	357
1	电动平衡重乘驾式叉车	站立操纵叉车	电动	0.0～1.199										
				1.2～1.499										
				1.5～1.699					10					
				1.7～1.999					2					
				≥2.0					1					
		三支点叉车	电动	0.0～1.199										
				1.2～1.499	22				15					3
				1.5～1.699	139	110	28	64	136	13	60	3	17	48
				1.7～1.999	45	16		14	33	6		1	9	8
				≥2.0	3	14		1	15					1
		四支点叉车（实心软胎）	电动	0.0～1.199					15					
				1.2～1.499	40				24					
				1.5～1.699	381	228	40	47	254	15	21	27	26	36
				1.7～1.999	40	3		9	16					
				2.0～2.499	19	34	14	7	54	19	9	12	55	19
				2.5～2.999	78	73	21	6	79	13	9	15	18	30
				3.0～3.499	31	64	32	13	39	8			8	10
				3.5～3.999	31	10	11		13	10	4	2	5	6
				4.0～4.999		4			6	4				
				5.0～6.999					4					
				7.0～9.999										
				≥10.0										
		四支点叉车（充气胎、实心胎和除实心软胎以外的其他轮胎）	电动	0.0～1.199		4			4	2				
				1.2～1.499	44				2					
				1.5～1.699	153	27	6	3	42	20	2	1	2	57
				1.7～1.999	8	50	2		16	4		1		
				2.0～2.499	269	158	112	56	105	20	5	13	66	54
				2.5～2.999	76	61	20	18	26	19	4	5	5	50
				3.0～3.499	53	68	14	46	62	11	2	6	33	32

租赁行业租赁情况 (1 年＜租期≤2 年)

辽宁	四川	北京	天津	广西	江西	湖南	陕西	新疆	重庆	吉林	山西	云南	黑龙江	甘肃	内蒙古	贵州	宁夏	海南	青海	西藏	总计	其中:内资品牌	其中:外资品牌
175	91	259	259	69	46	102	35	15	123	123	10	16	35	7	1	12	12	21			6 399	1 541	4 858
																					10		10
																					2		2
																					1		1
		15																			15		15
									1			2									43		43
19	9	17	21	2	11	3			11	3			5			2		13			734	46	688
2	7	7	14			12	11	15	13												213	78	135
		4																			38	6	32
																					15		15
																					64		64
1	18	18	39			30	16		11	7			11	2				1			1 229	390	839
9		7				7															91	37	54
6		31	10	6		17			4	5			8					5			334	74	260
11	21	17	17		6	6	4		3												427	197	230
3	4	37	3		3				17												272	127	145
	3	2	28	42	3	3			3												176	38	138
		11																			25	6	19
		9				3															16	16	
		6																			6	6	
4		3	3																		20	12	8
																					46		46
8	14	7	24			4			13	14	9			5							411	83	328
	5	16	13						2												117	28	89
46	6	25	36	5	13	3	1		39	83	1	16	4			9		2			1 147	100	1 047
21	1	4	11		1	4			3	3			1								333	70	263
40	3	45	17	3	9	11			6	5			4		1	1		8			480	134	346

| 产品类别 | | 名称 | 动力形式 | 起重量（t） | 租赁量（台） | | | | | | | | | |
代号	名称				广东	江苏	山东	浙江	上海	河北	福建	河南	安徽	湖北
1	电动平衡重乘驾式叉车	四支点叉车（充气胎、实心胎和除实心软胎以外的其他轮胎）	电动	3.5～3.999	20	21	3	5	2			3		1
				4.0～4.999				36	8					2
				5.0～6.999	1	3		3	1					
				7.0～9.999	1	1								
				≥10.0										
2	电动乘驾式仓储车辆	合计			1 761	854	238	752	1 363	311	283	285	447	256
		低起升托盘搬运车和平台搬运车	电动	≤2.0	1 376	454	230	567	827	188	185	207	300	145
				＞2.0	43	36		2	10					
		高起升堆垛车	电动	0.0～1.199										
				1.2～1.499	40	19		18	40	15	14			1
				1.5～1.999	60	21	15	51	17	1			30	11
				≥2.0		2			15				24	
		货叉前移式叉车	电动	0.0～1.199					20					
				1.2～1.499	40	45		50	67	35	43	33	35	30
				1.5～1.999	68	44	33	45	34	20	20	20	45	12
				≥2.0	30	20		22	33			15		
		门架前移式叉车	电动	0.0～1.199										
				1.2～1.499	39	101	5	32	144	4	10		2	14
				1.5～1.999	56	77	2	5	63	7	10	10	6	42
				≥2.0	9	19	1	6	18	5			5	1
		高起升拣选车	电动			3		2	30	6				
		侧向堆垛车（操作台可起升）	电动	≤1.25		6								
				＞1.25		2								
		侧向堆垛车（操作台在下面）	电动	≤1.0		5								
				＞1.0，≤1.25										
				＞1.25										
		侧面式和多向叉车	电动	0.0～1.199										
				1.2～1.499										
				1.5～1.999										
				≥2.0										

（续）

辽宁	四川	北京	天津	广西	江西	湖南	陕西	新疆	重庆	吉林	山西	云南	黑龙江	甘肃	内蒙古	贵州	宁夏	海南	青海	西藏	总计	其中:内资品牌	其中:外资品牌
5		1	4														2				67	37	30
			7			2											2				57	51	6
																					8	4	4
																					2	1	1
187	186	243	251	79	86	143	107	26	153	112	41	39	40	14	17	31	18	15	19	31	8 388	3 233	5 155
88	117	113	100	49	57	90	81		87	55	22	20	22				10				5 390	2 550	2 840
		27				8			2												128	42	86
16		12		15		12			12											11	225	59	166
15		2	8		12	11						9				9	11	6	8	11	308	116	192
		2		2					5	3	3						6		9		71	28	43
									6												26	6	20
	18	20	30		13	9			10			8	9	8	8	6					517	131	386
16	9	22	30	4		6			9	8	6	10	11	9	6			7	8	9	491	166	325
19	18	20	25		11	11	9		8	8						9					258	78	180
		1																			1		1
10	4	43	23		5	5	4	1	13	5						1				2	467	1	466
2	10	9	2	1		1			13	13											329	22	307
1		4							3												72	18	54
20	8		11						10												90	16	74
																					6		6
																					2		2
	2																				7		7

产品类别		名称	动力形式	起重量（t）	租赁量（台）									
代号	名称				广东	江苏	山东	浙江	上海	河北	福建	河南	安徽	湖北
3	电动步行式仓储车辆	合计			512	375	176	127	275	64	77	47	40	101
		低起升托盘搬运车和平台搬运车（包括电池在内的车身重量≤250kg）	电动	≤1.6	38	49	24	12	24	9	7	23	15	29
				＞1.6，≤2.0		7			18	32				
				＞2.0				2	5					
		低起升托盘搬运车和平台搬运车（包括电池在内的车身重量＞250kg）	电动	≤1.6	16	30	7		4					
				＞1.6，≤2.0	64	23		23	21				3	10
				＞2.0		15		6						2
		低起升驾驶式平台托盘搬运车	电动	≤1.6										
				＞1.6，≤2.0	224	152	118	25	79	44	42	14	4	11
				＞2.0		23								29
		低起升乘驾／步行式托盘搬运车	电动	≤1.6	2				6					2
				＞1.6，≤2.0	31	24	1	10	3			12	6	
				＞2.0		1						9	3	
		高起升堆垛车	电动	0.0～1.199	14	4	2		2	1	1			
				1.2～1.499	17		6	3	52		1		2	2
				≥1.5	22	13	1	5	9	4	1			
		高起升驾驶式平台堆垛车	电动	0.0～1.199	4	2								
				1.2～1.499	32	4		3	2			2		
				≥1.5	20	6	4	1	1	2	1			
		前移式叉车	电动	0.0～1.199										
				1.2～1.499		1		1		2				10
				≥1.5		1	1			1				1
		地面拣选车	电动						4					
		平衡重式叉车	电动											
		牵引车	电动		28	20	12	14	34	2		4	13	5
4+5	内燃平衡重式叉车	合计			168	272	102	53	591	49	47	77	57	28
		标准叉车	汽油机	0.0～1.199										
				1.2～1.499										
				1.5～1.699										
				1.7～1.999										
				2.0～2.499										
				2.5～2.999										
				3.0～3.499		7			8	17				
				3.5～3.999	10							9	9	
				4.0～4.999										
				5.0～6.999										

（续）

辽宁	四川	北京	天津	广西	江西	湖南	陕西	新疆	重庆	吉林	山西	云南	黑龙江	甘肃	内蒙古	贵州	宁夏	海南	青海	西藏	总计	其中:内资品牌	其中:外资品牌
89	53	214	180	24	51	28	22		179	37	38	18	9	6		9		3			2 754	331	2 423
10	19	9	22	7	25	13	11		23	23	10	12	8	6		7		3			438	3	435
										1											58	4	54
																					7		7
		3							3												63	11	52
			1																		145	94	51
																					23	20	3
63	21	122	119	15	7	4	8		76	2	28	6	1			2					1 187		1 187
									5												57		57
	1																				11		11
10		10			4	9			4												124	97	27
																					13	10	3
	1	3	2		1																31		31
		1	2			1			30	3											120	8	112
	1					1															57	37	20
																					6		6
			1																		44		44
	1		4		15					1	1										57		57
		2			1																17		17
	1	1								2											9		9
		64	4						32												104		104
6	8	15	11			1			5	5											183	47	136
26	71	45	42	34	12	78	18	16	70	19	8	9	24	17	9	19	16	5	13	5	2 000	1 002	998
		10																			42	13	29
	8		6		6				10												58	10	48
			7				9							8							24	6	18

产品类别		名称	动力形式	起重量（t）	租赁量（台）									
代号	名称				广东	江苏	山东	浙江	上海	河北	福建	河南	安徽	湖北
4+5	内燃平衡重式叉车	标准叉车	汽油机	≥7.0										
			柴油机	0.0～1.199										
				1.2～1.499										
				1.5～1.699					3			1		1
				1.7～1.999				1						
				2.0～2.499	4	4	11	1	17				6	
				2.5～2.999	3	20	12	2	47	17		20	8	3
				3.0～3.499	44	106	52	30	417	19	19	18	31	17
				3.5～3.999	53	50	1	5	39	1	6	16	11	7
				4.0～4.999	18	18	4	1	3	10		13		
				5.0～6.999	20	40	8	1	9	2	13		1	
				7.0～9.999	10	21	10		25					
				10.0～11.999		2	4	1	8					
				12.0～14.999										
				15.0～16.999		1								
				17.0～24.999										
				25.0～31.999										
				32.0～41.999										
				≥42.0										
			液化石油气／天然气	0.0～1.199										
				1.2～1.499										
				1.5～1.699										
				1.7～1.999		3			3	6				
				2.0～2.499										
				2.5～2.999										
				3.0～3.499	3									
				3.5～3.999	2									
				4.0～4.999										
				5.0～6.999	1									
				≥7.0										
		空箱叉车												
		重箱叉车												
		空箱正面吊												
		重箱正面吊												
		多式正面吊												
		侧面式叉车												
1～5类合计					3 895	2 450	819	1 260	3 213	588	523	498	788	742

〔供稿单位：中国工程机械工业协会工业车辆分会〕

（续）

辽宁	四川	北京	天津	广西	江西	湖南	陕西	新疆	重庆	吉林	山西	云南	黑龙江	甘肃	内蒙古	贵州	宁夏	海南	青海	西藏	总计	其中:内资品牌	其中:外资品牌
																					5	3	2
																					1	1	
									14	1											58	27	31
6	9	5	4	8	2			7								9	6	7			195	68	127
10	15	26	17	7	2	52			25	6	8	5	7	9		5				5	952	536	416
			13			6			6			4	8	8		8		5	8	5	260	161	99
9	13		2		8	1			1	2							9				112	54	58
	15	9		12	12				13					1							156	67	89
	11		9						11												97	56	41
																					15		15
																					1		1
																					12		12
	5																				5		5
1																					4		4
																					2		2
																					1		1
477	401	761	732	206	195	351	182	57	525	291	97	82	108	44	27	71	46	44	32	36	19 541	6 107	13 434

2020 年机动工业车辆

产品类别		产品名称	动力形式	起重量（t）	租赁量（台）									
代号	名称				广东	江苏	山东	浙江	上海	河北	福建	河南	安徽	湖北
		合　计			1 547	689	466	536	1 611	270	59	79	266	232
1	电动平衡重乘驾式叉车	站立操纵叉车	电动	0.0～1.199										
				1.2～1.499										
				1.5～1.699		4		2	3					
				1.7～1.999					1	1				
				≥2.0					1					
		三支点叉车	电动	0.0～1.199		2			1					
				1.2～1.499		4			15					
				1.5～1.699	151	73	42	65	113	9	9	5	18	32
				1.7～1.999		7			41				1	
				≥2.0	12	5		3	24				2	
		四支点叉车（实心软胎）	电动	0.0～1.199	120									
				1.2～1.499	15				18					
				1.5～1.699	138	125	7	29	232	7	8	9	9	16
				1.7～1.999	40	3		2	25	2		14		
				2.0～2.499	156	79	47	81	462	37	14	12	45	15
				2.5～2.999	39	38	135	38	98	32	5	3	48	9
				3.0～3.499	143	109	81	34	117	24	9	7	38	25
				3.5～3.999	133	27	126	8	35	28		13	17	11
				4.0～4.999	69	12	5	6	25	3			1	
				5.0～6.999		14	7	2	21	1			7	
				7.0～9.999			7							
				≥10.0										
		四支点叉车（充气胎、实心胎和除实心软胎以外的其他轮胎）	电动	0.0～1.199					1					
				1.2～1.499										
				1.5～1.699	72	40	3	86	41		6		17	63
				1.7～1.999	19	6		4	1			2		3
				2.0～2.499	95	23		55	37		1	5	22	
				2.5～2.999	55	43		43	117	86	2		27	11
				3.0～3.499	78	61	1	46	156	39	5	3	2	40

租赁行业租赁情况（租期＞2年）

辽宁	四川	北京	天津	广西	江西	湖南	陕西	新疆	重庆	吉林	山西	云南	黑龙江	甘肃	内蒙古	贵州	海南	总计	其中:内资品牌	其中:外资品牌
79	114	172	186	72	131	93	147	134	170	90	59	46	67	5	43	55	8	7 426	3 674	3 752
			3															12	7	5
																		2		2
																		1		1
																		3		3
																		19	15	4
3	18	4	19	4		4	4		5	3	1		5	2			2	591	50	541
								1										50	14	36
				1			1		3									51	26	25
																		120	120	
									2									35		35
2	4	28	20		12		6	1	4	2	3	2			19			683	208	475
4			4															94	20	74
14	19	36	32	5		9	16	21	49	31	6	18	48	3	6	25		1 286	515	771
2	12	9	27		10	3	2	3	2	10	1		5					531	192	339
21	31	21	47	18	20	21	22		18	17	1	9	7		1	8	3	852	234	618
		12	15	13	11	46	9	60	5	3	12	24						608	415	193
	3		1		4	4			20							2		155	37	118
2		5		2		24	1			7								93	68	25
	5																	12	12	
																		1	1	
										1								1	1	
	3	2	4		16	10												363	256	107
		15						1									3	54	27	27
18	6	12	8			11	8		11	2		1						315	187	128
8		11	2		13	1		23	4	4	24					1		475	407	68
2	1	11	1	2	14	5	30	50	19	2		3				1		572	423	149

产品类别 代号	产品类别 名称	产品名称	动力形式	起重量（t）	租赁量（台） 广东	江苏	山东	浙江	上海	河北	福建	河南	安徽	湖北
1	电动平衡重乘驾式叉车	四支点叉车（充气胎、实心胎和除实心软胎以外的其他轮胎）	电动	3.5～3.999	202	7	4	19	20			5	7	
				4.0～4.999	2	1		1						4
				5.0～6.999	8	6		10	6	2		1	5	2
				7.0～9.999			1							1
				≥10.0					1					
2	电动乘驾式仓储车辆	合计			647	541	201	310	803	38	32	17	40	72
		低起升托盘搬运车和平台搬运车	电动	≤2.0	456	192	149	203	352	10	26	4	27	27
				>2.0	28	50	22	3	26					
		高起升堆垛车	电动	0.0～1.199					3					
				1.2～1.499	15	11	6	3	34			3		
				1.5～1.999	16	25	4	4	26	4	2	2		
				≥2.0	17	6		6			6		5	1
		货叉前移式叉车	电动	0.0～1.199					6					
				1.2～1.499	30	17		4	8	3				
				1.5～1.999	10	21	11	25	64	9				6
				≥2.0	13	11		2	13					
		门架前移式叉车	电动	0.0～1.199		3			2					
				1.2～1.499	16	62	3	23	110	2	2	1	4	2
				1.5～1.999	38	110	5	27	100		2	2	6	36
				≥2.0	7	22	1	5	15				2	1
		高起升拣选车	电动					5	23	4				
		侧向堆垛车（操作台可起升）	电动	≤1.25	1	7			8					
				>1.25		4			13					
		侧向堆垛车（操作台在下面）	电动	≤1.0										
				>1.0,≤1.25										
				>1.25										
		侧面式和多向叉车	电动	0.0～1.199										
				1.2～1.499										
				1.5～1.999										
				≥2.0										
3	电动步行式仓储车辆	合计			243	316	88	83	365	7	10	180	62	63
		低起升托盘搬运车和平台搬运车（包括电池在内的车身重量≤250kg）	电动	≤1.6	72			6	1					
				>1.6,≤2.0	6	14		2	20	5				
				>2.0										

辽宁	四川	北京	天津	广西	江西	湖南	陕西	新疆	重庆	吉林	山西	云南	黑龙江	甘肃	内蒙古	贵州	海南	总计	其中：内资品牌	其中：外资品牌
1	5			32	5	2	4	2	29						17	18		379	372	7
2	2				1				3									16	15	1
		1			1				2		5							49	49	
																		2	2	
																		1	1	
56	21	76	78	2	28	62	10		58	21	23	15	20		19		1	3 191	597	2 594
11	7	32	27	2	18	10	6		23	1	5	9	13		13		1	1 624	322	1 302
	5		2						16									152	69	83
																		3		3
8																		80	24	56
		6																89	9	80
				6	6				6									59	26	33
																		6	6	
2		10	3		3	3			3									86	7	79
19		15	9			6			4	9	8	5	6					227	57	170
3	3	3	3			15						4				6		76	39	37
																		5		5
8	4	6	9		1	21			4		3	1	1					283		283
5	2	3	11						2	5	3							357	6	351
		1	14				1		1									70	10	60
						4			5									41	8	33
																		16	8	8
																		17	6	11
2	36	104	59	29	12	5	18		4	248	1		3	6		2	4	1 950	744	1 206
	5	1		26														111	111	
																		47		47

产品类别		产品名称	动力形式	起重量（t）	租赁量（台）									
代号	名称				广东	江苏	山东	浙江	上海	河北	福建	河南	安徽	湖北
3	电动步行式仓储车辆	低起升托盘搬运车和平台搬运车（包括电池在内的车身重量＞250kg）	电动	≤1.6	6	7								
				＞1.6，≤2.0	4	8			7					
				＞2.0		1			5					
		低起升驾驶式平台托盘搬运车	电动	≤1.6										
				＞1.6，≤2.0	6	23		11	84		7			
				＞2.0					7					40
		低起升乘驾/步行式托盘搬运车	电动	≤1.6	2	16	1		3					
				＞1.6，≤2.0	55	37	1	12	44			130	34	5
				＞2.0		2			1					
		高起升堆垛车	电动	0.0～1.199	3	10			2					
				1.2～1.499	27	27	8	14	45		3		7	
				≥1.5	14	34		13	34	2				1
		高起升驾驶式平台堆垛车	电动	0.0～1.199										
				1.2～1.499		5			6					
				≥1.5		1			4					
		前移式叉车	电动	0.0～1.199										
				1.2～1.499					4					
				≥1.5	20	10	15		16				4	
		地面拣选车	电动		2	23			38					17
		平衡重式叉车	电动											
		牵引车	电动		26	98	63	20	49			50	17	
4+5	内燃平衡重式叉车	合计			510	431	97	63	882	24	30	84	46	38
		标准叉车	汽油机	0.0～1.199										
				1.2～1.499										
				1.5～1.699										
				1.7～1.999										
				2.0～2.499										
				2.5～2.999										
				3.0～3.499					12					
				3.5～3.999			11							
				4.0～4.999										
				5.0～6.999	5									
				≥7.0										
			柴油机	0.0～1.199										
				1.2～1.499										

（续）

辽宁	四川	北京	天津	广西	江西	湖南	陕西	新疆	重庆	吉林	山西	云南	黑龙江	甘肃	内蒙古	贵州	海南	总计	其中：内资品牌	其中：外资品牌
										1								14	5	9
																		19	7	12
																		6	1	5
					3													134	27	107
																		47		47
																		22		22
		6	9	3						11				6		2	4	359	238	121
																		3		3
		3																18	17	1
2		15	1						1									150	29	121
	10		4			3				1								116	43	73
																		11	10	1
		1																6	4	2
	9																	13	5	8
		13	10		12													100	18	82
	7	31	15															133	54	79
		9																9	9	
	5	22	20			2	18		3	235	1		3					632	166	466
17	20	18	126	4	13	59	6		44	22	9	11	12	7			29	2 602	1 737	865
																			12		12
																		11	11	
																		5	5	

产品类别		产品名称	动力形式	起重量（t）	租赁量（台）									
代号	名称				广东	江苏	山东	浙江	上海	河北	福建	河南	安徽	湖北
4+5	内燃平衡重式叉车	标准叉车	柴油机	1.5～1.699					6					
				1.7～1.999					5					
				2.0～2.499	8	15		19	23	5			5	
				2.5～2.999	15	27		11	23			4		
				3.0～3.499	100	171	28	3	625	11	16	64	9	33
				3.5～3.999	198	114	29	14	49	2	11		32	1
				4.0～4.999	21	16		11	11		1			2
				5.0～6.999	128	45	21	4	58	6		2		2
				7.0～9.999	5	21	8		41		2	14		
				10.0～11.999	6	7			11					
				12.0～14.999										
				15.0～16.999										
				17.0～24.999										
				25.0～31.999										
				32.0～41.999										
				≥42.0										
			液化石油气／天然气	0.0～1.199										
				1.2～1.499										
				1.5～1.699					6					
				1.7～1.999										
				2.0～2.499	3	3								
				2.5～2.999										
				3.0～3.499	16	12		1	12					
				3.5～3.999	2									
				4.0～4.999										
				5.0～6.999	3									
				≥7.0										
		空箱叉车												
		重箱叉车												
		空箱正面吊												
		重箱正面吊												
		多式正面吊												
		侧面式叉车												
	1～5类合计				2 947	1 977	852	992	3 661	339	131	360	414	405

〔供稿单位：中国工程机械工业协会工业车辆分会〕

（续）

辽宁	四川	北京	天津	广西	江西	湖南	陕西	新疆	重庆	吉林	山西	云南	黑龙江	甘肃	内蒙古	贵州	海南	总计	其中：内资品牌	其中：外资品牌
																		6	6	
																		5	5	
	1	2							3							1		82	39	43
												2				20		102	52	50
3	16	2	68		6	27	3		31	20	3	5	7			8		1 259	918	341
3		2	13	4	7	7	3		2	1	4		2					498	374	124
						2												64	18	46
		2	26			23						2	4	3				326	183	143
8	3		5															107	80	27
3									1	1								29	29	
																		6	6	
		6							7									13		13
	5																	11	11	
		6												7				13		13
	7																	48		48
																		2		2
																		3		3
154	191	370	449	107	184	219	181	134	276	381	92	72	102	18	43	105	13	15 169	6 752	8 417

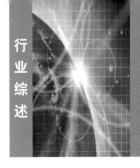

行业综述

市场情况

统计资料

中国工业车辆年鉴 2019—2020

企业概况

介绍工业车辆行业骨干企业 2019—2020 年的生产经营情况，以及企业在研发创新方面的最新成果

企业概况

法律、法规与标准

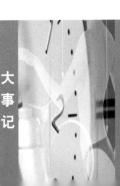

大事记

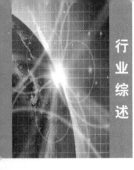行业综述

市场情况

统计资料

企业概况

法律、法规与标准

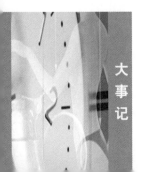大事记

主机厂、经销商及租赁企业

安徽叉车集团有限责任公司

杭叉集团股份有限公司

大连叉车有限责任公司

林德（中国）叉车有限公司

诺力智能装备股份有限公司

宁波如意股份有限公司

龙工（上海）叉车有限公司

柳州柳工叉车有限公司

台励福机器设备（青岛）有限公司

浙江中力机械股份有限公司

安徽江淮银联重型工程机械有限公司

凯傲宝骊（江苏）叉车有限公司

韶关比亚迪实业有限公司

丰田产业车辆（上海）有限公司

永恒力叉车（上海）有限公司

上海海斯特叉车制造有限公司

斗山叉车（中国）有限公司

科朗叉车商贸（上海）有限公司

中联重科安徽工业车辆有限公司

伟轮铲车集团有限公司

广州佛朗斯股份有限公司

配套件供应商

江苏万达特种轴承有限公司

浙江新柴股份有限公司

淄博火炬能源有限责任公司

安徽全柴动力股份有限公司

合肥长源液压股份有限公司

卡斯卡特（厦门）叉车属具有限公司

科蒂斯仪器（中国）有限公司

卡斯卡特（河北）货叉有限公司

靠普－东方（厦门）叉车属具有限公司

上海施能电器设备有限公司

河南嘉晨智能控制股份有限公司

天津岛津液压有限公司

凡己科技（苏州）有限公司

镇江液压股份有限公司

采埃孚（中国）投资有限公司

江苏华骋科技有限公司

康明斯（中国）投资有限公司

安庆合力车桥有限公司

龙合智能装备制造有限公司

安徽益佳通电池有限公司

广东爱普拉新能源技术股份有限公司

TVH 集团

中叉智联国际物流装备产业城

安庆联动属具股份有限公司

合肥和安机械制造有限公司

浙江恒久机械集团有限公司

唐山盛航环保机车制造有限公司

合肥宝发动力技术股份有限公司

检验检测单位

国家起重运输机械质量监督检验中心

全国工业车辆标准化技术委员会

中机科（北京）车辆检测工程研究院有限公司

中国工业车辆年鉴 2019—2020

企业概况

主机厂、经销商及租赁企业

安徽叉车集团有限责任公司

2019—2020 年，全球经济经历了贸易摩擦、金融市场动荡、新冠肺炎疫情冲击等洗礼后复苏向好，我国经济持续稳定恢复，安徽叉车集团有限责任公司（简称合力）始终把坚持党的领导、加强党的建设作为立企之本、治企之策、兴企之道，抢抓市场机遇，提升运营效率，持续加快企业转型升级的发展步伐，持续推进全面创新、科学管控的进程，持续强化提质增效、开放合作的力度，主要经济指标再创历史新高，巩固了行业龙头地位。

在 2020 年的"十三五"收官之年，合力主要经营指标基本实现翻番。以创新升级引领中国行业发展，以协调协同整合全局优质资源，以绿色为高质量发展赋能，坚持开放合作、共享互惠。

一、企业主要经济指标及获得的荣誉

2019 年，合力实现整机销售 152 545 台、总营业收入 233.81 亿元（合并营业收入 100.36 亿元），实现总利润额 13.02 亿元（合并利润额 10.47 亿元）；2020 年，实现整机销售 220 891 台、总营业收入 303.11 亿元（合并营业收入 125.95 亿元），实现总利润额 14.90 亿元（合并利润额 11.27 亿元）。

2019—2020 年，合力各主要经济指标屡创新高，完成了既定的经营发展目标，实现了连续 30 载位于行业领先地位的佳绩。国内销售额连续多年超行业平均增长速度，新产品产值同比增长 11.12%，合力品牌的国内市场占有率保持在 27% 以上，继续保持国内第一、世界第七的地位，成为中国品牌在国际排名中位次最高的企业集团。

2019—2020 年，合力顺利通过了国家高新技术企业重新认定；2020 年入选工业和信息化部、中国工业经济联合会公布的"制造业单项冠军示范企业"；2019 年被全球中小企业联盟授予"全球高质量制造奖"；"工业车辆离散型制造智能工厂"入选"2020 年安徽省智能工厂"；成功申报安徽省首家集团保税试点单位；先后斩获"2020'红旗杯'首届全国机械行业班组长管理技能大赛优秀组织奖""2019 年度 CSUA 金龙奖绿水青山最佳典范奖""第 22 届上市公司金牛奖（社会责任奖）"，2019 年、2020 年"中国机械行业 500 强"，装备事业部数控技术主管许吉青荣获安徽省"五一"劳动奖章，"工程机械液压系统摩擦副材料关键技术开发与产业化应用"项目荣获安徽省科技进步奖一等奖。

二、企业各领域转型升级情况及主要举措

2019—2020 年，合力以"世界五强，百年合力"为宏伟愿景，立足新发展阶段，贯彻新发展理念，融入新发展格局，坚持稳中求进总基调，持续推进供给侧结构性改革，实现了高质量发展。

1. 圆满收官"十三五"，高质量发展迈出稳健步伐

"十三五"以来，合力围绕既定发展战略及规划，进一步巩固市场地位，彰显行业龙头企业的责任与担当，推进科技创新，承担基础技术和重大项目攻坚，提升企业的核心竞争力。"十三五"期间，合力共获得"中国工业车辆创新奖"等各类重大奖项 77 项；落实产业升级，加快制造服务业发展；加速国际化布局，完成了合力东南亚中心、北美中心的设立。通过努力，出色地完成了

"十三五"规划目标,多项经营指标再创历史新高,营业收入、销量等基本实现翻番,高质量发展迈出了稳健步伐,开启了百亿元合力迈向百年合力的新征程。

2.加快升级转型,持续改善产品结构

产品迈进高端化,上市了K2系列2t至小5t、G3系列2~10t中高端内燃叉车;推动绿色化,推出了G2系列锂电池叉车等新能源系列产品,完成了氢气充装平台建设,并同步规划和开发了氢燃料小轴距、平衡重系列叉车;主导研发了国内首台增程式超级电容混合动力堆高机并成功交付客户;推广智能化,公司首个基于无人驾驶体验的配备国产AGV系统的项目顺利交付,有效带动了终端产品、售后服务与"5G+工业互联网"等新兴技术的联动。

2019—2020年,公司的研发投入近12亿元,研发投入占销售收入的比例超过5%,实现新产品产值89.57亿元,同比增长8.69%。

3.创新产业模式,增强企业发展驱动力

坚持做大现代制造服务业,永恒力合力工业车辆租赁有限公司车队的租赁规模已超10 000台,安徽合泰融资租赁有限公司的产品信用销售量突破3 000台;围绕新能源、智能物流系统等新业务,抢抓发展机遇,补短板、锻长板。以战略投资者方式入股浙江加力仓储设备股份有限公司,进一步提升了公司在电动仓储车辆方面的综合实力;与安徽省国有资本运营控股集团有限公司签署战略合作协议,合作设立工业车辆智能制造产业基金,整合产业优势,抢抓投资机遇;投资合力(六安)高端铸件、新能源电动仓储车辆等建设项目,夯实合力做强、做优、做大的产业基础。

4.落实品牌规划,践行服务领先战略

加大线上线下品牌、渠道融合力度,推进视觉系统的规范化建设和推广应用,全面提升合力的品牌形象;打造合力品牌IP形象,开展合力商城2.0建设,探索"电商+直播"新业务模式,打造基于品牌数字化传播与渠道数字化运营的整体电子商务模式,构建品效协同机制;持续建设营销

公司4S店项目,持续推进维修服务标准化,提高营销公司的服务型收入及原厂配件的采购占比;进一步扩大融资租赁业务规模,加强风险管控。

5.实施国际化战略,主动融入新发展格局

合力东南亚公司已启动运营,并投资设立了北美中心;加大向"一带一路"沿线国家市场推介,主动承接重大招标项目,加强与央企合作,实现重装产品销售新突破;积极克服海外新冠肺炎疫情、贸易摩擦等不利因素的影响,密切关注国际市场需求变化,进一步发挥三大海外中心的桥头堡作用,实现了辐射区域整机销量占总出口量的近七成。

2019年,合力成功举办了"首届全球代理商大会",来自全球90多个国家和地区的近240位代理商汇聚合力,总结共赢经验,拓宽了交流合作的平台,增强了开放发展的信心。

6.立足提质增效,深化合力的数字化升级应用

深化基于智能制造的MES、WMS项目建设,构建"设备+系统+平台"数字化生产模式;深度挖掘和分析系统数据,全面提升系统效能;围绕"三拓展一延伸",加快合力智能车队管理系统(FICS)的典型应用场景落地及产业化进程,提升客户使用价值,目前该系统的车辆总数已超过9 000台,全年新增近4 000台;合力成功中标工业和信息化部组织的"长三角区域一体化工业互联网公共服务平台"项目。

7.创新体制机制,激发企业的内生动力

持续深入推进职业经理人制度的试点工作,优化职业经理人绩效考核与薪酬管理制度,完善考核内容,健全以契约化管理为核心、以任期制和经营目标责任制为主要内容的经理层人员市场化选聘和管理机制;向纵深推进、向基层延伸,建立所属二三级分(子)公司企业负责人绩效考核与薪酬管理体系,并积极推行经理层成员任期制和契约化管理。

8.担当责任,提升企业的社会影响力

制定年度定点扶贫工作计划和包户干部走访帮扶计划,帮助贫困地区发展特色产业;推动双

基建设，助力教育脱贫；开展扶贫济困，实现帮扶地区集体经济繁荣发展，实现对口帮扶地区人口全部脱贫，在安徽省年度扶贫工作考核中，合力被评为"好"等次。在社会公益方面，设立了"合力奖教学金"，持续支持高校教育事业发展，与安徽机电职业技术学院联合获得"第二批安徽省校企合作示范基地"荣誉称号；向安徽省新型冠状病毒感染的肺炎疫情防控应急指挥部（简称安徽省疫情防控应急指挥部）捐赠现金500万元；开展"以买代帮、战'疫'助农"的采购行动，累计采购金额为167.68万元。

2020年，合力积极应对新冠肺炎疫情防控带来的挑战，率先实现了复工复产，并积极采购防疫物资、捐赠现金，协助防疫抗疫，受到了安徽省疫情防控应急指挥部的表彰。

三、企业科技研发、科技成果（新产品）和专利情况

合力建有国家企业技术中心、国家级工业设计中心、国家级博士后科研工作站、工业车辆安徽省重点实验室等研发平台，研究领域覆盖基础技术、产品、关键零部件、产品试制试验和检测。技术中心下设18个专业研究所和1个试验检测中心，构建了包括公共技术及基础技术支持平台、产品及产业研发平台、服务平台的矩阵产品研发体系。

1.推动应用技术发展

合力持续加强应用技术的创新力度，2019—2020年，在锂电池叉车高压技术、电池与充电机匹配技术、无线充电技术、智能安全集成控制系统、油改电及油电混合动力系统、叉车360°全景影像系统、叉车驾驶行为识别监测系统、叉车防碰撞系统、工业车辆安全监控管理系统、国四排放机型远程监控系统、无侧滚轮技术、柱塞缸导向套涂层技术等技术领域取得了一系列突破性进展。

2.制定标准和获得授权专利

2019—2020年，合力主持及参与制定的标准共18项，其中参与制定的国际标准5项、国家标准4项。主持制定的2项国际标准已推进至国际标准草案（DIS）阶段。承办了2019年国际标准化组织工业车辆技术委员会（ISO/TC110）系列年会，筹备并主持了2019年和2020年国际标准化组织工业车辆可持续性分技术委员会（ISO/TC110/SC5）年会。

2019—2020年，合力共获得授权专利1 075项，其中发明专利31项。发明专利"大吨位电动叉车门架起升驱动功率控制系统"获第六届安徽省专利奖优秀奖，发明专利"双泵合流节能型叉车液压系统"获第七届安徽省专利奖金奖，外观专利"电动叉车（10t）"获第七届安徽省外观设计奖银奖。

3.承担的主要项目和获得的产品荣誉

2019—2020年，合力承担了省级新产品项目14项，产品和成果先后荣获国家、省、市级奖项23项，2019—2020年合力承担的主要科技攻关项目见表1，2019—2020年合力获得的主要产品荣誉见表2。

表1 2019—2020年合力承担的主要科技攻关项目

序号	项目名称	项目级别	组织部门	立项时间
1	G系列45t标准型正面吊运机	安徽省新产品	安徽省经济和信息化厅	2019-12
2	G系列12～16t内燃平衡重式叉车	安徽省新产品	安徽省经济和信息化厅	2019-12
3	G3系列CPD40-50蓄电池平衡重式叉车	安徽省新产品	安徽省经济和信息化厅	2019-12
4	K2系列CPC（D）20-35内燃平衡重式叉车	安徽省新产品	安徽省经济和信息化厅	2019-12
5	G系列CQD14-18蓄电池伸缩式前移叉车	安徽省新产品	安徽省经济和信息化厅	2020-06
6	G系列CPDSR15-20电动站式三支点平衡重叉车	安徽省新产品	安徽省经济和信息化厅	2020-06
7	G2系列CQD20-25蓄电池站式前移式叉车	安徽省新产品	安徽省经济和信息化厅	2020-06

（续）

序号	项目名称	项目级别	组织部门	立项时间
8	4～5t 电动叉车驱动桥	安徽省新产品	安徽省经济和信息化厅	2020-08
9	3～3.5t 湿式制动驱动桥	安徽省新产品	安徽省经济和信息化厅	2020-08
10	G 系列 2～2.5t 交流平衡重式蓄电池叉车传动系统	安徽省新产品	安徽省经济和信息化厅	2020-08
11	16t 叉车变速箱	安徽省新产品	安徽省经济和信息化厅	2020-08
12	G3 系列 CPD30-35 前轮双驱电动平衡重式叉车	安徽省新产品	安徽省经济和信息化厅	2020-11
13	G 系列 CPD20-35-GB 锂电池平衡重式叉车	安徽省新产品	安徽省经济和信息化厅	2020-11
14	K2 系列 CP（Q）Y（D）20-35 内燃平衡重式叉车	安徽省新产品	安徽省经济和信息化厅	2020-11

表 2　2019—2020 年合力获得的主要产品荣誉

序号	荣誉	授奖部门	获奖时间
1	"工程机械液压系统摩擦副材料关键技术开发与产业化应用"获安徽省科技进步奖一等奖	安徽省人民政府	2020-06
2	"前移式叉车关键技术开发与应用"获安徽省科技进步奖三等奖	安徽省人民政府	2020-06
3	发明专利"双泵合流节能型叉车液压系统"获第七届安徽省专利奖金奖	安徽省市场监管局	2020-07
4	"重型叉车关键技术研发及产业化"获中国机械工业科技进步奖二等奖	中国机械工业联合会	2020-11
5	"重型叉车关键技术研发及产业化"获安徽省机械工业科技进步奖一等奖	安徽省机械行业联合会	2020-12
6	"G 系列 CPD85-100 电动平衡重式叉车"获安徽省机械工业科技进步奖二等奖	安徽省机械行业联合会	2021-12
7	"G2 系列 1.5～1.8t 蓄电池站式前移式叉车"获安徽省机械工业科技进步奖三等奖	安徽省机械行业联合会	2022-12
8	"G 系列 12～16t 内燃平衡重式叉车"获安徽省首台（套）重大技术装备称号	安徽省经济和信息化厅	2020-12
9	"G 系列 45t 标准型正面吊运机"获安徽省首台（套）重大技术装备称号	安徽省经济和信息化厅	2021-12
10	发明专利"大吨位电动叉车门架起升驱动功率控制系统"获第六届安徽省专利奖优秀奖	安徽省知识产权局	2019-05
11	"H3 系列 1～3.5t 蓄电池平衡重式叉车"获安徽省机械工业科学技术奖一等奖	安徽省机械行业联合会	2019-10
12	"G 系列 2～3.2t 小轴距平衡重式叉车"获安徽省机械工业科学技术奖二等奖	安徽省机械行业联合会	2019-10
13	"合力杯"叉车设计专项赛获安徽省第七届工业设计大赛优秀组织奖	安徽省经济和信息化厅	2020-11
14	外观专利"电动叉车（10t）"获第七届安徽省外观设计奖银奖	安徽省市场监管局	2020-07
15	"虾兵蟹将"字母叉车获首届工业装备互联协同创新设计大赛二等奖	工业和信息化部	2019-09
16	"新型门架优化设计"获首届工业装备互联协同创新设计大赛三等奖	工业和信息化部	2019-09
17	"HELI-Q1 四足式全地形叉车"获"合力杯"叉车设计专项赛三等奖	安徽省经济和信息化厅	2020-11
18	"多功能搬运叉车"获 BICES 第五届中国国际工程机械及专用车辆创意设计大赛三等奖	中国工程机械工业协会	2019-09
19	大吨位电动叉车获首届全国机械工业设计创新大赛产品组银奖	中国机械工业联合会	2020-12
20	多面英雄多功能智能叉车获首届全国机械工业设计创新大赛概念组银奖	中国机械工业联合会	2020-12
21	G2 系列前移式叉车获首届全国机械工业设计创新大赛产品组铜奖	中国机械工业联合会	2020-12
22	G2 系列 1.6～2t 前移式叉车入选工业设计十佳经典案例	合肥市工业设计协会	2019-09
23	25t 混合动力集装箱空箱堆高机获"合肥十佳"创新设计经典案例奖	合肥市工业设计协会	2020-12

四、重大事件

1.2019 年

1 月 15 日,合力高级技师黄彦军被命名为"江淮工匠"。

1 月 17 日,合力员工董慧(2018 年全国劳动模范)荣获人力资源和社会保障部评选的第十四届"中华技能大奖。

1 月 28 日,合力青年员工刘飞荣获"全国青年岗位能手"称号。

2 月 22 日,合力荣获"2018 年度全省信访工作责任目标考核优秀单位"称号。

3 月 7 日,合力成功获得"能源管理体系认证证书"。

4 月 21 日,"基于操运会竞技平台的技能人才培养创新管理"荣获安徽省企业管理现代化创新成果奖二等奖。

4 月 23 日,中央驻皖及省直新闻媒体来到合力,围绕"四化""五法"、党建进行了集中采访调研。

5 月 26 日,安徽省委副书记、省长李国英一行到合力考察调研生产经营情况。

5 月 28 日,合力东南亚有限公司顺利启动运营。

5 月 31 日,中央纪委常委、国家监委委员、中央纪委国家监委驻国资委纪检监察组组长、国资委党委委员陈超英到合力视察调研。

6 月 6 日,安徽叉车集团有限责任公司党委书记、董事长张德进荣获全国"机械工业企业经营管理大师"称号。

6 月 14 日,"基于物联网的无人叉车智慧物流系统"荣获国资委评选的 2018 中央企业熠星创新创意大赛优秀奖。

6 月 26 日,安徽叉车集团有限责任公司领导班子获 2018 年度安徽省委考核"好"等次,张德进同志记三等功。

7 月 23 日,安徽省委国有企业党的建设工作领导小组会议暨全省国有企业"不忘初心、牢记使命"主题教育工作推进会在合力召开。

9 月 5—8 日,安徽叉车集团有限责任公司董事长张德进应邀出席"第 22 届世界工业车辆联盟会议"并走访合力美国代理公司。

10 月 24—25 日,合力组织召开首届合力全球代理商大会。

11 月 11—15 日,合力承办国际标准化组织工业车辆技术委员会(ISO/TC110)的 2019 年系列会议。

2.2020 年

1 月 8 日,合力荣获"合肥质量品牌故事大赛"微电影二等奖。

2 月 1 日,合力积极采购并捐赠防疫急需物资,受到了安徽省疫情防控应急指挥部的表彰。

2 月 19 日,安徽新闻联播报道合力在抗"疫"时期勇挑重担、主动作为、有序推进复工复产的感人事迹,彰显了国资企业的责任担当。

3 月 9—12 日,合力叉车首次亮相"2020 美国亚特兰大物流装备系统(MODEX)展会"。

3 月 12 日,多家媒体报道:合力推动高质量发展,连续 29 年取得营业收入等指标全国第一的骄人业绩。

3 月 19 日,安徽省委副书记、省长李国英到合力调研考察生产经营情况。

3 月 27 日,合力叉车入选"应急装备之家"网站产品数据库。

4 月 2 日,上海合力叉车有限公司举行苏州合力叉车有限公司的花桥项目开工仪式。

4 月 16 日,安徽省副省长何树山到合力开展 5G 应用场景调研。

4 月 30 日,合力品牌 IP 形象正式上线。

5 月 15 日,"第 11 届中国上市公司投资者关系天马奖"隆重揭晓,合力斩获"最佳投资者关系奖"等多项荣誉。

6 月 19—20 日,合力首创的增程式超级电容混合动力堆高机在珠海交付用户。

7 月 9 日,合力青年员工储继龙荣获"第 20 届全国青年岗位能手"称号。

8 月 18 日,安徽省援疆指挥部向合力发来感谢信。

8 月 25 日,合力"前移式叉车关键技术开发与应用"项目喜获安徽省科技进步奖三等奖。

9月10日，合力被上海证券交易所评为信息披露"A"等级。

9月27日，安徽叉车集团有限责任公司领导班子，党委书记、董事长张德进在2019年度省委综合考核中荣获"优秀"等次。

10月13—17日，合力班组长斩获"红旗杯"首届全国班组长管理技能大赛多项大奖。

10月20日，2020年国际标准化组织工业车辆技术委员会可持续性分技术委员会（ISO/TC110/SC5）国际会议顺利召开，合力作为SC5秘书处单位，筹备并主持了本次会议。

10月28日，"安徽省第七届工业设计大赛'合力杯'叉车设计专项赛"颁奖典礼顺利举行。

11月4日，合力与安徽省国有资产运营控股集团有限公司签署战略合作协议，立足提升产业链供应链现代化水平，合作设立工业车辆智能制造产业基金，打造省属国企合作共赢新典范。

11月5日，合力深化与浙江加力仓储设备股份有限公司的战略合作，共享资源，合力赋能增效展新篇。

12月2日，合力举行了"采埃孚合力智能化高端工业车辆传动系统研发制造出口基地二期项目"开工奠基仪式。

12月10日，安徽省首家集团保税试点项目在合力顺利实施。

12月16日，"合力（六安）高端铸件及深加工研发制造项目"签约仪式成功举行。

12月20日，合力在"2020首届全国机械工业设计创新大赛"中载誉归来，产品组G系列电动平衡重式叉车和G2系列前移式叉车、概念组多面英雄多功能智能叉车荣获2银1铜的好成绩。

12月25日，合力成功入选"2020年安徽省制造业高端品牌培育企业"名单。

〔供稿单位：安徽叉车集团有限责任公司〕

杭叉集团股份有限公司

2019—2020年，杭叉集团股份有限公司（简称杭叉集团）面对国内外复杂的环境变化，保持战略定力，集中精力把主业办好。作为杭州市高端制造企业，致力于改革创新，坚持高质量发展，优化产业结构，防范重大风险，保持了杭叉集团长远稳健发展的良好态势。杭叉集团从业绩到荣誉，从市场占有、品牌宣传、科研水平到管理提升等，各项工作均取得了显著成效，管理水平和品牌形象进一步提升，综合实力和市场影响力进一步提高。

近两年，杭叉集团的各项经营指标均创历史最好水平，为杭叉集团发展树立了一座新的里程碑，奏响了高质量发展的凯歌！

一、主要经济指标

2019年，杭叉集团的产品销量为139 436台，同比增长10.24%，实现营业收入88.54亿元，净利润为6.45亿元，纳税额为3.1亿元，累计总销量突破100万台。2020年，杭叉集团的产品销量为207 721台，同比增长48.97%；实现营业收入超110亿元；净利润超8亿元；纳税额为3.71亿元。美国《现代物料搬运》（*Modern Materials Handling*）杂志根据营业收入的排名显示，2017年以来杭叉集团连续4年位于世界物料搬运企业的前八强。

二、创新平台建设

2019年、2020年杭叉集团的技术研发投入分别为3.59亿元、5.29亿元。杭叉集团持续稳定地增加研发费用，为公司不断强化创新平台建设、推出具有核心技术和市场竞争力的新产品、增强企业创新能力注入了强大的驱动力。杭叉集团把"构建全面协同的技术创新体系"作为技术发展战略导向，确定了以国家认定企业技术中心为核心、以国家认可实验室、国家博士后科研工作站、浙江省院士专家工作站等技术创新平台资源为支撑的组织架构，为创新活动的开展打下了坚实基础。至2020年，杭叉集团已构建了与企业战略目标和行业地位相适应的"一核两翼、全面统筹"技术创新体系，为技术研发工作的持续创新发展提供了保证。"一核两翼"就是以舒适性和安全性技术、绿色节能技术、智能化技术等为核心，以智能制造工艺技术和试验检测技术为两翼，形成全覆盖、多层次的技术和产品体系；"全面统筹"就是在研发组织结构上形成以各整车和零部件研究所为核心，以技术委员会各专业组、与国内外著名科研院校共建的研发中心为补充的多层次组织机构；在体制机制上形成以制度管理为基础，以资源整合为目标，包括高强度人才激励机制、多样化立体式合作机制、多层次分类化人才培养机制、专项设立按需支出投入机制在内的具有杭叉集团特色的全方位运行机制，支撑企业的可持续发展。

三、获得的荣誉

2019—2020年，杭叉集团获得中国机械工业百强、浙江省制造业百强、浙江省高新技术企业创新能力百强、浙江省数字化领军企业奖、浙江省信用管理示范企业、浙江出口名牌等荣誉；成功获批国家级博士后科研工作站；成功入选工业和信息化部制造业单项冠军示范企业、浙江省第二批"雄鹰行动"培育企业名单；获中国机械工业科学技术奖一等奖1项和三等奖2项、浙江机械工业科学技术奖一等奖和三等奖各1项；"绿色智能大举力新能源叉车"项目获浙江省装备制造业重点领域首台（套）荣誉；"杭叉智能激光导引全向迷你堆垛车"获中国移动机器人（AGV/AMR）产业联盟2019—2020双年度创新应用奖、第五届中国工业车辆创新类金奖并获第二届全国物流机器人应用大赛三等奖；"杭叉16t重装内燃叉车"获2019年中国设计红星奖；"工业车辆主动安全技术及其应用"项目获2020年度中国发明协会"发明创业成果奖"一等奖；整体式驱动桥

以及液压缸分别获第三届中国工业车辆创新奖（零部件、销售和服务类）金奖和银奖等。

杭叉集团的"中德合作工业车辆智能工厂示范"项目入选中德智能制造合作方向试点示范名单，公司成功上榜浙江省"未来工厂"培育企业以及省级制造业与互联网融合发展试点示范企业名单，杭叉集团的工厂被评为"2020中国标杆智能工厂""2020年度长三角G60科创走廊工业互联网标杆工厂"，杭叉集团"深入实施智能制造、引领行业发展"的典型案例两次登上央视新闻，这说明杭叉集团近几年在数字化工厂、智慧工厂建设方面的成绩得到了国家主流媒体的关注，也标志着杭叉集团的发展迈上了一个崭新的台阶！

四、杭叉集团的高质量发展历程

2019—2020年，外部经济环境复杂多变，尤其是2020年年初爆发的新冠肺炎疫情，使整个行业面临多重压力。在疫情面前公司迎难而上、稳中求进，持之以恒地做好疫情防控，精准施策助力复工复产，高质高效履行企业责任，保持了杭叉集团长远稳健发展的良好态势。两年来，杭叉集团在确保快速平稳发展、积极开拓市场、加强技术开发、严格控制成本、强化内部管理、提高服务质量等方面都有突出的亮点和喜人的成绩。

1. 攻坚克难，疫情防控卓有成效

在新冠肺炎疫情期间，杭叉集团第一时间成立了以总经理为总指挥的疫情防控领导小组，制定了一系列疫情防控相关制度，依序做好防控及复工复产准备。自推进企业复工复产工作开展以来，杭叉集团严格贯彻中央及各级政府的决策部署，在做好疫情防控和安全生产措施的前提下，在行业内率先启动复工程序，2天内即恢复了向国内外市场发货，在之后的经营中，杭叉集团月月无淡季、屡屡获佳绩。杭叉集团通过数字化建设，在研发设计协同创新、智能化流程再造、多渠道拓展市场等方面不断提升和优化产业链，销售业绩实现逆势上扬。杭叉集团在抗击新冠肺炎疫情、推动复工复产以及实现经营同比增长等方面取得的成绩得到了上级政府和媒体的关注，杭

州市市长、副市长以及海关领导等专题调研杭叉集团，《人民日报》等也对杭叉集团在抗击新冠肺炎疫情方面取得的成效进行了报道。抗击新冠肺炎疫情的成功，展现了杭叉集团勇于担当的精神风貌。

2.主动作为，市场营销逆势稳增

面对新冠肺炎疫情、市场持续下行、竞争日益激烈的严峻形势，杭叉集团不等不靠，主动作为，逆势鏖战，在严峻的市场环境面前顶住了压力，克服困难、勇于挑战，创新营销方式，全方位收购与聚拢各类网点，充分发挥营销渠道的积极性、主动性，加快营销4S店的建设，积极拓展销售领域，最终圆满完成了总销售目标。客户结构持续优化，区域协调能力不断增强，专业化运作能力大幅提升，行业龙头地位日益巩固。2020年国内市场销售额同比增长53.83%，国内市场占有率提高4%；国际市场销售额同比增长25.92%，国际市场销售额位列行业前茅。杭叉集团的品牌宣传、市场策划、销售模式创新、技术服务能力不断增强。

3.砥砺奋进，生产技术多元竞进

在降本提质、增产增效方面又谱新篇，杭叉集团的内生动力全面被激发。技改投入和生产线规划不断进行优化，在创新驱动下，产品不断升级，智能制造、数字化制造水平不断提升，生产设备继续保持稳定、高效和安全运行，员工不辞辛苦，高强度连续作业，使产能达到25万台，再创历史新高。技术创新取得显著成效，一大批高技术含量的新产品开发完成并陆续推向市场，为销售提供了充足的产品储备。质量控制、工艺管理和试验手段日益完善，产品质量大幅提升。科学优化采购策略，稳定零部件供应渠道，采购成本大幅降低。安全环保防控管理手段不断推陈出新，风险管控和隐患治理再上新台阶。

4.改革创新，综合管理稳步向前迈进

在管理提升方面实现突破，高质量发展的"续航"能力显著增强。现场管理职能定位更加清晰，深入推进品牌文化建设，品牌形象不断提升，线上线下直播营销快速发展。人力资源自主评价体系深入推进，员工培训活动多样化开展，人才队伍结构不断优化，高层次人才队伍进一步壮大。杭叉集团的4家子公司通过了高新技术企业认定，核心竞争力大大提升。政策研究不断加强，对外投资渠道大幅拓宽，对外投资收益稳步提升。资金管控能力日益增强，全年理财产品全部履行合同，应收账款控制在合理区间内。

五、履行社会责任，提升社会影响力

杭叉集团秉承"诚信为本、效益优先、持续发展、回报社会"的核心价值观，在实现快速发展的同时，积极履行社会责任，维护股东利益，实现了与客户、供应商的合作共赢；杭叉集团在不断提升经营业绩和产品质量的同时，始终注重关爱职工，维护职工权益；倡导绿色环保，实现可持续发展；关注社会弱势群体，积极开展公益活动，切实做到经济效益与社会效益、短期利益与长期利益、自身发展与社会发展的相互协调，实现了公司与股东、公司与员工、公司与环境、公司与社会的健康和谐发展，并以此作为可持续发展的基石，各项工作持续登上新台阶。

杭叉集团建立了"党工团一体化"工作格局，在员工与管理层之间搭建起沟通的桥梁。建立党、工、团组织的协商沟通机制，让党、工、团组织员工代表参与到企业经营管理、安全生产管理、职工福利待遇政策的制定和管理等工作中。建立和健全工会、女职工委员会、劳动争议调解委员会等组织，保证职工的合法权益。

杭叉集团积极参与社会公益及慈善事业。积极响应上级号召，深入开展上级党委倡导的"走亲连心三服务"活动，与杭叉集团长期帮扶对象签订合作协议，开展蹲点调研活动，通过文化扶贫、物质扶贫、思想扶贫等多种方式贯彻落实党中央精准扶贫战略。同时，杭叉集团在报告期内成立了企业大学，开展了一系列培训活动，并通过技术改造等，不断提升员工的个人素质，改善员工的工作环境、工作条件，为员工创造力的发挥提供平台、创造机会，为员工提供广阔的发展平台。

未来，杭叉集团将继续把承担相应的社会责任视为企业经营管理的重要组成部分，积极利用杭叉集团自身的能力和社会影响力，在利益相关者的权益保护、环境保护和可持续发展、公益和扶贫等方面努力回馈社会，促进公司与社会、环境以及相关利益群体的和谐发展，努力将杭叉集团打造为享誉全球，具有核心竞争力和创造力的世界级物料搬运设备制造企业。

六、技术研发、科技创新成果

2019—2020 年，杭叉集团主持起草了 3 项国家标准、1 项行业标准；参与制定的国家、行业、团体标准有 10 项（见表 1）；获得授权专利有 241 项，其中发明专利 22 项（见表 2）；杭叉集团承担的各类科技项目有 20 项（见表 3）；杭叉集团获各类科技成果奖项共 10 项（见表 4），其中获中国机械工业科技进步奖一等奖 1 项。

表 1　2019—2020 年杭叉集团参与制定并发布实施的有效标准

序号	标准名称	标准编号	发布日期	实施日期	参与程度
1	工业车辆　稳定性验证　第 22 部分：操作者位置可或不可起升的三向堆垛式叉车	GB/T 26949.22—2019	2019-10-18	2020-05-01	主持
2	越野叉车　对用户的要求　第 1 部分：通用要求	GB/T 38055.1—2019	2019-10-18	2020-05-01	主持
3	工业车辆　稳定性验证　第 1 部分：总则	GB/T 26949.1—2020	2020-11-19	2021-06-01	主持
4	工业车辆　制动器	JB/T 13695—2019	2019-12-24	2020-10-01	主持
5	蓄电池托盘搬运车	GB/T 27542—2019	2019-06-04	2020-01-01	参与
6	工业车辆　安全监控管理系统	GB/T 38893—2020	2020-06-02	2020-12-01	参与
7	工业车辆　排气消声器	JB/T 13692—2019	2019-12-24	2020-10-01	参与
8	工业车辆　司机座椅	JB/T 13693—2019	2019-12-24	2020-10-01	参与
9	叉车属具　推拉器	JB/T 13694—2019	2019-12-24	2020-10-01	参与
10	无人驾驶工业车辆	JB/T 13696—2019	2019-12-24	2020-10-01	参与
11	电动工业车辆非车载传导式充电机与电池管理系统之间的通信协议	T/CCMA 0070—2019	2019-06-19	2019-10-01	参与
12	工业车辆　排气烟度　平衡重式叉车测量方法	T/CCMA 0099—2020	2020-06-18	2020-09-18	参与
13	工业车辆　非车载传导式充电机	T/CCMA 0110—2020	2020-12-01	2021-03-01	参与
14	工业车辆用锂离子电池及其系统	T/CCMA 0111—2020	2020-12-01	2021-03-01	参与

表 2　2019—2020 年杭叉集团专利授权情况

序号	专利名称	专利类别	国别	专利号	授权公告日期
1	可调降噪箱	发明	中国	CN201510977449.8	2019-03-01
2	一种夹紧装置	发明	中国	CN201710160238.4	2019-03-05
3	一种 AGV 的避障装置	发明	中国	CN201710545233.3	2019-07-26
4	适用于转向器测试平台的转向器装夹装置及夹装方法	发明	中国	CN201610527953.2	2019-08-16
5	叉车油门跟随控制装置及其控制方法	发明	中国	CN201810032691.1	2019-10-29
6	内燃叉车驻车安全控制方法	发明	中国	CN201810300353.1	2019-11-12
7	防爆叉车自身监管方法和控制系统	发明	中国	CN201711123433.6	2019-12-20
8	一种用于钢构件搬运的叉车属具	发明	中国	CN201810620593.X	2019-12-31
9	一种叉车雨淋实验设备	发明	中国	CN201811046296.5	2020-01-14
10	基于长怠速熄火控制装置的控制方法	发明	中国	CN201810032287.4	2020-01-14
11	一种多功能集成的叉车液压系统	发明	中国	CN201810312368.X	2020-03-27

（续）

序号	专利名称	专利类别	国别	专利号	授权公告日期
12	内燃叉车称重系统及控制方法	发明	中国	CN201810290823.0	2020-03-27
13	内燃叉车可调限速报警方法	发明	中国	CN201810250447.2	2020-05-29
14	叉车工作安全控制装置与控制方法	发明	中国	CN201810250409.7	2020-06-05
15	前移式叉车	发明	中国	CN201810342862.0	2020-06-05
16	牵引车综合检测台及牵引车综合检测方法	发明	中国	CN201710797532.6	2020-06-12
17	叉车工作安全控制系统	发明	中国	CN201810343323.9	2020-08-04
18	一体式叉车电动空调	发明	中国	CN201810317064.2	2020-08-28
19	三向前移式属具叉车的控制方法以及控制装置	发明	中国	CN201811114819.5	2020-08-28
20	一种自动换档方法以及系统	发明	中国	CN201910271254.X	2020-09-01
21	托盘搬运车	发明	中国	CN201910276389.5	2020-09-25
22	平衡重式叉车速度控制方法及控制系统、平衡重式叉车	发明	中国	CN201911082414.2	2020-11-24

表3 2019—2020年杭叉集团承担的各类科技项目

序号	项目名称	项目类别	项目来源	立项时间
1	产品绿色设计与制造一体化集成应用解决方案供应商	2019年绿色制造系统解决方案供应商	工业和信息化部节能与综合利用司	2019年
2	中德合作工业车辆智能工厂示范	制造业与互联网融合发展试点示范	工业和信息化部	2020年
3	智能工厂集成技术研究及应用示范——面向多品种、变批量制造的工业车辆智能工厂集成技术研究及应用	浙江省重点研发计划项目	浙江省科学技术厅	2019年
4	A系列0.8～2t步驾式平衡重式叉车	浙江省省级工业新产品开发项目	浙江省经济和信息化厅	2020年
5	A系列2～6t电动牵引车	浙江省省级工业新产品开发项目	浙江省经济和信息化厅	2020年
6	X系列1.5～3.2t四支点小轮距电动叉车	浙江省省级工业新产品开发项目	浙江省经济和信息化厅	2020年
7	1.5～3t冷库专用仓储车	浙江省省级工业新产品开发项目	浙江省经济和信息化厅	2020年
8	A系列1.2～2t锂电池迷你搬运车	浙江省省级工业新产品开发项目	浙江省经济和信息化厅	2020年
9	A系列中位拣选车	浙江省省级工业新产品开发项目	浙江省经济和信息化厅	2020年
10	A系列1.2～1.6t步驾式前移式叉车	浙江省省级工业新产品开发项目	浙江省经济和信息化厅	2020年
11	4～5.5t混合内燃防爆叉车	浙江省省级工业新产品开发项目	浙江省经济和信息化厅	2020年
12	高效可靠的2.5～3.5t越野叉车	浙江省省级工业新产品开发项目	浙江省经济和信息化厅	2020年
13	A系列12～16t重装大功率电动叉车	浙江省省级工业新产品开发项目	浙江省经济和信息化厅	2020年
14	基于多动力形式混合平台的XC系列1.5～3.5t新能源叉车	浙江省省级工业新产品开发项目	浙江省经济和信息化厅	2020年
15	1～3.5t冷库专用平衡重式叉车	浙江省省级工业新产品开发项目	浙江省经济和信息化厅	2020年
16	1.2～3t防爆系列仓储车	浙江省省级工业新产品开发项目	浙江省经济和信息化厅	2020年
17	X系列1.5～3t电动平板搬运车	浙江省省级工业新产品开发项目	浙江省经济和信息化厅	2020年
18	1～3.5t高性能出口型锂电池系列叉车	浙江省省级工业新产品开发项目	浙江省经济和信息化厅	2020年
19	X系列1～3.5t电动叉车	浙江省省级工业新产品开发项目	浙江省经济和信息化厅	2020年
20	X系列6～10t电动牵引车	浙江省省级工业新产品开发项目	浙江省经济和信息化厅	2020年

表4 2019—2020 年杭叉集团获得的各类科技成果奖

序号	获奖项目名称	时间	奖项名称	奖励等级	授奖部门（单位）
1	节能电动叉车设计制造关键技术研究及在冷链物流中的应用	2019-10	中国机械工业科技进步奖	一等奖	中国机械工业联合会
2	工业车辆主动安全技术及其应用	2020-12	发明创业成果奖	一等奖	中国发明协会
3	高性能电动工业车辆集成驱动关键技术研发及应用	2020-11	中国机械工业科学技术奖	三等奖	中国机械工业联合会
4	杭叉新能源叉车涂装与总装智能装备研发项目	2020-11	中国机械工业科学技术奖	三等奖	中国机械工业联合会
5	高性能电动工业车辆关键技术研发及应用	2020-12	浙江省机械工业科技奖	一等奖	浙江省机械工业联合会
6	高性能前移式叉车关键技术研发及应用	2020-12	浙江省机械工业科技奖	三等奖	浙江省机械工业联合会
7	杭叉16t重装内燃叉车	2019-12	中国设计红星奖		中国设计红星奖委员会
8	绿色智能大举力新能源叉车	2020-12	浙江省装备制造业重点领域首台（套）产品	省内首台（套）	浙江省经济和信息化厅
9	高性能蓄电池平衡重式叉车	2019-02	浙江制造精品		浙江省经济和信息化厅
10	A系列 1.2～2t 基本型托盘堆垛车	2019-03	浙江省优秀工业新产品（新技术）项目	三等奖	浙江省经济和信息化厅

七、未来发展战略

未来，杭叉集团将坚持以创新为驱动力，走高质量发展之路，依托自身的平台优势，放眼世界，以国际化的标准要求自己，加快向智能化、集成化和国际化的叉车龙头企业迈进。杭叉集团将坚持"专业化生产、品牌化经营、集团化运作、全球化整合"的发展战略，践行"进取、务实、创新、和谐"的企业精神，在叉车智能化和网联化领域深耕细作，持续进行技术创新，努力成为中国叉车领域具有全球竞争力的标杆企业。

八、重大事件

1.2019 年

3月1日，杭叉东南亚公司开业庆典在泰国曼谷隆重举行。

6月20日，杭叉集团与浙江电信、浙江大学控制学院在杭叉工业园举行"5G智能控制创新实验室"成立签约仪式。

10月29—30日，杭叉集团举办了主题为"杭叉的世界、世界的杭叉"的第三届全球代理商大会，全球120多个国家和地区的150多名代理商代表出席了此次大会，并隆重发布了XC新能源叉车，大会取得圆满成功。

12月19日，浙江省副省长高兴夫同志一行到杭叉集团调研。

年内，在工业和信息化部指导的中国信息通信研究院、IMT-2020（5G）推进组和中国通信标准化协会联合举办的第二届"绽放杯"5G应用征集大赛上，杭叉集团的"5G无人驾驶叉车项目"荣获大赛二等奖，并获得"最佳人气奖"。

年内，杭叉集团入选浙商证券的"中证浙江凤凰行动50指数"企业。

年内，杭叉集团举行纪念中国共产党成立98周年、新中国成立70周年、杭叉搬迁10周年庆典活动。

2.2020 年

1月16日，杭叉集团的电动叉车技能创新工作室被浙江省总工会、浙江省科学技术厅授予"浙江省高技能人才（劳模）创新工作室"称号。

2月12日，经浙江省杭州市各级领导考察与调研，同意杭叉集团于2020年2月12日开始复工。

4月29日，浙江省装备制造工业互联网现场会在杭叉集团展示厅召开。浙江省经济和信息化厅副厅长吴君青出席并致辞。浙江省、杭州市、临安区的相关部门负责人，重点装备制造企业代表及专家等50人参加了会议。杭叉集团积极利用工业互联网进行转型升级。

6月10日和7月1日，杭叉集团深入实施智能制造、引领行业发展的典型案例被中央电视台综合频道和国际频道报道。

6月19日，杭叉集团营业执照注册资本变更为866 395 852元。

9月，由杭叉集团投资的杭叉集团（天津）叉车销售有限公司、杭叉集团（天津）租赁有限公司先后在天津自贸试验区注册成立，并举办开业庆典。

9月，杭叉集团投资2 000万元，在天津自贸试验区成立了集研发、制造、销售于一体的全资子公司——杭叉集团（天津）新能源叉车有限公司，重点打造以氢燃料电池叉车为主的新能源工业车辆，正式拉开了氢燃料电池叉车推广应用的序幕。

11月25日，杭叉集团企业大学揭牌成立。

年内，杭叉集团被推荐为"推进新时代浙江产业工人队伍建设改革非公企业试点单位"。

年内，杭叉集团北美研发中心（Hangcha Research Institute, North America，HCRI-NA）宣告成立，研发中心落户于美国北卡罗来纳州的夏洛特市，与杭叉美国有限公司同一地址，这标志着杭叉集团向构建全球创新网络迈出了实质性的一步。作为杭叉集团首个海外研发机构，北美研发中心将充分利用全球研发资源，集合公司机械、液压、电气、自动化和计算机等方面的专业人才，与国内研发机构优势互补，研发更多符合北美市场需求的系列工业车辆。

年内，杭叉集团横畈科技园二期建成投产，子公司杭叉高空设备有限公司、杭州叉车机械设备有限公司、杭州叉车门架有限公司、浙江华昌液压机械有限公司等正式投入使用。

〔供稿单位：杭叉集团股份有限公司〕

大连叉车有限责任公司

一、企业概述

大连叉车有限责任公司的前身为大连叉车总厂。2003年，企业整体改制为大连叉车有限责任公司（简称大连叉车）。公司位于大连市甘井子区营城子工业园区，厂区占地面积为14万 m^2，现有员工400余人。

公司拥有辽宁省企业技术中心，先后通过了质量管理体系、环境管理体系和职业健康安全管理体系认证。

二、产品简介

大连叉车依靠科技创新和技术进步，设计的产品覆盖10大类型、28个系列、29个吨位级、128种产品规格，目前产品已研发到第5代。主要生产1～45t全系列内燃叉车、电动叉车、集装箱叉车和堆高机、正面吊运机和牵引车等类仓储机械以及其他物流搬运机械，还可配装多种属具进行不同方式的作业，实现了产品多元化。大

连叉车的多项研发项目获得了省级奖项，特别是10～45t叉车、集装箱叉车以及正面吊运机等产品的性能始终处于行业领先地位。公司的产品广泛应用于各行各业，销往全国及世界各地，受到了用户的一致好评。

三、2019—2020年产品研发情况

大连叉车坚持加强技术创新能力、品牌创新能力和管理创新能力"三大能力"建设，致力于使企业拥有自己的核心技术、自主知识产权和自主品牌。企业的主要技术人员近70人，其中具有高级职称的专家级技术人员10余人。

2019—2020年，大连叉车共进行了61项研发活动，其中：新产品开发项目有22项，分别是FD230/250HB型叉车的研发、CPCD50AD（国四）叉车的研发、CPCD40BE（国四）型叉车的研发、CPCD100-150QDB型叉车的研发、QD60/80/100DD（国四）牵引车的研发、

CPCD45BB/50QBE（国四）型叉车的研发、CBD16电动步行托盘搬运车的研发、CPCD30/35DE（国四）型叉车的研发、CPC30/35DE（国四）型叉车的研发、CPCD20/25DE（国四）型叉车的研发、QD20/25AD（国四）牵引车的研发、FD280/320DB（国四）型叉车的研发、CPCD10/15/18DE（国四）型叉车的研发、CPCD30/35BE（国四）型叉车的研发、CPC45/50QAE（国四）型叉车的研发、CPCD50/60/70SD（国四）型叉车的研发、QD60/80DD（国四）牵引车的研发、QD35/40/45/50SD（国四）牵引车的研发、CPCD100-150QFC（国四）型叉车的研发、FD160EB（国四）型叉车的研发、FD230/250EB型叉车的研发、CPD50/60/70HB蓄电池叉车的研发。重大技术项目有3项，分别是CRS100CCK6型正面吊设计、FD260HDK7型空箱叉车设计、CRS450HCZ5正面吊运机设计。产品质量提升、技术攻关项目有3项，主要集中在产品液压系统的设计改进上。针对15～20t叉车、20～25t叉车、28～32t叉车三个系列进行了液压系统的改进设计，改进后的液压系统产品稳定、安全、可靠，产品整体质量得到大幅提升。

上述研发项目均被列入2019年及2020年大连市企业技术创新重点项目计划，其中：FD230/250HB型叉车的研发、CPCD50AD（国四）叉车的研发、CPCD40BE（国四）型叉车的研发、CPCD100-150QDB型叉车的研发、QD60/80/100DD（国四）牵引车的研发、CPCD45BB/50QBE（国四）型叉车的研发、CRS450HCZ5正面吊运机的研发、CPCD30BE（国四）型叉车的研发、FD420HB型叉车的研发、FD150/180/200EB型叉车的研发、CPCD100-150QGB型叉车的研发、CPCD50/60/70SD（国四）叉车的研发共计12项专项项目是上报至统计局的高新技术项目。CPCD50AD（国四）叉车的研发为大连市科技局入库项目。

2019—2020年进行了7项产品试制工作，分别是CPD50QHB型叉车、CPCD70DD（国四）叉车、CPCD100DD（国四）叉车、CPCD150QUB叉车、CPCD30DE（国四）叉车、FD250HB叉车、QD50DD牵引车的试制；6项技术改进试制工作，分别是8～10t轻型系列叉车的2SP30门架配侧移装置和8～10t轻型系列叉车的2SP30门架配标准货叉架、CPCD7CD（国三）型叉车、CPD25HB（萨牌电控）叉车、CPCD35AB（国三）型叉车、CPCD40AB（国三）叉车。

2019—2020年，公司的技术研发部门还进行了多项在产产品改进、试制产品技术整顿工作，力求确保产品技术先进。

〔供稿单位：大连叉车有限责任公司〕

林德（中国）叉车有限公司

一、主要经济指标及市场销售情况

受中美贸易摩擦及国内外新冠肺炎疫情的影响，工业生产增速放缓，但是林德（中国）叉车有限公司〔简称林德（中国）〕在2019—2020年仍然保持了良好的发展态势，各项财务指标均取得了良好成绩，总营业额、利润率和销售报酬率稳定增长。

为了给广大客户提供更先进的物料搬运设备和便捷、专业的服务，林德（中国）在我国各地建立了密集的销售和服务网络。截至2020年，林德（中国）在我国已组建了55家分公司及46家经销商及代理商，建立了210个服务网点，覆盖全国。各分支机构均有高质量且充足的原装配件库存以及经过良好专业培训的专业服务工程师，能够确保快速的服务响应，为客户提供最方便、快捷和有效的贴近式服务。

除了在我国建立了集销售、研发、服务为一体的运营网络外，2020年公司以敏锐的市场洞察力，快速地抓住了一个个机会，从小车到重车，从仓储车到电动车，推出了一系列适合当下市场需求的新产品，获得了不错的市场效果。2020年下半年，林德（中国）加紧推出 ML15 型叉车，以小企业、个人散户为主要销售对象，仅"双11"当天借助电商平台，就取得了可观的销量。

2019年，林德（中国）亮相亚洲国际物流技术与运输系统展览会（CeMAT ASIA），展出了全系列搬运机器人、数字化车队管理系统和氢燃料新能源方案等产品，集中展示了其在数字化、自动化和新能源方面的优势。2020年，林德（中国）与中国电信厦门分公司签订了战略合作协议，双方将充分发挥各自优势，进一步促进工业互联网创新发展，借助 5G+MEC 技术，在研发设计、生产经营、售后维护等产品全生命周期实现基于 5G+ 工业互联网的全面战略转型升级。

二、企业转型升级重要举措和成果

作为中国市场占有率一直在外资叉车品牌中排名第一的林德（中国），始终致力于为中国客户提供高效的物料搬运解决方案。凭借扎实的技术研发、产品制造、销售网络和服务体系，持续引领行业发展。20多年来，林德（中国）始终坚持以客户为导向、产品服务创新、强化内部精益管理"的发展理念，在外资叉车品牌中始终保持领头羊地位。

为满足中国市场需求，林德（中国）持续进行自动化、新能源、数字化三个方面的转型升级。在自动化领域，林德（中国）抓住市场机遇，投资上海快仓智能科技有限公司并与之建立了全球战略合作伙伴关系，合作的首台 AMR 自主移动机器人已成功在林德（中国）的厦门工厂组装下线；在新能源方面，林德（中国）成立了新能源事业部，实现了新车锂电池配套同比增长超过80%的优异成绩；在数字化领域，林德（中国）与京东工业品达成了战略合作关系，高效应对客户不断增长的定制化需求，推出了线上服务APP、租赁平台、电商小程序，顺应了电商的迅猛增长趋势。

为了使物流搬运更加高效、精益，林德（中国）

围绕叉车物流推出了一站式整体解决方案。物流规划咨询服务贯穿林德（中国）一站式整体解决方案的始终。基于独有的物流规划模拟及设备咨询软件，为客户提供定制化的物流分析与规划设计。林德（中国）一站式整体解决方案，不只局限于叉车销售，更将客户的物流流程优化、技术装备优化融合其中，包括存储系统、输送分拣系统、单元化装备、AGV 解决方案、物流拖车系统和物流信息系统等。

在内部精益化生产方面，林德（中国）不断突破实现创新，通过"两化融合"活动，面向现代化生产制造与运营管理，开展以智能工厂、精益生产管理为代表的现代生产制造与运营管理新型能力建设，不但提升了企业生产的数字化水平，而且还重点加强了工业设备设施、制造过程、生产经营管理等方面的数字化和集成互联建设。林德（中国）的"两化融合"管理体系贯标示范项目受到了政府及行业人士的肯定与支持。2020年，林德（中国）的"生产制造与运营管控能力"入选"2020制造业与互联网融合发展试点示范项目"。

此外，林德（中国）凭借创新的高效及服务响应的快速，一直保持着行业领先地位，并在细分领域不断实现突破，获得了客户及行业人士的肯定。先后荣膺"京东物流最信赖伙伴奖""物流技术装备推荐品牌 & 智慧物流技术创新奖""德邦快递2019年供应商大会卓越品质奖""2020年中国物流知名品牌"和"汽车物流行业优秀技术装备供应商"（CFLP 颁发）等奖项和称号。

三、大事件及奖项荣誉

1. 2019年大事件

2019年5月，林德（中国）举办了第四届"林德杯"叉车职业技能大赛中国站总决赛。

2019年10月，林德（中国）亮相 CeMAT ASIA。

2. 2020年大事件

2020年5月，林德（中国）与中国电信厦门分公司签订战略合作协议。

2020年7月，林德（中国）承担的中国首个工业车辆国际标准 ISO 21262：2020《工业车辆使用、操作与维护安全规范》正式发布。

2020 年 9 月，林德（中国）的"L-Matic16 托盘堆垛机器人"获得首张"机器人产品认证证书"。

2020 年 11 月，林德（中国）亮相中国国际进口博览会。

2020 年 12 月，林德（中国）的"生产制造与运营管控能力"入选"2020 制造业与互联网融合发展试点示范项目"名单。

3.2019 年获得的奖项和荣誉

2019 年 1 月，林德（中国）在第八届中国公益节上荣获 2018 年度责任品牌奖。

2019 年 1 月，林德（中国）荣获"2018 中国工业车辆用户品牌关注度十强"称号。

2019 年 3 月，林德（中国）荣获物流技术装备推荐品牌奖。

2019 年 5 月，林德（中国）荣获智慧物流技术创新奖。

2019 年 6 月，林德（中国）荣获德邦快递 2019 年供应商大会卓越品质奖。

2019 年 7 月，林德（中国）荣获服装物流行业优秀技术装备供应商奖。

2019 年 8 月，林德（中国）的"林德智联车队管理系统 Smartlink"荣获第五届中国工业车辆创新奖银奖。

2019 年 10 月，"林德智联车队管理系统"Smartlink 荣获 2019 年度中国物流行业"智能方案奖"。

2019 年 11 月，林德（中国）荣获 2019 年度企业社会责任奖。

2019 年 11 月，林德（中国）荣获汽车物流行业优秀技术装备供应商（2019 年度）。

2019 年 12 月，林德（中国）荣获物流装备产业产品技术创新奖。

年内，林德（中国）荣获优秀智能物流装备应用案例。

年内，林德（中国）荣获 2019 年中国化工物流行业"金罐奖"——最佳车辆品牌奖。

4.2020 年获得的奖项和荣誉

2020 年 1 月，林德（中国）荣获"2019 中国工业车辆用户品牌关注度十强"称号。

2020 年 8 月，林德品牌成为物流技术装备推荐品牌。

2020 年 10 月，林德（中国）荣获汽车物流行业优秀技术装备供应商（2020 年度）和其"创新技术助力汽车行业绿色物流"获得汽车物流行业创新奖。

2020 年 11 月，林德（中国）荣获 2020 年度中国物流知名品牌。

2020 年 11 月，林德（中国）荣获 2020 第三届上药杯医药物流创新大赛一等奖。

2020 年 12 月，林德（中国）荣获"2019—2020 中国冷链十佳仓储装备供应商"称号。

2020 年 12 月，林德（中国）荣获智能物流产业产品技术创新奖。

年内，林德（中国）荣获中国电子商务物流与供应链优秀设备供应商。

年内，林德（中国）荣获中国物流技术装备"金智奖"。

〔供稿单位：林德（中国）叉车有限公司〕

诺力智能装备股份有限公司

一、企业概述

1.简况

诺力智能装备股份有限公司（简称诺力股份）成立于 2000 年，总部位于浙江省长兴县，2015 年年初在上海证券交易所"主板"上市。公司在全球布局了包括无锡中鼎集成技术有限公司、上海诺力智能科技有限公司、诺力北美有限公司、诺力欧洲有限责任公司、诺力俄罗斯有限责任公司、诺力控股新加坡有限公司、浙江诺力车库设备制造有限公司等子公司。其中，自 2015 年成立了上海诺力智能科技有限公司、2016 年收购国内优秀的物流系统集成商 —— 无锡中鼎集成技术有限公司后，标志着诺力股份正式进入物流自动化系统制造和集成领域。2018 年，诺力股份通过并购基金运作模式收购了法国 SAVOYE 公司 100% 的股权，从而补强公司在智能物流方面的技术实力。目前，公司的主要业务由智慧物流系统业务和智能制造装备业务两大板块组成。

智慧物流系统业务为各行各业客户提供定制化、智能化的内部物流整体解决方案，具有跨行业综合服务能力，在全球范围内已累计完成相关物流系统工程案例超过 1 700 个。其中：立体存储系统的核心设备堆垛机，达到了国际一流技术水平，市场占有率多年稳居国内外前列。

在智能制造装备业务方面，物料搬运设备的细分产品轻小型搬运车辆连续十多年市场占有率位居全球第一，电动仓储叉车销量居国内领先地位。

通过兼并、搭建全球产业生态体系，诺力股份已成为全球为数不多的能够同时提供物料搬运设备、智能立体仓库、智能输送分拣系统、无人搬运机器人 AGV 及其系统、供应链综合系统软件等整体解决方案的公司，实现了从传统物料搬运设备制造商到全领域智能内部物流系统综合解决方案提供商和服务商的转变。

诺力股份获得制造业单项冠军示范企业、国家知识产权示范企业、国家技术创新示范企业、国家绿色工厂、国家绿色供应链管理示范企业、中国专利优秀奖等国家级荣誉；获得浙江省隐形冠军企业、浙江省上云标杆企业、浙江省"三名"企业、浙江省"两化融合"示范企业、浙江省高端装备制造业骨干企业、浙江省商标品牌示范企业、浙江省创新型领军企业等省级荣誉。公司建立了包含一院二站三中心（省级重点企业研究院、省级院士专家工作站、国家级博士后科研工作站、国家企业技术中心、浙江省科技厅智能物流装备工程技术研究中心、浙江省发改委智能物流装备工程研究中心）在内的各类研发平台，不断提升企业的自主创新能力，支撑企业稳步发展。2019 年公司营业总收入达 30.87 亿元（合并报表），同比增长 20.94%。

2. 2019—2020 年企业经营情况

2019—2020 年诺力股份（不含子公司）的主要经济指标完成情况见表 1。

表 1　2019—2020 年诺力股份（不含子公司）的主要经济指标完成情况

序号	项目	2019 年	2020 年（未审计）	序号	项目	2019 年	2020 年（未审计）
1	工业总产值（当年价）（亿元）	15.42	17.92	10	资产负债率（%）	42.90	41.99
2	工业增加值（当年价）（亿元）	6.70	4.74	11	全员劳动生产率（元／人）	412 955.97	263 534.23
3	年末资产总计（亿元）	28.05	30.8	12	职工总数（人）	1 622	1 800
4	所有者权益（净资产）（亿元）	16.02	17.86	13	固定资产原值（亿元）	6.56	6.61
5	主营业务收入（亿元）	15.29	17.77	14	固定资产净值（亿元）	4.23	3.92
6	主营业务利润（亿元）	3.35	3.91	15	产量（台）	927 252	982 475
7	利润总额（亿元）	3.49	2.03	16	利税（亿元）	4.81	2.81
8	总资产贡献率（%）	19.13%	9.90%	17	出口额（亿美元）	1.21	1.46
9	资产保值增值率（%）	104%	114%	18	进口额（亿美元）	0.24	0.43

3. 发展成就

诺力股份 20 年来一直深耕制造业。诺力股份的发展得益于中国制造业的快速、高质量发展。诺力股份在反倾销战役中取得胜利之后，通过加大技术研发力度，优化生产工艺，引进优秀的专业人才，逐渐发展成为一家智能物流装备制造商。

2015 年，我国发布了《中国制造 2025》，描绘了中国制造业的美好发展蓝图，明确了智能制造和绿色制造两条发展路径。诺力股份紧跟国家政策和行业发展趋势，顺势而为，通过一系列举措打造智能制造示范工厂。2018 年，诺力智能工厂进行了试生产。如今这个工厂已经成为行业内的一个标杆和样板。诺力智能工厂的工艺、技术都可被复制和推广到行业内其他企业中去。

诺力股份基于在智能仓储物流市场较为完整的布局，快速进入智能制造市场，从智能制造的受益者，变身为智能制造的提供者。无论是 2016 年收购无锡中鼎集成技术有限公司，2019 年正式收购法国 SAVOYE 公司，还是 2020 年收购苏州的荣智工企智能技术（昆山）有限公司、苏州迅益科系统科技有限公司，都是为了进一步增强诺力股份在智能制造整体解决方案方面的核心竞争力。目前，诺力股份已经具备从立体存储到密集存储、从输送到拣选、从传统物料搬运到智能 AGV 等的综合性、一体化、自主化场内仓储物流解决方案提供能力。

4. 发展目标与展望

未来，诺力股份将以"聚焦一个行业、发展两大业务、布局新兴产业"作为公司的产业发展目标。聚焦内部物流行业，抓住新基建的"风口"，加大在 5G、边缘计算、工业互联网等技术领域的投入和广泛合作。同时，整合集团现有能力，通过内涵式和外延式发展模式，使诺力股份逐步成为世界一流的全领域智能内部物流系统综合解决方案提供商和服务商，并赋能中国制造业智能升级。

二、重大事件

1. 2019 年

1）1 月 18 日，第 16 届"风云浙商"颁奖典礼在杭州隆重举行，诺力股份董事长丁毅被评为 2018 年度十大"风云浙商"，如图 1 所示。

图 1　诺力股份董事长丁毅被评为
2018 年度十大"风云浙商"

2）2 月 14 日，浙江省科技厅公布了 2018 年浙江省创新型领军企业名单，全省共 15 家企业入选，诺力股份凭借创新能力、发展水平、社会责任等方面的突出表现成功上榜。

3）2 月 19 日，欧洲最大的内部物流展——2019 年第十七届德国斯图加特物流展（LogiMAT）在德国斯图加特举办。诺力股份物料搬运版块的天罡 15（EDGE）、N 系列叉车以及仓储车等一系列新产品集中亮相于此展会。诺力股份的 SAVOYE 公司也参加了此次盛会，集中展示其在新一代高速穿梭车系统的创新成果。

4）3 月 8 日，主题为"重诺力行，走进高质量发展新时代"的 2019 年诺力股份供应链大会在浙江省长兴县成功举办。诺力股份董事长丁毅，董事、供应链分管领导王新华等以及来自全国各地的 100 多位供应商代表参加了此次盛会。大会由诺力股份常务副总经理刘云华主持。

5）3 月 15 日，施耐德电气中国区总裁尹正先生带队到诺力股份子公司无锡中鼎集成技术有限公司访问交流，并与无锡中鼎集成技术有限公司签订战略合作协议。双方将在医药、冷链、新能源、家居、汽车、机械、新零售和服装等领域继续开展深度合作，互助共赢，共同推动智能物流装备产业升级。

6）3 月 22 日，"2019 诺力股份新品发布会"在诺力股份四期工厂举行。会上发布了诺力股份的全系列锂电池产品，并隆重推出了天罡家族的又一新成员——2.0t 步驾式智能锂电池搬运车"天罡 20"。

7）4 月 24—25 日，由中国工程机械工业协会主办，浙江省长兴县人民政府和诺力股份协办的"中国工程机械工业协会五届四次会员代表大会暨第十七届中国工程机械发展高层论坛"在浙江省长兴县隆重举行（如图 2）。来自工业和信息化部、中国工程机械工业协会及 100 余家国内工程机械龙头企业的 200 余位嘉宾出席了本次年度盛会。4 月 25 日，参加此次论坛的领导、嘉宾专程赴诺力智能工厂参观，其中包括徐工集团党委书记、董事长王民，柳工集团党委书记、董事长曾光安等行业巨擘。诺力股份董事长丁毅、总经理毛英、常务副总经理刘云华、副总经理刘宏俊、副总经理钟锁铭等领导分别接待了到访领导、嘉宾。

图2　中国工程机械工业协会五届四次会员代表大会暨第十七届中国工程机械发展高层论坛

8）4月，中国电信在诺力智能工厂完成了5G通信系统核心装置的安装，该5G通信系统是浙江省首个工业用5G基站，由它输出的无线网络可覆盖整个工厂，不仅能替代现有的70个无线AP，而且能降低能量损耗，降低生产成本。

9）4月，"长兴美国工业村"项目组成员美国驻沪总领事谭森先生、美国商会会长及商会会员单位代表一行，在诺力股份董事长丁毅先生的陪同下参观了诺力智能工厂。

10）4月24日，工业和信息化部装备工业一司副司长罗俊杰，装备工业一司机械处孟令博，长兴县委常委、开发区党委书记王伟新等一行对诺力智能工厂进行考察。诺力股份董事长丁毅、副总经理钟锁铭、研究院院长朱宝昌、总经理助理陈黎升等接待了罗俊杰副司长一行。

11）7月20日，诺力股份官方宣布：启用新版VI，对品牌标志、专用字体、企业标准色等视觉识别系统元素进行全面升级。

12）7月20日，诺力股份四期工厂运用5G技术提高生产效率与产能案例在中央电视台《新闻联播》播出的"坚持高质量发展　中国坚定前行"中报道。

13）8月30日，由长三角G60科创走廊联席会议办公室和湖州市人民政府联合主办的"长三角G60科创走廊智能装备产业联盟成立大会"在浙江省湖州市举行。会议确定诺力股份为理事长单位。诺力股份院士专家工作站签约院士谭建荣、诺力股份研究院副院长刘杰当选为该联盟的专家委员会成员。

14）9月5日，工业与信息化部装备工业一司公示了"2019年智能制造系统解决方案供应商"名单，诺力股份子公司无锡中鼎集成技术有限公司成功入选"数字化车间集成－动力电池"项目包，全国共有58家企业入选。

15）9月12日，工业和信息化部办公厅公布第四批绿色制造名单。诺力股份入选第四批"国家绿色供应链管理示范企业"名单。

16）9月，诺力股份董事长丁毅荣获中国工程机械工业协会评选的"庆祝新中国成立70周年工程机械行业突出贡献人物"；诺力股份荣获"庆祝新中国成立70周年工程机械行业影响力企业"；诺力股份的"胜诉手动液压搬运车欧盟反倾销案"荣获"庆祝新中国成立70周年工程机械行业典型事件"；"基于智能控制的四向堆高车"荣获"庆祝新中国成立70周年工程机械行业杰出产品"。

17）11月13日，工业和信息化部、中国工业经济联合会联合发布了"第四批制造业单项冠军示范企业和单项冠军产品名单"。诺力股份凭借多年来在工业车辆领域的突出成绩，被评为"制造业单项冠军示范企业"。

18）11月18日，根据《浙江省经济和信息化厅关于公布2019年浙江省数字化车间智能工厂名单的通知》（浙经信技术〔2019〕181号），诺力智能工厂被评选为"2019年浙江省智能工厂"。

19）12月10日，诺力股份与上海交通大学联合开发的"无人驾驶工业车辆关键技术及应用"项目获得教育部颁发的2019年度高等学校科学研究优秀成果奖（科学技术）—技术发明奖二等奖。

20）12月11日，国家知识产权局发布了"2019年度国家知识产权示范企业名单"，诺力股份成功入选。

21）12 月 23 日，诺力股份顺利取得工业和信息化部颁发的"两化融合管理体系评定证书"，标志着诺力股份在工业化与信息化融合方面迈上了新台阶。

2.2020 年

1）1 月 10 日，诺力股份与中国联通在浙江省长兴县签署了战略合作协议。双方将发挥各自领域的优势，整合优势资源，聚焦智能物流区域，建立长期稳定、全面共赢的战略合作关系。

2）2 月初，从德国获悉，诺力股份的"天罡"系列 PSE12N 堆高车产品荣获汉诺威工业设计论坛的"IF 设计奖"。

3）4 月 16 日，在法国驻上海领事馆内，诺力股份无偿向法国捐赠了两条日产 20 万片、总价值 200 万元的高端口罩生产线，以实际行动推动国际合作，助力全球抗击新冠疫情（如图 3）。

图 3 诺力股份无偿向法国捐赠了两条日产 20 万片、总价值 200 万的高端口罩生产线

4）4 月 22 日，诺力股份召开"2020 年新品线上发布会暨首届电商大会"。

5）5 月 13 日上午，浙江省副省长高兴夫、湖州市副市长项乐民一行在长兴县委书记周卫兵、副书记何志强的陪同下来到诺力股份调研生产经营情况，公司董事长丁毅等汇报了有关工作。

6）7 月 13 日，诺力股份的"工业车辆自动控制技术及其应用"项目荣获 2019 年度浙江省科学技术奖—技术发明奖二等奖。

7）9 月 22 日下午，诺力股份董事长丁毅先生受邀参加了在南京举行的"徐工集团工程机械有

限公司混合所有制改革战略投资者"签约仪式。

8）10 月 10 日，以"新格局、新动能、新辉煌"为主题的浙江省民营企业高质量发展智库论坛（台州）在浙江省台州市举行。会上，《浙商》杂志发布了"2020 浙江民营上市企业高质量发展创新案例"，诺力股份的"全领域智能物流服务先行者"入选。

9）10 月 19 日，诺力股份的"天罡"电动搬运车、"锂电池前移式叉车"荣获中国设计智造大奖佳作奖。锂电池前移式叉车获得设计创投榜第四名。

10）10 月 29 日，工业和信息化部办公厅公布第五批绿色制造名单。诺力股份的"FEXP 型电动叉车"入选第五批国家绿色设计产品名单。

11）11 月 2 日，人力资源和社会保障部、全国博士后管理委员会联合下发通知，诺力股份成功获批设立国家博士后科研工作站。

12）11 月 23 日，浙江省科学技术厅下达 2021 年度省重点研发计划项目通知，诺力股份的"特色机械装备'智能一代'技术研究及应用 —— 基于智能制造生产系统物联协同技术的研发应用"项目入选"2021 年度浙江省重点研发计划竞争性项目"名单。

13）11 月，诺力股份法国中心被认定为"2020 年度省级企业海外研发机构"。

三、工业车辆（叉车）产品开发与生产

（一）产品开发

1.背景

诺力股份与国防科工局科技委、清华大学自动化系、浙江大学、上海交通大学、浙江工业大学、复旦大学宁波研究院等高校院所开展合作，通过共建联合研发中心、共同攻克项目等方式，构建全面合作、利益共享的产学研公共服务平台。诺力股份已建立国家认定的企业技术中心、国家级博士后科研工作站、浙江省工程技术研究中心等科研平台。经过多年的不断发展壮大，诺力股份的主导产品正在向电动化、智能化、大型化和高空化发展。2019—2020 年，诺力股份加大技术研发投入，在电动工业车辆、AGV 和高空作业平台

等领域持续发力,新产品不断涌现。

2019—2020 年,诺力股份研发了 1.6 ~ 2.0t 的 Q 系列四支点平衡重式电动叉车,RT Pro 系列坐驾式前移叉车,PT 系列固定式/折叠式电动搬运车,1.2 ~ 1.8t 的 PSCB 系列电动平衡重式堆高车,N 系列拣选车,FE3R12E 型三支点平衡重式电动叉车,PTB20-C、PTE20-C 型站驾式电动池搬运车,小天罡搬运车,2.0t 的步驾式智能锂电池搬运车,1.5t 锂电池步行式电动堆垛车,NT10 型潜入式物流机器人,AGL 系列智能工业车辆,SC06E 型剪叉高空作业平台,TB 系列直臂高空作业平台,AB 系列曲臂高空作业平台等产品。

2. 组织

诺力股份在杭州设立了智能物流研究院,负责室内智能物流系统集成、技术管理等职能。诺力股份本部设有研究院,下辖研发一部、研发二部、叉车研发部、高空平台研发部。诺力股份本部形成了以研究院院长、研发总工程师、研发总经理助理等科研领导领衔的近 300 人的研发团队。

(二)产品研制

1. 试验场地

新产品试制车间:在完成新产品设计和工艺准备之后,为验证所设计的新产品的图样、工艺等技术文件是否正确,产品能否达到预期的设计要求和质量标准而进行试制生产的场所。

振动试验室:为评定产品在预期的使用环境中的抗振能力而对产品进行振动试验的场所。

噪声试验室:是进行产品噪声试验的场所。噪声试验的目的是考核产品在强噪声场中的工作性能和耐强噪声的能力,测定产品对强噪声的响应。

高低温试验室:是进行产品高低温湿度试验的场所。本试验用来确认产品在温湿度气候环境条件下储存、运输、使用的适应性。试验的严苛程度取决于高/低温、湿度和曝露的持续时间。

倾斜试验车间:该车间能够人工模拟倾斜和摇摆的环境,以确定叉车是否稳定。

测试车间:该车间靠近新产品试制车间,用于对新产品进行障碍、疲劳等相关测试。

检测检验中心:该中心的任务是根据相关标准、技术规范编制理化试验操作规程,规范完成相关实验,及时准确输出实验结果,同时做好检测设备的日常维护保养工作,保证公司内计量检测体系的依法有序运行。

2. 研制过程

当完成新产品的设计与工艺准备后,为了验证所设计的新产品的图样、工艺等技术文件是否正确,产品能否达到预期的设计要求和质量标准,首先要通过新产品试制车间进行试制生产。

产品试制需要做好以下几项工作:

1)完善该产品的物料清单,使之准确率为 98% 以上。这样在投入批量生产时就能明确:计划的批量需要什么、需要多少。这样做有利于降低库存,节约资金,更有利于对配套部件的管理。

2)在批量生产前,确定各生产件的生产提前期和各采购件的采购提前期;根据各零部件的准备情况、机械装配工时,物料清单及本厂的工时定额,较精确地计算出费用;再根据销售部门的订单量或预测销售量,预测该批产品的生产量及应投入的人力、物力;按订单或预测销售量预测赢利额;以便准确并有效地控制成本,提高批量生产计划的准确性和可靠性。

3)制造工艺、安装工艺和检验方法的合理性及科学性是实现批生产高效率低成本、产品质量优质的必要保证。

4)发现制造该产品的关键点,包括关键零部件的关键工序、资源和物料需求的瓶颈,综合考虑各关键点的相关因素,就能制订出高效实用的批生产计划。

3. 新产品鉴定

产品试制成功后,要对产品的性能参数等进行全方位的检测,通过各种测试试验来验证设计、工艺等是否正确。测试完成之后出具详细的测试报告，以便对产品的进一步优化提供强有力的依据。这是对新产品的全面鉴定，通过试验数据可以界定产品的价值以及分析市场竞争力。

新产品鉴定包括：

1）检验测试产品是否达到原定的技术性能指标，以及产品的质量稳定性、安全可靠性是否符合要求，是否有质量分析报告。

2）提前准备具有满足批量生产或大量生产需要的工艺装备、专用设备和测试设备。

3）是否符合环保、安全和卫生等规定；是否有标准化审查报告、成本核算报告与必要的技术文件（技术总结报告、全套工艺文件、全套图样、设计文件等）。

4.产品推广

1）诺力股份积极利用广交会、汉诺威国际物流展览会（CeMAT）、国际物流博览会（Word Logistics Expo）等平台展示公司的优质产品，吸引世界各地的经销商咨询洽谈，拓展国内外市场。

2）不断探索新的销售模式，通过建立自主网站进行线上销售、建立远程运维平台进行预测性售后服务等方式，提高了销售、服务的便捷性，提高了产品的品牌价值。

3）通过主办/承办/协办行业峰会或论坛，进一步加强手动车、电动车、AGV 车等产品在对应终端用户所在行业内的推广力度，增加公司的曝光率，提升公司的直接业务量，培育潜在客户群，扩大品牌影响力。

4）公司不仅逐年增加在品牌宣传上的直接广告投入，品牌在线上、线下多维度推广的力度也在逐渐加大。阿里巴巴平台、行业媒体门户网站（中叉网、叉车网、慧聪网、56 搜索）、Facebook 平台、户外媒体（公交车车身、高铁车厢海报）等载体都有诺力品牌的身影。

5.应用

在分类、拣选、输送、管理方面，各行各业的

内部物流管理都离不开诺力股份的物料搬运设备和系统集成解决方案。诺力股份在新能源领域的合作伙伴包括力信（江苏）能源科技有限责任公司、比亚迪股份有限公司、LG 化学、惠州亿纬新能源科技有限公司、宁德时代新能源科技股份有限公司等；在医药行业的合作伙伴包括天力士医药集团股份有限公司、康德乐（中国）有限公司、华仁药业股份有限公司、中国医药集团有限公司等；在冷链行业的合作伙伴包括福建安井食品股份有限公司、北大荒农垦集团有限公司、山东凤祥股份有限公司、河南鲜易供应链有限公司等。此外，诺力股份在汽车、食品、电商、家居、建材、军工和变压器等行业，针对行业需求和客户的痛点，为客户提供专业的定制化服务。

（三）产品生产

1.生产基地

诺力股份本部主要有四大生产基地，即特种车厂、搬运车厂、电动车厂和智能工厂。特种车厂：负责围栏以及手动堆高车的生产；搬运车厂：负责手动搬运车以及电子秤的生产；电动车厂：负责天罡电动搬运车以及半电动搬运车、堆高车、高空作业平台的生产；智能工厂：负责全电动搬运车、堆高车以及电动叉车、智能叉车的生产。

2.工艺设计与管理

诺力股份对生产过程中影响质量的工艺技术进行有效的管理，以确保工艺技术有效实施，保证整个生产过程处于受控状态。所有产品在批量生产前，都必须具备齐全的产品图样和工艺文件。

公司工艺部的职责：①对自制件进行确认；②编制和发放工艺文件；③确定质量控制点，编制"质量控制点登记表"和"作业指导书"；④参与对新产品图样的评审，审核产品设计的工艺可行性；⑤参与跟踪新产品的试制；⑥对操作人员进行与操作工艺相关的培训、考核；⑦对于复杂工装进行可行性论证并负责与制作单位和使

用单位协调与沟通。

新产品试制车间的职责：根据图样和工艺要求，负责工艺装备的设计制作。

3. 生产过程

常规生产流程如图4所示。

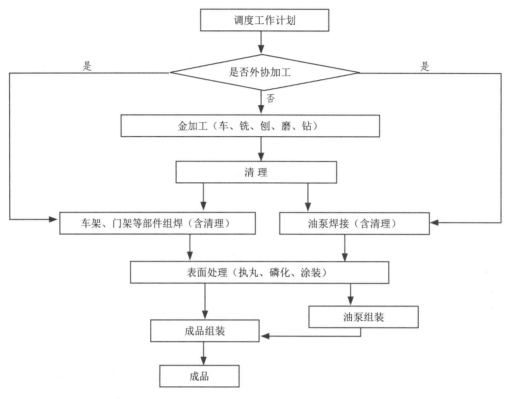

图4　生产流程图

4. 产品的更新换代

叉车所在的工业车辆行业正经历着油转电、传统转智能、客户粗放式管理转精细化管理、铅酸蓄电池转锂电池、线下渠道转电商等变化。诺力股份的产品紧跟市场需求及行业发展趋势进行更新换代。增强品牌意识，夯实技术基础，着眼于产品结构优化、产业升级和细分行业的需求，集中全公司的力量努力实现工业车辆的整体提升是诺力股份创新发展的主要目标。

四、产品简介

1. 概述

诺力股份本部主要从事物流装备的研发、制造、销售及其相关服务，主要涉及专用车辆制造、连续搬运设备制造、升降机制造和机械式停车设备制造等通用设备制造以及工程设计服务等专业技术服务。公司拥有20年的仓储物流搬运车辆研发和生产经验，已连续多年占据全球轻小型工业

车辆销售量的首位；电动工业车辆居于国内同行领先地位，在国内制造商2019年度的排名中居于领先地位。

2. 产品种类

主要产品包括轻小型搬运车辆、机动工业车辆、AGV叉车等工业车辆，正向电动化、智能化、轻量化、高位化和节能化方向发展。

3. 产品应用领域

产品应用于传统制造业、传统物流业、智能物流、建筑业、军工系统、纺织业、化学工业、冶金业和能源业等行业。

4. 名优产品

随着交流控制、锂电池等技术的日趋成熟，电动仓储车辆、电动搬运车逐步趋向于轻型化、智能化和节能化，AGV无人叉车也随着智能制造的发展，市场需求越来越大。诺力股份的多款产品在该方向上实现了突破，其中："天罡"电动

搬运车、锂电池前移式叉车荣获 2020 中国设计智造大奖佳作奖；"超小转弯半径无人驾驶堆垛车 AGL-PS10LMT"荣获 2020 年度浙江省装备制造业重点领域首台（套）产品；"永磁驱动电动搬运车 PTE15X"被评为 2019 年度"浙江制造精品"，"PTE15N 锂电池搬运车"被评为 2020 年度"浙江制造精品"。

5. 重点产品简介

1）Pro 系列 RT 前移式叉车：融合了美学和人体工程学的设计精髓，驾趣与性能交相辉映。性能卓绝，配置高。具有起升高度高、智能化和安全可靠等优点。特别适合对成件托盘货物进行装卸、堆垛。该系列产品具有以下特点。

节能：平稳输出、经济耐用。低噪声齿轮泵降低了整车起升噪声。采用交流驱动电动机、油泵电动机及转向电动机，延长了整车寿命，具有自我保护功能，免维护、性能优越；可实现再生制动和能量回收，延长了蓄电池的使用寿命。

稳定：性能卓越，控制精准。多功能彩色液晶仪表，可显示转向轮位置、电池电量、电量报警、故障代码、运行时间和行驶速度等信息；高精度前移滑轨与出色的间隙补偿设计，使门架前移更加稳定；选配了电子高度预选系统。

刚劲：拥有强劲的底盘，合理的布局。底盘结构强劲，质心分布合理，整车稳定性卓越；底盘后围板大圆弧与整车转弯半径相吻合，美观且转弯半径小。

舒适：精致舒适。高弹性减振座椅，靠背前后可调节，标配安全带；起升液压缸和管路系统布局合理，门架管线简洁美观，视野好。

驾趣：集中操控，指尖帷幄。转向盘及中控操作台可全方位自由调节；集中式中控操作台，指尖操作，方便精准。

自如：宽敞空间，转向轻便。驾驶空间宽敞，符合人机工程学布局，整车采用人性化设计；采用交流电子动力转向系统，转向轻便，具有自动对中功能，可进行 180°/360°转向模式实时切换。

2）Q 系列四支点平衡重式电动叉车：是诺力股份在原有的 E 系列和 N 系列平衡重式叉车的设计基础上，结合两个系列的优势，设计出的满足中轻量型工况用途，同时具有舒适和高效驾驶体验的叉车。提供了铅酸蓄电池和智能锂电池两种电池选择方案，同一车体可自由选择。与 E 系列和 N 系列相比，整个车体的重心降低，护顶架高度降低，方便该车在有限高度的环境下进行作业。

3）PTB20-C 电动搬运车：额定载荷 2 000kg，是一款适用于货物中长距离输送的车辆，可满足多数应用场合的需要。该车配置的大功率立式交流驱动系统保证了车辆的高作业能力。承载能力大，回转半径小，散热条件好，寿命长，维护方便。运用人体工程学原理设计的智能手柄，操作舒适，所有开关都集成在操作员可触及的位置，人性化设计理念得到了充分体现。便携的拆装结构，结实的底盘以及金属蓄电池盖、机体外罩可以有效地防止车体和内部零部件受到外界机械的冲击。

6. 发展成就与展望

叉车所在的工业车辆行业正经历着油转电、传统转智能、客户粗放式管理转精细化管理、铅酸蓄电池转锂电池、线下渠道转电商等变化。

从油转电的趋势来看，在市场上，平衡重式电动叉车取代传统内燃叉车的趋势会越来越快、数量会越来越大。从市场需求趋势来看，电动仓储车呈现出越来越轻和越来越高两个特点。轻量化电动仓储车将会不断替代传统的手动半电动仓储车，高位电动仓储车需求增加，以便满足日益不断发展的物流仓储发展的需求。从智能制造的趋势来看，我国正在大力引导企业发展智能仓储、智慧物流、智能工厂和工业互联网等智能制造产品。因此，AGV 叉车需求会越来越多，现在已经有部分电动叉车代理商开始重视并率先向 AGV 叉车领域积极转型。从我国的产业发展政策和经济导向来看，电动叉车的市场红利依然会在很长一段时间内存在。每年几十万台手动仓储车的升级换代、油转电的更替加速、大物流的蓬勃发展、智能仓储的兴起等，都在进一步推动电动叉车市场的大发展，电动叉车市场真正的繁荣尚未到来。从市场集中度看，行业头部企业的品牌效应已经显现，整个行业已形成寡头竞争的格局，市场资源和客户正在向行业头部企业汇集，行业的集中度正在不断地加深。具体表现在整体销量不佳的情况下，优势企业的表现明显好于行业的平均水平。

整体上，行业更加关注互联网、信息化技术，无人驾驶技术的应用，在远程监控、诊断、管理软硬件方面满足了不同用户的多方位需求。新能源工业车辆，尤其是以锂电池为动力源的工业车辆在近年来已成为新的产品开发亮点，市场接受度更高、配套企业更多、相关技术研究更深入，市场销量增长显著。无人驾驶工业车辆、车队管理系统等新技术也是近两年来的研发热点、投入目标，行业内的主要制造商和零部件供应商也将这些新技术列为企业未来提升竞争力的重点技术发展方向。

未来，新的利润增长点将随着行业从增量时代逐渐迈入存量时代而出现一些新的变化，设备更新、由买转租和服务升级是重要发展路径。增强品牌意识，夯实技术基础，着眼于产品结构优化、产业升级和满足细分行业的需求，集中全公司的力量努力实现工业车辆的整体提升是诺力股份创新发展的主要目标。

五、市场经营与销售

1.市场开发与维护

2019—2020 年，诺力股份与丰田、永恒力、斗山等行业领先品牌建立了稳定的 OEM 合作关系，海外自主品牌渠道建设（含销售子公司）初步取得进展，在新冠肺炎疫情影响下仍然保持了销售的稳步增长。同时诺力股份在海外大客户开发方面取得进展，在产品线上也进一步实现了手动向电动、电动仓储车向电动平衡重式叉车方向发展。在东南亚、北美等市场都实现了行业标准产品或定制产品的大批量销售方面的突破，继续

深入挖掘现有潜力，注重在原有销售渠道上实现从手动向电动产品的转型升级，不断开发公司市场份额低的市场。在新冠肺炎疫情防控期间，通过线上产品推介会和技术培训等方式及时推出新产品并形成销售，不断提升各级经销商对诺力股份产品的认可度。

在国内，诺力股份与菜鸟网络科技有限有公司、北京京东世纪贸易有限公司、美团科技有限公司、北京盒马（中国）有限公司等公司建立了长期合作关系，为其提供智能物流装备产品。进一步拓展国内市场上的销售渠道，经销商规模持续增大，涵盖我国的所有省份，重点地级市实现了全覆盖。注重渠道上的叉车与电动产品的销售比例，建立了 20 多家标杆 4S 展厅，在电动仓储车销售数量上达到行业领先水平。

2.销售

在国际市场上，诺力股份的平衡重式叉车及电动仓储车的销售都取得较好的业绩，1～3 类产品的增长比例超 49.5%。海外渠道建设得到进一步加强，尤其是诺力北美有限公司、诺力俄罗斯有限责任公司等子公司的渠道建设非常成功，区域市场布局更完整。引入了客户关系管理（CRM）系统，进行客户信息的有效管理和利用，为深入开发市场提供支持。制定了有效的销售目标和销售策略，最终完成了产品年度、季度和月度销售目标及回款指标。在新冠肺炎疫情防控期间，通过信保等手段，进行产品销售、订单谈判与合同签订。

在国内市场上，诺力股份拥有华北、华南、江苏、上海、浙闽和西部 6 个大区。2019—2020 年，诺力股份积极探索电商销售模式，线上业务快速发展，经销商在电商平台上的网店数量实现了迅猛增长。在售前管理方面，及时掌握国内市场上的产品动态、迅速收集经销商的销售及大客户信息，及时进行数据分析；制定了有效的销售目标和销售策略，最终完成了产品年度、季度和月度销售目标及回款指标。在售中方面，对客户

信用风险进行评估，对客户信誉度进行评审，与客户进行产品销售谈判、签订合同。在售后方面，针对国际市场，诺力股份成立了专门的国际销售支持团队，以提供国际销售方面的技术支持和售后支持；通过线上等手段，专人对接客户，解决客户的技术和售后问题；为提升专业度，编制了产品维修手册，整理了产品技术支持文件，建立了线上客户售后支持和投诉系统及流程，及时有效地处理国际销售方面的技术和售后问题。

在国内市场方面，本着"客户第一，服务至上"的理念，2019—2020 年，诺力股份的服务管理部细化并完善了业务模块，以 400 客服中心、渠道管理、技术支持、区域管理、后市场营销、三包处置六大支持中心为基础，建立了相互协作的机制，有效保障了 2019—2020 年快速发展的售后市场需求。这期间 OEM 客户迅速增加，通过与其深入合作与交流，为诺力股份积累了很多售后管理经验。2020 年，诺力股份的售后管理平台 CRM 系统正式启用，售后工作的信息将全部移到线上的平台系统中。利用智能平台收集产品使用信息、故障点、故障频率等大数据，为研发设计、质量管控及售前分析提供可靠的数据支持。

六、企业管理

（一）质量管理

1. 质量策划与质量教育

（1）质量策划

2019 年，诺力股份构筑了全面的质量管理体系，以便对产品从设计、生产到产品成形的全过程进行监控，做到事前有预防、工序有监督，并且要提升采购件的质量水平，提高产品的一次性交检合格率，降低终端客户的投诉率。

1）在市场方面，准确把握市场质量诉求，摸清竞品和标杆的质量表现。2019 年做了 11 家市场调研，列出了 70 项改进计划，完成了 62 项，闭环率达 88%。坚持召开月度质量例会，并将项目落地、改善验证作为重点。在质量例会、市场调研专题会上，共计下发了 187 个项目，完成了 174 个，闭环率达 93%。

2）在供应方管理方面，强化供应商管理。强力推行供应商自检，来件附带自检报告。严格执行供应商引入制度与流程。进货索赔：主要针对自检，通过自检督促供应商提升质量保证能力；过程索赔：包括工时、辅料、质量信誉；市场索赔：督促供方提高可靠性的配件。

3）推动过程自检。促进质量意识转变，规避批量问题，并与质量工资结合，对质量的提升作用明显。

2020 年，以务实的态度，围绕降低客户投诉率进行流程管理，提振市场信心。由于新冠肺炎疫情的影响，走访客户的次数减少了，转而以了解第一手信息和现场解决问题为主。质量部联合售后、技术、销售部门走访市场共 8 次，调研了 11 家经销商，通过相关部门的配合与努力，问题改善的闭环率达 93%。督促客户把其投诉的旧件退回，由厂区专职检验人员先进行判定和检测，再整理好需退回供应方旧件的原因分析登记清单，与供应商管理工程师（SQE）一起督促供应方回复改善措施。

技术部、工艺部、采购部联合对质量控制点进行梳理，制订控制计划，以产品质量履历表的形式，按车型进行梳理管控，实行每周一会，每月一总结，结合质量阀评审管理规定，提升产品质量。建立并完善 PAPP（生产件批准程序）项目。

（2）质量教育

2019 年，诺力股份开展了精益生产导入培训，ISO 3834 国际焊接标准培训，电焊工机械识图培训，与产品相关的标准、行业相关法规培训，电控装配、故障分析等培训，焊接质量培训，工艺及诺力生产方式的探讨 NPS 培训，质量意识宣传贯彻的专题培训，针对生产工艺的培训，APC 品质管理培训，班组长品质管理道场培训，合理化建议与改善的培训，焊接检验员 VT 检测的培训，生产管理实务探讨的培训，车间生产管理的培训，焊接外观检测的培训，质量标准 VDA6.3 的培训，精益工艺的培训，"机械行业后市场现状观察"的培训，天罡搬运车焊接质量培训等多项培训。

2020 年，诺力股份共开展了 139 次各类质量培训，如：焊接工艺培训，QCC 质量改善培训，销售售后培训，新产品培训，焊接培训，装配培训，机加工加工余量和切削用量基础知识培训，锂电池安全防护与检测标准、工艺 SOP 模板培训，精益线平衡改善、质量管理五大工具的培训等。

2.检验与试验

2019—2020 年，在原有实验室的基础上，投入经费购入设备，建立了检验检测中心及实验室管理体系。2020 年第四季度已完成装修，新设备已完成调试安装，并已编制好管理文件和理化试验标准。做到了硬件设施的细节优化与检测能力的补充；建立了完善的试验标准与方法，为做好试验提供支持；进行了人员能力建设及培训取证工作；设备最大化利用，及时出具准确有效的报告。

3.过程质量管理

2020 年，诺力股份对质检系统进行了全面改革，要求质量控制系统全面向信息化系统转型，质量管理部成立了项目组，联合大数据管理部、第三方软件公司，结合公司内部的实际业务，升级了质量检测系统中的三个模块：进货检验 IQC、过程质量控制 IPQC、完工检验 FQC。

4.群众性质量管理活动

诺力股份每年都开展"质量月"活动。2020年 9 月 4 日启动的"质量月"活动主题为：一"诺"千金、一次交付。此次"质量月"主要围绕设计一次交付、工艺一次交付、采购一次交付、制造一次交付开展改善活动，参加活动的绝大多数部门都能按照策划方案积极、主动地开展工作，固化了一批管理方法、解决了一批疑难问题、制定了一批技术标准。"质量月"活动征集了一批有诺力股份特色的质量标语，在诺力股份各厂区宣传展示。建立了质量状态评审标准，使质量状态可以进行量化评价，对促进质量提升方面有积极作用，比如叉车生产在精细化管理下质量提升了25%、搬运车的磕碰划伤次数减少了等，质量提升幅度明显。首次举办了试车员技能比武大赛，试车员参与度高，表明员工对此项工作非常热爱。

根据"质量月"评优标准，经过审阅评审材料、会议评审、技能比武、考试等方式的评审，评选出优秀厂区、优秀部门、优秀车间、优秀试车员、工艺质量标兵、检验标兵、设计质量标兵、采购质量标兵和生产质量标兵。

5.质量信息管理

2019—2020 年，诺力股份实现了业务、服务一体化，建立起端到端的业务支撑系统，优化了 CRM+ 售后服务管理流程；构建起较为全面的 CRM+ 售后服务体系，提升了售前/售后绩效，提高了客户满意度。

从 2020 年 9 月下旬开始，诺力股份开始编制质量半月刊。

6.质量考核与奖惩

（1）对供方的考核。首先建立制度，与供方签订质量保证协议。主要针对供方来料合格率、不良品下线率、客户投诉率指标签订协议。每月对指标进行计算分析，分析结果纳入供方月度绩效考核，对不达标来料，督促供方改进。质量保证协议确立了相关的考核条款，用以约束供方。考核的主要项目包含来料、生产过程、客户投诉、质量反馈、产品变更、委外检测、质量审查、环保和诚信经营等。

（2）内部考核。为了激励先进、鞭策后进，做到奖惩分明，提高员工的工作积极性，出色地完成各项公司目标，公司制定了相应的绩效考核办法。用日常巡检、专检、目标达成等结果对各车间、部门进行考核奖惩。

（二）生产管理

公司管理机构如图 5 所示。

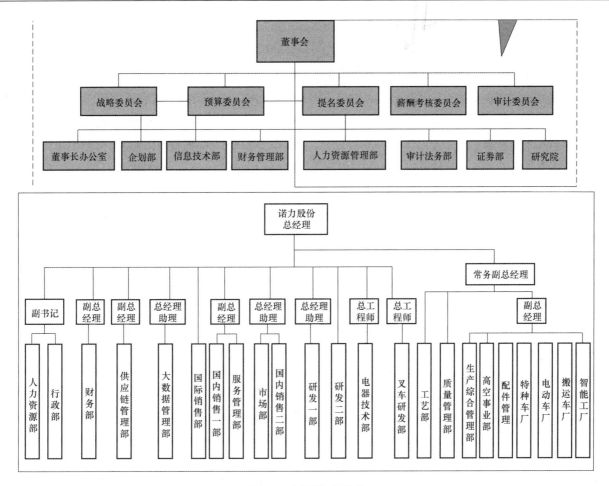

图5　公司管理机构

（三）财务管理

1.组织沿革

财务部是企业财务工作的管理、核算、预警提示部门，其管理职能是根据企业发展规划编制和下达企业财务预算，并对预算的实施情况进行管理；其核算职能是对公司的生产经营、资金运行情况进行核算；其预警提示职能是向董事长、总经理反馈公司资金的营运情况，对发现的问题做出预警提示。财务部分为财务核算部、应收管理组、应付管理组、资金部、财务管理部、税务部和子公司管理部，五部二组的财务架构，实现了分权、分责。

2.资金管理

（1）组织公司财务预算、决算

根据公司的经营目标，组织和指导各部门编制财务预算；汇总各部门的预算后，组织编制公司的财务预算、成本计划、利润计划；根据公司的

经营情况，组织审核修正财务预算；监督各部门预算的执行情况；定期组织财务决算，组织制定决算报告。

（2）做出合理的资金使用计划，保证满足经营活动资金需求

公司注重对现金流的管理，加强对现金流的分析预测，严格控制现金流入和流出，保证有支付能力和偿债能力，及时制定年度与月度资金计划，负责组织筹措资金，保证资金供应。

公司将现金流管理贯穿于资金管理的各个环节，高度重视支付风险和资产流动性风险，对经营活动产生的现金流进行严格管理。同时，加强应收账款管理，提升应付款额度，充分利用供应商信用资金，减少客户货款占用。

（3）提升风险防控能力，加强融资投资管理

拟定公司的融资计划方案，建立并完善融资渠道。统筹安排综合授信规模，增加金融资源储备，

确保营销、生产需要。制定合理的融资计划，降低财务费用支出。细化各类专项融资管理办法，有效规避资金运行风险，维持和增加银行授信渠道，维护良好的银企合作关系。

3.成本费用管理

（1）成本管理

成本管理是公司预算管理体系的重要组成部分，公司根据总体目标制定切实可行的目标成本指标，并纳入经济责任制体系进行分解、落实和考核。

1）建立成本核算规程，从制度、表单、计算机系统三个维度固化了多年来成本管理的要求与管理规范。

2）对公司的所有产品核算定额成本，每月核算产品的实际成本，并与定额成本相比较，分析实际成本与定额成本差异的原因。

3）每月核算质量成本，包括内部损失、外部损失、预防成本和鉴定成本，并与当月产值比例挂钩，分析各项成本对产品质量的影响程度和质量管理的重点方向。

4）审核工资，分析计件工资在工资中所占的比例及对总成本的影响。

（2）费用管理

对各项费用的监督检查，严格按照财务规章制度以及对标公司的财务预算方案审核资金用途，尤其要把关是否存在风险资金使用情况。

检查往来户发票是否及时到账：每月滚动式检查其他应收款、催收其他应付款发票、确保保证金和押金及时收回。

4.利润与税金管理

（1）利润管控

降本创收：启动成本决策体系建设，建立、完善产品标准成本库，初步建立全系列产品定价、成本差异分析、成本市场倒逼体系，成本管控水平再上台阶，提升了市场竞争力。

资金增值：确保资金合理有效地运作，确保资本保值增值。根据公司的年度运营目标和全面预算，预测公司资金需求并制定资金使用计划。合

理布局存量资金，开源节流，增收节支，提高资金的运作收益水平。做好外汇管理，提高理财收益。

（2）税金管理

及时完成日常海关进口税费的缴纳、发票抵扣认证、日常税务申报及年度申报工作。和税务部门保持良好的沟通，同时更好地利用国家减费降税政策措施，做好税务筹划。

5.价格管理

做好应付账款的管控：每月制作集中付款清单并跟踪进度；对采购单价进行比对分析，严格把控价格；做好材料成本核算工作，提升材料成本核算的准确性；继续做好质量考核扣款的财务管理，及时跟踪入账情况。

（四）后勤保障

1.物资管理

公司日常行政办公的非生产性相关物资由行政部管理。IT类物资由大数据管理部（IT部）管理。

2.运输管理

公司产品部分运输以第三方物流为主。

3.其他管理

诺力股份非常关注提高员工福利，2019—2020年对3个员工食堂进行了装修，菜品升级；对集体宿舍及篮球场重新修缮升级；新设健身房及图书阅览室，为员工业余生活提供基础设施及场所。

七、企业文化

1.文化设施

公司建有篮球场、健身房、道德讲堂（报告厅）、厂区职工之家、阅览室、培训室、员工调解室、文化沙龙区等文化场所设施。

2.文化组织与人员

1）诺力职工文化艺术团——由公司内在唱歌、跳舞、书画、朗诵等方面有特长的员工组成，团员以20～40岁青年员工为主。

2）诺力职工合唱团——与职工文化艺术团有重合的团员，主要是由公司内广大唱歌爱好者组成。

3）诺力骑行俱乐部——由公司内骑行爱好者组成。

4）诺力钓友俱乐部——由公司内垂钓爱好者组成。

5）诺力职工篮球队——由公司内篮球爱好者组成。

6）诺力啦啦队——从职工文化艺术团中选拔而来。

7）诺力礼仪队——从公司内部选拔组建的团队，主要完成公司重要活动、庆典的礼仪接待工作。

8）诺力健身俱乐部——由公司内健身爱好者组成。

3. 宣传教育

1）2019年7月6日，为纪念建党98周年，诺力股份党委组织党员70余人赴安徽泾县开展"不忘革命初心　牢记神圣使命"的党员红色教育活动。

2）2020年7月1日，诺力股份特邀长兴抗疫"逆行先锋"陶莉莉、袁月红莅临公司分享奋战在抗疫一线的经历。

3）2020年9月3日，诺力股份组织开展了爱国主义主题教育观影活动，纪念抗日战争胜利75周年。

4）2020年11月16日，公司组织召开"'知敬畏、守初心'——民营企业内部腐败现象和法律应对"集团干部素质教育专题培训。

4. 文体活动

1）2019年2月28日，公司在利时广场新华书店举行2019年首届文化沙龙——"悦读职场、智赢人生"诺力职业发展读书分享会。

2）2019年4月16日，公司在长兴东鱼坊"远方的家"蒋氏紫砂艺术馆举行了茶文化沙龙活动。

3）2019年，公司组织近400名行政员工在龙之梦·太湖图影湿地开展了"拥抱大自然团结促和谐"2019诺力员工春游团建活动。活动于4月27日、28日，5月5日分三批进行，平均每批参与员工130人。

4）2020年8月16日，公司工会牵头组织广大职工赴长兴县吴城村葡萄基地开展公益采摘活动，帮助当地困难农户包销葡萄，通过大家的爱

心帮扶增加了农户们的收入。本次活动通过大家的努力，一共购买了600多斤共计3 000多元的葡萄，为困难农户解决了实际困难。

5）2020年9月16日，诺力股份工会组织公司员工开展了创意花盆手工制作体验活动。本次活动由长兴县培智学校的专业美术老师担当技术指导，吸引了30多名员工参加。参与者自由分组，选择自己喜欢的磨具和颜色，在老师的指导下最终制作出了独一无二、风格各异的水泥花盆作品。

5. 文艺创作

1）为庆祝新中国成立70周年特别制作MV《我和我的祖国》。

2）制作抗击新冠肺炎疫情MV《天佑中华》。

八、人物传记及获奖个人

1. 知名企业家

丁毅，男，1952年11月出生，中共党员，高中学历，浙江大学成长型企业总裁高级研修班结业，高级经济师。

丁毅同志曾荣获2019年第四批国家"万人计划"科技创业领军人才、2018年"国家创新人才推进计划"科技创新创业人才、2009年"全国十大领军经济新闻人物"、十大"风云浙商"、浙江"光彩之星"、浙江慈善奖（个人奖）、浙江省优秀创业企业家、浙江省杰出民营企业家、山东省兖州市优秀企业家、庆祝新中国成立70周年工程机械行业突出贡献人物、湖州市非公有制经济人士新时代优秀中国特色社会主义事业建设者、湖州慈善奖个人捐赠奖、湖州市拥军企业家、长兴县十大"党员领军人物"、长兴县工商业联合会（总商会）优秀执委等荣誉。曾担任浙江省第十一届人大代表、中国工程机械工业协会第四届理事会常务理事、湖州市第五届人大代表、长兴县第十二届人大代表、长兴县拥军协会副会长等社会职务。

丁毅同志顺应时代潮流，与时俱进，站在改革开放的前沿，紧紧抓住发展机遇，以一个企业家的坚强意志和不凡水平，经过短短十来年的艰苦创业，努力拼搏，使企业由小到大，由弱到强，

从初办的几十万元家产发展到现在拥有资产 50 多亿元，下辖近 10 家控股子公司的行业龙头企业。

2000 年，丁毅接手了一家负债累累面临窘境的集体企业，发起创立了长兴诺力机械有限责任公司，带领公司向仓储物流搬运设备行业转型。2004 年，他带领团队应对欧盟反倾销，经过 15 个月艰苦卓绝的应诉，取得了欧盟反倾销案的胜诉，这是中国反倾销历史上的反败为胜第一案，自此企业进入了发展快速道。2015 年，诺力股份成功在上交所主板上市，从而实现了跨越式发展！2016 年，诺力股份并购了无锡中鼎集成技术有限公司，自此从产品提供商向智能物流集成商转变，迈出了打造诺力股份大物流平台的第一步。2018 年，诺力股份利用并购基金收购了法国 SAVOYE 公司 100% 的股权，从而补强公司在智能物流方面的技术实力。2020 年，收购苏州的荣智工企智能技术（昆山）有限公司、苏州迅益科系统科技有限公司，进一步增强了诺力股份在智能制造整体解决方案方面的核心竞争力。

丁毅紧紧围绕《中国制造 2025》提出的发展要求，组建精英团队，打造诺力智能工厂。该工厂通过采用高效的自动化生产线，规模化使用各类工业机器人、自主研发的仓储物流机器人，搭建车间制造执行系统（MES），软硬件达到深度融合，制造过程实现智能化，管理过程迈向精细化。未来，诺力股份将把公司优秀的智能工厂运营管理经验向智能物流行业大范围推广，为民族工业的腾飞做出应有的贡献。

2. 获奖个人

2019 年 9 月，丁毅荣获中国工程机械工业协会颁发的"庆祝新中国成立 70 周年工程机械行业突出贡献人物"荣誉。

2016 年 12 月，刘杰荣获"十二五"浙江省机械工业优秀科技工作者荣誉称号。

2019 年 2 月，丁毅入选 2019 年第四批国家"万人计划"科技创业领军人才名单。

2010 年 4 月，公司生产负责人王新华荣获"全国劳动模范"称号，受到党和国家领导人的亲切接见。

〔供稿单位：诺力智能装备股份有限公司〕

宁波如意股份有限公司

一、企业概述

1. 企业简况

宁波如意股份有限公司（简称宁波如意）是民营股份制企业，位于浙江省宁波市宁海县，创建于 1985 年 2 月。近年来，陆续被认定为国家高新技术企业、国家知识产权示范企业、全国文明单位、全国模范劳动关系和谐企业、中华慈善突出贡献单位、中国质量诚信企业、全国"守合同重信用"AAA 企业、国家安全生产标准化二级企业。主要生产的产品有 AGV 系列叉车、锂电池叉车、电动搬运车、电动堆垛车、拣选车等智能仓储物流搬运设备，是中国轻小型搬运车和电动仓储工业车辆的领军企业，是行业内产品规格齐全、产销量大的企业之一，销售网络遍布全球 130 多

个国家和地区，"西林"（XILIN）商标已在全球 68 个国家和地区注册。

公司先后通过了 ISO 9001 质量管理体系、ISO 14001 环境管理体系、OHSAS 18001 职业健康安全管理体系、GJB 武器装备质量管理体系、装备承制单位资格、武器装备科研生产单位三级保密资格、知识产权管理体系、工业化与信息化"两化融合"管理体系及海关高级认证等 12 个管理体系认证。

公司董事长储江是一名奔跑在创业创新路上的"十大风云甬商"、新浙商"科技小巨人"，他大胆创新将挑战变成机遇，以做精、做专、做大和做强智能仓储物流搬运设备为己任，积极抢占物流搬运装备产业"风口"。公司名誉董事长

储吉旺是"全国优秀退伍军人""全国模范退役军人"，曾受到习近平、江泽民、胡锦涛等党和国家领导人的接见；被评为"全国优秀乡镇企业家"、首届"中华慈善奖"、2009年获得工业车辆"终身贡献奖"、中华慈善突出贡献奖个人奖、全国慈善会爱心企业家，"改革开放40周年"功勋浙商，2017—2018年度全国优秀企业家。他擅长写作，系中国作家协会会员，已出版《我与外商打交道》《谈恋爱与谈生意》《谈文化与谈生意》《商旅风云》《百僧墨韵——储吉旺诗词》等14本专著超400万字。

2.2019—2020年企业状况

公司总部占地面积近12万 m^2，生产厂房占地面积近16万 m^2，现有员工1050多人，其中大专以上学历人员占35%以上。公司技术中心被认定为省级企业技术中心、省级企业研究院，专职研发人员占员工总数的16%，其中：正高级工程师2名，高级工程师11名，工程师35名。已授权的各种专利300余项，其中发明专利42项；共主持或参与制定国家标准27项、行业标准3项、浙江制造标准1项；项目成果2项获得德国设计红点奖，7项获浙江省科学技术奖，11项获宁波市科学技术奖，列入国家及市重大科技攻关的项目有10项。现拥有国内外先进加工、检测设备1500余台（套），研发场地面积5000余 m^2，科研设备原值4000万元以上。

2019—2020年主要经济指标完成情况见表1。

表1　2019—2020年主要经济指标完成情况

经济指标	2019年度	2020年度
工业总产值（亿元）	93 305	108 000
工业增加值（亿元）	32 508	35 400
年末资产总计（亿元）	71 183	81 575
主营业务收入（亿元）	90 030	96 921
上缴税收（万元）	9 130	10 550
总资产（万元）	71 183	81 575
进出口额（万美元）	9 513	10 005

二、发展目标与展望

公司将全面导入集团化SAP控制系统，充分利用计算机、网络通信、物联网技术，通过信息系统集成，搭建以传感器节点、2.4G RFID无线传感网络、有线和无线宽带网络、PC机、服务器为要素的企业级信息基础设施，把控制系统与物联网有机融合，切实把企业管理从原有的PC桌面端延伸到对人、原材料、产品、生产流程以及设备的管理和控制上，建立智慧物流系统，打造数字化工厂，实现人机交互、数据采集分析，为公司提供决策支持，达到集团实现精细化管理的目的。

2021年，公司将继续坚持"稳中求进"，构建以国内大循环为主体、国内国际双循环相互促进的新发展格局的工作总基调，将从严从紧从实抓好工作，本着"以市场为核心、以现金为王、创新中前进"的原则，以"稳生产、保市场、促销售、防疫情、应变局"为工作方针，围绕"反复抓，抓反复，抓现代化管理，抓信息化工作"的理念，努力实现全年销售总目标，把拓宽销售渠道、做好绩效考核与数字化转型作为工作主轴，稳中提质、稳中求进，实现销售、利税同比增长，用崭新的思路和坚定的步伐走向更大辉煌。

三、技术创新

公司始终坚持以科技创新为理念，致力于研发、制造世界领先的智能仓储物流搬运装备。每年开发成功的新产品在20项以上，成果转化率为95%以上，每年的新产品销售收入占总收入的60%以上，新产品利税占总利税的80%以上。公司每年提取不少于总销售收入3%的经费作为科研开发经费，主要用于产品研发和产业化项目上。

近几年来，宁波如意与国内知名高校院所开展了产学研和战略合作，始终坚持实施智能仓储物流搬运装备专业化发展战略，秉承"高科技、高质量、高效益"的产品开发方针和"精品化"的制造方针，接连不断地研发出高新产品。

2019—2020年宁波如意取得的市级以上荣誉

173

见表2，2019—2020年宁波如意参与完成且发布
实施的有效标准见表3，宁波如意正在制定的标准

见表4，2019—2020年宁波如意获得授权的专利
见表5。

表2 2019—2020年宁波如意取得的市级以上荣誉

序号	荣誉名称	发证单位	备注
1	全国模范劳动关系和谐企业	人力资源和社会保障部、中华全国总工会、中国企业联合会/中国企业家协会、中华全国工商业联合会	2019年度
2	全国文明单位	中央文明委	2019年度
3	全军武器装备承制资格单位认证	中央军委某部	2019年度
4	全国模范退役军人（名誉董事长储吉旺）	国家退役军人事务部	2019年度
5	浙江省信用管理示范企业	浙江省企业信用促进会	2019年度
6	浙江省首届"最美退役军人"	浙江省委退役军人事务工作领导小组	2019年度
7	设立"储吉旺奖教奖学金"和"储吉旺报告厅"	北京大学	2019年度
8	BICES庆祝新中国成立70周年工程机械行业突出贡献人物（储吉旺）	中国工程机械工业协会	2019年度
9	GJB 9001C—2015武器装备质量管理体系认证	国家国防科学技术工业委员会和国防科技工业局	2019年度
10	全国信息化和工业化"两化融合"体系认证	全国信息化和工业化融合管理标准化技术委员会	2019年度
11	浙江省上云标杆企业	浙江省经济和信息化厅	2019年度
12	浙江省"隐形冠军"及培育企业	浙江省经济和信息化厅	2019年度
13	浙江省科学技术进步奖三等奖（液压搬运车机器人焊接加工柔性自动化装备关键技术研发及其应用）	浙江省人民政府	2019年度
14	海关高级认证企业	宁波海关	2019年度
15	2019年度浙江省装备制造业重点领域首台（套）产品（BD-FM型4.5t智能搬运车）	宁波市经济和信息化局	2019年度
16	宁波市科技进步奖二等奖（高效仓储工业车辆关键技术研发及产业化）	宁波市科学技术局	2019年度
17	宁波市科技创新奖（储江）	宁波市人民政府	2019年度
18	宁波市军民融合示范企业	宁波市人民政府	2019年度
19	宁波市百强企业	宁波市人民政府	2019年度
20	宁波市竞争力百强企业	宁波市人民政府	2019年度
21	宁波市制造业"亩产英雄百强"	宁波市经济和信息化局	2019年度
22	我心目中的宁波品牌	宁波市品牌促进会	2019年度
23	"品牌宁波年度人物"（储江）	宁波市品牌促进会	2019年度
24	国家级高新技术企业（复评通过）	科技部	2020年度
25	浙江省科学技术进步奖三等奖	浙江省人民政府	2020年度
26	浙江省AAA重合同守信用企业（复评）	浙江省工商行政管理局	2020年度
27	"浙江制造"标准（蓄电池前移式叉车）	浙江省品牌联合促进会	2020年度
28	浙江出口名牌（复评）	浙江省商务厅	2020年度
29	宁波市"六争攻坚"创新发展百强企业	宁波市人民政府	2020年度
30	宁波市制造业单项冠军（复评）	宁波市人民政府	2020年度

（续）

序号	荣誉名称	发证单位	备注
31	宁波市自主创新优质产品	宁波市经济和信息化局	2020 年度
32	宁波市应急攻关重大项目	宁波市科技局	2020 年度
33	宁波市科技挑战赛重大项目	宁波市科技局	2020 年度
34	宁波市 2025 重大科技攻关项目	宁波市科技局	2020 年度
35	宁波市制造业领军培育企业	宁波市人民政府	2020 年度
36	宁波市环保示范企业	宁波市人民政府	2020 年度

表3　2019—2020 年宁波如意参与完成且发布实施的有效标准

标准名称	标准类型	标准编号	主持/参与	实施日期
蓄电池前移式叉车	团体标准	T/ZZB 1868—2020	主持	2020-12-01
工业车辆　安全监控管理系统	国家标准	GB/T 38893—2020	参与	2020-12-01
电动工业车辆非车载传导式充电机与电池管理系统之间的通信协议	团体标准	T/CCMA 0070—2019	主持	2019-10-01
蓄电池托盘搬运车	国家标准	GB/T 27542—2019	主持	2020-01-01
工业车辆　稳定性验证　第22部分：操作者位置可或不可起升的三向堆垛式叉车	国家标准	GB/T 26949.22—2019	主持	2020-05-01
绿色设计产品评价技术规范　叉车	团体标准	T/CMIF 48—2019	参与	2019-05-01
工业车辆　使用、操作与维护安全规范	国家标准	GB/T 36507—2018	参与	2019-02-01
工业车辆　稳定性验证　第16部分：步行式车辆	国家标准	GB/T 26949.16—2018	参与	2019-02-01

表4　宁波如意正在制定的标准

标准名称	标准类型	参与程度	性质
工业车辆　安全要求和验证　第1部分：自行式工业车辆（除无人驾驶车辆、伸缩臂式叉车和载运车）	国家标准	主持	制定
工业车辆　稳定性验证　第21部分：操作者位置起升高度大于1 200mm 的拣选车	国家标准	参与	制定
工业车辆　稳定性验证　第11部分：伸缩臂式叉车	国家标准	参与	制定
工业车辆　稳定性验证　第14部分：越野型伸缩臂式叉车	国家标准	参与	制定

表5　2019—2020 年宁波如意获得授权的专利

序号	专利名称	专利类别	专利号	授权日
1	一种踏板机构的制动方法	发明	CN 201610765797.3	2019-01-25
2	一种防抱死机构及具有该机构的搬运车	发明	CN 201610792287.5	2019-05-21
3	一种转向机构及具有该机构的搬运车	发明	CN 201610794073.1	2019-05-21
4	一种自动摘挂钩吊具	发明	CN 201710852868.8	2019-12-06
5	电动托盘搬运车	发明	US 10640348B2	2020-05-05
6	基于视觉的叉车 AGV 货叉起升高度定位的系统及方法	发明	CN 201811573515.5	2020-09-15
7	一种移动式叉车自动跟踪的方法及系统	发明	CN 201811585152.7	2019-04-23
8	电动搬运车辆	实用新型	CN 201821177806.8	2019-03-22

（续）

序号	专利名称	专利类别	专利号	授权日
9	一种固定平台的减振装置及固定平台	实用新型	CN 201821173191.1	2019-03-22
10	驱动总成及半电动搬运车	实用新型	CN 201821177826.5	2019-03-29
11	一种用于双驱叉车的驱动轮	实用新型	CN 201920138153.0	2019-11-22
12	一种多路阀操纵机构	实用新型	CN 201920138220.9	2019-11-19
13	一种转向驱动轮	实用新型	CN 201920137965.3	2019-11-19
14	一种驱动轮齿轮箱	实用新型	CN 201920138218.1	2019-12-13
15	一种可快速更换电池的电动叉车	实用新型	CN 201921880136.0	2020-08-07
16	一种带感应装置的货叉结构	实用新型	CN 201922070024.5	2020-08-07
17	一种折叠式货叉	实用新型	CN 201922072654.6	2020-08-07
18	一种全向移动叉车	实用新型	CN 201922047613.1	2020-08-07
19	一种双电机叉车驱动桥	实用新型	CN 201922098422.8	2020-08-18
20	一种具有防护板的叉车驱动轮结构	实用新型	CN 201922150881.6	2020-08-21
21	一种从动轮编码器安装结构	实用新型	CN 201922178324.5	2020-08-21
22	一种门架油缸安装结构	实用新型	CN 201922178347.6	2020-08-21
23	一种浮动平衡轮	实用新型	CN 201922188822.8	2020-08-18
24	一种折叠式货叉结构	实用新型	CN 201922070232.5	2020-08-28
25	一种节能型多路阀组件	实用新型	CN 201922336740.3	2020-09-01
26	一种电动叉车的电池安装结构	实用新型	CN 201922340032.7	2020-09-22
27	一种可实现无工具安装与启出的侧门	实用新型	CN 201922291884.1	2020-10-9
28	一种平台车	实用新型	CN 201821174149.1	2020-10-30
29	一种应用于 AGV 的叉车车体	实用新型	CN 201922045604.9	2020-10-30

四、重大事件

2019 年 3 月，宁波如意在由人力资源和社会保障部、中华全国总工会、中国企业联合会/中国企业家协会、中华全国工商业联合会共同组织的全国构建和谐劳动关系先进表彰会上获得"全国模范劳动关系和谐企业"荣誉称号。

2019 年 6 月 3 日，宁波如意名誉董事长储吉旺第 10 次赴北京大学演讲，在北京大学经济学院主办的经济史学名家系列讲座中演讲了《储吉旺：企业家，商人和政府官员》。

2019 年 6 月 24 日，宁波如意的"慈善一日捐"活动点燃了爱心火焰，共捐款 458 万元，宁波如意将一份份美好的慈善祝福化作实实在在的行动传递给每一位需要帮助的人。

2019 年 7 月 26 日，宁波如意名誉董事长储吉旺被评为"全国模范退役军人"（宁波市只有 2 名）。

2019 年 7 月 29 日，宁波如意名誉董事长储吉旺被评为浙江省"十大优秀退役军人"。在浙江省人民大会堂受到浙江省委书记车俊、省长袁家军等省领导的接见并与领导人合影。

2019 年 9 月 27 日上午，储吉旺报告厅启用仪式在北京大学经济学院隆重举行，大会还隆重举行了储吉旺奖教奖学金捐赠仪式，用于支持学科发展。同时，北京大学经济学院正式将报告厅冠名"储吉旺报告厅"。

2019 年 9 月 20—21 日，宁波如意冠名的"2019年浙江省职工'如意·西林杯'叉车司机职业技能竞赛"在浙江省宁波市宁海县隆重举行。

2019 年 10 月，宁波如意名誉董事长储吉旺荣获第六届"浙江慈善奖"。

2020 年 10 月 17—18 日，宁波如意冠名的"'如意·西林'杯长三角城市叉车司机职业技能竞赛"在浙江省宁波市宁海县隆重举行。

2020 年 12 月 31 日，宁波如意举办"35 周年"丰华盛章晚会。

〔供稿单位：宁波如意股份有限公司〕

龙工（上海）叉车有限公司

一、企业概况

龙工（上海）叉车有限公司（简称龙工叉车）成立于 2006 年 2 月，是中国龙工控股有限公司旗下全资子公司，上海市高新技术企业。自上市以来，龙工叉车以其优良的品质和出众的性价比迅速占领市场，营销网络和产品用户已遍布全国。龙工叉车主营产品包括内燃叉车、蓄电池叉车、港口叉车、仓储叉车四大系列 300 多个品种。龙工叉车拥有高效数控切割机、数控五面体加工中心、焊接机器人等先进加工制造设备，产品技术含量高，性能稳定。企业先后通过了 ISO 9001:2016、GJB 9001C—2017、TSG Z004—2007 质量管理（保证）体系认证，GB/T 45001—2020/ISO 45001：2018 环境和职业健康安全（OHS/EMS）管理体系以及 CE、GOST 等产品认证。

龙工叉车被松江区人民政府认定的"重点骨干企业"、制造业质量安全示范区重点企业"和"外资企业 50 强"；获得国家质量检疫总局颁发的"中国质量诚信企业"和免验证书"等荣誉。

二、技术创新

龙工叉车坚持走学习、消化、吸收、提高、再创新的技术研发之路。为强化技术团队的研发能力，于 2018 年成立了叉车技术研究院，叉车技术研究院 93% 以上的研发人员拥有大学本科及以上学历。同时，龙工叉车斥巨资引进 CAE 分析软件 ANSYS Workbench 并改建了检测中心，以满足产品在研发过程中的模型分析、零件检测、性能测试和疲劳强化试验等需要。2019—2020 年，龙工叉车引进了多项产学研合作或技术合作项目。

主持或参与制定了 14 项国家、行业、团体标准。着力推动"中国制造"向"中国智造"发展，龙工叉车积极研发和推广智能化工业车辆等具有重大技术革新和有发展意义的产品，目前配置车联网的产品已批量上市，并持续推动"5G 工业互联网""5G 智能制造"等新兴技术产品的发展。

龙工叉车在学习能力、自主创新能力提升方面取得了长足的进步，龙工叉车先后推出了高品质的 N 系列平衡重式内燃、电动叉车，高性价比的 E 系列平衡重式电动、内燃叉车等新品，其性能已处于国内一线水平，并开始全面对标国际一流品牌。

在以科技创新驱动高质量发展、以科技创新引领现代化建设方面，龙工叉车充分利用集团公司的资源优势。坚守"用智慧创造价值，以效率造福人类"使命，致力于成为中国工业车辆行业效率与效益俱佳的制造商和推动者。展望未来，龙工叉车产品已步入绿色环保的新能源电动叉车时代。

三、质量控制与检测

质量是龙工叉车的生命，根植于心的"质量用户制"意识和严谨的管理制度，为龙工叉车赢得了客户的长期信任。龙工叉车秉承对产品质量的严谨态度和精益求精的工匠精神，建立了完善的质量保证和质量评估体系，从生产过程、工艺装备的确定到设备的维护保养，从原材料进库到成品出厂，每一道工序都处于缜密的监控之下。龙工叉车的品质管理督查部拥有先进的包括金属、非金属、电器等方面的实验检测设备，检测手段已基本实现智能化、数字化。

四、销售代理与售后保障

龙工叉车始终坚持销售代理制这一原则，不断强化"质量、服务、性价比"三方面的优势地位，构建起遍布全国的龙工叉车营销服务网络，与广大代理商进一步加强合作，共同打造"一小时销售、服务工作圈"。加大专营店的建设力度，逐步缩小销售半径，致力于提升整机销售和售后服务水平。龙工叉车依照龙工董事局制定的发展纲要："专心专注做好叉车，力争早日成为叉车行业的领军企业"，确保年两位数复合增长的总体目标和工作要求，全面实施"国际化定位、跨越式发展"的战略，为繁荣国内外物流市场和推动叉车行业进步与发展提供强劲的动力，不断提高客户的满意度。

五、重大事件

2019年2月，龙工叉车被上海市松江区社会治安综合治理委员会命名为"2018年度松江区平安单位"。

2020年3月，龙工叉车被中共上海市松江区委政法委员会命名为"2019年度平安单位"。

2020年8月，龙工叉车被上海市松江区经济委员会认定为"松江区企业技术中心"。

2020年10月，上海市松江区职业技能竞赛活动组织委员会竞赛办公室授予龙工叉车"2019年中国技能大赛-G60科创走廊'匠心杯'职业技能竞赛活动优秀组织奖"。

2020年11月，龙工叉车的新能源"油改电"叉车正式批量生产；第5代内燃平衡重式叉车成功下线并交付试验。

2020年年底，龙工叉车被上海市松江区人才工作协调小组评定为"松江区重点扶持企业"。

2020年，龙工叉车优化渠道布局，实现快速增长，年销售一举突破6万台。

〔供稿单位：龙工（上海）叉车有限公司〕

柳州柳工叉车有限公司

柳州柳工叉车有限公司（简称柳工叉车公司）是广西柳工机械股份有限公司的全资子公司，是集研发、生产、销售为一体的专业叉车制造企业，秉承"客户导向，品质成就未来；以人为本，合作创造价值"的核心价值观，基于柳工叉车公司完善的管理平台，通过自身变革创新，以先进技术和质量树立品牌价值，以差异化的发展思维打造品牌形象。

面对我国经济增速放缓、国际贸易环境错综复杂、行业竞争激烈的严峻形势，面对2020年突如其来的新冠肺炎疫情冲击，柳工叉车公司不忘初心，砥砺前行。持续深入开展"不忘初心牢记使命"主题教育，战疫情，保增长，促发展。柳工叉车公司连续多年被评为"中国机械工业百强企业"，致力于打造百年民族品牌企业；积极参与国家"一带一路"建设，在"一带一路"沿线的65个国家中，柳工叉车公司以高品质的机械产品和服务支持了"一带一路"沿线的50多个国家的建设项目，业务覆盖率达到85%，提高了柳工叉车公司的国际化竞争能力，推动了公司高质量发展，促进柳工叉车公司的国际化事业不断前进。

2019年，广西柳工机械股份有限公司荣获"全国模范劳动关系和谐企业""全国机械工业先进集体"称号；收购英国CPMS公司建立了首家国际直营公司；曾光安董事长荣获"全国机械工业企业经营管理大师"称号。柳工叉车公司荣获"2019年度中国工业车辆用户品牌关注度十强企业""2019年度劳动关系和谐企业"称号。

2020年，广西柳工机械股份有限公司荣获央广网举办的2019第二届"最值得投资者信任的上市公司高端装备领域创新先锋奖"，圆满完成了混合所有制改革项目，标志着广西柳工机械股份有限公司的混合所有制改革迈出了具有里程碑意义的关键一步，并且成为我国第一届职业技能大赛高级合作伙伴；布局印尼市场，广西柳工机械股份有限公司的第 13 家海外子公司 —— 柳工机械印尼有限公司正式开业。曾光安董事长荣获"2019—2020 年度全国优秀企业家""2020 年全球工程机械产业贡献奖"。柳工叉车公司荣获"供应链创新奖""2020 年智慧物流装备技术推广优秀企业"称号。

2019—2020 年，广西柳工机械股份有限公司围绕产品与市场"突破者战略"开展了一系列工作，在规模突破、结构优化、持续降本、组织授权与赋能方面取得了良好的经营业绩。

2019 年，柳工叉车公司实现销量同比增长 12% 的业绩。

2020 年，柳工叉车公司实现国内、国际销量同比增长分别达到 24%、39%，海外占比接近 20%，产销超 15 000 台的业绩。

一、持续聚焦重点市场创新营销，推动渠道发展与能力提升

柳工叉车公司一直以客户为关注焦点，做了如下工作：

1）成立了专业团队以加强关键客户的开发，拓展营销渠道，通过 4K（重点国家、重点客户、重点经销商、重点产品）策略的实施，促进了渠道能力提升，提升了市场响应速度。

2）深挖细分市场和终端客户需求，导入一系列新产品，优化客户结构，深耕细分市场，市场的主要经济指标同比均有所改善。

3）在国际市场上，聚焦重点国家，重点突破大客户并取得了一定成绩，与饮料、水泥、汽车等行业的国际知名品牌建立了良好的合作关系。

4）推进经营性租赁业务运行，2020 年实现租赁台量同比增长 167% 的业绩。

5）实施管理变革，业务经理跨模块担任产品线总经理，有效地推动了产品从研发、制造到销售的价值链体系优化，产品销量提升效果明显，其中：电动叉车销量增长率达 34%，仓储车销量增长率达 86%，实现了跨越式发展。

6）持续加强后市场的配件服务运营能力，第三方客户满意度调查结果显示，客户对柳工叉车公司的满意度连续五年呈上升趋势。

二、坚持技术质量领先战略，满足细分市场客户需求

柳工叉车公司致力于为全球客户提供优质的工程机械产品和服务，同步开发满足不同物流客户需求的工业车辆产品，尤其是附加值高的产品，提供全系列解决方案及差异化的产品及服务。

2019—2020 年，柳工叉车公司坚持技术质量领先战略，持续进行自主研发，完成了：车队管理系统的开发，让叉车具有自我感知、识别、通信和信息交互能力；针对易燃易爆行业和化学制品行业开发了 2.0～4.0t 防爆内燃叉车、1.5～3.5t 防爆电动叉车；针对出租市场完成了 3.5t 重载型叉车研发，结合租赁营销模式的推进，双管齐下开发出租市场；在行业"轻型化"趋势的推动下，开发了轻量型锂电池叉车，完善了产品序列，满足了物流、货运等细分市场及客户需求；针对制砖、化肥等细分市场需求研发的专用属具获得了国际客户的好评。

技术性能达到国内高端、比肩国际先进水平的 C 系列三支点电动叉车产品实现了市场批量销售，具有 4C（Clever、Comfortable、Capable、Careless，即智能、舒适、高效、无忧）特质的产品在振动性、舒适性、能效性等方面都有大的技术突破，产品性能受到客户广泛认可。

2019—2020 年，柳工叉车公司共获得 2 项发明专利、5 项授权专利。

三、科学合理布局"LPS+ 智能化"，推进生产力提升

随着市场的快速拓展，产品需求越来越多，同时产品的成本也需要进一步降低。柳工叉车公司投入资源进行了其山东工厂 —— 山东柳工叉车有限公司新厂区的技术改造，采用 LPS（精益生产系统）进行规划设计和布局，同时加快工厂智能化建设，加大智能制造技术应用，以机器替代人，应用焊接机器人、自动焊接小车、在线检测等设备，使产品质量显著提升，实施物流标准化和自动化，致力于将此工厂建成柳工高端物流装备智能化工厂，成为行业最具效率的叉车生产基地，为柳工叉车公司的叉车业务实现新的腾飞奠定良好的基础，目前，柳工叉车山东工厂已具备年产 20 000 台产品的生产能力。

柳工叉车公司还开展了全球质量年活动，在质量管理体系、过程质量管控及质量改进方面采取系统的改进措施，切实提升产品的实物质量、组织管理效率。完善服务体系，优化组织体系并进行组织文化建设，培养人才梯队，使人均销售收入持续提升。

四、落实"三全"战略，促进叉车业务持续快速发展

柳工叉车公司的"十三五"规划明确了"全面国际化、全面智能化、全面解决方案"的战略。积极参与"一带一路"建设，柳工叉车公司在全球 130 多个国家建设了 13 家海外子公司、20 个制造基地、380 家经销商、2 650 多家服务网点，柳工叉车公司的国际化之路走在了行业前列。

叉车物流业的发展趋势是信息化、自动化、网络化和智能化等，因此装卸搬运设备也必须朝着此方向发展。在确保设备精简与安全、运行高效的前提下，加速向智能化转型。如开发智能化管理软件和操作系统；抓住智能互联趋势，生产更加智慧的机器等。

柳工叉车公司紧跟时代步伐，抓住市场需求，全面进入智能物流系统集成市场，合资成立苏州柳工智能物流设备有限公司（简称苏州智能公司），该公司拥有自动化物流方案策划团队，在绿色、智能化技术设备如电动叉车、AGV（自动物料搬运车）、安全驾驶控制技术等方面的供应能力显著提升，具备了 AGV 的批量供应及改造能力，可在汽车、机械制造等行业提供自动化配送的全面解决方案，已得到多家大客户的肯定与连续采购，2020 年，苏州智能公司已实现近 3 000 万元的智能化项目订单。

通过智能化、自动化技术的融入，整合大数据资源将成为未来产业链的新发展方向。在强大平台支持下，柳工叉车公司将加大有效投入，不断创新发展，用实际行动向属于柳工叉车公司的新高度跨跃！

〔供稿单位：柳州柳工叉车有限公司〕

台励福机器设备（青岛）有限公司

一、企业概述

台励福机器设备（青岛）有限公司（简称台励福公司）位于山东省青岛胶州市营海工业园，隶属于丰田自动织机株式会社（简称丰田），台励福公司占地面积为 55 000m²，工厂面积为 33 000m²。台励福公司的注册资本为 2 662 万美元，总资产为 3.5 亿元，现有员工 600 余人，年产能为 25 000 台，产品除在国内销售外，还远销欧洲、美洲、大洋洲、非洲和东南亚的 30 多个国家和地区。

二、企业管理

台励福公司秉持丰田纲领在公司经营过程中的指导精神，将奉献社会之心、创造之心、质朴之心、关怀之心、感谢之心渗透于每位员工的日常工作中，贯穿于整个生产经营中。

台励福公司坚持追求卓越、勇于创新，贯彻直销、经销共同发展的道路；秉持"三创"意识：工艺创新、科技创新、服务创新；贯彻三个坚持方针：①坚持创新驱动，产品融合环保理念；②坚持双管齐下，直销、经销带动服务；③坚持因地制宜，明确责任销售主体，确保完成各项目标任务。

三、组织架构

台励福公司成立了两岸产品企划事业部，由

两岸执行长兼总经理林佳郁女士直接负责。产品企划事业部全面负责叉车市场动态研究、产品培训教材维护、研发项目跟进、新产品开发项目企划目标实现与否追踪，以及依照台励福公司中长期战略制定产品中长期开发计划、对系列车型按中小型分类的销量占比情况进行分析并对新增产品或淘汰产品进行评估。

为了适应日益增长的租赁市场需求，台励福公司成立了租赁事业部，以加强对租赁市场的开发。台励福公司利用原有的直销、经销销售体系、服务与配件销售网络资源，根据客户的不同需求，开展新旧车辆的租赁工作。

四、产品简介

台励福公司主要产品有：1.5～10t柴油内燃叉车、1.5～5t汽油叉车、1.5～3.5t电动叉车、1～2.0t前移式叉车、2.0～10t牵引车、1～2t托盘堆垛车、1.5～10t托盘搬运车等。

新型电动叉车：单次充电后使用时间长，耗电量更低；同级吨位轴距更佳；具有先进的散热技术，故障率低；全车系标配台励福自制变速器，全新款仪表显示系统；采用世界先进的控制器系统，可以根据车辆输出特性要求进行匹配设计。带来更加优越的驾驶舒适性和安全性。

台励福公司的H系列3.9t内燃叉车填补了原来3.5～4t之间吨位的空白，新产品标配低速大转矩发动机，更安全，更可靠，性能更优越；3节门架标配，视野宽，噪声小，振动低；扩大了散热空间，升级了制动系统，载重能力更强。

出租版FD37z物流加重型柴油叉车：为适应日益增长的出租市场需求，台励福公司推出了出租版FD37z物流加重型柴油叉车，该车型标配出租专用工具箱、带锁燃油盖、加粗的倾斜液压缸、3节标配宽视野门架、全柴4C3国三引擎、加强转向桥、加大流量的液压泵浦，载重性能好。

纪念版8L全新系列电动叉车：为庆祝台励福公司加入丰田五周年，特推出纪念版8L全新系列

电动叉车。该车型是由丰田研发团队参与，基于丰田设计理念研发的电动叉车新品，结合进口品牌设计概念研发了低噪声型变速器；标配警示蓝光和车辆转弯自动减速装置；进口座椅，配置离座断电开关，操作舒适性和安全性进一步提高；标配小轮胎，整车重心降低，操作更平稳；货叉采用周年纪念版专用颜色，整车贴纸采用的是周年纪念版贴纸。

H系列5周年纪念版FD30H叉车：同为5周年纪念车型，该车型配备了进口座椅，操作舒适性进一步提高；标配两个空气滤清器、LED前照灯和警示蓝光灯；新款一体式电子仪表，配置车联网，实时监控车辆的使用状况；货叉采用周年纪念版专用颜色，整车贴纸采用的是周年纪念版贴纸。

新款ETUL15小型电动叉车：本款车型采用人体工程学设计理念设计的智能手柄，配置高强度车架、智能锂电池，维护更便利。

五、市场经营

台励福公司自成立以来，一直致力于国内市场的销售。近几年，台励福公司成功打开了欧洲、美国、大洋洲、非洲和东南亚30多个国家和地区的市场，与丰田进行销售渠道共享，在产品方面互通有无。在国内销售方面，台励福公司实行直销、经销两条腿走路，加强直销团队的能力建设，开拓经销市场。直销办事处引进丰田的管理模式，逐步开展4S模范店建设，增强客户的体验感。同时，台励福公司利用丰田丰富的管理和培训经验，加强对经销商的培训，做到与经销商合作共赢。

六、产品服务

台励福公司一直将产品安全、生产安全作为生产经营活动中的重中之重，制定培训计划，对办事处、经销商及直接客户开展安全培训。2020年，在正村隆幸副总经理的带领下，走进嘉兴向客户发放安全培训手册，并对客户公司的全体叉车驾驶人进行集中培训（如图1）。

七、大事件

2019年6月，台励福公司开拓澳大利亚市场，与丰田澳大利亚物料搬运有限公司（TMHA）达成代理合作意向。

2019年7月，台励福公司冠名的"幸福号"高铁首发。

2019年10月，台励福公司的管理团队赴丰田自动织机株式会社研修。

2020年8月，台励福公司正式成为丰田自动织机株式会社100%的子公司，推出了五周年纪念车型。

2020年10月，台励福公司通过海关高级认证，荣获海关AEO高级认证证书。

2020年11月，台励福公司被认定为山东省"制造业单项冠军"。

2020年11月，台励福公司被认定为"第二批精特新'小巨人'企业"。

2021年2月，台励福公司被认定为胶州市"亩产效益"领跑企业。

图1　对客户公司的全体叉车驾驶人进行集中培训

八、其他

1.加入丰田自动织机株式会社5周年纪念车型（如图2）

a）8L全新系列5周年纪念版电动叉车

b）H系列5周年纪念版FD30H叉车

图2　加入丰田自动织机株式会社5周年纪念车型

2.新冠肺炎疫情全面爆发前，总公司及海峡两岸公司的防疫物资准备情况（如图3）

图3　疫情全面爆发前，总公司及海峡两岸公司的防疫物资准备情况

〔供稿单位：台励福机器设备（青岛）有限公司〕

浙江中力机械股份有限公司

一、简介

浙江中力机械股份有限公司（EP EQUIPMENT，简称中力）是一家依靠产品创新而飞速成长的企业，专业从事电动仓储设备、智能搬运机器人及叉车的开发、制造和服务。

2012年，中力在全球推出了小型电动搬运设备——中力小金刚系列，该系列荣获国际设计大奖"德国红点奖"和"IF设计奖"，自此，中力产品实现了从手动到电动的裂变，中力也因此从只有杭州一个生产基地的企业发展到拥有浙江安吉、江苏靖江、杭州富阳、美国威斯康星州等多个生产基地的国际化企业，全球厂房总面积超过30万 m²、拥有员工近2 000名、年产超25万台电动搬运设备及叉车。自2013年起连续8年在中国电动仓储设备及叉车产销排名中处于行业领先地位，2019年起在中国锂电池仓储设备及叉车产销排名中处于行业领先地位。

中力以"解放人类劳动力"为使命，在实现了从手动搬运到电动搬运的基础上，全力推动从柴油叉车到锂电池叉车的绿色产品转型，并且正在朝机器人搬运的方向大步迈进，努力实现绿色搬运、智能搬运和数字搬运。

二、中力的核心价值观

中力的核心价值观之一是努力工作走正道。中力强调社会责任，致力于通过努力工作，为降低物料搬运过程中的资源消耗及空气污染做出贡献。

中力的核心价值观之二是持续改进求发展。中力强调产品创新，坚持自主开发，致力于通过满足用户需求，为市场提供全系列物料搬运设备。

中力的核心价值观之三是卓越服务谋共赢。中力强调以用户为中心的服务，坚持用户利益至上，致力于通过强化本地服务，借助互联网工具，为全球用户减少后顾之忧。

三、中力的创新成果

创新是企业生存和发展的灵魂，中力坚持将创新作为引领企业发展的第一动力。

1. 营销模式创新

中力勇于突破行业传统的销售模式，建立简单、有效、快速的工业互联网销售服务体系，为客户提供放心、方便、专业的一站式工业品供应平台。

2. 产品技术创新

中力强调产品技术创新，坚持用户至上，不断以技术实力为用户提供全系列搬运设备。

2019年，中力推出行业定制搬运方案解决行业的痛点，赢得了客户信赖。

2020年，中力全新概念锂电池叉车——油改电系列叉车为叉车市场添活力，为工业车辆的节能减排发展做出了贡献。

2020年，中力搬马机器人正式上市，在行业内真正降低了应用门槛和资金投入，实现了人机协作高效作业，为简单、可靠并具有革命性创新技术的搬马机器人走进千家万户奠定了基石。

四、产品的创新研发与生产

1. 全系搬运设备

中力研发、生产和销售的产品包括9大类上百种规格，可为全球不同市场、不同用户、不同场景、不同强度提供集成式物料搬运堆垛方案。

1）电动搬运车

具有小、轻、强的特点。多款中力独创的产品可助力工厂、仓库、商超、新零售仓库等实现全场景物料快速搬运作业。

2）电动堆高车

对于短距离、有高度的堆垛工作，中力设计了专用液压驱动系统，使电动堆高车能高可靠、高效率作业，且所有电动堆高车均通过了严格的国家防倾翻测试，使用更安全。

3）电动平衡重式叉车

强调绿色环保设计理念，拥有强劲动力。中力电动平衡重式叉车可满足您的精准、高效、环保搬运需求。

4）前移式叉车

中力前移式叉车具有高稳定的特性，可满足低、中、高货架仓库更安全的物料堆垛作业需求。中力前移式叉车可满足最高 12m 的作业需求。

5）电动拣选车

具有精准拣选、灵活高效的特点，可轻松应对多种商超环境。

6）电动牵引车

采用电控转向，动力强劲。中力牵引车可以灵活、快捷地在工厂、仓库进行物料小车的牵引。

7）搬马机器人

采用激光视觉系统原理设计的中力搬马机器人可适用于更加复杂的搬运场景，一体化搬运方案的实施，可满足客户的精准需求。

8）港口搬运设备

采用集成控制技术，大吨位吊运也能实现毫米级的精准定位。

9）航空搬运设备

用于机场牵引货物及无动力设备，采用前桥转向、后桥驱动的驱动结构，中力强大的技术研发能力和高标准的制造工艺以及优质的部件，可保证每款牵引车都能可靠操作，经久耐用。

2. 行业明星产品

1）中力油改电系列叉车

油改电系列叉车是 2020 年中力为用户全新打造的一款新概念锂电池叉车，其在汲取内燃叉车底盘稳定、耐用设计精髓的基础上使用锂电池设计成锂电池叉车，清洁、高效的动力源，使该款叉车具有优良性能与高性价比双重优势。

2）中力金刚系列搬运车

行业"小金刚"鼻祖中力小金刚 2012 年问世，经过不断创新，中力小金刚、中力微金刚、中力大金刚等金刚系列产品不断面世服务于各行各业，如今已畅销超 50 万台。

3）中力堆高车系列

中力堆高车稳定可靠、动力强劲、操作简便。通过板、梁、箱结构的综合配置使底盘的重载变形大大减小；通过有限元稳定性测试得出门架的强度关键点，用框式结构使之加强，提高了门架刚性。堆高车全系列产品均通过了国家安全稳定性测试，满载升高时也是安全的，是行业内经济与实力并存的堆高车产品。

4）中力锂电壹号系列叉车

中力自主研发的锂电池具有体积小、能量大、寿命长、免维护、绿色环保等特点。中力锂电系列产品是专为锂电池而设计的产品，使用更安全的 LFP 电芯，使产品体积小、操作空间大、自重更轻、承载性更好。锂电壹号系列叉车作为中力首发的锂电系列产品，具有不怕雨、动力大等特点，满足了用户对叉车的载重、爬坡、室外使用等高端需求。

5）中力前移式叉车系列

专业的研发团队、高配置、严格的检测手段，中力前移式叉车每一步都以高水准要求自己，锂电系列、标准系列、高端系列逐渐在行业内积累起好口碑。

6）中力搬马机器人

中力搬马机器人利用自己研发的搬运前沿新技术，结合分布式、多传感器、人机合一等高新技术，重新定义了搬运作业模式，具有智能、高效、省人工、降低无效搬运的特点，工作效率高，实现了绿色搬运，开创出中力无人化搬运时代。

3. 创新技术

作为一家行业领先的创新型企业，拥有百名以上专注电动仓储设备研发并具有较强创新精神的工程师团队，中力研发中心先后被评定为"省级企业研究院""省级高新技术企业研究中心""省博士后工作站""省级企业技术中心"，与国内外众多著名院校展开紧密合作，累计获得授权的专利有上百项，并拥有多项软件著作权，取得了包括"德国红点奖"、德国"IF 设计奖"在内的多项国内外技术创新奖，斩获多项企业荣誉（包括"国家高新技术企业""浙江省专利示范企业""省科技型企业"等荣誉)。

2014年,中力组建了机器人研发团队,由在机器人、视觉技术领域内深耕多年的资深工程师组成,专注于机器人产品设计、集成和落地。现已开发出一系列包括视觉识别、融合感知、智能芯片、主动安全、分布式调度和高精度导航等多种前沿技术的智能搬马机器人。机器人研发团队以"让搬马机器人走进千家企业万家工厂,彻底改变百年搬运史"为使命。以"有效搬运人来做,无效搬运机器做,人机协同,提高绿色搬运效率"为机器人研发工作的发展方向。

中力坚持为客户提供高品质产品,坚守质量底线。积极参与工业车辆标准化工作,2019—2020年度中力参与制定、修订的标准见表1,2019—2020年度中力专利授权情况见表2。

表1 2019—2020年度中力参与制定、修订的标准

序号	标准名称	标准编号
1	工业车辆 安全监控管理系统	GB/T 38893—2020
2	平衡重式叉车 整机试验方法	JB/T 3300
3	托盘堆垛车	JB/T 3341
4	电动工业车辆非车载传导式充电机与电池管理系统之间的通信协议	T/CCMA 0070—2019
5	工业车辆 排气烟度 平衡重式叉车测量方法	T/CCMA 0099—2020

表2 2019—2020年度中力专利授权情况

序号	专利名称	专利类别	专利号	授权日
1	插拔组件及具有插拔组件的插拔式电池	发明	CN201610896611.8	2019-01-25
2	一种站驾式牵引车	实用新型	CN201820564743.5	2019-01-04
3	推动式扫地机	实用新型	CN201820159241.4	2019-01-04
4	一种插拔式控制器及其搬运车	实用新型	CN201820566740.5	2019-01-04
5	锂电池叉车	实用新型	CN201820564960.4	2019-03-01
6	结构紧凑的叉车	实用新型	CN201820767352.3	2019-05-14
7	一种搬运车	实用新型	CN201820566739.2	2019-05-14
8	一种插拔式电瓶及其搬运车	实用新型	CN201820564715.3	2019-05-14
9	堆高车及其门架总成	实用新型	CN201920326422.6	2020-01-31
10	一种外置的辅助端子装置以及插拔器	实用新型	CN201920973449.4	2020-04-07
11	驱动总成及其保护制动器防撞结构	实用新型	CN201920998117.1	2020-04-07
12	急停开关装置以及手柄	实用新型	CN201921000557.X	2020-06-02
13	电动搬运车及其抗振动的控制器	实用新型	CN201921190820.6	2020-07-17
14	搬运车车架组件以及搬运车	实用新型	CN201921424523.3	2020-07-21
15	电动搬运车车架结构以及电动搬运车	实用新型	CN201921440133.5	2020-08-14
16	一种替换气弹簧的机械弹簧装置	实用新型	CN201921629460.5	2020-07-17
17	一种动力锂电池组热管理装置	实用新型	CN201921696341.1	2020-06-02
18	一种搬运车以及其操纵机构	实用新型	CN201921754185.X	2020-08-18
19	一种搬运车及其承载桥	实用新型	CN201921759408.1	2020-09-04
20	一种电动搬运车手柄限位机构	实用新型	CN201921738938.8	2020-09-04

（续）

序号	专利名称	专利类别	专利号	授权日
21	一种搬运车及其新型电池插拔机构	实用新型	CN201921755224.8	2020-06-12
22	一种防爆温度传感器	实用新型	CN201921773211.3	2020-06-12
23	一种叉车门架的管路布置结构	实用新型	CN201921863213.1	2020-09-04
24	一种门架前移式堆高车	实用新型	CN201922114016.6	2020-11-17
25	一种防爆电风扇	实用新型	CN201922210660.3	2020-10-09
26	一种宽视野前移式叉车	实用新型	CN202020030925.1	2020-10-09
27	一种搬运车的传动机构	实用新型	CN202020061371.1	2020-11-10
28	一种搬运车踏板结构及其搬运车	实用新型	CN202020342289.6	2020-12-18
29	搬运车	外观设计	CN201830190874.7	2019-01-04
30	上配重	外观设计	CN201830190871.3	2019-01-04
31	拣料车	外观设计	CN201830190899.7	2019-01-04
32	步行式电动搬运车	外观设计	CN201930086838.0	2019-08-13
33	手柄	外观设计	CN201930086837.6	2019-08-13
34	步行式偏置式堆高车	外观设计	CN201930104392.X	2019-08-16
35	步行式电动搬运车（EPE151）	外观设计	CN201930298422.5	2020-01-21
36	步行式电动搬运车（EPL153）	外观设计	CN201930298706.4	2020-01-21
37	搬运车	外观设计	CN201930298411.7	2020-01-21
38	搬运车（EPL15Z）	外观设计	CN201930298421.0	2020-01-21
39	手柄头	外观设计	CN201930342991.5	2020-01-21
40	防爆电动叉车	外观设计	CN201930556755.3	2020-07-21
41	承载桥	外观设计	CN201930567551.X	2020-06-02
42	搬运车旋转关节	外观设计	CN201930567671.X	2020-04-07
43	锂电池搬运车（154-1）	外观设计	CN201930567306.9	2020-06-12
44	锂电池搬运车（154-2）	外观设计	CN201930567321.3	2020 07 21
45	锂电池搬运车（154-3）	外观设计	CN201930567331.7	2020-07-21
46	锂电池堆高车（esl121）	外观设计	CN201930565847.8	2020-07-21
47	半包围踏板式搬运车	外观设计	CN201930556744.5	2020-04-07
48	锂电池搬运车（163）	外观设计	CN201930564488.4	2020-07-17
49	前移式搬运车	外观设计	CN201930587091.7	2020-06-02
50	搬运车（小型 15ez）	外观设计	CN201930638838.7	2020-06-02
51	锂电池叉车（小型 esl151Z）	外观设计	CN201930638760.9	2020-06-02
52	电动搬运车	外观设计	CN202030052646.0	2020-09-04

4. 高品质产品的生产

1）严苛的生产设计标准、严格的检测手段

中力整机产品符合工业车辆国家生产标准要求，从设计到生产均经过中力测试中心的多重安全及性能检测，并通过了国家特种设备型式试验机构的严格测试认定。

各生产线严格按照工艺规范标准生产，通过全程看板管理制度实现标准化管理，对装配要求细化到每个工位，整车出厂经过了严格的PDI（出厂检查）检测，确保车辆的安全性和驾驶的舒适性。确保每一辆车从研发到设计，从生产到销售、售后都处于严格的品质管控之中。

2）智能化的生产流程

中力的数字化生产线是以制造流、信息流为基础，以智能化、数字化为依托，用数据作为沟通语言，用机器人在全生产线做输送工作的生产线。通过机器人+U型生产线+2BIN物料组合，全面优化了物料输送方式、工序，减少了工时，有效地提高了从零配件变为整车的生产效率，实现了生产全过程的可视化管理。完善生产管理体系后，使下单、制造、交付流程更透明，让用户能够清晰地掌握订单的情况，实现生产线的标准化、数据化、可视化，提高交付效率，给客户带来新的交付体验。

五、重大事件和主要荣誉

1. 2019—2020年度中力获得的主要荣誉

1）中力的"WPL201步行式锂电池搬运车"荣获德国2019"IF设计奖""2019年浙江省优秀工业产品"称号。

2）中力的2t搬运车EPT20-ET荣获2019年度"浙江制造精品"称号。

3）中力荣获2019年中国化工物流"金罐奖"——最佳车辆品牌奖。

4）中力荣获2019年度物流行业"技术创新奖"。

5）中力荣获2019年度安吉县"明星企业"。

6）中力荣获2019年度安吉县工业性投入十强企业。

7）中力荣获2019年度安吉县纳税十强企业。

8）中力荣获2020年湖州市第一批"四星级绿色工厂"企业称号。

9）中力荣获2020年浙江省AAA级"守合同重信用"企业称号。

10）中力荣获庆祝新中国成立70周年工程机械行业影响力企业称号。

11）中力荣获安吉县高技能人才创新工作站称号。

12）中力荣获安吉县企业新时代四星级文明实践点。

13）中力荣获2020年度湖州市大学生引育示范企业。

14）中力荣获2020年度安吉县"明星企业"。

15）中力荣获2020年度安吉县外贸十强企业。

16）中力荣获2020年度安吉县重才爱才十佳企业。

17）中力荣获2020年度安吉县创新发展先进企业。

18）中力荣获2020年度安吉县股改上市培育奖。

19）中力荣获2020年度安吉县市场品牌拓展奖。

20）中力荣获2020年度安吉县税收突出贡献奖。

21）中力荣获2020年度安吉县数字化仓储优秀奖。

22）中力的"基于电子液压助力转向的锂电池三支点叉车"荣获"2020浙江省优秀工业产品"称号。

23）2020年，中力智能机器人荣获中国科技产业化促进会科学技术奖科技创新奖一等奖。

24）中力的"基于电子液压助力转向的锂电池三支点叉车"获得2020年度"浙江制造精品"荣誉称号。

2. 重大事件

（1）2019年

1）2019年3月，中力荣获中共安吉县委、安吉县人民政府评定的"2018年度明星企业""企业规模晋级"奖。

2）2019年，中力的WPL201荣获德国2019"IF设计奖"。

3）2019年6月，中力发布"手搬终结者"金刚153电动搬运车并顺利举办出征仪式，与行业共同见证电动搬运时代的到来。

4）2019年8月，美国权威物料搬运领域杂志MMH公布了"2018年度全球20强叉车供应商"

排行榜，中力成为全球前 20 强叉车销售额增长第一的供应商。

5）2019 年 8 月，中力电动叉车新生产线正式落成开工。

6）2019 年 11 月，中力的"RPL202Z"荣获 2019 年度中国物流行业经典产品奖。

7）2019 年 11 月，中力举办了"第三届'中力杯'叉车行业骑行越野大赛"。

8）2019 年 11 月，中力在第四届"双 11"活动中，凭借创新实力销售量突破 3 万台。

9）2019 年 12 月，中力荣获中国化工物流行业"金罐奖"——最佳车辆品牌奖。

10）2019 年 12 月，中力承办的"第三届全国工业车辆标准化技术委员会三届二次会议"在浙江省湖州市安吉县隆重召开。

11）2019 年，中力产品销售量较上年增长突破 25%。

（2）2020 年

1）2020 年 3 月，中力面对突发的新冠肺炎疫情及时部署防疫工作，筹措防疫物资，协助中力全球用户、合作伙伴安全抗疫。

2）2020 年 6 月，中力全新概念锂电池叉车——油改电叉车引爆市场，为内燃车市场的绿色变革提供新的变革方向。

3）2020 年 8 月，中力被评为 2020 年度湖州市第一批"四星级绿色工厂"企业。

4）2020 年 8 月，湖州市领导进入中力工厂开展调研工作。

5）2020 年 9 月，中力被评为 2020 年浙江省 AAA 级"守合同重信用"企业。

6）2020 年 10 月，中力安吉工厂开工建设。

7）2020 年 11 月，中力推出 10 余款新品，油改电系列、小强系列、堆高车系列等相继面市。

8）2020 年 11 月，中力正式发布"搬马机器人"。

9）2020 年 11 月，中力在第五届"双 11"活动中，销售量突破 11 万台，中力销售业绩再上新台阶。

10）2020 年，中力产品销售量较上年增长 30%。

六、销售与服务

1. 销售服务

1）线上服务：依托互联网平台，中力建立了覆盖全国的销售网络，及时响应客户的需求。

2）线下服务：中力在全国主要城市拥有 500 多家阿哥店、500 多家代理商，打造用户身边的服务圈。

2. 售后服务

中力坚持从客户角度出发，采用线上、线下相结合的模式切实为每一位客户解决售后难题。

1）售后服务保障：在全球建立了近百家售后服务网点，售后服务有保障。

2）500 多家阿哥店：500 多家本地最后一公里阿哥店，打造用户身边的服务圈。

3）及时响应：依托互联网平台，通过远程监控系统、售后服务 APP、电话支持、视频指导多种方式提高售后效率。

4）技术支持：

①中力的售后服务人员拥有专业的维修技术与维修经验，可为用户提供高质量、高效率的维修支持。

②中力的售后服务员定期接受专业知识培训，不断提升核心业务能力和综合素质。

5）配件支持：中力在全国建立了几十个维修配件库网点，为高效的售后服务提供支持。

七、未来展望

1. 绿色化

坚持经济发展与生态文明相统一，走绿色可持续发展之路，从根本上解决锂电池的循环利用、太阳能发电和快速充电对电网的影响三大难题，以最少的成本、最小的能耗实现绿色搬运。

2. 数字化

建立 1～3 类搬运设备的物联网系统，建立搬运支付平台，改变现有的搬运设备市场商业模式。新时代是数据竞争的时代，对数据进行深度分析，实现远程控制、大数据服务，在正确的时间准确地提供正确的产品和服务。

3. 智能化

人工智能正引领一场新时代的技术革命，中力将分布式、多传感器、人机合一等高新技术与平民化技术相结合，将搬马机器人普及到千家企业万家工厂，打造智能、高效、省人工的搬运新天地。

〔供稿单位：浙江中力机械股份有限公司〕

安徽江淮银联重型工程机械有限公司

安徽江淮银联重型工程机械有限公司（简称江淮重工）是国内大型汽车集团公司——安徽江淮汽车集团股份有限公司的控股子公司，江淮重工位于安徽省合肥市包河区上海路2号江淮重工基地，现有员工400多人，占地面积200亩（1亩=666.7m²），建筑面积5万余m²，具备年产各类型叉车2万台的制造能力。2019—2020年，江淮重工产销量连续两年突破1万台。

一、主要经济指标完成情况、市场销售情况

2019年，江淮重工全年销售叉车12 000台。2020年，江淮重工全年销售叉车11 600台，市场占有率为1.45%。

江淮重工始终围绕"坚持品质领先　促进品牌向上""坚持智能环保　引领绿色搬运""坚持敬客经营　践行贴心服务"三条主线，开展多频次品牌宣传及推广活动。目前已建立起覆盖全球的经销网络，拥有200余家国内外经销商，一、二级服务营销网络400余家，产品批量出口国际市场，提高了JAC牌叉车的国际市场知名度。

二、企业转型升级的重要举措和成果

随着市场环境的变化，江淮重工不断进行改革创新，在各方面取得了卓有成效的成绩。

1. 产品研发

江淮重工始终坚持以"四化"为发展方向，竭力满足客户的核心利益诉求，重点围绕平台化产品开发、研发能力提升及加强重点投资项目管控等方面开展工作，2019年、2020年均取得了较快的发展。成功开发了5t船厂专用叉车、高压锂电池30t机场行李牵引车、低压锂电池大转矩25t机场行李牵引车等产品，大力开展智能AGV系列产品研发，完善了全系列锂电池及智能仓储产品，可为用户提供整套智能物流解决方案。

2. 品质管理

坚持以质量为本，以市场质量问题改进为抓手，持续提升产品实物质量，提高客户的满意度。坚持按《质量门管理手册》的要求，在入厂门、下线门、入库门、市场门四个阶段对质量进行监测和控制，组织江淮重工各单位的各层次相关人员制订分解落实方案并推动其实施。持续策划并开展质量三支队伍建设和项目作业标准化达标活动，员工的质量意识均有较大幅度提升，实物质量水平得到了稳定提升。

对于出现问题的供应方，面对面地约谈其高层。每年开展TOP20质量问题攻关活动，2019—2020年，一些质量顽症得到了有效控制。

3. 客户服务：打造"贴心服务"工程体系

江淮重工的客户服务中心为江淮重工各业务领域的客户群提供专业的咨询和服务，在售后服务过程中维护江淮重工与客户的良好关系，提升客户对公司服务、产品等方面的美誉度和忠诚度，塑造良好的社会形象，确保做到"信息准确、反应敏捷、处理有效、用户满意"。

4. 精细化管理

持续提升精细化管理水平，强化产业链财务的规范化管理。各部门形成联动，以ERP为抓手，狠抓财务成本分析能力和核算能力的提升，产品成本核算和费用归集的准确性显著提高。

坚持降本增效，提升经营效益。2019—2020年，江淮重工持续实施从紧的财务政策，重点加强对月度预算执行过程的管控,特别是对预算的执行偏差加强管理。推行月度预算评价机制并将其制度化,强化评价结果的反馈管理。

精准成本分析。通过BOM系统与ERP系统的联合应用,实现全过程的成本管控。

5.队伍建设:加强队伍建设,提升职业素养

加强各类员工的培养。持续加强干部及后备人才队伍建设,提升其能力。制定干部及后备人才队伍建设方案,完善干部选拔任用管理办法,规范选拔任用流程。

6.党的建设

凝心聚力,坚持党建引领不动摇。压实党建工作责任,严格落实党委议事制度。强化基层党组织建设。强化意识形态领域工作的责任担当,深化"三个以案"警示教育。

三、产品研发、科技成果(新产品)和专利情况

1.新产品开发情况

1)内燃叉车:完成了5t船厂专用叉车的方案设计;完成了10t地下室车型、12t石材车型、12.5t出租车型的开发并实现了小批量销售;完成了4t泡沫回收专用车型的方案设计,设计方案已满足客户期望。

2)智能车辆:高压锂电池30t机场行李牵引车已完成交付;低压锂电池大转矩25t机场行李牵引车已研制出样机;抢抓市场机遇,把握优质大客户资源,进一步加大AGV的研发和投入力度,丰富AGV产品型谱,2.5t激光导航堆垛AGV、QD30L激光导航牵引AGV、CPD15AGV平衡重式激光导航AGV已研制出样机。

3)电动车辆:完成了156V、115.2V的CPD30-35高电压产品开发及量产工作,完成了CPD40、115.2V的CPD20-25、156V的CPD45-50高电压产品开发及样机试制工作;完成了搭载宁德锂电池的CPD50S叉车开发及小批量销售。

2.专利申报情况

2019—2020年,江淮重工获得新授权专利16项,其中:发明专利6项、实用新型专利9项;另外,获得软件著作权1项。

四、企业获得的成绩和荣誉

2019—2020年,江淮重工荣获的荣誉有:高新技术企业、省级技术中心、合肥市市级工业设计中心、合肥市市级知识产权示范企业、全国企业管理基础工作规范化达标企业、安徽省产学研示范企业等;被安徽出入境检验检疫局评定为一类出口企业;荣获第二届"全国优秀企业管理成功案例奖""全国机械工业技术创新成果优秀奖"等荣誉。

〔供稿单位:安徽江淮银联重型工程机械有限公司〕

凯傲宝骊(江苏)叉车有限公司

一、企业概况

1.凯傲集团

凯傲集团是工业车辆和供应链解决方案领域全球领先的供应商之一。其产品包括叉车、仓储技术设备等工业车辆,以及用于优化供应链的集成自动化技术设备、软件解决方案及所有相关服务。凯傲集团在全球100多个国家和地区通过给工厂、仓库和配送中心提供解决方案帮助其不断优化物料流和信息流。

凯傲集团2020年的销售量在欧洲工业车辆行业名列榜首。在中国市场上,凯傲集团2020年营业收入在海外制造商中继续保持第一。此外,2019年,凯傲集团成为世界领先的仓储自动化设备供应商之一。

截至2020年年底,凯傲集团生产的工业车辆在世界各地的销售量超过160万台,已装机系统6 000余套,客户遍布五大洲。目前,凯傲集团的员工总数超过36 000名,2020财年的销售收入达

83 亿欧元。

2. 凯傲宝骊

凯傲宝骊(江苏)叉车有限公司(简称凯傲宝骊)是凯傲集团旗下面向全球市场的大众品牌叉车供应商。凯傲宝骊地处江苏省靖江市经济开发区内,占地面积 12 万 m^2,现有近 600 名员工,在全球 80 多个国家设有经销商。凯傲宝骊可提供全系列叉车产品,包含载重量 $1 \sim 32t$ 的柴油/汽油/液化气叉车以及电动叉车和仓储车。通过为客户提供值得信赖和物超所值的产品与服务,力争成为全球大众物料搬运行业的引领者。凯傲宝骊拥有全套的自动化涂装线、整车装配线和关键零部件生产线,通过将凯傲集团卓越的运营体系与凯傲宝骊先进的制造平台相结合,为凯傲宝骊在全球范围内持续加速业务开拓提供了有力的支持与保障。

2020 年的市场波诡云谲,凯傲宝骊在逆势中取得了不俗业绩。提前 2 个月实现了全年销售目标,国内外销售均实现了两位数增长,连续 4 年销量突破 1 万台。

二、产品研发

凯傲宝骊的研发中心成立于 2012 年,主要负责叉车的研发、设计和产品技术标准、规划的制订。已经累计开发了载重量 $1 \sim 10t$ 乃至更大吨位的柴油、汽油、液化气平衡重式叉车,电动平衡重式叉车以及电动仓储叉车等 15 个大类超百种系列的叉车产品。

凯傲宝骊的研发中心是一支技术强、业务精、具有团队协作精神的优秀团队。凯傲宝骊的研发中心下设工作装置设计、车架结构设计、液压系统设计、动力传动设计、电气系统设计、测试、主数据资料维护 7 个科室,约有 50 人,其中:技术高级经理 1 人、主管 7 人、硕士及以上学历技术人员 3 人、中级及以上职称技术人员 10 余人。与太原理工大学、山西职业技术学院等高校建立了校企合作关系,增强了公司新技术、新产品的研发实力。

凯傲宝骊研发测试部门的叉车测试能力已经达到国内一流水平,叉车产品已达到欧洲 CE 标准

的要求。拥有完善的整车试制、整车测试及零部件测试流程和设施,能够全方位地满足产品研发需要和保障产品质量。在凯傲宝骊的大力投入下,各类耐久性测试工装和门架试验工装齐全,具备了坚实的新品开发基础,为市场开发和售后服务提供了强有力的数据支持。拥有国内领先的稳定性测试平台,该平台的投入使用,使得高门架叉车的载荷量不仅仅局限于计算,而且还能进行试验验证,给售后服务和质量相关问题的分析提供了可靠的数据支撑。各类测试方法紧跟市场需求,基于市场的实际工况设计整车强化和热平衡测试方法,可以更加准确地检测出车辆的使用性能和耐久性,保证凯傲宝骊产品在设计阶段就全面考虑了如何满足客户实际工况的苛刻需求。

2013 年,凯傲宝骊开始引入凯傲集团的 iPEP 创新性产品开发流程,使市场、销售、研发、采购、物流、生产、质量、售后服务及其他相关部门能够从始至终参与整个开发过程。在各部门的通力合作下,优化了产品开发期间的协作及内部流程,在确保各项目标达成的同时,降低了新产品的开发风险和成本,保障了产品质量。

基于多年的行业经营经验和敏锐的市场嗅觉,凯傲宝骊深入调研客户需求,2019 年以来陆续开发和发布了 KBE-Li 锂电池专用叉车、KBE-N 新款蓄电池叉车、KBP15-C 新款托盘搬运车等全新平台产品;开发和发布了达到欧五排放标准的全系列 $1 \sim 10t$ 内燃平衡重式叉车;基于集团内部合作开发的 ECB-quickwin、ICCB-quickwin 等多款新车型产品已开始批量生产。

同时,凯傲宝骊给凯傲集团的兄弟公司 STILL、Linde、OM 代工各类叉车产品,为集团提供更丰富、更有竞争力的产品。

三、质量与工艺

1. 质量管理

1)组织沿革。凯傲宝骊的质量部由凯傲集团的 CTO 组织直接管理,以便全面贯彻集团先进的质量管理理念和方法。质量部按职能划分为六个子部门,分别是:质量体系部门、项目质量部门、

进货质量部门、自制件质量部门、装配质量部门和客户质量改进部门。

2）质量策划与质量教育。凯傲宝骊遵循"以人为本"的管理理念，重视员工在技能与意识方面的培训，其中：员工质量类培训时长超过7小时/（人·年）。凯傲宝骊每月召开质量会，及时与各部门沟通质量情况并对问题进行追踪。此外，凯傲宝骊每季度还举行"质量之星"评选活动，并在年末评选出"年度质量之星"并颁发奖章，促使员工形成主动关注质量的习惯。2020年，质量部发起了全员参与的"质量文化"活动，内容丰富多彩，为员工了解质量、关注质量、贯彻公司的质量方针及理念奠定了坚实基础。

3）检验与试验。凯傲宝骊拥有完善的理化检验手段，包括金相检验、硬度检测、盐雾试验、膜厚检验、色差仪、漆膜硬度及附着力检测等。制造过程检测手段多样：三坐标测量仪适用于检测焊接结构件的各种空间尺寸和几何公差；扭矩检测仪可以检测关键连接部位的拧紧扭矩；跑合试验台自动检测线系统用于提升整机性能质量并提高检测效率；荧光检测可以准确探测液压系统的渗漏情况。以上检测手段在凯傲宝骊内部已普及应用，能方便快捷地发现部分叉车自身可能隐藏的一些问题，同时可以提高产品检测效率，在很大程度上节约了凯傲宝骊的财力、物力和人力成本，更稳定地提高了叉车的整机性能质量，符合公司的长远发展目标。

4）过程质量管理。过程质量管理采用先进的质量门管理模式，重点检测焊接、装配、性能测试、PDI等八大质量门，产品生产过程中采用标准化作业、目视化管理，并配合生产员工的自检及互检、检验员的抽检、审核员的过程审核及产品审核，为产品质量保驾护航。

5）质量信息管理。在生产过程中运用SAP系统收集整车信息并对问题进行追踪；在质量统计方面，使用PBI数据收集系统对各类质量问题进行收集，以便于管控；对售后投诉信息，应用IQ Data Base数据系统进行投诉信息的识别及处理，

抓取典型问题及疑难问题，立项并提出改进措施；此外，对于质量体系，凯傲宝骊运用LIPROM系统进行随时维护及更新。

2.工艺改进

仓储托盘搬运车装配流水线及配套设施的建设，提升了仓储托盘搬运车的产能和生产的自动化水平；大功率激光切割设备的投入运行，提升了零部件的切割质量，尤其对中厚板切割精度的提升，效果明显；门架实现了焊接机器人自动化焊接，提升了焊接质量和生产的自动化水平；涂装线的现代化改造及配套抛丸线的投入运行，环保绿色及精益工厂理念的落地，不仅有效地控制了废气、废水、粉尘和废渣的排放，同时提升了结构件的涂装质量和产能。

四、生产管理

生产管理的过程是：由生产主计划部门、生产计划调度部门和物流部门根据各项计划开展物料采购并做到及时供应，生产部根据计划完成相应的任务。

生产主计划部门把客户合同、市场预测、生产规划具体化，并将其展开成物料需求计划和能力计划分解到生产部门、采购部门可以执行的层级，它通过对关键项目的控制，达到计划量均衡、产能合理利用和准确及时生产的目的。生产主计划部门的职责是：计划准备、计划制定、计划执行监控和计划统计分析等。

生产计划调度部门在生产运作过程中起承上启下的作用，每天接收主计划部门发来的订单信息，分解后形成自制件生产计划；对生产全过程进行跟踪，催促落实，并与相关部门进行协调，直到订单顺利交付。

生产部下设自制件制造中心、装配中心、生产调度三大部门，叉车生产过程包含下料、成型、机械加工、焊接、涂装、装配和试车精整等制造过程。生产部的职责是确保生产出优良品质的产品。

五、销售与服务

1.销售概述

目前，凯傲宝骊在全国拥有约300家经销商，

凯傲宝骊的销售及售后服务网络已覆盖全国大部分省份和地区；同时，得益于在欧洲、美洲、中东、非洲和亚太的运营单元以及近200家的海外经销商，凯傲宝骊的产品现已畅销全球。

2020年，凯傲宝骊以凯傲靖江工厂升级为契机，凭借集团赋能、品牌协同、资源共享等优势，坚持利润与销量并举的策略方针及渠道双轨制的发展思路，在收入和利润方面均取得了不菲的业绩。在产品方面，大力开发新能源叉车，先后发布了KBEN电动平衡重式叉车、KBE锂电池专用叉车、KBEX油改电叉车、KBP15锂电池托盘仓储车等重磅产品，均获得了市场和客户的好评。在企业客户开发方面，凯傲宝骊也走在了行业前沿，培养了一批又一批优秀的市场开拓者，冲锋陷阵，开拓出许多企业型客户，并与经销商同舟共济，共谋发展。时至今日，凯傲宝骊已与越来越多的龙头企业客户达成了战略合作关系，为越来越多的企业提供全方位的支持与保障。

2.售后管理、跟踪服务

凯傲宝骊经过10多年的发展，建立了完善的售后服务支持和管理体系，其服务内容涵盖了叉车交付检查、保养、保修、技术支持（远程与现场）和培训（线上线下）、多站点零配件供应、客户投诉管理、经销商售后服务管理、400客户服务中心等。售后服务以"专业、高效、品质、贴心"为原则，建立分级技术支持和培训，妥善解决来自客户的所有售后问题。客户可以通过售后服务热线电话、传真、微信、电子邮件等方式与凯傲宝骊进行沟通，凯傲宝骊将记录每个客户的需求并积极采取措施来满足甚至超越客户的需求。凯傲宝骊始终秉承客户第一的服务理念，为客户提供方便、快捷和主动的服务。

六、环境、健康与安全

凯傲集团以及凯傲宝骊非常重视安全、环境及职业健康，近两年来，逐步加大对HSE（健康、安全和环境）管理系统的投入，包括建立了危险废物的标准化管理流程、规范以及合规地处理危险废物，并成功推行了凯傲集团的HSE TOP40系统；近几年在凯傲集团的审核中得分持续提高，由此得到了凯傲集团以及凯傲集团亚太区的肯定；此外，凯傲宝骊积极培养各岗位的HSE技能，并根据年度培训计划，安排相关人员进行HSE培训，提升了员工的安全意识；成功推行的班前会（Tool box Meeting），打通了管理层与员工的沟通渠道；另外，近两年上线的最先进的VOC处理设备，可有效降低90%的VOC排放；机器人焊接设备，降低了员工的职业健康风险。推行基于行为观察、潜在安全风险报告的管理模式使工作更高效。

七、企业文化及组织机构

1.企业文化

凯傲宝骊作为凯傲集团成员，秉承集团"诚信、协作、勇气、卓越"的价值观，与集团统一思想，步调一致，共同发展。"诚信"做正确的事；"协作"互相信任；"勇气"勇于变革和创新；"卓越"为客户创造非凡的价值。

如何不断地提高员工技能一直是凯傲宝骊关注的事，自2018年起，"凯傲宝骊职工技能大赛"已连续举办了3年，通过比赛，员工取长补短，互相学习，共同进步。

在提高员工技术水平的同时，"文明其精神，野蛮其体魄"也贯穿在员工业余生活中。凯傲宝骊建设了健身房、篮球场、乒乓球场、图书室、员工活动室、职工委员会室和文化墙等文化健身设施及场所。

2.组织机构与人员

为了实现企业的战略目标，增强企业的国际、国内竞争力，提高企业的运营效率，凯傲宝骊成立了包括战略与业务拓展部、信息部、出口与业务发展部、产品管理部、市场传播部等15个综合职能部门，聚集了20余名拥有丰富管理经验的高级管理人才，35名专业的研发工程师以及268名技术精湛的一线作业人员。凯傲宝骊本科及以上学历的职工有135人，占公司总人数的23%。

八、2019—2020年凯傲宝骊大事记

1）2019年10月23—26日，凯傲宝骊首次携手凯傲集团旗下兄弟品牌林德和德马泰克，共同

亮相亚洲国际物流技术与运输系统展会（CeMAT ASIA），展示凯傲集团旗下产品的非凡魅力，共同塑造物流仓储新未来。

2）2020 年年初，凯傲集团向凯傲宝骊增资 3 000 万美元，加大对靖江工厂的投资建设，植入更多凯傲元素，从厂区建筑标识，到车间生产线规划布局，再到智能绿色化工厂改造，对靖江工厂进行了全面升级。升级后的凯傲靖江工厂将继续发挥其精益生产的优势及提升凯傲集团品牌间的协同效应，为全球市场提供极具性价比的物料搬运产品。

3）凯傲宝骊积极响应凯傲集团提出的身体健康、心灵富足、环境保护的理念，于 2020 年 1 月 20 日，在凯傲宝骊总裁朱旭东的号召下正式成立了"身、心、境"项目小组。自成立以来，该项目组开展了丰富多彩的主题活动，在拓展员工生活内容的同时也潜移默化地将"身、心、境"理念传递到每位员工的心中。

4）2020 年 7 月 20 日，凯傲宝骊质量文化提升项目"'骊'精图'质'搬天下"在凯傲宝骊工厂正式启动，旨在全面提升员工的质量意识，并将质量理念严格落实到每一项工作中，以更优质的产品、更精湛的技术、更高效的服务回馈客户。经过全体宝骊人的共同努力，质量文化提升取得了阶段性的成果。

5）凯傲宝骊分别于 2020 年 1 月 13—14 日和 2020 年 12 月 15—16 日举办了 2020 年度及 2021 年度全国经销商大会，规模空前，近 400 家经销商齐聚靖江，与凯傲宝骊一起回顾上一年的发展历程，共享收获，共襄盛举，同谋未来。

〔供稿单位：凯傲宝骊（江苏）叉车有限公司〕

韶关比亚迪实业有限公司

一、企业概述

韶关比亚迪实业有限公司（简称比亚迪叉车公司）成立于 2009 年，隶属于比亚迪股份有限公司，位于广东省韶关市浈江区。项目总投资为 5.15 亿元，占地面积约 70 万 m^2，主要生产比亚迪电动叉车系列，目前已投产的电动叉车系列包括电动平衡重式系列叉车、电动仓储系列叉车、电动牵引系列叉车等。

比亚迪叉车公司拥有完整的叉车整车生产线，包括 4 条机械加工、焊接线，1 条涂装线及 3 条总装生产线，年均产能 3 万台。同时，比亚迪叉车公司事业部拥有专业检测线及完善的品质保证体系，已通过 ISO 9001 质量管理体系认证。

比亚迪叉车公司一直致力于打造全球电动叉车领先品牌，"追求卓越、不断创新"是比亚迪叉车事业部一直坚守的行动准则。比亚迪叉车不断实现产品优化升级，产品线从仓储物流完美延伸至港口码头物流，市场拓展至医药、食品、冷链加工、造纸、汽车、家电、饲料、能源、木材和陶瓷等行业。市场反馈显示，比亚迪电动叉车在绿色环保、节能降耗方面所做的工作，得到国内外客户的一致好评，市场优势明显，为比亚迪叉车公司打造成全球信赖的电动叉车品牌奠定了坚实的基础。

二、发展历程

2009 年 11 月，韶关比亚迪实业有限公司成立。

2010 年 03 月，比亚迪电动叉车项目正式启动。

2011 年 1 月，首款 2.0t 平衡重式电动叉车正式下线。

2012 年 6 月，比亚迪电动叉车在广州发布暨全国营销启动仪式。

2013 年 1 月，2.5t 平衡重式叉车批量下线暨 3.5t 揭幕仪式。

2013 年 4 月，比亚迪电动叉车工厂项目入驻韶关工业园。

2013 年 8 月，比亚迪 3.5t 电动平衡重式叉车在韶关顺利下线。

2014年4月，韶关比亚迪电动叉车工厂顺利通过ISO9001质量管理体系认证审核。

2014年5月，比亚迪叉车公司的新款叉车参加德国CeMAT展会，正式进军欧洲。

2014年10月，比亚迪叉车公司的新款叉车参加巴西物流展，进一步扩大了国际认知度。

2015年2月，比亚迪叉车在欧洲上市。

2015年6月，比亚迪叉车在美洲上市。

2015年9月，比亚迪叉车在日本、澳大利亚上市。

2015年12月，比亚迪叉车公司的平衡重及充电柜获得CE、UL认证。

2016年4月，比亚迪叉车公司再添生力军，Q250L牵引车通过中国民航认证。

2016年5月，比亚迪电动叉车获得"中国好技术"殊荣。

2016年6月，比亚迪叉车公司成为国内首家获IFOY国际叉车年度大奖的企业。

2016年10月，比亚迪叉车公司荣获"中国工业车辆创新奖"。

2016年11月，比亚迪叉车公司荣获CITIA中国工业车辆创新奖银奖。

2016年12月，比亚迪叉车公司荣获2016年度中国快消零售行业最佳物流服务商。

2017年5月，比亚迪叉车公司在韩国上市。

2018年1月，比亚迪叉车公司的5t平衡重式叉车成功入围IFOY国际叉车年度大奖。

2018年2月，比亚迪叉车公司的第15 000台叉车成功下线。

2019年9月，比亚迪叉车公司的第40 000台叉车成功下线。

2020年7月，比亚迪叉车公司的F系列叉车开启了全国盛大招商工作。

三、主要产品及产品更新换代情况

作为新能源叉车的领导品牌，比亚迪叉车公司始终坚持"技术为王、创新为本"的发展理念，融合公司内部全球领先的电池技术、电源管理技术、电机及电控技术，成功推出全球首款搭载铁电池的1.5～8t电动平衡重式系列、电动仓储系列、电动牵引系列三大系列新能源叉车产品。

1.电动平衡重式系列叉车

作为比亚迪新能源叉车的主打车型，比亚迪叉车公司的电动平衡重式叉车是当之无愧的"环保卫士""省钱利器"。随着人们环保意识的不断增强，市场对绿色搬运的需求越来越高，比亚迪叉车公司的电动平衡重式叉车搭载铁电池，实现了零污染、零排放，第一次真正解决了叉车行业的污染问题。其具有可快速充电、随充随用，满足多种工况要求，且综合使用成本低（仅为内燃叉车的10%，铅酸蓄电池叉车的50%）的特点。比亚迪叉车公司的平衡重式叉车采用先进的双前驱技术，搭载全球领先的电源管理系统，仪表采用全中文显示，配备座椅OPS（操作者存在感应）系统、指尖操控系统，是一款环保、高效、安全和稳定的新能源叉车，可广泛应用于物流、仓储、食品、饮料、造纸、冷链、木材、家电、汽车制造和机场等行业。比亚迪叉车公司的电动平衡重式叉车系列见表1。

表1 比亚迪叉车公司的电动平衡重式叉车系列

型号	驱动形式	额定起重量（t）
C20	单驱手动阀	2.0
	单驱电比例	
C20D	双驱手动阀	
	双驱电比例	

（续）

型号	驱动形式	额定起重量（t）
C25	单驱手动阀	2.5
	单驱电比例	
C25D	双驱手动阀	
	双驱电比例	
C27D	双驱手动阀	2.7
	双驱电比例	
C30	单驱手动阀	3.0
	单驱电比例	
C30D	双驱手动阀	
	双驱电比例	
C35	单驱手动阀	3.5
	单驱电比例	
C35D	双驱手动阀	
	双驱电比例	
C16TD	双驱三支点手动阀	1.6
	双驱三支点电比例	
C18TD	双驱三支点手动阀	1.8
	双驱三支点电比例	
C20-S/C25-S	单驱手动标准车	2.0t/2.5
C30-S/C35-S	单驱手动标准车	3.0t/3.5
C16/C18	四支点单驱手动阀	1.6（兼容1.8）
	四支点单驱电比例	
C16D/C18D	四支点双驱手动阀	
	四支点双驱电比例	
C50	单驱手动阀	
C50D	双驱手动阀	
	双驱电比例	
C60D/70D/80D	双驱电比例	6.0/7.0/8.0

2. 电动仓储系列叉车

仓储叉车涵盖电动托盘式、电动堆垛式、前移式叉车，分别完成仓库内常见的物流作业，如货物平面搬运、堆垛、挑选等，比亚迪叉车公司的

仓储式叉车产品有如下类型：

1）电动托盘式叉车，额定载荷 2.0t，采用原装进口交流立式驱动单元和直流液压动力单元，具有工作平稳、节能和降噪特点，性能卓越，质

量可靠；采用独特的转向线束走线方式、稳定可靠的平衡轮调节装置、五支点结构以及速接插式液压接头，使叉车使用寿命更长、行驶更稳、充电更便捷，配备的电子助力转向系统，使叉车轻便、噪声低、更省力，女工也可自如操作，安全护栏、多功能储物台等人性化设计，让操作更安全、舒适。体型灵巧，重量轻便，转向灵活，让比亚迪叉车公司的托盘式叉车在室内相对狭小的空间内，仍能做到操作自如，适合于食品、纺织、印刷、超市和仓库等场所使用。

2）电动堆垛式叉车，额定载荷 1.4t，采用原装进口交流立式驱动单元和直流液压动力单元，具有工作平稳、节能和降噪特点，性能卓越，质量可靠。

3）电动前移式叉车，额定载荷 1.6t，比亚迪 CQD16 是一款性能卓越，安全高效的产品，采用进口槽钢，宽视野门架，配置电比例阀，作业稳定高效；主动安全功能丰富，如高度显示和预设功能，高位限速功能；多功能中文彩色液晶仪表，显示界面简单直观；大开度座椅结构，检修方便；支撑轮配有机械制动器，更加适合冷库作业；全交流异步电动机，不仅免维护，还降低了使用成本。利用其门架前移的特点，在窄通道仓库内依然可以搬运自如。

比亚迪叉车公司的电动仓储叉车系列见表 2。

表 2 比亚迪叉车公司的电动仓储叉车系列

型号	名称	额定起重量（t）
R15JS-WI	站驾机械转向剪刀式前移电动叉车	1.5
R15PS-J	站驾门架前移式电动叉车	1.5
R16P	坐驾门架前移式电动叉车	1.6
P20JS/P20PS	站驾机械转向托盘搬运车 / 站驾式电转向托盘搬运车	2.0
P20JW	步行式机械转向托盘搬运车	2.0
P36JS	机械转向电动托盘搬运车	3.6t/2.7
P20PS- I	站驾电转向托盘搬运车	2.0
P30PS-MI	站驾电转向托盘搬运车	3.0
P30PS- III	站驾电转向托盘搬运车	3.0
S14JW	步行式机械转向托盘堆垛车	1.4
S14PS	站驾式电转向托盘堆垛车	1.4
S15JW-I	步行式机械转向托盘堆垛车	1.5
ST15JW-I	步行机械转向插腿式叉车	1.5
ST15PS-I	站驾电转向插腿式叉车	1.5
S20PS-I	站驾式电转向托盘堆垛车	2.0
SZ15PS-I	站驾式电转向双起升托盘堆垛车	1.5
SZ15JW-I	步行式机械转向双起升托盘堆垛车	1.5

3. 电动牵引车系列

目前已投产的电动牵引车有 2～25t 牵引车，

详细信息见表 3。

表3　电动牵引车系列

型号	名称	额定起重量（t）
Q30TJS	3.0t 三支点机械转向站驾式蓄电池牵引车	3.0
Q50A	5.0t 电助力转向坐驾式蓄电池牵引车	5.0
Q250LS	平头牵引车	25
Q250L	长头牵引车	25
Q30TJ-I	坐驾式机械转向牵引车	3.0

四、科技研发、科技成果、专利情况

比亚迪叉车公司一直坚守创新改变未来这一信念，凭借对新技术的执着追求，比亚迪叉车公司研发出全球首款铁电池，引领着全球铁电池的技术发展和商业应用。随着人们环保意识的增强，高品质、高安全性、无污染的比亚迪铁电池，有望逐渐替代石油和铅酸蓄电池成为电动汽车的首选。比亚迪铁电池已成功在 IT、汽车、储能电站、物流等多个领域应用。

比亚迪叉车搭载比亚迪叉车公司全球领先的电源管理系统，实时对电池温度、电压及充放电电流进行监控，对荷电状态进行精密计算，确保电池始终工作在安全状态，有效延长了电池的寿命。

1）货叉自动找平功能：按住自动找平按钮，推动操纵杆，这时采用传感器实时监测前倾角，当前倾角为 90° 时锁住门架，门架会在货叉的水平位置停止前倾。

2）驻坡功能：当叉车停在坡上时，在松开制动器的情况下短时间内叉车不会后溜。

3）高位前倾角保护：在重载状态下，根据货叉提升高度和重量自动控制门架的前倾角，防止门架前倾超出危险角度，降低货物跌落和车辆前翻的风险。

4）超载保护：当超过规定最大载荷时，仪表超载报警，且货叉不能起升，确保整车的稳定性和安全性。

5）整车断电保护：当整车断电后，电磁阀关闭，回路被阻断，门架不能起升和下降，不能前后倾斜。

6）液压缸低位缓冲：在液压缸底部设置有缓冲装置，当货叉快速降到底部时，经过局部压力损失、锐缘节流、缝隙节流三阶段的速度递减，货叉迅速且平稳地把速度降低至零，以防止机械碰撞时产生冲击和噪声。

7）低电量保护：电源管理器实时监控每节电池的电压、温度和电量，在电量低于 20% 时报警，低于 5% 时锁定起升机构，强制驾驶员去充电。

8）能量再生制动：当松开加速踏板时，自动带电制动，并将动能转化为电能，能量回收到电池中。这样做，延长了实际工作时间，同时制动片的磨损降低。

人性化的外观设计：开阔的前方视野、高置的 LED 灯、易于抓握的大型扶手、宽敞的腿部空间、小巧简约的造型，让操作更加舒适愉悦。

比亚迪叉车公司以"技术为王，创新为本"的理念，指引着每一个比亚迪叉车公司的人将技术创新作为比亚迪叉车公司的核心竞争力。坚持"从技术层面领跑行业发展"的理念，指引着比亚迪叉车公司一直不遗余力地投入大量的资源进行研发和推广，保持技术领先优势，在整个研发团队的努力下，比亚迪叉车公司取得了不菲的业绩。

1）2019 年 5 月，比亚迪叉车公司荣获"智慧物流服务品牌企业"称号。

2）2019 年 6 月，比亚迪叉车荣获 2019 年中国物流技术装备"金智奖"。

3）2019 年 8 月，比亚迪叉车公司的 CPD5D 电动平衡重式叉车荣获"2019 年度智慧物流装备创新应用优秀案例"奖。

4）2019 年 11 月，比亚迪叉车公司荣获"2019 年度汽车物流行业优秀技术装备供应商"称号。

5）2019 年 12 月，比亚迪叉车荣获"2019 年度智慧物流最佳智能装备服务品牌"称号。

6）2020 年 11 月，比亚迪叉车荣获"2020 年度中国物流知名品牌（叉车）"称号。

由比亚迪叉车牵头编制的两项团体标准《工业车辆　非车载传导式充电机》（T/CCMA 0110—2020）《工业车辆用锂离子电池及其系统》

（T/CCMA 0111—2020）已发布，已于 2021 年 3 月 1 日正式实施。

2019 年比亚迪叉车公司获得授权的专利见表 4。

表 4 2019 年比亚迪叉车公司获得授权的专利

编号	专利类别	专利名称	专利号	授权日
1	发明	工程车辆的供油装置	CN201710502499	2019-11-22
2	实用新型	转角检测装置、转向桥及叉车	CN201820622214.6	2019-01-15
3	实用新型	转向装置	CN201820603348.3	2019-03-29
4	外观设计	座椅靠背	CN201830194194.2	2019-05-14
5	实用新型	货叉结构及叉车	CN201821027608.3	2019-02-22
6	实用新型	防护结构及托盘车	CN201821067641.9	2019-05-14
7	实用新型	用于叉车的底盘悬挂组件和具有其的叉车	CN201821420615.X	2019-06-21
8	实用新型	叉车门架起升过程偏移量测量装置	CN201821213505.6	2019-02-19
9	实用新型	用于牵引车的牵引销机构及具有其的牵引车	CN201821211858.2	2019-06-04
10	实用新型	车辆的扶手组件及具有其的车辆	CN201821162297.1	2019-03-29
11	实用新型	用于车辆的转向操纵机构和具有其的车辆	CN201821426695.X	2019-04-19
12	实用新型	叉车	CN201821213336.6	2019-03-29
13	实用新型	叉车和叉车的起升机构	CN201821396636.2	2019-04-19
14	实用新型	用于叉车的底盘悬挂装置和具有其的叉车	CN201821392242.X	2019-04-19
15	实用新型	车辆座椅的升降调节装置和具有其的叉车座椅、叉车	CN201821600384.0	2019-08-13
16	实用新型	升降机构及高度可调节式靠背总成	CN201821596195.0	2019-06-04
17	实用新型	肘托组件和站驾式叉车	CN201821775161.8	2019-11-05
18	外观设计	叉车	CN201830760879.9	2019-07-26
19	实用新型	货叉倾角调节装置及托盘车	CN201822121128.X	2019-09-13
20	实用新型	一种平衡万向轮及叉车	CN201821928096.8	2019-08-13
21	实用新型	一种电池箱旋转试验装置	CN201821726446.2	2019-09-13
22	实用新型	液压转向系统及叉车	CN201821779868.6	2019-08-13
23	实用新型	靠背结构及牵引车	CN201821789805.9	2019-07-26
24	实用新型	用于叉车的电池包的配重、用于叉车的电池包和叉车	CN201822123299.6	2019-11-05
25	实用新型	一种门架和工业车辆	CN201821728009.4	2019-08-13
26	实用新型	中门架总成及叉车	CN201822184917.8	2019-11-12
27	实用新型	驱动桥装配车	CN201821948766.2	2019-09-13
28	实用新型	叉车	CN201821958716.2	2019-12-17
29	实用新型	车辆及其充放电监控电路	CN201822077101.5	2019-11-05
30	实用新型	叉车	CN201821964052.0	2019-08-13
31	实用新型	门架倾角调节装置及叉车	CN201822222552.3	2019-10-15
32	实用新型	一种拉索装配装置	CN201821950138.8	2019-10-15
33	实用新型	叉车多路阀操纵装置及叉车	CN201920097612.5	2019-11-05

（续）

编号	专利类别	专利名称	专利号	授权日
34	实用新型	叉车的升降组件以及叉车	CN201920543856.1	2019-12-20
35	实用新型	扶手高度调节装置和具有其的托盘车	CN201920226976.9	2019-11-22
36	外观设计	把手	CN201930210002.7	2019-11-22
37	外观设计	搬运车	CN201930209492.9	2019-11-05
38	外观设计	托盘搬用车	CN201930209529.8	2019-11-05

五、市场情况

叉车是比亚迪叉车公司新能源"7+4"全市场战略的重要组成部分，比亚迪叉车公司以集约化的新能源技术为依托，以满怀激情的创新精神为动力，精准把握市场动向，先后研发出平衡重式叉车、前移式叉车、托盘搬运车、堆垛车、牵引车和AGV等新能源搬运产品，改变了叉车行业传统的使用习惯和业务模式，给叉车行业带来颠覆性的创新技术，一跃成为锂电池叉车领域的领跑者。

依托比亚迪集团强大的全球运营网络，历经近十年的匠心打造，比亚迪叉车公司的电动叉车已遍布中国各地，并成功进入英国、德国、法国、意大利、西班牙、荷兰、美国、加拿大、巴西、新加坡、日本、韩国和澳大利亚等海外市场，覆盖全球五大洲。比亚迪叉车公司2013年开始上市，2016年就跻身中国电动叉车销量第三位，2019年位列中国电动叉车销量第一位。

比亚迪叉车公司能够最大限度地满足客户的独特需求，为客户提供一系列个性化的选择。比亚迪叉车公司的所有车型分为基本款和舒适款两种款式。基本款是标准版，配有半减震式座椅、传统液压控制功能和单一的集中式全自动升降门架。舒适款，针对那些开展深入细致工作和工时长的人群而设计，配有两个液压缸的门架，可以提供更清晰的前端视野；配有完全减振式座椅，以使最大限度地提高操作员的舒适度；配置的液压控制迷你杆，最大限度地减少了升降作业时和手臂运动。

客户不仅可以自主选择更高的电池容量、3 000～6 850mm起升高度的两级和三级门架和坚固的驾驶舱等，还可以自定义整车颜色。比亚迪叉车公司可以根据客户需求提供不同的配色方案，比如杭州萧山机场定制的平衡重式叉车，出于安全考虑，采用了亚光灰和橙色配色方案，并为了便于塔台识别，增加了橙色顶棚，这一系列专业的个性化服务，使得比亚迪叉车公司的优势更加明显。

比亚迪叉车自推向市场以来，其优异的性能表现，特别是其卓越的驾驶体验，使其深受客户的喜爱，因此在食品、医药、冷链、饲料、物流、超市、制造、造纸、汽车电子、家电、木材等行业广泛使用。目前的客户有宝马、奔驰、大众、华为、顺丰、海尔、茅台、美的、京东、创维、中粮、福耀玻璃、晨鸣集团、玖龙纸业、新希望集团、百威啤酒、蒙牛、雪花、娃哈哈、养元、双胞胎饲料、汇源集团、通用汽车、陕西重卡、安得物流、天悦物流和双汇集团等。

依靠全球领先的技术和客户至上的追求，比亚迪叉车公司将矢志不移地走好迈向世界的每一步，继续把绿色动力输送至全球每一个角落。

六、技术改造情况

比亚迪叉车公司继承了比亚迪集团制造领域的丰富经验，拥有完整的整车生产线，采用机器人自动焊接工艺，可实现整车的高精度和高度统一性及量产的高效率，同时拥有6条总装线及结构件涂装、平衡重涂装、零部件涂装等4条涂装线，结构件与零部件全部采用先进的高速数控等离子切割机、激光切割机、数控车床、数控铣床、数控折弯机等设备加工制造，已形成年产各类电动叉车30 000台的能力。

比亚迪叉车公司投资数千万元建立了业内领先的检测中心，检测中心下设电学实验室、环境可靠性实验室、结构部件实验室、液压部件实验室和整车检测实验室，可完成整车和零部件的各种系统测试。

〔供稿单位：韶关比亚迪实业有限公司〕

丰田产业车辆（上海）有限公司

一、丰田产业车辆集团

丰田产业车辆集团（简称丰田叉车）是世界领先的叉车制造商，其母公司是丰田自动织机株式会社，旗下拥有 TOYOTA、BT、RAYMOND 三个品牌和全系列叉车产品线。丰田叉车以其高品质的产品和物流服务为中国、美国、日本、欧洲等地的客户打造匹配的物流现场，帮助客户优化物流成本，提升物流品质，构建安全高效的物流环境，丰田叉车已成为客户信赖的物流合作伙伴。自 2000 年收购欧洲著名叉车制造商——瑞典 BT 公司以来，丰田叉车的叉车销量已经连续 19 年位居全球领先地位。

二、丰田产业车辆（上海）有限公司

丰田产业车辆（上海）有限公司［简称丰田叉车（中国）］是丰田叉车在中国的总代理，由丰田自动织机株式会社于 2003 年投资成立。目前，丰田叉车除拥有上海销售总部之外，在天津、广州和大连设立了 3 家直销分公司，并在全国 29 个省市拥有 26 家经销商、65 个销售网点和位于昆山的生产基地。

三、丰田工业（昆山）有限公司

丰田工业（昆山）有限公司（TIK）是丰田叉车在中国的生产基地，也是丰田叉车在全球的四大生产基地之一，于 2003 年投产。2013 年，TIK 工厂搬迁新址，规模得以扩大，产能达到 15 000 台/年，占地面积为 12.7 万 m^2。除了满足国内市场需求外，TIK 工厂还向全球包括亚洲、欧洲、大洋洲及非洲等地区的国家出口多个车型的产品。

四、丰田叉车（中国）2019—2020 年大事件

2019 年，丰田叉车（中国）分别在华南、华北举办客户交流会，激光导引 AGV 产品及 MIRI 新产品首次亮相。

2019 年，丰田精益物流改善行动开始在经销商中开展，并逐步拓展到客户现场。

2019 年，"丰田产业车辆（第二届）全国技能大赛"成功举办。

2019 年，丰田叉车（中国）参加"第 12 届国际食品冷链高峰论坛"，将丰田冷库车型介绍给业界客户。

2019 年，丰田 8FBP 中高位拣选车首次发售，并在中国及全球上市。

2019 年，丰田叉车（中国）携 2.5t 燃料电池叉车参加"2019 年国际储能和氢能及燃料电池工程技术大会暨展览会"。

2019 年，丰田 9FBM 大吨位电动平衡重式叉车在全球上线发布，并荣膺"2019 年度物流行业经典产品奖"。

2019 年，TOYOTA 被评选为"2019 年度中国物流知名品牌"。

2020 年，丰田叉车（中国）继续深耕中国冷链市场，参加"第十三届国际食品冷链高峰论坛"。

2020 年，"丰田产业车辆（第三届）全国技能大赛"顺利举办。

2020 年，TOYOTA 被评选为"2020 年度中国物流知名品牌（叉车）"。

2020 年，提出"轻生活、轻物流"概念，全新推出 MIRI 系列叉车，满足轻工况物流需求。

五、丰田产品介绍

丰田旗下的三大品牌产品覆盖 1～6 类车辆，2019—2020 年，相继在中国及全球同步首发了丰田、BT 品牌新产品。并针对入门级工况，提

出"轻生活、轻物流"概念，全新推出 MIRI 系列叉车，进一步充实了产品线，满足了客户从轻工况到重工况，从中端市场到高端市场的不同应用需求。

六、价值链服务

丰田叉车中国市场拥有超过 8 000 台租赁车的车队规模，丰田叉车基于国内外 40 多年的租赁专业经验，将价值链延伸到二手车服务领域，全新升级丰田租赁服务，建立二手车池，利用丰田的品质优势，以唾手可得的价格为客户提供可靠的高品质产品服务。

七、仓储解决方案

1. 仓储项目总包服务

丰田叉车在我国已为多家跨国公司提供了包括库房规划、货架设计、设备选型和充电房设计在内的仓储项目总包服务。

2. 密集存储解决方案

丰田叉车拥有包括无线穿梭板货架、非常窄巷道货架（VNA）、双深位货架、移动式货架在内的多种存储和配套设备，帮助客户降低存储成本，改善存储效率，实现内部物流优化。

八、新能源解决方案

2019 年 7 月，全球同步发售搭载锂电池的 8FBN 系列电动平衡重式叉车和 8FBR 系列电动前移式叉车。

2020 年 4 月，丰田叉车发售 BTLWI 专用型锂电池电动托盘搬运车。

九、精益物流和无人搬运解决方案

丰田叉车在中国建立了推进精益物流的专业团队，发挥团队中每个人的精益智慧并让这种精益精神传承下去。在软件方面提供现场改善提案，在硬件方面通过研发激光、磁力、视觉导向等类型的众多 AGV 无人搬运产品，将产品和解决方案延伸到终端客户现场，为客户带来更高效的搬运解决方案和更高的利润率。

十、安全改善方案服务

丰田叉车始终秉承"帮助客户提供安心安全的作业环境"初心，除了搭载 SAS、OPS 等众多丰田"黑科技"产品之外，还通过现场提案、叉车安全培训、叉车技能大赛等形式，为客户提供全面的安全改善方案。

〔供稿单位：丰田产业车辆（上海）有限公司〕

永恒力叉车（上海）有限公司

一、企业概述

永恒力叉车（上海）有限公司（简称永恒力）是成立于 1953 年的永恒力集团于 1997 年在中国上海投资建立的永恒力中国总部。永恒力集团是全球领先的内部物流解决方案供应商。凭借全面和完善的物料搬运设备、物流系统和售后服务，永恒力集团能够为客户提供量身定制的解决方案，轻松应对"工业 4.0"带来的挑战。永恒力集团总部设在德国汉堡市，在全球 40 个国家设立了销售公司，与 80 多个国家的公司建立了合作伙伴关系。永恒力集团作为在德国股票交易所上市的公司，在全球拥有超过 18 000 名员工，2019 年创造了 40 亿欧元的综合净销售额。

在德国"工业 4.0"的大背景下，永恒力集团率先提出并践行"内部物流 4.0"理念，推动内部物流解决方案的软硬件融合，以全面提升内部物流的智能化水平。"智能物流"是全球物流的发展方向，软件、机器（尤其是叉车）和人的高度柔性配合是大势所趋。

过去 10 年，永恒力集团着力实施"智能物流"战略，先后收购了开发自动化立体仓库软件（WMS/WCS）的奥地利 ISA 软件公司以及总部位于慕尼黑的全球领先的堆垛机制造商米亚斯（MIAS）集团；先后研发了窄/宽巷道叉车的仓库导航系统、流水线生产导航式全自动托盘搬运车（AGV、APM）等。经过多年的努力，永恒力集团已成为内部物流领域高端装备的领导者，并且是行业内唯一以高度整合的全系列自有硬件与软件提供系统集成解决方案的科技创新公司。

自1997年永恒力产品进入中国市场以来，永恒力集团逐步扩大对中国的投资，先后建立了位于上海的中国总部——永恒力叉车（上海）有限公司，以及分布在华北、华东和华南的数个分公司。

基于中国市场乃至亚太市场的核心战略地位，2013年，永恒力集团投资2亿元建立了永恒力上海青浦工厂（简称青浦工厂），这是永恒力集团投资兴建的德国以外的唯一一个海外总装厂与叉车研发中心。青浦工厂占地面积为60 000 m^2，产能超过20 000台/年。自2013年投入运营以来，在行业内一直以环保、高效著称，青浦工厂凭借节能环保的设计被评成为"上海最具节能环保建筑"之一，并获得美国绿色建筑委员会颁发的Leed Sliver证书。作为业界第一家获得TÜV NORD产品生命周期环保认证的叉车制造企业，永恒力集团致力于为环境保护做出自己的贡献。近10年以来，永恒力产品的 CO_2 排放量比之前降低了25%，2020年在此基础上又降低了20%。

作为高品质的物流仓储搬运设备供应商，永恒力在2008年北京奥运会，2010年上海世博会、广州亚运会都被评为最佳合作伙伴。2015年成立永恒力合力租赁公司。2018年永恒力中国总部正式落户虹桥商务区。

永恒力在全球被公认是最值得信赖的仓储物流产品和服务供应商。永恒力一直坚持专注于产品品质，致力为中国客户提供卓越的服务体验。

二、重大事件

2019年2月，永恒力的三款产品荣获2019年"IFOY奖"提名，它们分别是：全球首款整体嵌入式锂电池前移式叉车ETV 216i、用于小型零部件仓库的STC 2B1A堆垛机和zoneCONTROL辅助系统。此次获得提名，是对永恒力这一阶段成果的极大肯定，让永恒力更加坚信自己的努力方向。

2019年4月，永恒力集团和Triathlon Holding GmbH共同创建了JT ENERGY Systems GmbH。永恒力集团和Triathlon都以其锂电池技术在各自领域处于行业领先地位。这种优势和技术经验将在JT ENERGY Systems GmbH继续传承。以扩大产能、满足市场对锂电池不断增长的需求并进一步发展其在该领域的技术领先地位作为两个公司合作的目的。

2019年5月，永恒力正式扩大其在东南亚的零部件物流能力。通过在东南亚贸易和物流城市新加坡开设零部件仓库，在该地区的永恒力公司将零备件交货时间缩短了5天；同时，永恒力还能够全天候供应零部件，以满足亚太地区客户的紧急需求。东南亚、澳大利亚和新西兰的永恒力客户将从增加的零件供应中受益。

2019年6月，永恒力首款整体嵌入式锂电池前移式叉车ETV 216i在奥地利维也纳市获得"IFOY奖"。评委会做出ETV216i获奖决定是基于ETV 216i的"杰出客户利益"。评委会强调，整体嵌入式锂电池预示着新一代叉车的诞生。

2019年11月，在上海进博会上，永恒力携全自动化产品、半自动化产品和适用于亚太市场的定制产品向参与本次博览会的政要、工商界人士及参展商、专业采购商展示了永恒力的高性能，更智能的顶尖叉车产品。

2020年2月，永恒力ERC 216zi锂电池堆垛车被授予了国际知名奖项"iF设计奖"。ERC 216zi堆垛车是同类产品中最紧凑的产品，并且有操作灵敏的特点。得益于其整体式的锂电池设计，去除了操作员平台和门架之间的电池槽，使叉车的长度大大缩短。iF设计奖于1953年首次设立，被公认为设计界内最具有权威性的独立设计奖。

2020年4月，永恒力连续4次荣获"Beste Logistik Marke"最佳物流品牌大奖。

2020年7月，永恒力的ETV 216i整体嵌入式锂电池前移式叉车被授予材料运输类别的最佳工业奖。而在此之前，它已经多次在该项比赛中获得奖项，几乎包揽了工业类比赛的所有大奖，其中就包括"IFOY奖"、由德国设计委员会颁发的德国设计奖和2018Logistra"最佳实践创新奖"。

2020年11月,永恒力凭借对企业和社会负责任的承诺再度获得EcoVadis金奖认证,已连续两次获得金奖认证。永恒力通过将社会责任和可持续意识落实到行动中,获得了领先的可持续发展评级平台EcoVadis的再次认证,永恒力成为全球顶级可持续发展公司之一。在机械工程领域的可持续发展公司中,永恒力排名前列。

2020年11月,永恒力参加"第三届中国国际进出口博览会(CIIE)"。永恒力作为全球知名的内部物流解决方案供应商,在本届进博会上,将全景式自动化物流解决方案以及自动导航叉车新品带到了现场。期间,多家知名媒体采访了永恒力负责人,对永恒力尖端产品争相报道,让更多的人了解永恒力的专业及先进科技。

2020年11月,永恒力在德国汉堡市发布了其最新的"2025+"战略。永恒力集团比计划提前一年实现了2020年战略增长目标,计划在未来几年,运用新战略为其利益相关者(客户、员工、股东、商业伙伴以及社会)创造更大价值。永恒力专注于自动化、数字化和面向未来的能源创新。

2020年12月,永恒力加入联合国倡议的"50家可持续发展与气候领袖企业",这是由联合国发起的全球可持续发展和气候保护倡议。来自不同行业的50家跨国企业期望在应对气候变化中发挥引领作用,从而助力实现17项联合国可持续发展目标。

〔供稿单位:永恒力叉车(上海)有限公司〕

上海海斯特叉车制造有限公司

一、企业介绍

强悍的叉车一直以来是海斯特品牌的代名词,1929年,海斯特叉车在美国诞生,海斯特－耶鲁物料搬运设备集团(简称海斯特)是全球最大的叉车制造商之一,90多年来,海斯特已经发展成为集全系列叉车、属具、燃料电池为一体的综合性物料搬运供应商,服务于不同的细分市场,充分满足不同行业各种类型的客户需求。目前,全球的海斯特叉车保有量超过84万台。海斯特在全球拥有13个全球生产基地和13个营销发展中心。

海斯特在全球多地的研发中心共同构建起强大的全球设计平台,为全球海斯特工厂提供经验和知识以及共同开发新产品。

海斯特的叉车产品在技术上处于领先地位,但海斯特仍保持了对产品研发方面的长期投入。海斯特承诺:持续进行产品研究和开发,严格进行产品测试和现代化生产,这意味着海斯特所提供的产品在品质及可靠性方面可以达到最高标准,并且物超所值。

海斯特可提供一站式的全面解决方案,可提供1~52t全系列叉车,同时,在售后服务、配件供应、租赁、二手车交易、融资租赁、专业车队管理、培训、属具定制、清洁能源动力系统等方面,也提供高质量及专业的增值服务。

海斯特叉车的分销策略是:通过独立经销商网络,及时满足各地客户的购买和日常服务需求,确保销售网络覆盖全国,以提高客户反馈速度。同时,海斯特还利用新产品扩大中高端产品客户群,发展售后备件业务,售后服务实现标准化作业,协助经销商开展租赁业务等,与经销商共同为客户提供更高效便捷的产品解决方案。

二、主要经济指标及市场销售情况

2019年,海斯特的订单量首次突破3 000台,增速远高于全球市场的增长速度。随着海斯特针对中国市场的各项举措的深入展开,以中国客户的"场景"需求为基础,推出了服务于全球市场的新产品,并为其建立了初具规模的分销渠道。2020年,海斯特的订单量再创新高,盈利能力大有改善。

近年来,海斯特在全中国地区的销售额呈逐年上升趋势。一方面，发挥经销商、合作伙伴在传统业务方面的优势；另一方面，发挥每一经销商、合作伙伴在细分行业的的优势，同经销商、合作伙伴一起，聚焦重点客户，事先策划针对重点客户的营销方案，并准备好赢得重点客户的各项资源（资金、产品及服务），，一客一策，因客施策。与第三方租赁公司合作也采取如此策略。

海斯特顺应不断深入的宏观经济调整及不断演进的国家法律、行政法规和地方性法规等，制定了一系列布局调整举措，使海斯特的业务在行业竞争不断加剧的环境下持续稳健增长。海斯特组建了面向亚太区的零部件分销中心，采取行业专注战略、扩大定制化能力等举措，为公司业务带来增长空间。

三、重大事件

2019 年 2 月，海斯特发布由新兴市场研发中心研发的三款 H2.0-3.5UT 系列内燃平衡重式叉车，五款 P 系列托盘搬运车及 S 系列堆高机三类电动仓储搬运车。两类八款新车型在操控性能、整体性能、人机工程等方面充分考虑了中国市场的需求，广泛应用于各类行业。

2019 年 5 月，海斯特叉车受第三届物流嘉年华主办单位的邀请主办了"海斯特"杯叉车技能大赛。

2019 年 6 月，海斯特叉车受邀参加"第十四届中国仓储配送大会"。

2019 年 10 月，海斯特受邀参加"2019 中国国际造纸科技展览会及会议"，并在会上介绍了海斯特叉车在造纸业的优秀应用案例。

2019 年 11 月，响应国家环保政策号召，顺应电动化发展趋势。以海斯特中国研发团队为主导，协同海斯特美国全球研发中心、海斯特欧洲研发中心共同打造了 J1.5-3.5UT 系列六款电动叉车，并在中国率先发布。

2019 年 11 月 18 日，海斯特成立 90 周年，耶鲁成立 100 周年，以及 Hyster-Yale 集团成立 30 周年。在这个重要的日子，海斯特总裁 Colin Wilson 率领众人敲响了纽约证券交易所的开市钟声。

2019 年 12 月，海斯特旗下的氢燃料电池公司 Nuvera 在杭州富阳的海斯特美科斯工厂奠基。

2020 年 3 月，海斯特搭载最新款驾驶舱和操控系统的 H8‐18XD（8～18 t）系列重型叉车正式发布。

2020 年 5 月，海斯特 H9XM-EC7（9t）空箱堆高机震撼上线。该车型具有优异的性能，可以适应各类恶劣工况。

2020 年 5 月，从海斯特进口的 J4.0-5.5XN6 电动平衡重式叉车正式登陆中国市场。它是应繁重工况而诞生的产品，在延续海斯特家族一贯优良品质的同时，能满足客户对大吨位电车的需求。

2020 年 6 月，海斯特的 J1.6-2.0UTT 系列三支点电动平衡重式叉车正式上市，该系列车型是海斯特新兴市场研发中心（EMDC）针对我国市场需求研发设计的产品，在保持海斯特叉车一贯优良品质的同时，其丰富的配置选项可满足不同工况的多样需求。

四、奖项和荣誉

2019 年，上海海斯特叉车制造有限公司报送的"海斯特 HXT 内燃叉车"荣获"中国绿色仓储配送技术设备创新奖"。

2019 年 12 月 17 日，美国材料处理产品新闻（MHPN）授予海斯特年度产品奖，表彰其车队管理系统技术帮助企业将数据转化为洞察力。

2019 年 10 月，海斯特荣获"重要战略合作伙伴及行业优秀系统集成商"称号。

2019 年，海斯特荣获"2019 年物流装备十大知名品牌"奖。

2019 年，海斯特叉车荣获"2019 年度中国工业车辆用户品牌关注度十强企业"称号。

〔供稿单位：上海海斯特叉车制造有限公司〕

斗山叉车（中国）有限公司

一、企业概述

作为韩国成立最早的近代企业，斗山集团（简称斗山）拥有 125 年的悠久历史，自 1896 年在梨岘创建韩国最早的近代商店"朴承稷商店"以来，斗山在过去的一个多世纪不断地变化、不断地发展。尤其自 20 世纪 90 年代后期以来，通过大胆革新，快速发展，斗山已成长为以具有国际竞争力的基础设施支援业务（ISB）为核心、在全球 38 个国家拥有约 4 万名员工的跨国企业。斗山旗下拥有斗山叉车、斗山重工业、斗山山猫机械、斗山燃料电池、斗山建设、斗山化工机械、斗山机器人、斗山创新、Doosan Logistics Solutions、Oricom 广告等众多公司。

斗山以卓越的技术为基础，在各个领域及世界各地为提高人类的生活质量，开发协作机器人、移动式燃料电池和建筑机械自动化、无人化技术等核心技术，并进一步确保具有根本性的核心竞争力。斗山的理念是从洁净的水源和照耀黑暗的光亮到开拓生活基地，将想法变成现实的解决方案，致力于创造开启无穷机遇的世界，确保所有人都能充分发挥潜力。

二、斗山的目标及核心价值

"斗山"一词是把测量谷物的单位"斗"与意指高山的"山"相结合，蕴涵着"一斗一斗堆积成山"的意思。这是一种信念，是要把每一个人的努力凝聚成一股力量，实现更大的成就。斗山立足于 125 年的企业哲学与信念，将所有斗山人的力量凝聚在一起，践行实现更远大的目标的使命。

"斗山 Credo"是引领斗山百年发展的动力，是提高斗山未来竞争优势的固有经营哲学及事业模式。"斗山 Way"是斗山设定目标和实施战略性决策的指南，是所有斗山人的行为准则，为实现斗山的目标和宏伟蓝图发挥决定性的作用。

斗山的终极目标是成为"全世界引以为豪的斗山"。"引以为豪的斗山"是指，包括干部和员工在内的斗山所有利益相关方，与斗山齐心协力，以斗山为荣，为斗山而自豪。即：斗山的干部和员工作为斗山的一员而感到自豪，客户因使用斗山供应的优质产品和服务而感到自豪，股东为其创造了正当丰厚的利润而自豪。

三、2019—2020 年斗山叉车的基本概况

斗山叉车（中国）有限公司（以下简称"斗山叉车"）坐落于美丽的海滨城市——烟台。1998 年，斗山叉车的第一台叉车正式下线，至 2020 年，斗山叉车的叉车年总产量已突破 5 万台。斗山叉车现已有 39 个系列、共 132 个机型的产品在全球市场销售。

斗山叉车持续扩大市场份额，丰富和完善经销渠道，并将通过超越客户期待的产品和服务，实现打造全球顶级品牌的目标。

2019 年，北斗系列平衡重式内燃车历经两年的精雕细琢和潜心研发，以及对市场的深度调研后上市。北斗系列叉车沿用其获得的 IF Design Award 国际大奖外观设计，赢得了客户的第一好感。在设计方面，变更内部构造，使整车重心向下、向后，让作业更加安全——即便在 25% 的坡度下满载爬坡也一样流畅；升降门架上的滑块设计，不仅改善了侧滚轮老化后的门架晃动，更加延长了叉车的使用寿命。

2020 年，BNS 系列电动平衡重式叉车上市。该系列叉车的设计理念是以环保、高效为核心，可进行多样性配置，率先应用了国际先进的技术，具有差异化竞争优势。BNS 系列电动平衡重式叉车可满足 1.5～3.5t 物料搬运需求，作为新款产品，延续了 B30SE 系列的高耐久性、高效率的优势，并在 H 形车体架构的基础上进行了整体结构改良，提高了驾车质感、驾驶员舒适性，应用了汽车的成熟技术电磁驻车器（EPB）技术，进一步提升了

操控稳定性及安全性。

2020 年 12 月，斗山叉车（烟台）有限公司正式更名为斗山叉车（中国）有限公司。

〔供稿单位：斗山叉车（中国）有限公司〕

科朗叉车商贸（上海）有限公司

一、企业概述

科朗（Crown）设备公司是全球排名前列的物料搬运设备制造商。Crown 成立于 1945 年，总部设在美国俄亥俄州新不来梅镇。Crown 的制造工厂遍布全球，在北美洲、墨西哥、德国和中国等 11 个地区建有 19 个生产基地，并且在美国俄亥俄州新不来梅镇、中国苏州市、德国慕尼黑市、澳大利亚悉尼市以及新加坡设立了地区总部。

Crown 强大而分布广泛的全球销售及服务网络，为客户提供各种各样的优质物料搬运设备、仓储解决方案及售后服务支持。至 2020 年，Crown 在全球 84 个国家和地区设立了超过 500 家分支机构，总员工人数超过 16 200 名，覆盖了美洲、欧洲、澳大利亚、中东和非洲以及中国等地区和国家。2019—2020 财年的销售收入为 37.2 亿美元。

Crown 在中国的历史始于 2006 年，美国科朗设备公司分别在苏州和上海成立了制造工厂和销售服务公司，以更好地服务中国客户。其中，科朗叉车商贸（上海）有限公司是美国科朗设备公司的全资子公司，负责全中国的销售及服务业务。至 2020 年，Crown 不断壮大，在上海、苏州、天津、广州、杭州、成都及香港设立了 7 家分公司和 25 多家经销商，销售和服务网络覆盖全国，旨在为我国客户提供全方位的服务和技术支持。

二、产品和技术

Crown 提供从手动托盘搬运车、平衡重式叉车到特窄通道（VNA）三向叉车的全系列叉车，还提供自动化和车队管理技术、锂电池、自动化 AGV 设备和仓库解决方案等。

Crown 叉车因其杰出的产品设计、领先的技术和垂直制造工艺而享誉全球，屡获各种奖项。截至 2020 年，Crown 叉车获得的国际性奖项超过 100 个。在提供全系列叉车以及自动化和车队管理技术的同时，Crown 也致力于为用户带来前沿的构想和创新的产品，以提高叉车的应用性能并降低营运成本。

Crown 的叉车解决方案更关注客户的实际需求、政府标准及特殊工况要求，以实现作业舒适度、操控性及工作效率的同步提高。同时，Crown 关注技术变革，通过将模块化、可升级、自动化和互联理念融入叉车设计过程来更好地满足客户当前和未来的需求，成为客户与时俱进的合作伙伴。

三、大事记

2019 年 1 月，Crown 苏州工厂正式将 WT 车型叉车投入到生产线上，在保证产品质量的前提下，缩短了产品交货期。

2019 年 2 月，Crown 为了给客户提供更多种类和数量的产品，推出了 Encore 新生代叉车，以及货架及仓库安全产品和相关解决方案。

2019 年 12 月，Crown 推出了 C-Dx 系列内燃叉车，进一步完善产品线，让以往信赖 Crown 电动叉车的客户多了一种选择。

2020 年 3 月，Crown 推出了可视化的车队和操作员管理软件 InfoLink7，进一步优化了车队管理系统。

2020 年 5 月，Crown 推出了 V-Force 系列锂电池储能系统，通过对现有叉车进行改装来匹配新型锂电池，使叉车续航能力进一步提升。同期还推出了 SHC 系列步行式平衡重式叉车，适合更窄的通道，承载能力更大。

2020 年 6 月，Crown 推出了 D4 扶手作为科朗 C-5 系列、FC 系列和 SC 系列坐式平衡叉车的选件。它采用人体工程学设计，有助于改善操作员的体验感和舒适度，在 2019 年获得了"GOOD

DESIGN 奖",进一步巩固了 Crown 在工业设计方面的国际地位。

2020 年 8 月,Crown 在全球举办科朗设备公司成立 75 周年纪念活动。

2020 年 9 月,科朗设备(苏州)有限公司的新研发中心投入使用,将为国外及中国市场研发符合市场需求的更多新产品和技术。

四、获奖情况

1945—2020 年,Crown 累计获得超过 100 项国际工业设计奖,其中包括 IFOY 国际叉车年度大奖、IDEA 美国工业设计优秀奖、RedDot 红点大奖、iF 设计奖、GOOD DESIGN 优良设计奖等重量级奖项。

2019 年:

Crown 被美国《福布斯》杂志评为"2019 年最佳雇主",并发布在福布斯杂志。

Crown 被美国 *Inbound Logistics* 杂志评为绿色供应链合作伙伴。因其确保全球供应链可持续发展,以及运营对社会和环境友好而受到赞扬。

Crown 被《福布斯》杂志评选为食品饮料行业软件与技术供应商年度 100 强。

Crown 获得"2019 年度中国物流知名品牌"与"重要战略合作伙伴及行业优秀系统集成商"称号。

Crown D4 扶手获得"GOOD DESIGN 优良设计奖"。

2020 年:

Crown 因在全球获得了 20 多项环保奖,被美国《福布斯》杂志评为"2020 年最佳雇主"。

Crown 再次获得 *Supply & Demand Chain Executive*(*SDCE*)杂志评出的"2020 年度供应链项目百强"。

〔供稿单位:科朗叉车商贸(上海)有限公司〕

中联重科安徽工业车辆有限公司

一、企业概述

中联重科安徽工业车辆有限公司(简称公司)隶属于中联重科股份有限公司(简称中联重科),坐落于安徽省芜湖高新技术产业开发区,起步于 2010 年,占地面积近 20 万 m^2,是集研发、制造、销售、租赁和服务于一体的现代化物流装备制造企业,已连续四次通过国家高新技术企业认定。

二、企业文化

中联重科的企业文化精髓为"至诚无息,博厚悠远",内核体现于"诚"字上。在核心理念统领下,形成了"一元、二维、三公、四德、五心、六勤、七能、八品"的价值观体系,这是中联重科的价值标准、道德标准、能力标准和企业品格的集中表述。在倡导以中国传统文化所推崇的标准做人的同时,要求以西方管理理念所提倡的规则做事,构建兼容并蓄、中西融合的文化氛围,实现中国人做世界企业的目标。

三、研发能力

公司自成立以来,将技术研发和人才培养作为推动其发展的动力,高度重视新产品研发、产品质量及客户满意度。

近年来,公司不断增加研发投入,开发满足市场需求的产品;推进质量改进,在设备、技术、人力资源保障等方面得到提升,同时为终端客户提供售前、售中、售后的全方位满意服务,获得了市场青睐。

1.研发组织结构建设

公司的技术中心设有四所两室,职责明晰,管理完善。公司坚持以市场为导向,关注客户需求,建立了以技术中心的技术研发人员为核心,市场质量、采购、生产及财务为技术支持的跨部门研发团队,实现了产品全生命周期的规范化管理。

2.产品开发能力

公司不断推陈出新,每年均有新产品开发成功并实现成果转化,截至目前,公司已获得省级新产品 7 项、省级高新技术产品 3 项、省级科技成果 7 项。2020 年通过了芜湖市弋江区企业技术创新中心认定。公司拥有国际水平的开发软件与管理系统，如产品生命周期管理（PLM）系统、NX 软件、UG 软件、Solid Words 软件、CAD 软件，全面采用三维软件进行产品开发设计。

3. 产品工艺开发和保障能力

公司的工艺保证体系完善，以先进的工艺技术保障产品性能，在新产品技术准备阶段就开始介入并全程跟踪，不断缩短新产品开发到投入市场的周期。同时，不断研究和采用新工艺、新技术、新装备和新方法，提升公司的产品制造能力，降低消耗，提高效益，为产品批量一致性保驾护航。

4. 试验条件

公司专设产品试验试制车间，主要用于新产品的试制、试验工作，主要试验试制设备包括三坐标测量机、微机屏显液压万能试验机、双数显弹簧拉力试验机、全洛氏硬度计、激光切割机、精细等离子切割机、焊接机器人等试验、检测、试制设备，共 20 余台，有力地保障了产品出厂前的性能达标。

5. 知识产权管理

公司围绕技术创新、成果转化、权利维护和能力提升等方面保护自主知识产权。公司现有有效专利 82 项，其中：发明专利 23 项，产品技术水平处于行业先进水平。在权利维护方面，通过调查取证并发出停止侵权警告，遏制了其他公司的侵权行为，稳定了国内外市场；在能力提升方面，通过组织知识产权方面的各类主题培训，增强相关人员的专利意识，提高了中联叉车的海内外风险控制与应对能力。

四、产品情况

1. 概述

目前，公司的产品已达到几百种，能够满足国内外主流市场的各类需求。

2. 产品种类

公司的产品涵盖各吨位内燃平衡重式叉车、电动平衡重式叉车、仓储类叉车及智能物流产品。其中：内燃平衡重式叉车吨位齐全，且开发了细分市场专用产品；电动平衡重式叉车可配铅酸蓄电池、锂电池及氢燃料电池；仓储类叉车主配锂电池。

在智能物流方面，公司可为客户定制整套智能物流存储及转运方案，具备定制各类 AGV、器具及立体仓库等设备的能力。

3. 重点产品简介

（1）Z 系列内燃叉车

高性能：

1）起升效率高。公司的产品普遍搭载了具有优先转向功能的液压系统，可明显提升 10% 左右的怠速，提高了一般作业的周转效率。

2）散热效率高。公司开发的专用板翅式散热器，结构比传统管带式更强，其内外双翅片结构，可提升 15% 以上的散热效率。

安全可靠：

1）动力系统中的发动机采用叉车行业知名品牌的成熟产品，动力强劲，输出稳定可靠。

2）在车架设计方面，经过严格的有限元分析及计算，车架结实可靠，经受住了石材、港口等行业高强度、苛刻工况等的考验。

3）液压系统中的各种液压零部件均采用叉车行业知名品牌产品，阀体、液压缸设计了下降锁定功能及上下缓冲功能，确保操作安全可靠。液压钢管采用与卡套接头匹配的精拔钢管。钢管、接头均采用 24° 锥面密封结构，确保密封良好无渗漏。

4）电气控制系统采用多种安全措施，确保控制系统的可靠性与安全性，已标配空档保护功能、驾驶员操作保护功能，确保消除误操作、不规范操作，杜绝安全隐患发生。

（2）锂电池电动叉车

1）绿色环保。以新能源锂电池作为动力源，电动机作为动力输出源，将空气污染降低为零，且行走、起升时噪声小，无噪声污染。

2）控制系统安全、高效。电动叉车控制系统具备 OPS 保护功能、再生制动功能、坡道驻车功能、操作顺序保护功能、控制器或者电动机高温报警功能以及过电流、过电压等保护功能。

3）控制方便。可实现无级调速，完成不同速度的切换。

4）经济效益好。从长远看，电动叉车的用电成本远低于内燃叉车的用油成本。

（3）AGV智能物流成套设备

公司可根据客户厂房环境、工艺流程为客户定制整套智能物流仓储系统解决方案。在计算机虚拟环境中，对整个物流仓储系统进行仿真、评估和优化，使物料进出生产线更加灵活和精确。打通物料搬运系统与生产系统之间的信息壁垒，能够根据生产需要及时调整物料输送节拍，实现生产系统的高度柔性化。

公司可为客户定制智能物流搬运方案，包括：①定制各类AGV设备、器具等。②通过调度管理系统（AGVS），实现对AGV设备的管理，满足生产线复杂任务的高效作业需求。③提供物料管理系统，该系统可无缝连接MES、WMS、PTL等系统及设备设施，实现不同规格物料的自动化转运，助力全厂实现数字化互联；以实时监控、动态显示和智能化管理为手段，助力生产管理者实现对生产物料的运输、暂存、加工及配送全流程的闭环管理，从而提高生产管理水平，提高资源利用率。

五、管理体系和控制措施

1.概况

公司的生产管理体系和控制体系完善，2010年首次通过ISO体系认证，现依据最新版GB/T 19001—2016和ISO 9001：2015《质量管理体系　要求》、GB/T 24001—2016《环境管理体系　要求及使用指南》、GB/T 45001—2020和ISO 45001：2018《职业健康安全管理体系　要求及使用指南》、TSG 07—2019《特种设备生产和充装单位许可规则》的要求，并结合公司的实际经营情况，构建了公司的质量、环境、职业健康安全三标一体化管理体系，通过了德国莱茵公司的认证。

2.管理体系控制措施

公司严格按照"内部审核管理程序"的要求，每年定期进行两次内部审核、一次管理评审和一次第三方机构监督审核。认真贯彻公司的质量管理方针，实时监控管理体系执行过程，确保管理体系运行正常、有效，不断提高客户的满意度。

公司自成立以来未发生过重大质量安全事故。

六、生产制造

公司拥有行业领先的制造工艺装备，各车间的制造装备精良、分工明确，从备料、结构件组装、涂装到总装、精整、调试，形成了完善的制造流程。

冲压车间主要承担叉车结构件的下料、校平、成型、精加工任务。其中下料区由精细等离子切割机、数控火焰切割机和激光切割机完成下料；成型区配备了液压机、数控折弯机、剪板机和校平机等设备；精加工设备包括数控龙门铣床、铣边机、镗床、铣床及钻床等设备。

焊接车间主要承担叉车车架系统、门架系统、护顶架、仪表架和挡货架等部件的组对、焊接、清理、校正任务。针对不同的任务把车间依次分为车架组对焊接区、门架组对焊接区、仓储电叉焊接区和小件焊接区。目前焊接车间已全面向智能化、数字化发展，配备了多台车架及门架焊接机器人，不断对工艺进行技术改进及运用先进设备。

涂装车间设有结构件涂装线、平衡重涂装线，空中输送系统覆盖了整个车间的工艺路线，由积放式链条进行工件传送。涂装线的控制系统采用PLC加总线控制的方式，输送线运行速度可根据生产节奏进行无级调速，并且全线实行联锁控制。涂装线建立了开/停线时间汇总统计、生产数据储存等管理系统，全面提升管理效率。

总装车间主要承担整车装配及下线检测工作。其中：装配物料的输送采用"线边库＋配餐小车"的方式，确保装配线省时省力地高效运作。同时，整车装配线采用重型板式链输送方式，与油液加注、门架安装合成一体，充分运用精益生产管理模式提升装配效率。

七、营销

公司在我国建立了百余家销售服务网点，公司的产品除了在我国销售外，还远销欧盟、俄罗斯、美国、巴西等近60个国家和地区，实现海内外两个市场的同步增长。另外，公司还提供融资、租赁服务，重视客户在购买、使用、维护、保养和更新等阶段的不同需求，通过贴心的服务，不断增强客户的产品使用体验感受，为客户带来增值的经济利益。

公司的服务宗旨是"为客户创造更大价值"。为满足客户的需求，公司设立了专业的配件服务中心，以便长期储备市场需要的可用配件，提供质优价廉的纯正零部件和专用油品，满足不同区域、不同时段、不同客户对不同产品的显性需求。

为解决经销商和终端客户在经营、购买公司产品过程中的融资需求，有效缓解经销商和终端客户的资金压力，公司将在我国逐步开展按揭贷款业务，以及价值较高设备的融资、租赁、保兑仓和代理咨询等业务，业务领域涵盖贷款租赁、保险及信托等领域。通过将这些业务整合，公司能为客户提供一站式、全流程的整体解决方案，形成公司所特有的金融产品、服务和业务模式，为代理商和用户更好地拓展业务保驾护航。

八、2019—2020年重大事件

2019年4月，公司参加了德国宝马（bauma）展，携多款满足欧洲排放要求的内燃平衡重式叉车、环保高效的电动叉车以及精巧灵动的电动仓储车，为来自200多个国家的60万名专业观众献上近年来公司的创新成果，赢得了海外客户的好评。

2020年2月，安徽省芜湖市弋江区区委书记黄维群等领导来公司调研指导新冠肺炎防疫工作和复工前的生产准备工作。

2020年3月，安徽省芜湖市委常委、政法委书记何友旺来公司调研，检查指导公司的各项工作。

2020年5月，中联重科董事长詹纯新一行视察公司，对公司的稳健发展表示了肯定，为公司的发展指明了方向。

2020年6月，公司承接的"中联工程起重机白俄罗斯工厂装配车间的AGV智能物流项目"成功落地。

2020年11月，公司参加了上海国际工程机械、建材机械、矿山机械、工业车辆及设备博览会，携六大精品联袂亮相，其中：FB25H氢燃料电池叉车率先实现了氢燃料电池在叉车产品上的应用，引领行业技术发展。

九、展望与发展目标

公司将坚持绿色化、智能化和数字化的新产品开发方向，搭载新技术，升级改进各系列产品，打造"人机协同、机群协同"的智能、绿色产品，继续进军AGV智能物流领域，为客户量身定制智能物流方案。

公司将通过持续不断的努力，稳健的发展，在全球市场重新定位，参与全球市场竞争，不断挖掘客户的产品需求，持续创新，打造集科技与智能化为一体的现代物流装备，满足全球客户的需求，向世界展示公司的制造实力！

〔供稿单位：中联重科安徽工业车辆有限公司〕

伟轮铲车集团有限公司

伟轮铲车集团有限公司（简称伟轮叉车）于1973年在中国香港创立，累积了48年的经验，通过不懈的努力，如今伟轮叉车已成为亚洲颇具规模的多个品牌仓储物流搬运设备的中国总代理商，代理德国STILL、爱尔兰AISLE-MASTER和COMBILIFT、意大利V.mariotti和MORA等世界著名品牌的全新和翻新仓库叉车，产品包括多种不同规格的电动搬运车、电动堆垛机、电动平衡重式叉车、窄巷道（无轨）单（双）深层堆垛车、

三合一叉车及各种属具等，并为客户提供仓库物流方案设计、物料搬运设备驾驶及安全培训、售后保养维修及零配件供应等一条龙服务。

随着我国改革开放，伟轮集团自1994年以来，相继在全国各地设立了20多家全资子公司或分公司，多数分公司或子公司具有大小不一的仓储搬运设备体验中心、维修场地及零配件库等4S标准设施。完全能够为客户提供一条龙的快捷和全方位服务。

20多年来，秉承"持续引进世界顶尖仓储搬

运设备,不断创新国内专业仓储物流方案"的执念,不断从国外引进差异化的仓储物流搬运设备,填补了国内多种物流搬运设备的空白。

〔供稿单位:伟轮铲车集团有限公司〕

广州佛朗斯股份有限公司

一、企业概述

1. 简况

作为工业叉车租赁行业国内排名第一、世界排名第五的广州佛朗斯股份有限公司(简称佛朗斯)创立于 2007 年,总部位于广东省广州市,目前在全国主要工业城市设有约百家直营服务网点,拥有服务工程师约千名,管理着 3.5 万多台物流设备,资产规模超 20 亿元。

佛朗斯系国内最大的物联网技术驱动下的场内物流设备运营管理公司,利用数字化创新为工业和物流业客户提供设备租赁、维修及整车、配件销售的一站式服务。

佛朗斯以"提高资产使用效率、节约社会资源"为使命,凭借物联网、大数据及云计算等新技术驱动下的智能管理平台和遍布全国的百余家服务网络,以及 4 家大中型再制造基地,真正地实现了面向 B 端企业"线上 + 线下"服务的商业模式。佛朗斯优化资产的供应、配置机制,实施设备全生命周期管理,持续推动上下游企业的效率变革、质量变革和动力变革,打造国内领先的 B2B 物流和工业设备高维共享生态平台。

2020 年,佛朗斯已位于《国际租赁资讯》(IRN)评选出的全球工业叉车租赁规模第 5 名。

2. 2019—2020 年的企业现状

2019 年年末,佛朗斯的资产总计 19.04 亿元,所有者权益(净资产)为 6.36 亿元,主营业务收入为 8.91 亿元,主营业务利润为 0.55 亿元,利润总额为 0.59 亿元,总资产贡献率为 8.76%,资产保值增值率为 110.46%,资产负债率为 66.58%。

发展成就:

1)佛朗斯实现了由设备贸易服务商向资产运营管理商的转型。作为国内场内物流设备租赁行业的先行者之一,佛朗斯用设备租赁服务模式逐步替代传统的设备购置模式,并用高效的物联网与信息技术系统和优质的专业服务,有效降低了下游企业客户的设备使用成本,提高了客户的资金使用效率和设备的使用灵活性,实现了存量资源的社会化转变和闲置资源的最大化利用。因此,佛朗斯实现了由设备贸易服务商向资产运营管理商的转型,也推动了客户由购置设备向租赁设备使用模式的转变。

2)主营业务实现了传统产业与新技术的深度融合。佛朗斯创新性地运用物联网技术与信息技术,结合场内物流设备的实际使用情况和管理需求,在前端数据采集和后端数据分析应用上持续地进行深层次的物联网应用创新,通过"物联网 +IT"的资产管理模式,可对分布在全国各地的超过 3 万台场内物流设备进行"1 对 1"的数字化、标准化管理,智能化地为客户匹配个性化的综合服务方案,实现设备规模化管理。在此基础上,佛朗斯依托实时采集的准确数据,监测设备及其部件的运行状态,实现设备全生命周期的状态记录和追踪,确保设备安全运行,并进一步主动地开展预测性维护和管理工作,实现设备的高效率管理。佛朗斯通过设备租赁模式的实施使创新成果实现了落地和推广,进而成为场内物流设备租赁领域物联网技术应用的先行者。

3)佛朗斯实现了客户服务模式的创新。佛朗斯通过线下营销服务网络实现了为客户提供租赁、维修、销售一站式服务的模式创新。佛朗斯以近百家分公司、子公司为中心,在全国范围内设立了百余个服务网点与客户紧密直接对接,是业内少有的服务网络能覆盖全国的场内物流设备运营管理商。佛朗斯独特的一站式服务模式的实施方式是：以租赁业务为核心，通过维修与销售业务的联动配合，满足客户的多样化需求，增强客户的体验感，提高客户的粘性，使客户在购置、租赁间相互转化，并持续夯实客户基础，扩大客户群体。

3. 展望

未来，佛朗斯将继续深化传统设备租赁产业与新兴物联网产业的融合，为"线上＋线下"双轮驱动的引擎纵横双向赋能，形成矩阵式产品服务结构。

在纵向方面，佛朗斯继续扩大租赁设备规模和持续提升物联网管理系统的管控能力，新增再制造技术和业务作为新的驱动力，由"线上＋线下"双轮驱动模式升级为"线上＋线下＋再制造"三轮驱动模式，并积极布局无人物流设备领域，延伸产业链，优化租赁设备的供应、配置机制，实现设备全生命周期管理，持续提升一站式综合服务能力，推动上下游企业的效率变革，将佛朗斯打造成为国内规模领先的 B2B 物流和工业设备运营管理商。

在横向方面，一是拓展设备品类，将佛朗斯运营管理的设备品类覆盖到其他工业和物流设备上，以推动佛朗斯运营管理的设备品类更多、整体规模更大、服务范围更广、服务的客户数量更多；二是拓展平台，将佛朗斯打造成为国内领先的设备租赁共享平台。

二、大事记

2019 年 1 月 5 日，佛朗斯举行叉车租赁规模突破 20 000 台庆祝仪式。

2019 年 1 月 12 日，佛朗斯喜迎第 16、第 17 位租赁事业合伙人。

2019 年 3 月 9 日，佛朗斯荣获百世快运"2018—2019 年金芒奖"称号。

2019 年 8 月 6 日，佛朗斯董事长侯泽宽先生荣获由中国建设银行科技金融创新中心、南方报业传媒集团联合主办的"榜样的力量——2018 'FIT 粤'科创先锋大赛颁发的"创新工匠奖"。

2019 年 9 月 19 日，佛朗斯总部新办公大楼封顶。

2020 年 6 月 28 日，佛朗斯取得综合检验机构证书。

2020 年 9 月 3 日，佛朗斯荣获广州市番禺区"大龙街五星级企业"称号。

2020 年 11 月 2 日，佛朗斯举行了租赁车规模突破 30 000 台的庆祝仪式。

2020 年 12 月 8 日，佛朗斯荣获粤港澳大湾区科创先锋大赛"最具创新力奖"。

2021 年 3 月 28 日，举行了安徽佛朗斯新基地项目封顶仪式。

〔供稿单位：广州佛朗斯股份有限公司〕

配套件供应商

江苏万达特种轴承有限公司

一、2019—2020 年主要经济指标完成情况、市场销售情况

2019—2020 年江苏万达特种轴承有限公司（简称公司）的叉车门架轴承产量、销售收入见表 1，2019—2020 年公司的国内外配套销售情况见表 2。

表1 2019—2020 年公司的叉车门架轴承产量、销售收入

类别	2019 年	2020 年	同比增长（%）
门架轴承产量（万套）	651.46	709.54	8.9
门架轴承销售收入（万元）	25 012	26 150	4.5

表2 2019—2020 年公司的国内外配套销售情况

类别	2019 年	2020 年	同比增长（%）
内销门架轴承（万套）	586.76	593.24	1.1
出口门架轴承（万套）	69.14	54.29	-21.5

二、公司的各方面转型升级重要举措和成果

1. 应对新冠肺炎疫情挑战，融入"双循环"发展新格局

面对新冠肺炎疫情的挑战，面对错综复杂的国际形势，公司顶住经济下行压力，聚力开发新市场、新用户和新产品，扩大内销，稳住外贸基本盘。2020 年新增了许多机器人回转轴承、新型轻质合金特种轴承、精密特种装备轴承等新产品用户，实现销售收入 2.62 亿元，同比增长 4.5%。

2. 推进新厂建设，积蓄发展新动能

公司的"精密特种轴承"生产项目于 2020 年 4 月 1 日开工建设。已于 2021 年 5 月竣工验收。该项目由中机十院设计，地址位于江苏省如皋市城东工业园区，总投资 10 亿元，占地面积 144 亩（1 亩 =666.7 m^2），总建筑面积 57 909.08m^2，可年产各类轴承 1 500 万套，是公司现有产能的三倍以上，新厂区围绕以下三个重点工作开展技术创新：一是传统叉车轴承的提质升级、更新换代；二是机器人、智能物流系统轴承的研发；三是新型轻质合金特种轴承的开发与应用。

3. 加强技术创新，实现产品提档升级

1）持续加大研发投入。2019—2020 年，公司投入的研发费用达 1 696.37 万元，完成了 10 个项目的研发，申报专利 61 个，其中：发明专利 21 个、实用新型专利 39 个、外观设计专利 1 个；获授权专利 24 个，其中：发明专利 6 个、实用新型专利 17 个、外观设计专利 1 个。

2）新技术、新工艺、新材料的研发取得新成果。针对机器人、智能自动化领域成功开发的新型轻质合金特种轴承的精密回转支承，具备结构设计新颖、旋转稳定、精度高，以及承载能力强等优点，满足了 AGV 新能源车辆轻量化设计的刚性需求，并可应用于军用装备等特殊行业，相关专利目前正在申报中。

3）新产品开发取得重大突破。新型 0.5 ～ 10t 叉车门架专用轴承采用了倾斜式的安装方式，改变了传统的主滚轮加侧滚轮的组合设计方式，不仅提高了门架的可靠性，而且有效降低了主机制造成本，市场发展前景十分广阔；工业机器人专用薄壁密封轴承具有重量轻、体积小、精度高和寿命长等优点，能显著提高工业机器人的运转平稳性、回转精度及重复定位精度，具有较高的可靠性和经济适用性，有较强的行业竞争力；新型双列六点接触球滚轮轴承通过了中国轴承工业协会的科技成果鉴定，该产品及相关技术达到了国内领先水平，具有较强的负荷承载能力和较高的抗疲劳强度，满足了叉车主机"轻量化"设计的刚性需要，助推装备制造业向绿色发展，市场前景良好。

4. 实施"机器换人"战略，推进企业转型升级

1）公司继续加快装备的自动化、智能化升级改造。2019—2020 年，公司共投入设备技术改造资金 3 000 万元，主要购置的设备有 57 台数控磨床、6 台数控车床、3 台加工中心、1 台重型高速数控铣床、2 条水剂/油剂托辊式网带淬火自动生

产线。公司的销售额由 2018 年的每月 2 500 万元提高到 2020 年的每月 3 000 万元。

2）切实履行企业的环保责任。公司结合新厂区建设，对新厂区的磨削液集中供液、回液、过滤、压榨系统进行了重新设计，实现了磨削液的零排放。

5.开展技能培训，提高员工的素质

自 2019 年年底到 2020 年上半年，为提高职工的专业技能水平，更好地满足生产发展需求，公司与如皋康西培训学校合作，对一线员工进行了技能培训，在不影响正常工作的前提下，公司的 93 名员工利用业余时间参加了车工、钳工技能培训，并顺利拿到了中级技能证书。

三、2019—2020 年主要科研成果、专利授权、标准修订情况

1.科研成果

1）2019 年，公司员工陈宝国等在《中国水运》2019 年第 7 期上发表了题为"船用回转支承疲劳寿命试验机设计"的学术论文。

2019 年，公司的研发投入为 807.09 万元，占营业收入的 3.23%。完成了 5 个项目的研发，分别为意大利 LTE 新设计车型 X087 轴承的研发（YF1901）、悬浮式密封驱动单元转盘轴承的研发（YF1902）、丰田 3t 叉车 76451-0BS15-71 型轴承的研发（YF1903）、大转矩回转轴承的研发（YF1904）、国内平衡叉车轻量化门架用轴承的研发（YF1905）。

2）2020 年。公司的研发投入为 884.25 万元，占营业收入的 3.38%。完成了 15 个项目的研发，分别为轻质合金回转支承（YF2001）、带状塑料保持架的产品开发（YF2002）、精密三圈复合柱承（YF2003）、窄巷道车用轴承开发（YF2004）、重载车用双列满装圆锥滚子轴承开发（YF2005）。

2020 年，公司的"叉车高性能特种轴承关键技术研发及产业化"项目获江苏省科学技术奖三等奖。

2.专利授权情况

（1）2019 年

1）公司获得授权的实用新型专利有 10 项，分别是一种适用大转矩的回转轴承、附有注油孔的复合滚轮、中频感应淬火的工装、可装整体侧滚轮的支架组件、一种淬火机床、一种磨床桁架新型料仓、球结构滚轮沟曲率半径检具、单列鼓形短滚子轴承、挡圈密封式滚轮轴承、磨床桁架上下料仓。

2）公司获得授权的发明专利有 4 项，分别是一种轴承的退磁装置、一种带油孔的轴承内圈内孔部位飞翅去除装置、三向进给磨削加工异形沟道的方法及工具、磨工桁架上下料重力料仓。

（2）2020 年

1）公司获得授权的实用新型专利有 7 个，分别是带台阶的滚子轴承、淬火电源移动滑台、一种带组合支架的轻量化铝质回转支承、用于外圈切断的加工工装、开裂球球轴承填球可调节开裂工装、内嵌轴承的组装工装、一种凹锥面滚子回转轴承。

2）公司获得授权的外观设计专利有 1 个，即机器人旋转支撑部件。

3）公司获得授权的发明专利有 2 个，分别是组合轴连双列满装球轴承及其组装工艺、双端面磨削加工方法。

3.标准制定

2020 年 4 月 1 日，公司主导起草的 JB/T 7360—2019《滚动轴承　叉车门架用滚轮、链轮轴承技术条件》由工业和信息化部正式发布。

四、2019—2020 年大事记

1.2019 年大事记

1）1 月 22 日，公司应邀出席杭叉集团的 2016—2018 年度优秀供应商会议，荣获"优秀供应商"称号。

2）4 月 29 日，公司参加了如皋市的"2019 年亿元以上工业项目集中签约"活动。

3）6 月 1 日，公司的"新型双列六点接触球滚轮"项目通过了中国轴承工业协会的科技成果鉴定。

4）6 月 5 日，公司被工业和信息化部认定为国家级专精特新"小巨人"企业。

5）6月18日，公司党总支部举行换届选举大会，会议选举产生了新一届党总支部委员。

6）7月23日，公司被江苏省知识产权局评为江苏省知识产权管理贯标优秀企业。

7）8月23日，公司的"新型双列六点接触球滚轮"项目参加了《起重运输机械》编辑部组织的第五届"中国工业车辆创新奖"（CITIA）（零部件、管理和服务类）评选，获得"零部件"类银奖。

8）11月25日，公司新厂区"精密特种轴承生产项目"地块成功摘牌，次日，完成交地手续。

9）12月13日，公司的"江苏省技术中心"通过了江苏省工业和信息化厅的复评认定。

10）12月16—18日，公司通过了北京世标认证中心组织的环境管理体系年度复审和质量管理体系年度监督审核。

2. 2020年大事记

1）2月2日，公司高层召开新冠肺炎疫情防控紧急会议，讨论出台了《关于积极参与疫情防控、加强职工健康宣传与复工管理的通知》，部署新冠肺炎疫情防控工作。

2）2月23日，"如皋市重大项目集中开工暨江苏万达特种轴承有限公司轴承生产项目开工仪式"在江苏省如皋市城东工业区万达轴承新厂隆重举行。

3）4月1日，公司主导起草的JB/T 7360—2019《滚动轴承　叉车门架用滚轮、链轮轴承技术条件》正式发布实施。

4）4月13日，公司与南通大学合作的"叉车高性能特种轴承关键技术研发及产业化"项目，启动了江苏科学技术奖的申报工作。

5）5月26日，公司成功研发"新型精密三圈特种轴承"。

6）7月21日，公司通过了计量管理体系评审，获得"质量保证确认证书"。

7）9月23日，公司通过了江苏省南通市的信用管理示范企业复核验收。

8）11月26日，江苏省工业和信息化厅二级巡视员周毅彪在如皋市委副书记丁兴华的陪同下来公司考察。

9）12月7日，公司出席中国轴承工业协会第八届五次常务理事会、中国轴承工业协会第九届会员大会。中国工程机械工业协会、中国轴承工业协会授予公司"工程机械轴承十三·五（2015—2020）期间优秀供应商"荣誉称号。

10）12月7—9日，公司通过了环境管理体系年度监督审核及质量管理体系再认证审核。

五、公司荣誉

2019—2020年公司获得的荣誉见表3。

表3　2019—2020年公司获得的荣誉

序号	获奖时间	荣誉	授奖（认定）单位
1	2020-02-14	2019年度丰田叉车"生产优良奖"	丰田工业（昆山）有限公司
2	2020-04	江苏省工人先锋号	江苏省总工会
3	2020-11	江苏省民营科技企业	江苏省民营科技企业协会
4	2021-01-22	高新技术企业（2020—2023年）	科技部火炬中心
5	2021-03-08	丰田叉车"综合优秀奖"（2020年度）	丰田工业（昆山）有限公司

〔供稿单位：江苏万达特种轴承有限公司〕

浙江新柴股份有限公司

一、企业概述

浙江新柴股份有限公司（简称公司）是一家集柴油发动机及相关零部件研发、生产与销售于一体的上市公司。公司个性鲜明，自强自立，从无到有，从小到大，开拓创新。客户的认同和优秀的企业文化成就了"新柴"著名品牌，准确的市场定位和卓越的性价比使公司的产品畅销全国，远销东南亚及欧美地区，为社会提供源源不竭的优质动力，使公司逐步成为行业排头兵。

二、产品竞争力

公司的产品涵盖 N、D、K、E、B、H、F 七大系列，拥有 100 多个机型、1 300 多个变型产品，形成了完整的市场配套结构，产品的功率范围为 $10 \sim 220PS$（$1PS=0.735kW$），公司已构筑起工业车辆、工程机械、农业机械、发电机组等良好的发展格局，产品在行业内享有较高声誉。公司坚持以客户为中心，构建了贯穿产品全生命周期的"慧眼"平台，以最大限度地满足客户的多元化需求。

公司高度重视技术创新，积极开发人力资源，拥有优秀的省级企业技术研发中心和国家级博士后科研工作站，构建了完善的产品研发平台，积极与国内外著名研发机构及院校进行项目合作开发。企业核心竞争力从成本优势转向技术优势。

公司坚持"心系顾客、追求更好"的质量理念，不断提升产品质量和工作质量，在管理上，以信息化为纽带，全面导入精益化管理模式；在生产上，通过引进国内外先进设备，有效地保障了产品可靠性。

"搏潮头而立、创百年为志"，公司攻坚克难，与时俱进，努力把新柴打造成非道路小柴行业的中国第一动力品牌、国际知名品牌。

三、管理创新能力

公司邀请国内著名精益生产管理专家对公司员工进行精益生产和管理方面的培训并指导落实，建立了精益生产制度，形成了精益生产长效机制。

大力推进信息化建设，公司整合各种资源，提升信息化管理能力。公司在财务、采购、生产、管理等方面实现了信息化，车间实现了数字化生产，降低了用工成本，同时提高了产品质量。信息化的普遍运用大大地提升了公司的信息化管理能力。近两年，公司荣获了浙江省信用管理示范企业、浙江省数字化车间和浙江省互联网平台示范单位等称号。

四、技术研发能力

公司高度重视技术创新，一直以来致力于非道路用柴油机的创新研发，具有丰富的非道路用柴油机制造经验。公司已掌握了包括仿真分析技术（CAE）、发动机燃烧优化和性能匹配优化技术在内的多项柴油机领域的核心技术。公司是国家级重点高新技术企业，拥有省级企业技术中心、省级高新技术研究开发中心和国家级博士后科研工作站。公司已获得 93 项专利授权，获得省级工业新产品（新技术）以及科技成果 21 项，参与了多项国家及行业标准制定。2019 年，公司研制的 4E30 型号柴油发动机成功出口至欧洲，达到了欧五排放标准。

五、服务能力

公司始终秉承"顾客至上，服务第一"的理念，构建了包含服务中心、区域配件中心、特约服务站在内的多层次销售服务网络，基本覆盖了全国重点省市。

公司基于销售服务一体化的管理理念搭建了"新柴'慧眼'呼叫管理平台"，将售后服务中的呼叫中心服务、服务站管理和售后维修服务环节完全打通，并对服务的各个环节实时把控，确保售前、售中和售后服务得以落实。同时，该平台还具有企业售后服务数据库的功能，产品一旦进入售后流程，从产品保修到跟踪服务的全过程数据一应俱全，为管理提供支撑。公司全面、快捷和优质的销售服务能力，提升了公司的综合竞争能力，为公司开拓市场提供了保障。

六、荣誉

2019—2020 年公司获得的荣誉见表 1。

表 1 2019—2020 年公司获得的荣誉

序号	获奖时间（年）	荣誉	授奖（认定）单位
1	2019	2019 浙江省装备制造行业数字化领军企业	浙江省企业信息化促进会
2	2019	浙江省高技能人才创新工作室	浙江省总工会、浙江省科学技术厅
3	2019	2019 浙江省企业信息化创新项目优秀奖	浙江省企业信息化促进会
4	2019	2019 年中国机械工业百强企业	中国机械工业联合会 / 中国汽车工业协会
5	2020	2019 年度浙江省节水型企业	浙江省经济和信息化厅
6	2020	中国内燃机行业排头兵企业	中国内燃机工业协会
7	2020	中国内燃机工业协会成立 30 周年卓越企业	中国内燃机工业协会
8	2020	安全生产标准化二级达标企业	浙江省应急管理厅
9	2020	浙江省信用管理示范企业	浙江省企业信用促进会
10	2020	高新技术企业	浙江省科学技术厅、浙江省财政厅、国家税务总局浙江省税务局

七、发展前景

公司将攻坚克难，与时俱进，努力把公司打造成为非道路小柴行业中国第一动力品牌、国际知名品牌。

〔供稿单位：浙江新柴股份有限公司〕

淄博火炬能源有限责任公司

一、企业概述

淄博火炬能源有限责任公司（简称公司）坐落于山东省淄博市张店区，占地面积 103 万 m²，注册资本为 6.5 亿元，职工总数 2 000 余人，隶属于中国船舶集团有限公司。公司已获得 80 余项专利。公司拥有经国家 CNAL 认证和 CMA 认证的综合实验室和山东省认定的企业技术中心，设有中国船舶工业蓄电池产品性能检测中心、国家综合实验室、中船重工国防动力电源研究院等机构，公司通过了 ISO 9001 质量体系认证、职业安全健康管理体系和环境管理体系认证，与保加利亚科学院、新加坡能源研究院、哈尔滨工业大学等科研院所建立了长期合作关系。近年来，公司大力向民品领域拓展，现具备年产 600 万 kV·A·h 各类铅酸蓄电池的能力。近年来，公司秉承"高点定位、放眼全球、技术领先"的发展理念，在山东省淄川经济开发区投资建设了占地面积近千亩的火炬国防动力产业园，计划总投资 30 亿元，规划建设中船重工国防动力电源研究院、铅酸蓄电池生产基地、锂离子动力电池生产基地。基地内建设了动力蓄电池生产工房、固定蓄电池生产工房、铅砂工房、铅回收车间、仓库、注塑车间及公用配套设施，具备年产电池槽盖等塑料配套件 1 000 万套的生产能力。"火炬"牌牵引用、固定用、电动车用铅酸蓄电池及锂离子动力电池广泛应用于国防、科研、通信、铁路、电力、工程机械、储能、牵引车、防爆车辆、电动游览观光车、煤矿、物流、低速电动汽车等领域，产品大量配套于国内外电动车及国内外重大工程项目的电动车上（如为 G20 杭州峰会、上海世博会、昆明世博会、西安世博园的电动车配套及全国各大城市地铁工程车辆配套），远销欧、美等多个国家和地区。

二、2019—2020 年经营情况

2019 年，公司的工业总产值同比增长 11.3%，营业收入同比增长 13%；2020 年，公司的工业总产值同比增长 5.7%，营业收入同比增长 5.3%。

三、企业管理机构及历史沿革

公司于 1944 年在山东省胶东地区建厂，隶属于胶东行署工商局、某军区；1948 年，公司迁至山东省淄博市博山区，隶属于华东财办工矿部；1956 年，公司承接了特殊用途电池的研制生产任务，隶属于第一机械工业部；1960 年，公司迁至山东省淄博市张店区南定镇，隶属于山东省机械厅；1996 年，公司隶属于中国船舶工业总公司；1999 年，公司隶属于中国船舶重工集团有限公司；2016 年，公司进入中国船舶重工集团有限公司"中国动力"板块；2019 年，公司隶属于中国船舶集团有限公司。

四、公司业绩

公司为中国特殊领域特殊用途电池的承制单位，是我国叉车、仓储车、地铁工程用机车、场地车的最大供应商。拥有 60 余年的牵引电池研制生产历史，两次获得"国家银质奖"；与众多品牌厂家长期合作。

五、重大事件

1.2019 年

1）2 月，公司荣获淄博市人民政府组织评定的"淄博市工业企业 50 强"称号。

2）4 月，公司的"XCA60E 全地面起重机"荣获"中国工程机械年度产品 TOP50（2019）金手指奖"。

3）5 月，公司的全国首条牵引电池铸焊线投入使用。

4）6 月，公司的外贸型特种电池产品亮相泰国国防展。

5）6 月，公司的蓝海系列高端电池批量投放市场。

6）7 月，公司的"四碱式硫酸铅在铅酸蓄电池中的应用研究"等 3 个项目荣获 2019 年山东省机械工业科学技术奖二等奖、三等奖。

7）9 月 2—7 日，公司派员参加了在印度尼西亚巴厘岛举办的"第 18 届亚洲电池会议（18ABC）"。

8）10 月，公司的"新型高性能系列牵引用铅酸蓄电池研制"项目荣获第五届中国工业车辆创新奖（CITIA）（零部件类）铜奖。

9）11 月，公司通过了林德（中国）叉车有限公司的供应商审核。

10）11 月，公司的"管式铅酸蓄电池的加工方法"荣获中国船舶重工集团有限公司发明专利实施二等奖。在"第二十三届全国发明展览会·'一带一路'暨金砖国家技能发展与技术创新大赛"上荣获"发明创业奖·项目奖"金奖。

11）12 月，公司荣获广西柳工机械股份有限公司颁发的 2019 年度后市场业务特别贡献奖。

2.2020 年

1）3 月 27 日，公司申报的"淄博市阻尼及辐射防护材料工程实验室"通过了淄博市发展和改革委员会的认定。

2）7 月，公司的"涤纶排管在管式电池中性能衰减研究"等 4 个项目荣获 2020 年山东省机械工业科学技术奖一等奖、二等奖、三等奖。

3）8 月 11 日，公司的"低温型动力电池"等两项成果通过了中国船舶集团有限公司科技部组织的科技成果鉴定，产品主要技术指标达到国际先进水平。

4）9 月 9 日，公司的"华龙一号核级铅酸蓄电池"通过由中国机械工业联合会组织的科学技术成果鉴定，产品主要技术指标达到国际先进水平。

5）11 月 12—13 日，公司参加了"2020 年中国国际铅酸蓄电池高峰论坛"，在论坛上，公司做了两个科技主题演讲并发表了论文，与参会人员进行了现场技术交流。

6）11月15日，公司的"电动叉车用锂离子电池组"在"第二十四届全国发明展览会"上荣获"发明创业奖·项目奖"金奖。

3.锂电池 Pack 相关专利情况

锂电池 Pack 已获得授权发明专利 4 项、实用新型专利 1 项；已受理的发明专利 3 项，已受理的 PCT 国际专利 3 项。

六、展望未来

"十四五"期间，公司将全力打造国内一流、世界先进的国防动力电源科研生产基地，建成占地面积千亩的火炬能源新区，不断向社会各界提供更加优质的"火炬"产品。

坚持"以配套打基础、以换装拓市场"策略，以缩小与锂电池用户体验差距为目标，持续改进优化现有产品设计，不断提高产品质量、降低产品成本，巩固既有市场份额，探索新的应用领域。

展望未来，公司将切实履行中央企业的使命，深入践行高质量发展理念，奋勇争先、砥砺前行，为建成技术领先、产研一体的创新型领军企业而努力奋斗。

〔供稿单位：淄博火炬能源有限责任公司〕

安徽全柴动力股份有限公司

一、行业地位

安徽全柴动力股份有限公司（简称全柴）是一家集研发、制造、销售和服务于一体的上市公司，是国家高新技术企业、国家知识产权优势企业、国家技术创新示范企业、中国内燃机行业排头兵企业、安徽省产学研合作示范企业。全柴具备年产 60 万台系列发动机的制造能力，是目前国内最大的四缸发动机研发制造与销售企业之一，是中国内燃机行业中小功率发动机的领军品牌。

二、技术能力

全柴拥有国家技术中心及国内先进的产品试验中心，建有安徽省院士、博士后科研工作站。

1.硬实力

全柴对标国内检测中心试验室，引进国际先进的试验设备，以便采集精准的试验数据，为制作出动力强、油耗低、排放达标和舒适性好的产品提供重要支撑。引进的试验设备包括：23 个发动机台架、2 套 AVL 全流 CVS 排放设备（满足国六排放标准要求）、5 套 AVL 部分流排放设备、1 个发动机 NVH 试验台架、1 套转毂试验仓（满足国六排放标准要求）、3 套自动标定软件——AVL CAMEO、5 套燃烧分析软件——AVL INDICOM、整车冷启动仓（-35℃）、3 套 AVL 483 微碳烟度计、2 套 AVL 489 颗粒计数器、1 套 AVL FTIR 氨泄漏仪。

2.软实力

目前，全柴的计算能力覆盖性能、流体、结构和 NVH（噪声、振动和声振粗糙度）四大方面，可以在概念设计和详细布置阶段为发动机的正向开发提供有力的支持。

全柴的技术研发团队对标国际前沿技术，消化吸收高精尖技术，提高公司的技术创新能力。

全柴采用行业先进的开发软件工具，以保证新产品的各项指标顺利达成并得到充分验证。

全柴建立了全自主标定能力及技术研发团队，大大缩短了产品开发周期。

三、市场影响力

全柴的发动机产品功率覆盖 15 ～ 380 马力（1 马力 =735.499W），广泛应用于汽车、叉车、农业装备、工程机械和发电机组等。凭借良好的产品质量和完善的售后服务体系，全柴的产品销售至全国各地及东南亚、欧洲等多个国家和地区。目前，全柴在全球已拥有 1 000 多万个用户。全柴叉车专用发动机在国内同行业中处于领先地位，全柴自主研发生产的 C 平台和 J 平台叉车发动机可满足国四排放标准要求，获得广大用户的一致认可，是合力、龙工及台励福等国内众多叉车厂商内燃机动力的首选产品，已出口到南非及东南亚等地区。

四、产品结构

在轻型商用车方面，全柴的产品与福田、东风、江淮及一汽等国内 20 多家主机厂的产品配套。主要配套范围：客货两用车、微型货车、轻型货车、中型货车等轻型商用车。

在工业车辆方面，全柴的产品与合力、龙工、柳工、台励福、海斯特及林德等 20 多家主机厂的产品配套。配套的叉车吨位为 1～16t。

在农业装备方面，全柴的产品与雷沃、沃得、东风农机、道依茨及星光等 60 多家主机厂的产品配套。主要配套范围：拖拉机、收获机（水稻、小麦和花生）、植保机、插秧机等，功率为 40～240 马力（1 马力 =735.499W）。

在工程机械方面，全柴的产品与徐工、柳工、厦工、临工、路达威及明宇等 50 多家主机厂的产品配套。主要配套范围：装载机、挖掘机和压路机等。

五、服务能力

全柴已建成了覆盖全国的响应速度快、处理效率高、备件供应及时的较为完善、适应公司多产品用途的市场服务网络。

服务体系：全柴在全国拥有 1 400 多家服务站，主要销售区域下沉至县域。

配件体系：全柴在全国设有 36 家配件中心、44 家配件专营店。

三限服务：限时响应时间 ≤15min，限时到位时间 4h（重点区域）、6h（偏远区域），限时 24h 服务闭环。

六、重大事件

1）2019 年 5 月，全柴成立了海外市场部。

2）2019 年 6 月，配套 5～10t 叉车的高端四气门 4J 柴油动力产品批量投放市场。

3）2019 年 9 月，安徽省经济和信息化厅副厅长王灯明到全柴考察调研。

4）2019 年 9 月，安徽省科技成果转化服务中心副主任张政处长一行到全柴考察调研。

5）2019 年 12 月，全柴配套 2～3.8t 叉车的 VP 泵技术路线产品批量投放市场。

6）2020 年 1 月，中国工程院苏万华院士到全柴调研。

7）2020 年 2 月，安徽省委书记李锦斌到全柴视察抗疫复工情况。

8）2020 年 3 月，全柴配套 3～3.5t 叉车的国产共轨技术产品批量投放市场。

9）2020 年 4 月，全柴配套 5～12t 叉车的高端四气门 6J 柴油动力产品批量投放市场。

10）2020 年 8 月 12 日，全柴举办了中氢科技、全柴动力、全椒全瑞氢能产业合资合作协议签约仪式。

11）2020 年 8 月，全柴获得"第五届安徽省人民政府质量奖"。

12）2020 年 10 月，安徽省副省长何树山到全柴考察调研。

13）2020 年获得以下荣誉：

中国源动力·市场先锋、中国红十字会奉献奖章、中国内燃机行业排头兵企业、卓越企业、安徽创新企业 100 强、捐赠武汉荣誉证书。

七、发展前景

未来，全柴将坚定不移地以客户为中心，坚持"质量、市场、效益、生存"经营理念，实现品牌、研发、质量、服务四位一体融合发展，提升品牌价值。坚持内涵式增长与外延式发展并重的发展方向，坚持绿色发展，依靠公司一流的技术研发和制造能力，打造百年全柴。

〔供稿单位：安徽全柴动力股份有限公司〕

合肥长源液压股份有限公司

一、企业概述

合肥长源液压股份有限公司（简称长源液压）始建于1966年，至今，已深耕液压行业五十五年，原系国家定点制造液压元件的企业之一，是专业从事各类液压元件研发、生产和销售的国家高新技术企业。长源液压位于合肥市新站区瑶海工业园内，占地面积10万 m^2，现已形成年产各类液压元件100余万套的生产能力。

长源液压主要产品包括液压泵、液压马达、液压阀、液压缸、液压系统及控制系统五大类，共有200多个系列、4 500余种规格，具有较强的综合配套供应和服务能力，是国内少数具有全系列液压系统元件研发生产能力的企业之一。产品广泛应用于工程机械、叉车、专用车辆、现代农业机械及其他非移动设备领域等。

长源液压常年来以扎实的工作获得了各级政府的认可，先后获得中华人民共和国国家质量奖、全国用户满意企业、2021年安徽省"专精特新"冠军企业、安徽省质量管理奖、安徽省绿色工厂等荣誉；同时还荣获中国工程机械工业协会的液压件及附件最具影响力品牌、优质供应商、优秀配套件供应商等称号；荣获中国液压气动密封件工业协会的行业技术创新先进单位及全国用户满意企业、优秀供应商奖、行业技术创新先进单位、行业技术进步一等奖等荣誉称号。2017年，长源液压被工业和信息化部授予"中国制造业单项冠军培育企业"称号，并于2019年通过复核。2020年获得安徽省科学技术奖一等奖。

二、自主创新成果

装备制造业是为国民经济各行业提供技术装备的战略性产业，是各行业产业升级、技术进步的重要保障和国家综合实力的集中体现。目前，我国制造业还处于大而不强的阶段，这主要是因为我国液压件等基础件行业的技术基础差，创新能力不足。在此背景下，长源液压不断加大研发投入力度，加强技术创新，提升工艺水平，增强企业的竞争力。长源液压还努力开发更多更好的液压产品，为推动国家装备制造业由大变强做贡献。

长源液压现有一支具有很强研发、设计能力及丰富实践经验的液压领域科技队伍，截至2020年12月，长源液压拥有员工500余人。其中：技术人员130人，占员工总数的比例约为26%；高级工程师以上的专家18人。研发团队实力雄厚，能满足公司在研发、设计方面的技术创新需求。长源液压严格贯彻执行ISO 9001质量体系标准，把高标准、精细化作为管理准则，把以品质提升价值作为质量理念，把技术创新和工艺水平提升作为工作基点。通过不断加大研发投入，搭建产学研平台，形成了一系列居于国内领先水平的核心技术和成果。

1. 知识产权

长源液压作为国家高新技术企业、省级企业技术中心企业、合肥市工程技术研究中心企业，对知识产权保护非常重视，现已获得我国授权专利212项，其中：发明专利42项。

2. 标准建设

长源液压作为全国液压气动标准化技术委员会液压传动和控制分技术委员会委员，一直以来都积极参加国家和行业标准的制修订工作。长源液压主持和参与制定了28项国家、行业标准并已全部公布实施，正在主持和参与制定的国家行业标准有7项。同时，长源液压一直以来在标准制修订方面的努力与付出，得到了全国液压气动标准化技术委员会成员单位的一致认可，长源液压连续两年被授予"国家（行业）标准制定有突出贡献单位"荣誉称号。

3. 新产品研发

长源液压一直强化新产品、新技术研发，在研发创新上保持高投入，2019—2020年，长源液压的研发资金一直保持充足状态。2005年以来，长源液压先后有48项产品通过了安徽省新产品、新技术鉴定，主要技术指标处于国内领先（先进）水平，多项产品获得行业技术进步奖。其中：2019—2020年度，CBGT系列高压低噪声铸铁齿轮泵、DLSG-F20L系列多路换向阀、HS-G100/60-475x825A新型蓄能液压缸、CBRH112-BFP低噪声斜齿轮润滑齿轮泵、URV1405-CNCT-S伸缩油缸5项产品入选安徽省新产品认定名单。

三、市场开拓

1.优质的客户资源

长源液压坚持以客户为中心，秉承"为客户创造竞争优势，与客户共同成长"的经营理念，在为客户提供优质产品的同时，还为客户提供系统解决方案，共同参与主机产品研发。因此，积累了大量的客户资源，目前，长源液压的客户数量已达千余家，其中有大量优质客户，如合力、杭叉集团、比亚迪、徐工集团、三一集团、中联重科、柳工股份、中国一拖、雷沃阿波斯等国内众多知名主机客户，基本涵盖了工程机械、工业车辆及现代农业机械等主机行业的龙头企业。同时，长源液压还和林德（中国）、永恒力、卡特彼勒、日本古河及科乐收等国际知名品牌主机企业建立了长期供货关系。凭借过硬的产品质量和丰富的产品规格，长源液压与上述客户形成了长期稳定的合作关系，为长源液压业务的持续稳定增长奠定了坚实的基础。

经过多年合作，长源液压与许多客户建立了新型战略合作关系，积极参与到主机企业的产品开发中。随着主机市场的快速发展，主机更新换代的速度不断加快，对液压件新产品从开发到批量生产提出了更高要求。目前，长源液压已先后与合力、杭叉集团、徐工集团、柳工股份及中国一拖等多家主机客户进行了战略合作。通过战略合作，长源液压与下游主机客户的合作关系得以进一步巩固。在工业车辆领域，长源液压持续加大该领域液压元件的研发、生产投入，并与主机企业紧密配合，现已成为工业车辆领域配套泵阀类液压元件产品品种规格较齐全的企业，特别是在电动叉车、新能源叉车、仓储叉车的低噪声泵、电液比例阀、负载敏感阀等产品方面取得了突破性成果。长源液压正努力将自己打造成工业车辆行业液压元件的全球优势生产企业。

2.强大的销售网络

根据市场需求特点，长源液压坚持"主机市场直销、配件市场经销"的销售模式，制定并实施"重点区域＋战略大客户"的营销策略。经过多年发展，目前，长源液压已在全国设立了16家办事处，初步形成了以合肥为核心，华东、华北、华中和华南为重点区域，东北、西北、西南为发展区域，基本覆盖全国重点区域和重点战略客户的销售服务网络。

3.完善的售后服务

长源液压专注液压行业五十五年，不仅拥有强大的液压元件研发生产能力，同时也具有较强的后期服务能力。长源液压拥有专业的售后服务队伍，完善的售后服务体系，每一个客户遇到问题，长源液压都能及时给予反馈和处理。

四、2019—2020年大事记

2019年，长源液压连续两届荣获"国家（行业）标准制定有突出贡献单位"称号。

2019年，长源液压通过工业和信息化部的"制造业单项冠军培育企业"（2017—2019年）复核。

2020年，长源液压荣获安徽省科学技术奖一等奖。

五、公司使命

公司的使命是：

为客户创造竞争优势，与客户共发展。

为员工提供乐业之所，与员工共成长。

为社会做出应有贡献，与社会共进步。

长源液压将积极推进自主创新，不断提升技术水平，全面提升产品质量和管理水平，依靠技术和品牌优势，积极拓展国内、国际市场，为中国液压技术的发展、提高国家核心竞争力做出贡献。

〔供稿单位：合肥长源液压股份有限公司〕

卡斯卡特（厦门）叉车属具有限公司

受益于中国经济的持续稳健发展，以及中国积极有效的新冠肺炎疫情防控措施，2019—2020年，中国制造业经历了稳中有升、短暂的疫情冲击、迅速复苏和快速增长的发展阶段。在此期间，卡斯卡特（厦门）叉车属具有限公司［简称卡斯卡特（厦门）］充分把握时机，发挥在技术、制造和服务等方面的综合优势，积极配合各叉车厂切实贴近用户，提供个性化、智能化解决方案和主动提供增值服务，充分满足市场需求；继续打击假冒产品，维护消费者权益。卡斯卡特（厦门）各项经济指标不断突破，处于历史最好水平。

一、持续创新，不断完善产品序列，坚持技术前瞻和领先优势

2019—2020年，卡斯卡特（厦门）保持与卡斯卡特总部技术中心、欧洲和亚太各地技术团队的密切顺畅技术交流合作，及时分享全球最新研发成果，根据我国市场需求加快研发创新的步伐，继续完善现有产品序列，以满足市场的新、特需求。

2019—2020年，卡斯卡特（厦门）的新产品38H/42H系列纸卷夹、23C/28C系列智能称重货叉、X75E固定旋转装置、X55C带倾斜功能的整体式侧移器、X10H单双托盘叉、180J整体式调距叉、100C/120C/150C/150B调距叉、100G旋转调距叉成功投放市场；45E系列叉板可折叠式软包推出器、440V整体式调距叉完成了研发并已投放市场进行测试；成功研制了经济型系列的25F/35F整体式侧移器、28A软包夹、25GA单双托盘叉、65GA旋转器、IVP旋转推出器等产品，获得市场充分认可；自适应夹紧力控制系统（HFC）与25D纸箱夹等产品匹配应用、称重货叉蓝牙数据传输等智能化项目成功推进。

2019—2020年，卡斯卡特AGV属具项目进展显著：卡斯卡特属具因其可靠、精准的特性更符合AGV需求而开始进入更多领域，卡斯卡特（厦门）的电驱动属具产品研发也向系列化推进。在中国，卡斯卡特AGV属具与合力、杭叉集团、林德（中国）、比亚迪、瑞博特、中力、尤恩和宇锋等叉车主机厂，极智嘉、艾吉威、井松等AGV制造商，以及昆船物流等物流技术集成商密切合作，已在家电、食品饮料和纸业等行业有多项成功应用案例。

物流技术日新月异，推陈出新的步伐日益加快，卡斯卡特坚持充分发挥自己的独特优势，密切跟踪最新技术和方向，以更具前瞻的属具技术迎接挑战，服务未来市场。

二、继续加大技术改造投入，提高产能和效率，满足我国市场快速增长的需求

植根中国，持续投入，是卡斯卡特在中国的长期经营战略。2019—2020年，卡斯卡特（厦门）在执行既定的技术改造升级和增产扩建计划的同时，适时加大技术改造投入，叉车属具、货叉和工程机械的生产线布局更趋于合理、高效。其中：侧移器、整体式侧移器、调距叉项目，新增了多台全部配套电磁工装的进口加工中心和数台智能焊接机械手，设备和装备的先进程度超过了卡斯卡特美国工厂，大幅提升了侧移器、调距叉等OEM产品和各类叉车属具的产能，制造工艺水平进一步提高；卡斯卡特（厦门）优化了生产流程和信息交互平台，改进了工艺技术，提高了生产效率，在实现叉车属具整体产能持续创新纪录的同时，产品品质更稳定，订单交货期更有保障；充分发挥技术和制造优势，卡斯卡特（厦门）的AED个性化定制产品设计和加工周期进一步缩短，特殊定制产品的占比稳步提高，服务更专业和产品品质更高。

三、强化后市场服务能力，贴近用户、主动服务，提升客户满意度

2019—2020年，卡斯卡特（厦门）继续调配资源,加大后市场的人员和设备投入,有效提升再制造属具和售后配件的产能,扩大后市场服务支持范围,提高敏捷度,为用户提供更多的增值服务。

2020年10月,响应中国工程机械工业协会工业车辆分会以"遵章守法,关爱生命,安全第一"为主题的首届"中国叉车安全日"活动号召,卡斯卡特(厦门)以"安全和效益"作为本年度"服务万里行"的主题,开启了全国范围的客户走访和服务活动,与客户交流高品质属具的选择方法和安全操作为企业带来效益的经验体会,分享鉴别假冒伪劣属具整机和配件的方法,增强用户合理维护保养设备的意识,开展属具安全操作规范培训。历时两个半月的主动走访服务,更加密切了卡斯卡特(厦门)与用户的关系,更全面深入地了解了用户需求,也得到了行业和用户的充分认可。

四、关爱员工,增强企业内部凝聚力,构建和谐向上的企业文化

让员工满意是卡斯卡特构建和谐向上企业文化最重要的着力点和基本要求。2019—2020年,卡斯卡特(厦门)形成了集思广益、群策群力的企业文化,并从工作生活多个方面关心员工成长,改善工作环境,组织多种形式的员工活动,增强员工的凝聚力。

2020年春,部分春节返乡员工因新冠肺炎疫情,滞留家乡长达一个多月,卡斯卡特(厦门)管理人员一对一联系滞留员工,每天了解员工及其家人的相关情况,安抚员工的情绪并竭尽全力为其提供帮助。新冠肺炎疫情突发伊始,卡斯卡特(厦门)迅速做出反应,周密部署,制定了详细的防疫措施,扎实地推进防疫工作,确保工作环境卫生;卡斯卡特(厦门)克服重重困难,多项举措护航复工复产,通过国内外多种渠道筹备了充足的防疫物资,保障员工的个人防护用品供应,确保全公司按时全产能复工并持续稳定地推进生产经营。全体员工同心同德全力以赴,不仅充分保障国内主机厂订单的及时交付,而且对受疫情影响的亚太、北美和欧洲市场提供了有力支持,为卡斯卡特(厦门)当年生产经营再创历史新高奠定了坚实的基础。

卡斯卡特(厦门)关心员工的工作环境,尤其注重持续改善生产一线工人的工作环境。2019—2020年,卡斯卡特(厦门)陆续完成了厂区通风降温设施的升级建设,更新改造了焊接、打磨等除尘设施,致力于为员工创造更舒适、健康和安全的工作环境。

2019年11月,卡斯卡特(厦门)举办了首届职工运动会,员工驰骋赛场,尽情挥洒,充分体现了"以人为本"的企业文化理念,展示了卡斯卡特员工健康、快乐、活力无限的精神风貌。

2019—2020年,卡斯卡特在中国持续推进和完善各项工作并取得了卓有成效的成果。面对瞬息万变的市场需求,更新迭代不断加快的物流技术,卡斯卡特(厦门)将更加努力跟踪新技术,深入了解市场需求,加快发展步伐,更好地服务中国市场。

〔供稿单位:卡斯卡特(厦门)叉车属具有限公司〕

科蒂斯仪器（中国）有限公司

科蒂斯仪器公司(简称科蒂斯)是目前世界最大的以生产电动车辆控制系统、计时计数器、电池监控仪表等产品为主的跨国公司之一,已成为全球众多工业车辆和设备生产商在专业仪表和系统集成方面的设计伙伴和供应商。科蒂斯成立于1960年,总部位于美国纽约州,在全球设置的3个生产基地、5个研发中心及众多分支机构,为客户提供了全球技术支持和服务。科蒂斯拥有同行业中规模最大的研发团队,产品曾用于美国航天总署的阿波罗登月飞船中。秉承航天技术和60

多年的行业经验，科蒂斯以卓越的管理水平、强大的研发能力和优异的产品品质成为电动车辆控制系统设计和制造的全球领导者。灵活性、多功能性和良好的操控性是科蒂斯车辆控制系统的设计基础。

作为科蒂斯的全资子公司，科蒂斯仪器（中国）有限公司（简称科蒂斯中国）自 1995 年于江苏省苏州市成立以来，至今已有 26 年的发展历史。科蒂斯中国不仅拥有世界一流的生产设备和制造工艺，还建立了代表公司技术水平的产品研发中心。科蒂斯中国已通过 ISO 9001：2015 和 ISO 14001 管理体系认证，并致力于建立从研发设计到产品交付的整体化质量管理体系。科蒂斯是较早在中国设立从研发、生产、销售以及完整的本地化售后服务体系的电机速度控制器外资厂商。

科蒂斯中国根据我国客户的需求及变化，以敏感的触角、先进的技术水平和强大的研发能力、精良的生产制造设备、及时的资源支持服务，深得我国客户的青睐，其产品被广泛应用于物料搬运设备、工程机械、高空作业平台、AGV、高尔夫球车、观光车、残障车、康复轮椅、扫地车、洗地机及割草机等类工程电动车辆中。据统计，世界上许多知名物料搬运企业所使用的电动车辆控制系统来自科蒂斯。

科蒂斯中国可为物料搬运行业提供完整的解决方案和完整的产品线。持续不断地进行产品研发，为叉车、仓储车辆和小型电动搬运车提供了性价比更高的产品。为满足欧盟最新 ENISO 13849-1 安全规范的要求，近年来科蒂斯中国推出了一系列体积更小、安装更便捷、运行速度更快和效率更高的 SE 系列控制器及符合欧盟 EN 1175—2020 标准的 F 系列控制器；推出了引领了中国 mini 托盘车和仓储车发展的永磁有刷 1212P 和 1212S、永磁无刷 1226BL 及交流 F2-A、F2-C 系列控制器；推出了科蒂斯新一代集成工具包 CIT，CIT 具有的完美交互功能，为客户提供了一个系统整合能力更强、更灵活的制造性价比更

高的定制化车辆的平台。近两年，随着我国工程机械向电动化方向迅速发展，科蒂斯中国也快速推出了适用于工程机械高空作业平台的结构紧凑、性能卓越的 F2-T、F2-D 集成双交流控制器；科蒂斯中国针对小型电动挖掘机等工程机械车辆可提供行走、转向、液压控制系统，以及多功能显示仪表、系统控制模块及 I/O 模块等产品。2021 年，科蒂斯中国推出的远程车辆管理系统不仅可以进行车辆的远程监控、诊断、控制，还可以进行远程参数的调整和下载，真正实现车辆系统的智能化管理。

从最初的样车设计到最后的产品发布，科蒂斯中国的研发和技术支持团队一直致力于在为客户开发的每一步都支持客户的需求，帮助客户选择匹配的系统组件，设计适用于所有类型电动车辆的完整控制系统，为客户提供电驱动的全面解决方案，共同打造绿色环保的电动化产品。

为了更好地服务行业终端客户，近三年来，科蒂斯中国销售团队直接面对行业客户的销售模式逐步成熟，并进一步加强了和客户间的密切合作。针对不同行业客户需求，科蒂斯中国销售和技术支持团队举办了多次产品技术交流会，介绍科蒂斯的最新产品及应用方式，与 OEM 主机厂技术人员进行车辆控制系统和解决方案方面的交流，现场开展应用和售后服务培训，受到了客户的广泛欢迎和赞誉。

从 2019 年初至 2020 年，科蒂斯中国先后荣获"杭叉集团 2016—2018 年度优秀供应商、江淮重工 2019 年技术合作奖、诺力 2020 优秀供应商"等称号，这些是客户对科蒂斯中国近年来不懈努力的充分肯定。科蒂斯中国不仅为客户提供了世界一流品质的产品，更为客户提供了本地化的灵活服务。从新项目的研发服务，售前的技术支持调试，到本地化快速供货以及高时效的售后服务，科蒂斯中国一直追求做得更好。

科蒂斯中国将一如既往地专注于产品品质、优秀设计和生产可靠性，始终如一地为客户提供标准化的系统解决方案，并提供优异的本地化服务，

不断致力于新产品和新技术研发，将环保理念和技术赋予精良的产品，并在行业中大力推广，为促进我国工业车辆行业发展而努力！

〔供稿单位：科蒂斯仪器（中国）有限公司〕

卡斯卡特（河北）货叉有限公司

一、企业概述

卡斯卡特（河北）货叉有限公司（简称卡斯卡特河北）坐落于河北省衡水市景县龙华工业园区，成立于1997年，是美国卡斯卡特公司（简称卡斯卡特）的全资子公司，主要产品为叉车货叉及相关产品。

卡斯卡特总部设在美国俄勒冈州波特兰市，成立于1943年，是世界领先的叉车属具、货叉及其相关产品制造商，在北美洲、欧洲和亚洲均拥有制造基地，销售和服务网络遍布全球，拥有全球领先的工艺技术和一定的市场份额。

卡斯卡特河北90%的管理人员具有大学本科及以上学历，为打造精英团队奠定了人才基础。

卡斯卡特河北的年产能为60万支货叉，经过第二次技术改造后，年产能已达到75万支。卡斯卡特河北的产品最小可与0.4t叉车配套，最大可与75t叉车配套，并可以根据客户需求定做不同型号、不同用途的货叉产品。

二、产品简介

除目前国内外主机厂常用的挂钩型标准货叉和套筒货叉外，卡斯卡特河北还专注于各种特殊货叉的研制，为使用者提供不同场合下的搬运方案。

1. 卡斯卡特声盾（降噪货叉）

过多的噪声可能会令人烦恼，并可能给员工带来不必要的压力。减少噪声污染，可以营造一个更加安静的工作环境。卡斯卡特声盾通过减少多余的噪声让电动叉车和AGV可以安静地行走。

2. 称重货叉

卡斯卡特称重货叉可适配带有国际标准型号货叉架的叉车。这种创新型货叉可在搬运货物的同时进行称重。采用蓝牙技术的无线显示装置，可直观地显示并跟踪单个货物的重量、多种货物的累加重量以及每次搬运的单元货物数量。卡斯卡特称重货叉已通过了美国NTEP认证，计重值与实际重量误差在1‰之内。称重货叉有以下用途：进货控制、预防过载、配料、填充、废品管理、拣料和库存管理。

3. 滚珠式板叉

卡斯卡特滚珠式板叉可以提高叉车的多功能性和效率。这款特殊货叉使用了可伸缩的内部滚动机构来快速装卸托盘、衬板等，并能方便地挂在标准的叉车挂架上，在某些应用中，它比推拉车更轻便，更具成本效益。

4. 包不锈钢货叉

包不锈钢货叉应用于卫生要求较严格的行业，例如食品和饮料行业。

5. 防爆货叉

防爆货叉应用于易燃易爆、多粉尘的密闭环境或者易产生电火花等的危险作业场所，如化工厂、粮仓、矿山、涂料厂、军工厂、军械库及其他存储场所。根据防爆等级不同，可进行定制。

6. 串杆

串杆通常用于装卸中间带孔的卷状货物，如钢卷、布匹卷等。可有效避免货物被划伤。

7. 包聚氨酯货叉

包聚氨酯货叉用于表面平滑的货物，或者需要保护表面的货物装卸。

8. 货叉套

当负载较轻但长度远超叉臂范围时，货叉套可有效延长叉臂长度。

9. 螺栓固定货叉

螺栓固定货叉通过螺栓把货叉固定在托架（叉架）上。这种设计大大减少了货叉在叉车装载或叉车运动时的晃动。

10.木材货叉

此种货叉叉臂非常宽且薄，是木材专用货叉。

11.折叠货叉

折叠货叉的叉臂可以折叠起来，用于叉车活动区域受限的情况，比如在电梯中使用。

12.砖叉

砖叉用于搬运各种砖块。

13.偏心货叉

偏心货叉用于两支货叉分开距离需要大于门架宽度的情形，有利于搬运过程中货物的稳定，提高安全性能。

14.滑动货叉

滑动货叉主要用于港口等重载搬运场所。滑动货叉的滚动轴承可在重载情况下减小摩擦力，使滑动更顺畅。

三、质量管理

1.完善的质量管理体系

卡斯卡特河北通过严格执行工序质量控制、健全的自检互检制度，确保货叉产品质量稳定。

1）货叉体材料采用卡斯卡特加拿大工厂于1984年联合当地钢厂成功开发的材料，该材料的综合性能高于ISO 2330标准，多年来一直受到客户的好评。

2）型材货叉质量稳定、外观美观、综合机械性能良好。

3）热处理：卡斯卡特全球采用统一的热处理工艺和淬火介质，确保产品具有可靠的综合机械性能。

4）安装尺寸：用止通规或专用量具进行100%的检测。

5）探伤：100%探伤折弯部位和所有焊缝，确保无缺陷并保存探伤记录。

6）建立电子文档，按生产批号保存所有记录10年以上，可实现质量可追溯。

先进的硬件设施需要健全的管理体系来支持。卡斯卡特多年来一直重视管理和团队建设：2008年顺利通过了ISO 9001质量管理体系认证和职业健康安全管理体系认证、ISO 14001环境管理体系认证；2012年通过了ISO 3834国际焊接企业资格认证。

2.齐全的货叉检测能力，为产品高质量保驾护航

卡斯卡特河北建立了健全的货叉综合试验室，定期对货叉进行检测，确保货叉质量处于领先水平。

与国家工程机械质量监督检验中心建立了长期研发和检测合作关系，多次受其委托进行货叉相关测试。

依托卡斯卡特加拿大货叉研发中心，不断对产品进行创新，确保货叉处于技术领先地位。

近两年，卡斯卡特河北新增加了25t货叉疲劳试验机和60t货叉屈服试验机，货叉检测能力居行业领先地位。

通过完善质量管理体系及全体员工的共同努力，自2017年以来，客户投诉率已连续四年逐年大幅下降。凭借产品的高质量、短交货期、高性价比，卡斯卡特河北的货叉产品越来越受到客户的认可和欢迎，产销量逐年创历史新高。

四、快速的售后服务，解决客户后顾之忧

服务是产品整体质量的重要组成部分，卡斯卡特河北始终秉承"用户至上"的经营宗旨，为客户做好全方位的售后服务工作。卡斯卡特河北的售后服务部门在收到客户质量反馈后，首先根据收到的信息做出初步判断，如有需要，国内可在48小时内派出售后服务人员到达现场，在规定时间内给出处理方案并及时解决问题；国外可依托卡斯卡特当地分公司协助处理。卡斯卡特河北的售后服务连年获得客户好评！

五、生产线改造

工欲善其事必先利其器。卡斯卡特河北长期致力于设备自动化、智能化和现代化建设，每年投入大量资金进行设备升级改造。

1）2017年度，新增加了6m龙门铣床、水性漆自动喷涂线、下料中心等设备。对挥发性有机化合物（VOC）环保设备进行了升级改造。

2）2018 年度，新增加了全自动小套筒货叉焊接机器人系统、全自动燃气热处理炉组，提高了生产效率和质量稳定性。

3）2019 年度，新增加了大吨位试验台，进行了燃气炉低氮排放改造并对 VOC 环保设备进行进一步的升级改造。

4）2020 年度，进行提高产能和安全设施的改造。

5）2021 年度，计划进行生产线的智能化和自动化改造。

六、后勤保障

卡斯卡特河北的员工宿舍设施齐全，配有专门的劳保用品柜（每人一个）、空调、洗澡间和饮水机，另外，员工宿舍专门配有洗衣房，每天轮流为员工洗涤衣物及床上用品。

卡斯卡特河北餐厅每周五列出下周每天的菜品计划，公司给予每位员工一定的餐费补贴，让员工以远低于市场的价格吃到可口的饭菜，保证食物多样性，使营养更均衡。

卡斯卡特河北设有图书室，图书种类较多并每年进行更新。卡斯卡特河北还设有台球室和乒乓球室，让员工在工作之余，既可以增长知识，又可以锻炼身体。

卡斯卡特河北每年不定期举行联欢会及文体活动，增强员工的团队意识。

在非疫情期间，卡斯卡特河北每年会组织全体员工及家属旅游，放松身心。2020 年秋，卡斯卡特河北给每位员工发了一辆捷安特自行车，用于骑行健身。

七、重大事件

2018 年 1 月，卡斯卡特河北荣获广西柳工机械有限公司授予的"质量金奖供应商"称号。

2018 年 1 月，卡斯卡特河北被河北省衡水市景县人民政府授予"百强企业"称号。

2018 年 11 月 5—9 日，卡斯卡特亚太经理会议在卡斯卡特河北召开，大会取得了圆满成功。卡斯卡特河北对这次会议的精心策划和周到服务得到了与会者的一致好评，董事会决定继续加大对卡斯卡特河北的投入。卡斯卡特河北将不断提高生产管理、设备管理、现场管理、安全管理和产品质量管理水平，广泛征求员工意见，鼓励员工积极建言献策，实现共同努力、共同进步！

2019 年 2 月，卡斯卡特河北获得丰田工业（昆山）有限公司颁发的"2018 年度生产优良奖"。

2019 年 3 月，卡斯卡特河北获得"河北省工业企业研发机构证书"。

2020 年 2 月，卡斯卡特河北获得丰田工业（昆山）有限公司颁发的"2019 年度'生产特别奖'"。

2020 年 6 月，卡斯卡特河北在抗击新冠肺炎慈善捐款活动中被景县慈善协会授予"慈善企业"。

八、企业文化

企业精神：竭尽全力，独创一流。

企业宗旨：让客户满意，让员工满意。

卡斯卡特河北将以不懈的努力，让全球叉车行业充分享受卡斯卡特河北货叉产品的价值，这是卡斯卡特河北永远的责任和担当。

〔供稿单位：卡斯卡特（河北）货叉有限公司〕

靠普 - 东方（厦门）叉车属具有限公司

一、企业概述

德国的靠普机械制造股份有限公司（KAUP）是世界知名的叉车属具制造商，1962 年开始致力于叉车属具的生产。靠普属具以其高品质、多品种，以及德国 KAUP 良好的服务和及时的配件供应而闻名。

1996 年，KAUP 来到中国，不仅为中国及亚太地区用户提供具有世界领先技术的靠普宽视野叉车属具，而且还提供全面的、科学的配套服务，如售前选型、属具知识培训，安装维修以及良好的售后服务。

靠普－东方（厦门）叉车属具有限公司（简称靠普－东方）地址位于福建省厦门市海沧区，为 KAUP 的全资子公司，占地面积 20 000m²。先进的生产设备和合理的工厂规划使靠谱－东方的产能得到进一步提升，合理的工艺流程保证了产品质量的稳定，现代化的企业管理系统保证了产品从原材料直至售后服务等一系列环节的连贯性、可控性和准确性。

2020 年是具有挑战的一年，新冠肺炎疫情肆虐全球，市场经济竞争错综复杂，靠普－东方上下齐心、稳中求进，积极面对市场的变化，在全体员工的不懈努力下，取得了傲人的销售业绩！

二、重大事件

2019 年 10 月，靠普－东方参加了"2019 第 20 届亚洲国际物流技术与运输系统展览会（CeMAT ASIA）"，携带双托盘叉、推拉器、前伸叉和纸箱夹等产品参展。优秀的销售团队、专业的服务、可靠的产品质量，深受国内外客户欢迎。

2020 年 1 月，靠普－东方成功生产出大吨位属具 25T 351 旋转器。在德国 KAUP 技术团队的支持下，在全体靠普－东方领导和员工的共同努力下，首台 25T 旋转器，经历了高难度专业技术的考验，最终在靠普－东方成功制造，顺利交付澳大利亚客户。该属具载荷能力为 20 000kg，是根据客户的实际工况量身定制的产品，因为专业，品质优异，旋转器与客户叉车完美匹配，客户满意度极高。

三、产品开发和创新

2020 年，在产品开发和创新方面，靠普－东方推广了重磅产品 —— 智能夹持纸箱夹。

KAUP 自主创新研发的物料搬运平夹/纸箱夹 T413G、T414，设计了独立的智能夹持系统。智能夹持系统是目前市场上唯一的一种能够自主运行的智能夹持系统。

该系统是根据货物的重量自动调节属具夹紧力，而不是根据货物的尺寸来调整属具夹紧压力。智能夹持的目的是确保对货物施加的夹紧力达到

实际需要，而不需要叉车操作员干预。智能夹持系统不仅能保证货物的无损搬运，而且不需要对叉车液压系统进行干预，仅需要一个电源，即插即用。

四、产品简介

KAUP 可提供载荷量为 1 000 ～ 40 000kg 的液压控制叉车属具，所有产品均经过 DIN EN ISO 3834-2：2006-03 和 ISO 9001：2008 认证。

KAUP 主要有以下几类属具：纸卷夹、纸箱夹、载荷稳定器、前伸叉、软包夹、侧移器、多托盘叉、叉夹、桶夹、多用平夹、旋转器、串杆、烟包夹、调距叉及推拉器。

KAUP 可根据客户的实际工况需要设计制造特殊用途的属具；已通过 PTB 认证，KAUP 可提供防爆型属具产品。

KAUP 还可以为客户提供固定式搬运装置、集装箱吊具。

主要产品简介：

1. 多托盘叉

KAUP 多托盘叉可满足低成本、高收益的采购需求。KAUP 多托盘叉的宽视野及低磨损设计使操作更加快捷、设备的使用成本更低，高可靠性及耐用性让客户有更多的盈利空间。

2. 调距叉、前伸叉

KAUP 宽视野调距叉可以方便地调整货叉间距，以提高叉车司机的操作效率，并大大减少事故发生的可能性。KAUP 新款前伸叉不仅可以用于第二排托盘作业及双深度作业，而且还可以当作液压货叉套使用。

3. 推拉器

KAUP 推拉器可通过纸滑板或塑料滑板进行物料搬运，不仅可以节省昂贵的、笨重的传统托盘，而且还可以节省传统托盘所占用的空间。使用 KAUP 推拉器可进一步降低海运成本。

4. 纸箱夹

KAUP 纸箱夹在世界各地已经广泛应用于白色家电（冰箱、洗衣机等）等类货物的无托盘化搬运。KAUP 所提供的多种型号或所设计的特殊纸箱夹几乎涵盖每一个特殊搬运需求。

五、市场经营与销售情况

2020 年，在市场经营和销售方面，靠普叉车属具作为世界知名的叉车属具品牌，凭借几十年的专业技术沉淀，快捷的服务响应得到了客户的高度认可。

KAUP 拥有丰富的产品线，可贴近客户需求，为客户提供安全高效的特色产品，保障客户高峰时的生产需求。

随着市场经济的迅猛发展，智能化产品逐渐普及，靠普叉车属具吸引了许多 AGV 客户的目光，KAUP 为 AGV 客户定制的属具（旋转叉夹/托盘转换夹）已成功运用在实际工作中。

六、企业管理与文化

2019 年，靠普－东方对员工进行了质量管理方面的培训，通过学习交流，员工的质量管理能力得到极大提升，顺利完成了公司品质部门组织的内审，并顺利通过了认证机构 TÜV 莱茵的 ISO 9001：2015 换证审核，已取得新的证书。

在企业文化方面，靠普－东方在推进精益生产的同时也为员工创建愉乐的工作环境。靠普－东方每季度都组织大型的员工活动，比如员工旅游、部门团建、马拉松、中秋博饼和年度威亚等。为了给员工营造良好的工作氛围，靠普－东方还不定期地举办特色活动，比如家庭日等。靠普人将继续奋发图强，开创新局面，打造客户最信任的品牌！

〔供稿单位：靠普－东方（厦门）叉车属具有限公司〕

上海施能电器设备有限公司

一、企业概述

上海施能电器设备有限公司（简称上海施能）的前身为上海施能电器设备厂，成立于 1984 年 10 月，是一家专业设计、制造蓄电池专用充电机、专用放电机、充放一体机等电器设备的民营企业，也是充电机领域的先行者之一。上海施能自 1984 年生产出第一台充电机以来，通过孜孜不倦的追求，赢得了广大客户的信赖和关注，在充放电机行业树立了良好的"施能"品牌形象。

二、企业现状

上海施能现有员工 250 多人，岗位设置为中高层管理职位、中层管理职位、科研技术职位、一线工人、辅助岗位及后勤保障岗位。其中：科研技术岗位的研发和工程技术人员人数占全公司员工总数的 35%，上海施能还依托多家科研机构及著名高校的科技力量进行产品和技术创新。上海施能占地面积近 16 800m²，建筑面积为 15 000m²，年产能 12 万台。

2020 年是不同寻常的一年，受新冠肺炎疫情的冲击和愈发复杂的国际形势的影响，全球叉车市场上半年持续低迷。然而，我国叉车市场不仅快速走出了新冠肺炎疫情的不利影响并且创造了历史新高。上海施能在国内叉车强劲的市场需求推动下，抓住机遇，完善了铅酸蓄电池、锂电池充电机产品线，先后将 CZB6E、CZC7EI 等系列产品批量投入市场，为客户提供高性价比的产品解决方案。2020 年，上海施能的销售额取得了同比增长 30% 的骄人业绩，锂电池充电机销售量同比增长 160%，远远超过了市场预期。2020 年，上海施能的工业总产值为 15 800 万元、工业增加值为 4 600 万元、年末资产总计为 16 900 万元、所有者权益为 14 700 万元、主营业务收入为 15 700 万元。

三、2019—2020 年重大事件

2019 年 3 月，上海施能成立外贸部，自主开拓海外市场。

2019 年 4 月，上海施能被评为"上海市文明单位"称号。

2020 年 7 月，上海施能荣获"上海市守合同重信用 AAA 级企业"称号。

2020 年 7 月，上海施能的叉车锂电池充电机销售量突破万台。

2020 年，上海施能共计获得发明专利授权 6 项、外观专利 7 项、实用新型专利 14 项，共计 27 项有效专利；20 项企业标准。

四、工业车辆（叉车）产品开发与生产

（一）开发

1. 背景

上海施能的产品广泛应用于我国电动叉车、电动工具车及各类工业蓄电池、锂电池的充电和放电。上海施能专业的研发部门不断研究新的充电方法，研究出的应用于各种不同形式电路结构的充电机，满足了不同行业的各种客户对充电的要求。

上海施能的不同系列工频充电机，具有极高的性价比，是国内同行业的翘楚。

近年来，上海施能的研发部门开发出了各种高频锂电池充电机及其应用方案，是国内锂电池充电机行业的主力军。

2. 组织

研发部由公司主管技术的副总来领导，根据产品开发的种类，设立了几个职能小组，开展自主产品与定制产品等研发工作。

研发部划分为产品设计与设计辅助两大组，产品设计组包括电路与电气设计（高频与工频充电机产品）、嵌入式系统设计、整机结构设计、产品应用设计等小组；设计辅助组包括测试中心与文档控制两个小组。按照研发流程，新研发的产品，通过完整的研发流程验证、确认后，由工程部导入批量生产。

（二）研制

1. 试验场地

上海施能研发部有独立的办公楼，占地面积近千平方米，其中：一半的面积用作设计人员研发场地及设计辅助办公场地，另一半面积用作测试与样机制作场地。

2. 研制过程

根据研发特点，研发流程可以分为年度新产品开发流程、定制与应用产品研发流程、已有设计的更改、维护与管理流程。

年度新产品开发流程涉及新的技术与产品结构，整个研发周期较长、过程复杂，按照以下流程（如图 1）进行研发：

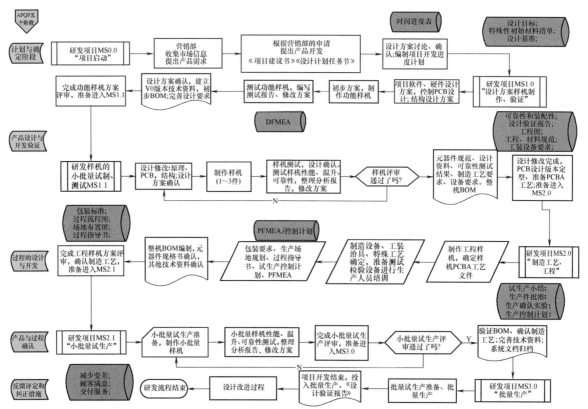

图 1　年度新产品开发流程

定制与应用产品的研发流程（如图2）是基于已有应用技术的研发，过程相对简单。

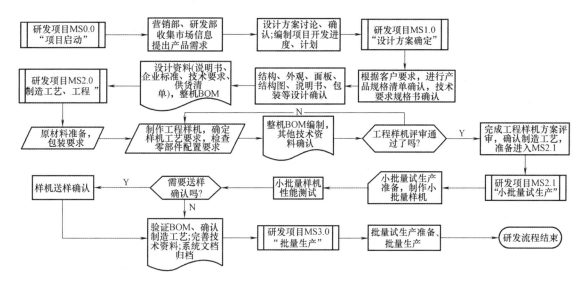

图2 定制与应用产品的研发流程

已有设计的更改、维护与管理流程（如图3）针对各种设计、元器件的变化，更改流程的实施 方案。

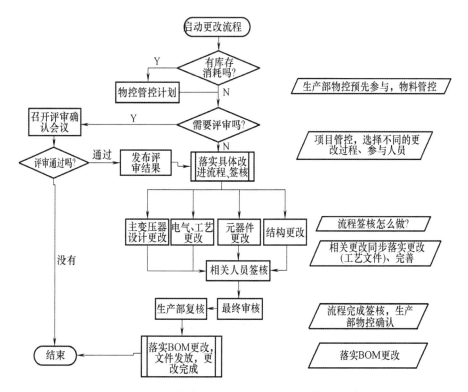

图3 已有设计的更改、维护与管理流程

3.新产品的评审、鉴定

在研发过程的不同时间节点，都有相应的评审 环节，通过评审，确认研发流程对应阶段的工作 结果、最终的设计方案。

4.产品推广

在小批量生产完成后，通过客户的试用，收集设计方案的各种信息，有针对性地进行设计的完善与改进。经过3～6个月的市场验证，通过2～3次的设计完善，完成产品的最终设计，导入批量生产过程。

5.应用

目前，动力锂电池在电动车辆上有着越来越广泛的应用，且不同品牌的锂电池都有各自的电池管理系统（BMS），没有形成统一的标准；对应于锂电池充电机，除了与不同类型的BMS相匹配外，还需要有不同的充电功率模块配置方法，为了满足各种应用需求，研发部需要有针对性地研发各种实施方案。

五、产品简介

1.概述

上海施能专业生产铅酸蓄电池、锂电池的各种工业充电机，主要为叉车、电动工业车辆的各种类型蓄电池、锂电池充电，产品类别包括工频整流输出类、高频电路类。

2.产品种类

上海施能的工业充电机类别如图4所示。

3.产品分布

上海施能的各种工频、高频智能充电机广泛用于铅酸蓄电池充电，是国内电动叉车主要配套充电机，在行业内具有较高的知名度与市场占比，为杭叉集团、林德、海斯特、中力、宁波如意等知名叉车厂商的产品配套。

可调输出电压的HGCZ系列充电机，广泛用于蓄电池维护及需要调节充电电压或者充电效果的场合，如游船长距离充电、多个蓄电池同时充电。

锂电池充电机配套为各种动力锂电池充电，广泛应用于锂电池电动叉车、工具车行业，为我国众多锂电池厂商、叉车厂商的产品配套。

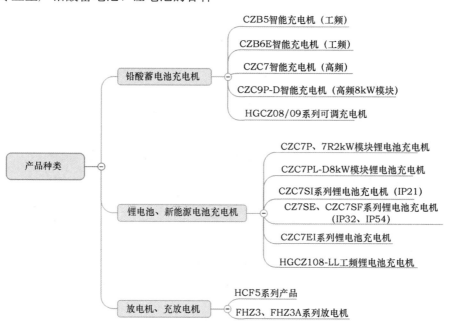

图4 上海施能的工业充电机类别

4.名优产品

上海施能自1984年成立以来，其自动恒流充电机产品曾获得"1988年上海科技进步奖三等奖"和"七五全国星火计划成果博览会金奖"；1991年被评为"上海科学技术博览会优秀奖"；1993年在"常德全国星火计划成果展销洽谈会"上被评为金奖。

上海施能的充、放电机曾双双被评为"上海市科技星火三等奖"。

2004年，CZB1充电机获得"上海市高新技术成果转化项目认定证书"。

2004 年，"CZB 系列智能充电机"项目荣获第十三届全国"星火杯"创造发明竞赛优秀项目金奖。

自 2003 年起，连续十多年，CZ 系列智能充电机被上海电器行业协会评为"上海电器行业名优产品"。

2007 年，CZB3 智能充电机产品被认定为"上海市高新技术成果转化项目"。

2008—2009 年，施能充电机被推荐为上海市装备制造业与高新技术产业自主创新品牌。

2007—2018 年，上海施能被认定为"上海市高新技术企业"。

2010 年度，上海施能被推荐为上海市装备制造业与高新技术产业自主创新品牌。

2013—2014 年，CZ 系列智能充电机荣获上海市电器行业名优产品证书。

2014 年，CZC7 系列高频充电机产品被认定为"上海市高新技术成果转化项目"。

2015 年，锂电池充电机荣获"第一届中国工业车辆创新产品奖"。

2017 年，CZB5 智能充电机被评为"上海市高新技术成果转化项目百佳"。

5. 重点产品简介

CZB5 智能充电机：主电路采用晶闸管整流桥与漏磁变压器相结合的控制技术，使充电电流实现全程控制，实现优化的 Wsa+Pulse 充电曲线，采用容量平衡原理智能地判断工频智能充电机是否给蓄电池充足电，采用温度补偿方法进行充电过程控制，充电效果良好。

CZB6E 智能充电机：主电路采用二极管整流与漏磁变压器相结合的控制技术监测蓄电池充电电压，利用蓄电池内阻变化的自然特性进行充足控制，实现优化的 Wsa+Pulse 充电曲线，充电效果良好，整机性价比高，具有较强的竞争力。

CZC7 系列高频充电机：采用高频功率电源模块输出充电电压，为各种铅酸蓄电池充电。体积小、重量轻、效率高。在中小功率充电机领域有较为

明显的优势，也是充电机的未来发展方向。

CZC7Sx 系列锂电池充电机，使用系统集成方案，用高频充电功率模块输出充电电压，充电控制器通过 CAN 总线与锂电池 BMS 的通信实现各种充电控制。产品广泛用于锂电池叉车、锂电池工具车的充电，为国内主要的叉车、锂电池工具车测试配套。

6. 发展成就

践行节能环保理念；与各大高校合作，扶持优质供应商，选择性价比、工艺水准高的原材料，设计高品质的智能化产品；通过一次次的市场验证，产品做到精益求精。

六、企业管理

（一）管理机构与沿革

30 多年来，上海施能秉承国际一流的服务理念，坚持为用户着想，让用户满意。坚持"质量为本，科技为先，超越自我，追求第一"的质量方针，打造出一套为用户量身定制的多方位、人性化服务体系。放眼未来，上海施能将一如既往地为充电机行业提供更优质、更精良的产品。

（二）质量管理

1. 质量策划与质量教育

上海施能各岗位的职责明确，针对不同产品制定了不同的质量控制计划，制定了详细的具体控制方法和应急措施。为不断提高职工的质量意识，加强质量控制与管理，促进质量持续改进，使产品出厂合格率保持 100%，上海施能不定期组织提高质量意识及专业技能的培训，不断提升员工的质量意识和专业水平。

2. 检验与试验

上海施能配备了先进的检验、检测设备及专业技术人员，依据国标、行业标准及企业标准制定产品的检验与试验工艺规程，并确保检验与试验场地、环境、温度、设备、工装、安全防护等必须符合安全技术规范、标准、设计文件的规定，以确保产品品质。

3. 过程质量管理

过程质量管理是通过首检、自检、互检，对人、

机、料、法、环五个环节进行严格的质量控制和严密的工艺控制。在生产过程中，还要收集并分析生产过程中的质量信息，及时组织相关人员制定相应的纠正措施和预防措施，确保产品质量符合规范和标准要求。

4. 群众性质量管理活动

上海施能除成立了 QC 小组外，还不定期地组织 QCC 品管圈活动，大家围绕质量问题，各抒己见，通过自我改进的自我管理方式，提高职工的质量自主管理意识，充分调动了职工的积极性，增强了职工的责任心，开发了职工的创造力。

5. 质量信息管理

为确保与顾客沟通的信息及有关质量信息在上海施能不同部门之间得到及时传递并被有效利用，使质量管理体系持续有效运行，品保部定期收集、整理质量信息，并对质量检查情况进行统计、汇总。确保质量信息传递通畅、处理快速。

6. 质量考核与奖惩

坚持从严治厂、依法治厂，严格贯彻各项质量标准、技术法规，加强质量监督、检查，严格考核，奖惩分明。上海施能不断完善质量控制体系，为提升职工的质量责任心，上海施能制定了质量奖罚制度及考核标准，充分调动了职工的积极性。

（三）生产管理

上海施能共有 7 个生产车间，3 大仓库，从计划到生产再到产品出入库，全程采用 ERP 管理和标准化作业，运用 5M（人机料法环）分析方法，进行工艺及质量管控。上海施能坚持走自主研发创新的道路，为客户提供全系列充电系统及配套服务，实现企业价值与客户价值双提升。

上海施能实施精益化生产，按照精益化生产要求组织生产，即准时生产、全员积极参与改善，减少 7 大浪费，推行全员生产维修（TPM）管理。推行精益化生产的有钣金加工、变压器组装和 PCB 板等零件制造关键工序。上海施能自主研发和应用了统计过程控制（SPC）系统，以确保高效、低耗、灵活和准时地生产合格的产品，为客户提供高性价比的产品和满意的服务。

（四）后勤保障管理

在劳动防护用品保障方面，对于一线岗位、辅助岗位及后勤保障岗位的职工，上海施能为其提供相应的安全方面的劳动防护用品，保障员工的安全并且根据岗位需求额外配备相应的操作工具。

在货物运输及客户接待方面，目前上海施能配备了 2t 柴油车 1 辆、4t 柴油车 1 辆、5t 柴油车 4 辆、6t 柴油车 1 辆、全顺柴油车 2 辆、7 人商务车 3 辆、5 人小客车 1 辆，并配备了 7 名专职司机。

（五）企业文化

在文化设施建设方面，上海施能在研发部办公区域设置了乒乓球台，供所有技术人员休息期间强身健体；在文化建设方面，上海施能在每年春节前由行政部根据企业费用预算组织年会活动，年会内容涵盖年终表彰、抽奖、节目表演等活动，公司全体人员参与；在教育培训方面，上海施能做好新入职员工的企业规章制度、组织架构、企业文化及安全教育培训工作，生产及技术部门做好新员工在岗期间的岗位技能培训工作；在文艺活动方面，上海施能根据外部活动安排，组织员工参与社会性质的唱歌、跳舞及其他相关的文艺类创作及表演活动。

七、市场营销与售后服务

上海施能将客户放心使用作为经营工作的第一要务，密切关注市场变化，并向客户作如下全方位服务承诺：

1. 售前服务

按照用户要求，提供设计咨询服务，为用户提供最经济、最可行的方案。

2. 售中服务

1）为用户的操作人员提供相关知识培训，确保其掌握产品的性能及操作规程。

2）必要时可让用户相关人员参加上海施能相关产品的生产、装配，使其进一步了解产品性能。

3）保证产品质量符合国际、国家有关标准的规定和合同要求。

4）产品在运输、安装、调试过程中一旦发生质量问题或由于不可抗拒的原因产生意外质量事故时，上海施能将按时、按质将产品复原。

3. 售后服务

1）设备出厂即进入质量保证期，在质量保证期内，上海施能为所有售出的设备提供免费维修服务。

2）在质量保证期内，上海施能免费为用户更换或修理在产品设计、原材料等方面有缺陷的任何设备或部件。

3）产品在使用过程中，按照售后服务承诺，对产品进行终身服务，确保产品长期正常运行。

4）为用户长期提供热情、周到的服务，接到用户维修要求后，一般在48小时内到达现场。

5）为用户提供永久性咨询服务，有问必答。

6）保证产品零配件长期供应。

八、未来展望与发展目标

新的一年，市场机遇与挑战并存，随着行业的发展壮大，市场容量的逐年扩大，上海施能将继续坚定不移地提升产品品质和服务质量，按照既定计划持续地推出新产品，扩大锂电池充电领域的市场份额；同时，在企业管理上，引进更先进的管理方法与手段，提升企业的管理水平，不断提高生产效率，继续为客户提供最好的产品。

〔供稿单位：上海施能电器设备有限公司〕

河南嘉晨智能控制股份有限公司

河南嘉晨智能控制股份有限公司（原郑州嘉晨电器有限公司，简称嘉晨）成立于2009年，一直专注于非道路移动设备领域核心技术开发，现已打造出具有自主知识产权的车辆驱动系统、智慧车辆传感器、车联网服务平台三大成熟业务板块。

嘉晨是全国工业车辆标准化技术委员会电气工作组组长单位，主持制定了1项国家标准GB/T 38893—2020《工业车辆　安全监控管理系统》，参与制定了2项国家标准和1项行业标准。2019年，嘉晨入选工业和信息化部中小企业局等编写的《中小企业智能制造实战100例（2018）》，2021年，嘉晨被评选为国家重点支持的第一批第一年1000家国家级专精特新"小巨人"企业。

嘉晨始终坚持以技术创新驱动为发展主线，2018—2020年，嘉晨的研发投入占销售收入的比例超过10%。目前，嘉晨拥有1个具有国际一流

水平的研发中心和6个研发实验室，研发人员占比高达40%。嘉晨与美国通用电气（GE）、清华大学、德国英飞凌等国内外知名科研院所、高校、企业强强联合，在能量管理、基于AI边缘计算、远程接管、视觉感知、芯片联合设计的关键技术方面进行多层次的战略合作，助力嘉晨的产品研发。嘉晨坚持以人才为核心创新要素，2016年，嘉晨在上海浦东张江科学园建立了具有国际一流水平的研发中心。截至目前，嘉晨共获得155项知识产权，其中：发明专利20项，实用新型专利40项，外观设计专利38项，软件著作权57项；科技成果证书11件，被工业和信息化部授予"工业企业知识产权运用试点企业"。

嘉晨将继续努力筑牢初心使命，强化担当作为，为工业车辆行业的高质量发展贡献力量。

〔供稿单位：河南嘉晨智能控制股份有限公司〕

天津岛津液压有限公司

天津岛津液压有限公司（简称TSH）是日本株式会社岛津制作所在天津的全资子公司，坐落于天津市西青经济技术开发区，总占地面积

$12\,000\text{m}^2$。现有员工140人。

1994年8月，由日本株式会社岛津制作所与天津液压机械集团公司共同出资成立了TSH，中

日双方各占股权 50%。

2013 年 1 月，日本株式会社岛津制作所实现了 100% 控股，TSH 成了外商独资公司。

TSH 当前具有年产 16 万台齿轮泵、5 万台多路阀的生产能力。TSH 的部分产品及零件出口日本。

TSH 的主要产品是具有国际先进水平的 SGP1、SGP2、SDY、YP15 系列高压齿轮泵，DSG05、DDG05、TMG1 系列低噪声齿轮泵和 MSV04、MSV04C、MSV04A 系列多路阀。这些产品主要服务于我国叉车市场，此外在我国的农机、挖掘机、专用车等领域也有一定的市场份额，可充分满足引进、合资生产、开发主机或更新换代的需求。

2019—2020 年，TSH 在不断吸收消化总部产品的基础上研发了更适应我国叉车更新换代需求的泵、阀产品。特别是带优先转向功能的多路阀，近年来已经大批量服务于我国骨干叉车企业，配装主机企业新一代内燃、电动叉车，使主机的液压系统性能得到相应提升，并获得了客户好评。

TSH 引进更高档次的电磁比例控制多路阀，满足叉车行业不断升级的技术需求。TSH 立足我国市场需求，开发出配套于挖掘机柱塞泵的辅助齿轮泵 DNP22、TGP05，适应挖掘机的 DDG05、DTPY、TTP05、TTP1 等双联和三联齿轮泵，以及适应我国农机升级需求的齿轮泵。

2020 年，TSH 持续大力度推广 TMG1 无侧吸啮合低噪声齿轮泵，为客户提供更好的低速性能和更高性价比的产品，深得客户好评。截至 2020 年，该产品已经取代老产品成为电动叉车齿轮泵的主流配套产品。为电动叉车的性能提升做出了贡献。2020 年，TMG1 齿轮泵的销售量为 45 000 多台。

为进一步提高 TSH 的生产效率，适应快速发展要求，TSH 引入了智能化制造手段。截至 2020 年，TSH 共引进了 3 台（套）机器人加工设备，实现了部分工序无人化操作；增设了智能化齿轮泵、多路阀试验台，实现了试验数据自动采集；购入了高精度自动化检测设备，大大提高了 TSH 试验检测设备的性能。TSH 还将引入更高标准的生产管理系统，导入 IoT 设备数据采集管理系统，进一步提高生产效率。

2020 年，TSH 购置土地建设新工厂，目前新工厂已完工，于 2021 年完成新工厂的搬迁工作。未来，新工厂将被打造成为智能工厂，引入更智能化的设备及更智能化的管理系统，产能将是当前产能的两倍。

伴随我国叉车市场成长的 20 多年来，TSH 深知，企业的发展必须顺应市场变革的要求。在这 20 多年里，TSH 不断从各个方面谋求变革、创新，特别是引进了一些高新技术产品并提升了一些产品的品质，满足了我国市场需求。

未来，TSH 将贯彻日本株式会社岛津制作所的"实现为了人类和地球健康的愿望"经营理念，致力于制造高品质、高性能的液压产品，开拓国内市场，竭诚为用户提供优质贴心的服务。

2019—2020 年大事件：

2019 年 3 月，TSH 被杭叉集团评为"优秀供应商"。

2019 年 11 月，TSH 的新工厂隆重举行奠基仪式。

2020 年 11 月，TSH 的新工厂顺利封顶。

2020 年 4 月，TSH 的齿轮泵、多路阀产品被潍柴雷沃重工股份有限公司雷沃阿波斯潍坊农业装备分公司评为质量金奖。

新工厂简介：

TSH 新工厂投资 14 173 万元在天津赛达工业园内建设天津岛津液压有限公司新厂房及附属用房项目。该项目总占地面积为 23 649.2 m²，总建筑面积为 18 668 m²，主要建设新厂房、仓库、门卫等单体建筑，并在厂房内安装液压齿轮泵及液压多路阀生产设备，完成机加工、装配、喷涂、检验等工序的生产任务，新工厂将打造成为智能化工厂，采用智能化机器人 AGV 自动仓库智能化稼动系统等先进设备，该项目建成后将大幅度提高 TSH 的生产能力，年生产液压齿轮泵将达 24 万台、液压多路阀 10 万台。

〔供稿单位：天津岛津液压有限公司〕

凡己科技（苏州）有限公司

一、企业概述

凡己科技（苏州）有限公司（简称凡己）成立于 2015 年 11 月，是"2020 年度苏州工业园区企业上市苗圃工程"重点企业，入选 2017 年苏州市科技计划（姑苏创业天使计划）项目。凡己是国家高新技术企业，通过了 ISO 9001：2015 认证，产品通过了 CE 认证。2015 年 10 月 14 日，凡己的"FJ 电动叉车交流控制系统""远程车辆监控管理系统"分别获得中国工业车辆行业"创新产品类成果鼓励奖"和"创新产品奖"，2017 年，凡己成为中国工程机械工业协会工业车辆分会理事单位、2019 年，"FJ-D1 系列高效交流控制器和 M1 智能网联仪表组件"荣获"中国工业车辆创新奖"（CITIA）金奖。其前身北京凡己科控技术有限公司是中关村高新技术企业，成立于 2012 年，主要自主开发电驱动产品（零部件　管理和服务类）。

FJ 系列交流控制器是凡己唯一在市场上批量使用超过六年的成熟的民族品牌产品，其技术和产品品质达到了国际先进水平。凡己的 V 系列、D 系列、S 系列交流控制器以及 M0、M1、M2 系列智能仪表适用于电动平衡重式叉车、仓储车、牵引车及 AGV 等电动工业车辆，已经批量配套合力、杭叉集团、林德叉车、比亚迪叉车公司、龙工、诺力、中力、凯傲宝骊、台励福公司、柳工等 30 余家企业的电动工业车辆，覆盖了全行业的内外资龙头企业和主要上市公司，FJ 交流控制器赢得了市场信赖。

公司愿景：

通过提供领先的技术和稳定可靠的产品，以贴心的服务和优异的性价比，成为中国电机驱动控制、仪表和系统集成领域的引领者，用绿色驱动让中国的天空更蓝！

凡己持续追踪全球最新电驱动和智能技术，以自主研发能力、技术开发能力、生产制造能力服务于主要整机企业，并助力整机企业的产品实现个性化功能和性能定制，建立差异化和独特化的产品体系；以标准化工艺和生产制造体系提升效率、优化成本。凡己将定制化和标准化有机地统一起来，既能协助整机企业开发个性化的产品，又能服务广大细分市场用户，普及技术领先的全交流电驱动技术并淘汰落后的驱动技术。

凡己于 2016 年 4 月 22 日开业，厂房面积为 5 600m²，拥有严谨的工艺流程、完善的质量保证体系和技术测试体系。凡己拥有大学本科以上学历的员工人数占比为 60%，其中有 2 名博士、3 名硕士，职业经理人分别来自知名外企、研究院所和行业骨干企业。凡己具备国内领先的电驱动技术开发、制造和服务能力，主要技术设备和设施包括：全仿真负载测试台、轻载功能测试台、电路板自动测试台、电路板三防涂装和干燥生产线、带载老化房、电子元器件专业储藏室、高低温测试柜、盐雾试验机、器件可靠性实验室等，大部分设备设施是由凡己独立开发设计、建造的，产能超过 30 万台／年。

二、主要产品和服务

1. FJ AC-V2 电动车辆交流控制器

可控制 1 个交流驱动电动机 +1 个交流油泵电动机的产品，适用于平衡重式电动叉车、前移式叉车、多用途搬运车及牵引车等。该产品的定制化能力突出，可满足用户更多个性化的功能需求，比如定制化的 CANBUS 通信，已经能够使车辆同时适配铅酸电池和锂电池供电。以下规格可用于平衡重式电动叉车：

48V、350 ～ 550A：1t、1.5t、1.6t、1.8t、2.0t、2.5t、3.0t、3.5t。

80V、350 ～ 450A：3.0t、3.5t、4.0t。

2. FJ AC-S 系列交流控制器

适用范围：24V/36V/48V/60V/72V 输入，

200～400A 输出。可用于平衡重式叉车、托盘车、堆高车及微型电动车等。

3. FJ AC-D 系列交流控制器

适用范围：24V/48V/72V/80V 输入，350～600A 输出。可用于平衡重式叉车、前移式叉车、牵引车、电动物流车及风力发电变桨控制等。

4. FJ M0 紧凑型液晶仪表

该仪表是凡己自主开发的仪表，通过 LIN 接口和控制器连接。跟 FJ 交流控制器有很好的兼容性通信、控制准确性。

FJ M0 紧凑型仪表可实现以下功能：

1）提供所有的系统模拟和数字信号信息，帮助用户了解电量、车速、里程、使用时间、制动状态、座椅开关状态，提供维护提醒等功能，也可以显示货叉上货物的重量、累积重量等信息（选项）。

2）在诊断模式下可显示最近出现的故障信息和相应的数据，用于支持售后服务。

3）通过功能键允许操作者校准和调整可定制的系统参数。

5. FJ M1 大屏幕智能仪表

该仪表通过 CAN 接口和 LIN 接口与控制器及外部设备连接，是自主开发的高档智能化仪表。

1）拥有 5.3in（1in=25.4mm）大屏幕点阵式液晶显示器，可清晰显示所有系统信息，更可定制用户的个性化信息。

2）具有智能诊断和维修提示功能，让用户的使用更轻松。

3）操作者通过窗口界面，可方便地校准和调整可定制的系统参数，取代了手持单元的功能（选项）。

4）可内置 FJ 远程车辆管理系统（选项）。

5）可在零下 40℃ 环境下工作（选项）。

6）仪表前后盖防水都达到了 IP65（选项）。

三、公司大事和创新成果

1）2019 年 8 月 23 日，"FJ-D1 系列高效交流控制器和 M1 智能网联仪表组件"荣获中国工业车辆创新奖（CITIA）（零部件 管理和服务类）金奖。

2）2019 年，在行业龙头企业客户评比中，FJ 交流控制器因比国外的同类产品省电 8% 且故障率小于 10% 而获得客户信赖，FJ 交流控制器的技术和品质达到了国际先进水平并得到了市场验证。

3）2020 年，凡己的电控和仪表产品在高水平的产品实测对比和竞争中脱颖而出，凡己获得林德叉车的供应商资质，成为第二供方供应商（凯傲集团自主控制器是第一供方供应商），FJ 交流控制器再一次得到市场验证。

4）2020 年，来江苏省苏州市参加中国工业车辆常务理事会会议的行业领导到凡己考察指导工作，凡己向嘉宾展示并汇报了凡己自主核心技术的电动化、智能化和网联化整体解决方案。

5）2020 年，凡己的控制器产品成为观光车行业龙头企业广东玛西尔电动科技有限公司的标配产品，凡己成为观光车行业核心控制器部件的主要供应商。

6）2020 年，凡己被评为"2020 年度苏州工业园区企业上市苗圃工程"重点企业。

〔供稿单位：凡己科技（苏州）有限公司〕

镇江液压股份有限公司

一、企业概况

镇江液压股份有限公司（简称镇江液压）坐落于江苏省镇江市国家高新技术开发区，是一家民营股份制企业。镇江液压具有 40 余年研制生产全液压转向器的历史，有四大系列产品，BZZ 系列全液压转向器，10 集成阀系列、BNF 扭矩放大器系列和 TLF 同轴流量放大器系列，主要为工业车辆、农业机械和工程机械配套。镇江液压占地面积 15.3 万 m²，建筑面积 5.7 万 m²。2020 年末，镇江液压的员工总数为 710 名，其中：专业技术人员 79 名，本科以上学历人员 70 名；镇江液压的固定资产原值为 34 270 万元，净值为 12 053 万元。2016 年，镇江液压被工业和信息化部评为"首批制造业单项冠军示范企业"，2019 年通过复审。

二、主要经济指标完成情况

镇江液压下辖镇江大力液压马达股份有限公司和镇江大地液压有限公司。2019—2020 年，在国家加快以国内大循环为主体，国内国际双循环相互促进的新发展格局下，全公司抓住市场机遇，努力增产扩产。2019 年，镇江液压实现销售收入 45 471 万元，同比增长 2%；出口额为 12 370 万元，同比增长 7%。2019 年，镇江液压的全液压转向器产量为 58 万台、摆线液压马达产量为 57 万台。2020 年，镇江液压实现销售收入 50 239 万元，同比增长 10%，出口额为 12 987 万元，同比增长 5%。2020 年，镇江液压的全液压转向器产量为 74 万台，摆线液压马达产量为 60 万台。

2019—2020 年镇江液压的主要经营指标完成情况（不含子公司）见表 1。

表 1　2019—2020 年镇江液压的主要经营指标完成情况（不含子公司）

年份	工业总产值（当年价）（亿元）	工业增加值（当年价）（亿元）	年末资产总计（亿元）	净资产（亿元）	主营业务收入（亿元）	主营业务利润（亿元）	利润总额（亿元）	总资产贡献率（%）	资产保值增值率（%）	资产负债率（%）	全员劳动生产率（元/人）
2019	1.8	0.75	3.7	3.28	1.75	-0.01	0.04	2	101	12	110 294
2020	2.3	1.07	3.8	3.56	2.30	0.25	0.31	10	109	6.3	157 353

三、企业提升管理的重要活动

镇江液压经过不断进行技术改造，扩大了产能，提高了效率。目前，镇江液压已具备年产 80 万台全液压转向器的生产能力。2019—2020 年每年投入的技术改造费用达 4 000 多万元，主要用于进口国外设备，两年间进口的设备包括：德国 VG110 定子磨床 1 台、德国产阀体加工线 1 条、日本进口珩磨机 1 台及高压清洗机 1 台等。目前，镇江液压有进口的高尖端设备约 28 台（套），加工能力及工艺水平位于国内同行业前列。

2019—2020 年，镇江液压为适应企业发展和现代化管理要求，在提升管理水平方面做了大量的工作并取得了一定成效，具体工作内容包括：①整合、优化组织结构，梳理、明确岗位职责，建立 KPI 指标体系，通过有效的 PMC 机制，提升精益化生产水平。②分步实施信息化系统。2019 年 5 月，OA 办公自动化系统上线；2019 年 12 月 ERP 系统上线；MES 系统正处于现场调研阶段，MES 系统与 ERP 系统集成后将会为镇江液压的生产现场管理带来全新的变革。目前，镇江液压正与专业团队合作，组织实施智能仓储管理系统——使仓库的库存数据更加准确，管理更加便捷；HR 人事管理系统——更加细化各岗位的职责，强化薪酬管理，落实绩效考核；QMS 质量管理系统——为镇江液压质量管理体系的建立提供流程和数据支撑，进一步提高质量管理水平。

2020 年是镇江液压的人才绩效年，镇江液压与专业机构合作，投入 20 多万元进行部门管理人员委托培训，同时，镇江液压内部进行了多层次的内部培训，以提高管理人员的专业水平和个人素养。镇江液压制定了人才培养和招聘计划，加大人才招聘力度，多渠道吸引高端人才加盟，并优化绩效评价机制，进行全员绩效考核，激发员工的工作积极性和主动性。

〔供稿单位：镇江液压股份有限公司〕

采埃孚（中国）投资有限公司

一、企业概况

采埃孚（中国）投资有限公司（简称采埃孚）是德国采埃孚股份公司的控股子公司，除代表德国总部行驶管理职能外，也向采埃孚中国工厂提供市场、业务开发、人力资源、财务、信息技术、研发、供应链管理方面的服务和信息，同时也为采埃孚亚太地区的一些业务领域提供服务和信息。

采埃孚是一家全球性技术公司，致力于为乘用车、商用车和工业技术领域的企业提供下一代移动性系统产品。采埃孚的移动性系统产品能使车辆进行自主观察、思考和行动。在车辆运动控制、集成式安全系统、自主驾驶以及电驱动四大技术领域，采埃孚能为汽车制造商以及出行服务供应商提供广泛的解决方案。采埃孚能为各种车型提供电驱动解决方案。采埃孚始终致力于推动节能减排、环境保护以及安全出行。

采埃孚 2020 年的销售额达到 326 亿欧元，目前在全球 42 个国家设有约 270 个分支机构，拥有超过 150 000 名员工。

二、企业的发展和产品开发情况

1. 采埃孚的全球化战略

采埃孚工业技术事业部 —— 非公路车辆传动系统业务单元总部坐落于德国巴伐利亚州帕绍（Passau），主要从事包括物料搬运叉车在内的非公路车辆的传动系统应用研究。

在物料搬运应用领域，采埃孚凭借其位于帕绍（德国）、斯坦科夫（捷克共和国）、盖恩斯维尔（美国）、合肥（中国）的工厂，使其在全球范围内与客户建立了密切的关系，这也让采埃孚的生产方式和生产体系能够精确地适应当地的特定市场需求。这些生产方式和生产体系基于六大原则：标准化和灵活性、针对客户／供应商关系的流程导向、准时生产、员工和团队导向、零缺陷政策、创新和持续改进。与合力的合作加强了采埃孚在叉车市场的地位，开启了采埃孚进入中国这个全球最大、发展最快的叉车市场的大门。此外，采埃孚还通过新产品和基于合力技术的产品完善了产品组合。

2. 采埃孚 eTRAC 电驱动力系统和 EPS 系列转向系统

采埃孚 eTRAC 是应用于 3.5t 叉车的电驱动系统，包括：牵引电动机、制动器、车轮、连接器框架、转向电动机和转向传感器。该系统的各个部件完美且协调地组合在一起，使其拥有了驾驶、转向和制动所需的功能。

采埃孚不仅能为电动平衡重式叉车定制前轮驱动和后轮驱动系统的不同替代解决方案，而且还能提供适用于各类仓储设备及其他应用的解决方案，例如：移动式升降工作平台、电动拖船、清洁车辆、无人驾驶运输系统或其他特殊应用（直齿轮、斜齿轮和行星齿轮系）。采埃孚 eSTEER EPS 3 用于前轮驱动的三轮平衡重式叉车。此外，eSTEER EPS 4 适用于前轮驱动的四轮平衡重式叉车。

3. 采埃孚 ERGOPOWER 动力换挡变速器

采埃孚 ERGOPOWER 动力换挡变速器主要应用于发动机功率不超过 330 kW 的叉车系统、前移式堆高车、跨运车和集装箱装卸车（滚装、码头和堆场索引车）。得益于变速器硬件和电子转向器之间的完美配备，采埃孚 ERGOPOWER 动力换挡变速器可在运行期间平稳换挡。因此，采埃孚通过使集装箱和半挂车运行更平稳以及船舶装卸更轻松来为物流提供支持。

〔供稿单位：采埃孚（中国）投资有限公司〕

江苏华骋科技有限公司

一、企业概述

江苏华骋科技有限公司（简称华骋）创办于1990年，注册资金为2 000万元，厂区占地面积8.5万 m²，建筑面积3.2万 m²，员工420人，是专业生产车辆智能灯具、数字化仪表及其应用软件、新能源车辆充电机及DC-DC转换器的股份制民营企业。华骋精耕于汽车、工程机械、农林机械关键电子部件研发及制造行业30余年，研发能力和产品品质稳步提升。华骋注重科学管理，已通过IATF 16949质量管理体系、ISO 14001环境管理体系、ISO 50001能源管理体系、GB/T 28001职业健康安全管理体系以及GB/T 23001两化融合管理体系等六大管理体系认证，已被认定为国家高新技术企业、国家软件企业、江苏省规划布局内重点软件企业、省科技小巨人企业、省AAA级质量信用单位、泰兴市50强企业，荣获"2018年度泰兴市市长质量奖""2020年度泰州市市长质量奖"。

二、2019—2020年主要经济指标完成情况、市场销售情况

2019年，受中美贸易摩擦的影响，汽车行业在2018年的基础上又大幅下滑。2020年，新冠肺炎疫情肆虐全球，中美贸易摩擦愈演愈烈，国际供应链断裂风险加剧、国内供应商停产、物流效率降低。面对新形势下的新常态艰难市场竞争环境，华骋全体员工众志成城，攻克时艰，完成国税开票销售26 961万元，与2019年相比增长8.76%，实现了逆势增长，综合规模位居国内同行业前列。

三、转型升级重要举措和成果

华骋自成立以来，始终坚持"科技兴企、制造兴国"的理念，重点围绕研发、质量、成本、效率和安全等几个方面，细化和夯实公司内部管理，加强新产品研发和管理机制创新，提升公司的生产制造水平，提高公司的核心竞争力，通过30余年的积累与沉淀，形成了一套独特的管理经验与办法。

1. 创新机制体制，推进持续发展

华骋的张冬华董事长是一名退伍军人，他以军人的特质、丰富的从业经验和较强的组织能力，针对公司发展过程中存在的管理效率低、员工积极性不高等问题，在组织架构、管理机制及人员激励等方面进行创新变革，创新发展模式。在组织架构方面，为合理利用公司的各种资源，确保客户订单按时交付，消除客户需求与公司资源之间的差异，在营销部设立了计划组、成本组，定期对公司的所有零部件成本进行核算，为公司各项工作提供数据支撑；在生产制造部设立精益管理推进办，推进创新改善、自动化、机器换人及精益管理工作，提高了生产效率。在管理机制方面，推行积分制、360°管理、客户经理包干制等措施，定期对关键岗位、关键员工进行评价。在员工激励方面，实行采购零部件降本奖励制度、员工提案激励制度等，通过不断变革，公司的管理效率得到较大提升。

2. 重视研发创新，为转型升级创造条件

华骋建有江苏省工程技术中心；包括：江苏省工业设计中心、江苏省软件企业技术中心、江苏省车辆测控工程技术研究中心，并设有灯具、仪表、电源三个开发部和一个实验室，拥有中高级工程技术人员69人，2018—2020年的科研投入占比分别为7.5%、7.5%、8.0%。中心拥有测试及验证设备40余台，能自主完成各类车辆零件的环境与汽车电子产品的EMC测试、软件编译等工作。在OA系统中单独开发了项目管理标准模块，固化流程、时间要求、文件及表单。对研发人员实施月度绩效考核，并与新产品销售业绩、专利数量等挂钩，提高了研发人员的积极性和工作效率。

建立行业标准库、通用技术平台、编程库、机械数据库、塑料原材料及标准件选型库，建立产品和零部件设计规范、准则等，实施低成本研发。2010—2020 年，华骐先后承担了 13 项国家（省）科技项目，3 个产品被认定为"国家重点新产品"，1 个产品被列入"2020 年江苏省重点领域首版次软件产品应用推广指导目录"，2 个产品被列入"江苏省重点推广应用新技术新产品目录"，3 个产品荣获"江苏省优秀软件产品奖（金慧奖）"称号，14 个产品被确认为"江苏省高新技术产品"，3 个产品获得"泰州市科技进步奖"。

3. 业务流程信息化，提升效率效益

为避免零部件成为呆滞品，华骐在 ERP 系统中设立了零部件运行规则，所有下达的零部件计划全部来源于客户需求，不再受人为因素的影响，通过将 ERP 和 OA 上云，将用友 ERP U8 系统与泛微 OA 办公系统互联互通，实现 OA 系统自动从 ERP 系统中采集数据，形成公司及各部门的关键绩效指标（KPI）数据报表。在 ERP 系统中，依据零部件的采购周期（天数）、每日平均耗用量等信息，设定零部件的最低库存量和最小批量，每天由 ERP 系统自动检索库存量，评审后下达实际采购计划，同时对零部件计划同步进行评审，当后续客户订单需求量减少或增加时，及时调整采购计划，使零部件计划更加贴近客户实际需求。通过在 ERP 系统中设立零部件运行规则，2018—2020 年，零部件计划员由 10 人减少至 4 人、零部件库存周转天数由 73 天降低至 34 天。华骐还开发"预排产计划"MES 软件，并将其嵌入 ERP 系统，使计划排产员在预排产计划软件界面可一键查询产品物料代码、名称、规格型号、需求数量、发货日期、库存数量、在制品数量、BOM 信息、各种零部件的需求数量与库存数量等信息。同时，生产计划采用滚动三天排产的方式运行，大大提高了工作效率。经过改善后生产计划员由 8 人减少至 4 人，各车间生产效率提升了约 30%，员工收入也得到提高。2018 年，华骐通过了两化融合管理体系认证，2019 年，华骐荣获"2019 年江苏

省首批四星级上云企业"称号。

4. 重视改进和创新，成效显著

华骐建立了完善的改进与创新机制。在管理创新方面，华骐制订了《降本节支活动奖励办法》《提高生产效率奖励办法》等制度，明确了"品质三会""四级检查"等改进方法，针对不同类别的改善项目设置了不同的激励措施，最高奖励节约金额的 60%，2018—2020 年，华骐的 206 项创新改善项目共节约成本 1 069 万元，发放奖励 259 万元；制订了《工作任务书管理制度》，要求所有部门将横向、纵向工作任务通过 OA 系统以工作任务书的形式下达，并采取三重监督机制，即由人力资源部、任务接收部门、行政部同时对任务执行情况进行跟踪管理。通过实施《工作任务书管理制度》，2020 年人力资源部跟踪提醒任务 6 402 条，较 2019 年增加了 72 条，华骐整体执行力大幅提升，脱产管理人员由 2018 年的 198 人降至 2020 年的 131 人，人力成本每年下降 400 多万元；在技术创新方面，制订了《技术、工艺人员薪资增长方案》《重大创新项目研发成功后奖励办法》等制度，激发了技术人员的创新热情，缩短了开发周期。2020 年发放研发创新奖励资金 111 万元；实施阿米巴经营管理模式，根据华骐确定的挑战性目标，每月召开一次经营月报分析会，及时发现不足并及时进行改进，制造费用逐年下降，2020 年，制造费用率下降了 4.8%，实施三年共节约资金 71.2 万元。

5. 重视人才培养、建立激励机制，为企业发展做好人才储备

为培养一线技能人才，华骐在江苏省泰兴中等专业学校设立了"华骐班"，并作为"华骐班"学生的校外实习基地，2018—2020 年，华骐共安排了 35 人次的实习；针对普通科室员工、管理后备力量，华骐与常州工业职业技术学院开展校企合作，采用"订单式"的人才培养模式，为华骐储备管理人才，华骐也成为其毕业生的就业基地，到目前为止，华骐共招聘留用了 13 名学生。每年制定培训计划，规定各级人员的年度培

训课时数,建立了由 5 人组成的内部培训师资队伍,2020 年实施内部培训总计 3 547 人次。对新入职大学生及操作岗位的人员实施师带徒帮扶机制,并实施多能员工储备培养机制,目前,华骋有 132 人是一人多岗的通才。在 OA 系统建立华骋智库,共享华骋的各类产品知识、管理实践、技术及优秀课题案例;积极开展外协培训,与泰州思博进行合作,每年安排技术骨干、管理人员参加管理能力提升方面的相关培训,每年共计 1 256 人次。与华翊合作开展精益生产改进,与华谋合作开展质量改善指导,应用"泰州云"共享网络学习课件。华骋制定了接班人轮岗计划,挑选了 4 名高管骨干进行内部轮岗,参加外部专业机构举办的中小企业管理培训班。每季度组织装配岗位的工人进行技能比武,并组织员工参加外部专业机构举办的技能比赛,2020 年,华骋员工参加了泰州市工业机器人大赛,获得了"优秀学员奖"。每年对关键及技术岗位的员工实施胜任能力评估,并将评估结果作为调薪调岗和晋升的参考依据。组织员工参加外部职能评定机构的初级、中级、市级职称评定,2018—2020 年,华骋共有 21 人获得了相应级别的职称。华骋实施学历提升奖励政策,2018—2020 年,学历提升的人员数量为 15 人。

以改革促创新,向管理要效益。近年来,国际国内经济形势复杂,作为制造企业,唯有不断强化内部管理,提升内生动力,方能应对日益激烈的市场竞争,使华骋健康、稳步发展,早日实现成为国际一流车辆零部件制造企业的战略目标。

四、2019—2020 年主要科研成果、知识产权授权情况、标准修订情况

1. 科研成果

华骋建有江苏省工程技术中心,包括:江苏省车辆测控工程技术研究中心、江苏省软件企业技术中心、江苏省工业设计中心、泰州市汽车电子重点实验室。工程技术中心占地面积 1 500 m²。华骋与中科院合肥智能机械研究所、江苏大学的江苏省汽车工程重点实验室、浙江理工大学及 14 家

汽车、工程机械、农林机械行业的知名企业研发机构建立了稳固的产学研合作关系,外聘了 11 位专家学者,构建起稳定高效的科研团队。坚持每年投入不低于销售收入 5% 的研发经费用于新品研发,2019—2020 年共取得各类科技成果 30 余项,承担省级工业和信息产业转型升级专项资金项目 1 项,2020 年,1 个产品(物联网数字化仪表)被评为江苏省专精特新产品,2020 年,华骋被复评为江苏省规划布局内重点软件企业。

2. 知识产权授权情况

(1) 2019 年知识产权授权情况

2019 年,华骋共获得 9 项知识产权,其中:发明专利 1 项,实用新型专利 6 项,软件著作权 2 项。

1) 发明专利 1 项,即车用前照灯灯罩(CN2014104284892)

2) 实用新型专利 6 项,分别是:一种车灯出线密封固定结构(CN2018213817847)、一种散热 LED 工作灯(CN2018214748897)、一种布胶结构后尾灯(CN2018221274039)、适用于无线充电的红外线双向反馈(CN2019203447960)、新型功率传输装置(CN2019203470986)和适用于电动汽车的多功能电源转换器(CN2019203474489)。

3) 软件著作权 2 项,分别是:HC150A 基于 DSP 控制的 OBC 整机软件 V6.0(CN2019SR0647161)、HC 国四组合仪表监控软件 V6.0(CN2019SR1034092)。

(2) 2020 年知识产权授权情况

2020 年,华骋共获得 16 项知识产权,其中:发明专利 4 项,实用新型专利 9 项,软件著作权 3 项。

1) 发明专利 4 项,分别是:一种电动车充电基站(CN2019103959361)、一种生态驾驶提示方法(CN2018108654952)、一种电动车用智能型充电装置及其使用方法(CN2016107055305)及一种电磁与摩擦串联式集成制动系统及制动方法(CN2016100349986)。

2) 实用新型专利 9 项,分别是:一种机动车车灯装配结构(CN2019217118564)、工程车用控制盒(CN2019211087774)、一种后视镜旋转支架

（CN2020205640236）、一种带有防静电圈的仪表主板（CN2020205366369）、一种后视镜固定柱组装机械臂（CN2020206190960）、一种后视镜全自动组装设备（CN2020207139779）、一种可远程监控便于使用状态的仪表（CN2020205366392）、一种无线充电小车抗碾轮电磁展缩结构（CN2020206462128）及一种自动无线充电小车（CN2020206462861）。

3）软件著作权3项，分别是：HC基于CAN总线的嵌入式全彩屏仪表测试软件V1.0（CN2020SR1539808）、HCLED灯具生产检测设备软件V2.0（CN2020SR1711612）及HC装载机组合仪表实时监测软件V2.0（CN2020SR1711613）。

3.标准修订情况

华骋研发的基于物联网的车辆智能仪表，能实时、全面、精确地监测动力故障，实时进行车辆全部动力故障及其代码的文字和语音同步播报，实现与互联网和物联网中继平台、主机厂与交管部门GPS或北斗接受平台的远程通信和信息共享。经查新产品，5个创新点填补了国内市场空白，引领了国内市场走向，智能仪表所应用的软件产品均采用国际标准。2019年，华骋参与了行业标准《汽车用液晶仪表》的制定，该标准已通过汽车仪表行业标准委员会的审查和公示，等待发布。

五、2019—2020年大事记

1.2019年大事记

2019年7月，华骋通过职业健康安全管理体系认证。

2019年8月，华骋荣获"中国农机零部件龙头企业"称号。

2019年9月，华骋被评为"江苏省四星级上云企业"。

2019年9月，华骋与江苏大学共建泰州市新能源汽车电子重点实验室。

2019年10月，华骋生活区建成并投入使用。

2019年12月，华骋被评为"江苏省质量强省突出贡献单位"。

2019年12月，华骋技术中心被认定为"江苏省工业设计中心"。

2.2020年大事记

2020年1月，华骋被评为"2019年度江苏省服务型制造示范企业"。

2020年1月，华骋的汽车电子SMT车间被评为"泰州市智能车间"。

2020年5月，华骋的新能源车辆电源产品生产车间建成并投入使用。

2020年6月，华骋的"基于纯电动汽车多功能电源转换器"产品被列入"江苏省重点推广应用的新技术新产品目录"。

2020年9月，华骋软件"HC国四组合仪表监控软件V6.0"被列入"2020年江苏省重点领域首版次软件产品应用推广指导目录"。

2020年12月，华骋荣获"2020年度泰州市市长质量奖"提名奖。

2020年12月，华骋被认定为"泰兴市专利标准融合创新企业"。

2020年12月，华骋被认定为"泰兴先进制造业和现代服务业融合发展第一批试点企业"。

2020年12月，华骋的"物联网数字化仪表"被评为"2020年度江苏省专精特新产品"。

2020年12月，华骋的"新能源车辆无线充电系统"产品被列入"2020年江苏省重点推广应用的新技术新产品目录"。

2020年12月，华骋被复评为"江苏省规划布局内重点软件企业"。

六、荣誉

华骋始终不忘初心，坚持卓越绩效和精益生产管理模式，争创人才一流、产品一流、设备一流、管理一流，为把公司打造成为全球一流的车辆零部件配套企业而不懈努力。2019年华骋获得的主要荣誉见表1。

表1 2019年华骋获得的主要荣誉

序号	获奖时间	荣誉	授奖（认定）单位
1	2019年	江苏省四星级上云企业	江苏省工业和信息化厅
2	2019年	2019年度江苏省服务型制造示范企业	江苏省工业和信息化厅
3	2019年	中国农机零部件龙头企业	中国农业机械工业协会
4	2019年	车用仪表委员会会员单位	中国汽车工业协会

〔供稿单位：江苏华骋科技有限公司〕

康明斯（中国）投资有限公司

一、企业概况

1.全球动力解决方案提供者

康明斯（中国）投资有限公司是康明斯公司（简称康明斯）在我国设立的区域总部。康明斯作为全球动力技术先行者，可设计、生产、分销多元的动力解决方案，并提供服务支持。康明斯的产品囊括柴油及天然气发动机、混合动力和电动动力平台及相关技术，具体包括滤清设备、后处理设备、涡轮增压设备、燃油系统、控制系统、进气处理系统、自动变速箱、电力系统、电池、电动动力系统、制氢及燃料电池产品。

康明斯创立于1919年，总部位于美国印第安纳州哥伦布市，在全球拥有约57 800名员工、600多家分销机构和8 000多家经销商，面向190多个国家和地区的客户提供产品和服务支持。2020年，康明斯实现销售收入198亿美元，净利润18亿美元。

2021年，康明斯再次蝉联《财富》杂志评选的最受赞赏企业排行榜，该榜单综合了企业的营收能力、盈利能力、资产和市值并将其作为评判指标。

早在1975年，康明斯便开启了中国市场业务，是较早来华寻求商业合作的跨国企业之一。康明斯长期坚持与中国大型企业结成战略联盟，实现共同发展。到目前为止，康明斯在中国总计设有30家机构，包括16家合资企业，员工10 000多名。

五个事业部：

（1）发动机事业部

发动机事业部生产和经销功率范围宽广的柴油和天然气发动机及相应的零部件产品，产品应用于汽车、机械工业和发电设备等领域。康明斯发动机的排量范围为2.8～95L，功率覆盖37～3 803kW，广泛应用于重型货车、中型货车、巴士、房车、轻型商用汽车和小型货车等公路用车辆，以及工程机械、矿山设备、农业机械、船舶和铁路等非公路领域设备。

康明斯发动机不仅以一流的可靠性、耐久性和燃油经济性享誉业内，而且在满足日益严格的汽车排放标准（美国EPA2010，欧洲四号和五号，中国国五和国六）、非公路用机动设备排放标准（中国、欧美第三、第四阶段，欧洲第五阶段）以及船机排放标准（国际海事组织IMO标准）的激烈竞争中一直居于行业领先地位。

自20世纪90年代末以来，康明斯发动机产品的功率范围大幅度扩大，产品平台数量翻了一番。

康明斯发动机型谱表中有24个发动机系列，其中：15个系列已经在我国实现本地化生产。

（2）动力系统事业部

2016年，康明斯将旗下的电力业务和大功率发动机业务合并，组成动力系统事业部。新组建的动力系统事业部专注于为电力、矿山设备、船机、油气田及铁路提供大功率发动机。

康明斯电力业务领域的产品用于备载电力系统、分布式发电及作为移动设备上的辅助电源，能够满足客户多方位的电力需求。该部门还提供包括长期运营、协议维护、交钥匙工程以及临时电源在内的全方位服务和电力解决方案。产品线包括柴油和代用燃料发电机组（2.5kW～2.7MW）、交流发电机（0.6～30 000kV·A）、机组用发动机、控制系统、转换开关（40～3 000amps）和开关柜等，广泛用于办公楼宇、医院、工厂、市政、发电厂、大学、娱乐休闲车辆、游艇和家庭电源等领域。

康明斯大功率发动机业务领域的产品广泛应用于矿山、船机、油气田、铁路和工程机械。产品线包括柴油发动机（19～95L）、燃气发动机（5.9～72L）、钻机发电机组及双燃料发动机及组件。

（3）分销事业部

分销事业部负责康明斯的全球分销及服务工作。通过康明斯的全球分销服务体系，受过专门训练的服务团队为全球用户提供7×24小时的纯正零部件供应、客户工程和专家支持服务。康明斯服务网络覆盖全球190多个国家和地区，在全球范围内拥有600余家全资或独立分销机构，超过7 600多家经销网点。康明斯独资的分销机构覆盖全球主要市场，包括中国、印度、日本、澳大利亚、欧洲、中东和南非等地区。

在我国，分销事业部拥有1个全国零件分拨中心（上海）、19个零部件储备库及2 000多家康明斯独资或合资公司授权经销商。

（4）零部件事业部

以下五个业务部组成康明斯零部件事业部。

1）康明斯滤清系统业务部（原弗列加）：主要生产柴油和燃气发动机的空气、燃油、液压油和润滑油滤清器，以及各种化学添加剂。

2）康明斯涡轮增压技术系统业务部（原霍尔塞特）：生产3L以上柴油和天然气发动机的全系列涡轮增压器及相关产品，产品主要应用于全球商用车辆和工业市场。

3）康明斯排放处理系统业务部：主要生产中重型柴油机排气催化净化系统及相关产品，主要业务包括为主机厂新机型提供配套产品和对在用车辆进行改造。其主要产品包括整体式催化净化系统、后处理系统专用零部件及为发动机厂商提供系统集成服务。

4）康明斯燃油系统业务部：提供8～78L排量的柴油机燃油系统。

5）伊顿康明斯：提供高品质的自动变速箱技术，以最佳燃油经济性、产品性能和出勤保障为全球用户服务。

（5）新能源动力事业部

新能源动力事业部成立于2019年。

氢能源动力业务主要是提供工业及商业制氢、氢燃料电池及兆瓦级能源存储项目的整体解决方案。新能源动力事业部的产品应用领域广泛，可为工业和燃料站提供质子交换膜及碱性制氢设备，为电动交通工具提供氢燃料电池，还可为独立的电动动力工厂提供燃料电池及其他产品。

2. 植根中国、共创辉煌

康明斯与中国的历史渊源可以追溯到20世纪40年代。1941年3月11日，美国总统弗兰克林·罗斯福签署《租借法案》，向包括中国在内的38个国家提供战时援助。《租借法案》对中国援助的物资中就包括配备了康明斯发动机的江防巡逻艇和军用货车。

1944年末，一家重庆企业致函康明斯公司，寻求建立商业联系，在中国进行康明斯发动机的本地化生产，时任康明斯发动机公司总经理埃尔文·米勒在回函中对此表示了浓厚的兴趣，希望中日战争结束后康明斯能够在华建厂。由于众所周知的原因，米勒先生的想法只能等到26年后的1970年，伴随着中美关系的逐步缓和，愿望才变成了现实。

截至目前，康明斯及其关联子公司在华累计投资超过10亿美元，作为中国柴油机行业的外商投资者，康明斯与中国的商业联系始于1975年，时任康明斯董事长埃尔文·米勒先生首次访问北京，成为较早来我国寻求商业合作的美国企业家。1979年中美建交，中国对外开放伊始，康明斯首家驻华办事处在北京成立。

康明斯很早就在中国实现了发动机本地化生产。1981年，康明斯与原中国重汽集团正式签署许可协议，开始在重庆生产康明斯发动机，1995年，康明斯第一家中国合资发动机工厂成立。1997年，康明斯在我国正式设立区域总部，即设在北京的康明斯（中国）投资有限公司。总部统筹管理康明斯在东亚的投资与业务发展。到目前为止，康明斯在中国总计设有30家机构（包括16家合资企业），员工10 000多名，主要生产发动机、发电机组、交流发电机、滤清系统、涡轮增压系统、排放处理系统及燃油系统等产品。康明斯在我国的服务网络包括19家区域服务中心和2 000多家独资及合资企业授权经销商。

康明斯长期坚持与我国大型企业结成战略联盟，实现共同发展。作为早期来我国进行本地化生产的外资柴油机企业，40年来，康明斯已经与包括东风汽车、陕汽集团、北汽福田、江淮汽车、柳工、重庆机电在内的中国商用车及装备制造领先企业组建了6家发动机合资厂，康明斯24个发动机系列中已有15个在我国实现了本地化生产。

康明斯也是较早在我国设立研发中心的外资柴油机公司。2006年8月，康明斯与中国东风汽车公司合作设立的发动机技术研发中心在湖北省武汉市正式启用。历经40年的发展，康明斯中国区已成为康明斯全球规模最大、增长最快的海外市场之一。康明斯已经成为我国发动机产业的有机组成部分，通过合资/独资生产和技术转让，为我国发动机产业的现代化做出了自己的贡献。

2020年，康明斯实现发动机出货量130多万台，销售收入198亿美元，全球员工总数超过57 000名。

康明斯中国区的员工总数为10 000名，2020年的发动机销售量超过67万台。含独资及未合并合资企业在内的销售额为68亿美元。

2020年，康明斯的研发投入超过了9亿美元。

康明斯可提供满足各种工况的功率范围为36.5～503 kW的发动机，可为叉车及港口设备提供排量为2.8～15L的发动机。

二、企业文化

康明斯的使命：驱动世界前行，实现至美生活。

康明斯的愿景：创新不竭，成就客户。

康明斯的价值观：

正直诚信：言出必行　恪守准则。

多元包容：兼听则明　多元制胜。

互助关爱：他人福祉　铭记于心。

成就卓越：精益求精　铸就辉煌。

团队协作：通力合作　共创佳绩。

三、重大事件

1.2019年

1月10日，重庆康明斯发动机有限公司获得了由中国船级社（CCS）颁发的中国第一阶段排放认可证书，其生产的QSNT船用电喷发动机顺利完成中国第一阶段的排放认可测试。

6月19日，东风康明斯发动机有限公司（简称东风康明斯）的第300万台发动机下线。至此，东风康明斯已具备生产满足国六排放的B、D、L、Z系列发动机的能力，可满足重型、中型、轻型货车和客车的动力需求。

6月22日，为纪念康明斯百年华诞，"百年康明斯　至美中国行"全国巡展活动启动。历时130天，穿越全国20个省份、行程超20 000km，与超过30万个用户进行了互动交流，全方位地展示康明斯先进的国六技术解决方案、非道路四阶段、大功率发动机动力升级技术、发动机+AMT先进动力总成技术、纯电动等多元能源解决方案。

7月11日，康明斯电子与燃油系统武汉技术中心落成，该中心将承担大功率发动机燃油系统的研发工作，并与康明斯东亚研发中心一起，定制化开发面向我国市场的产品。

9月3日，重庆康明斯技术中心开业，标志着康明斯在我国建立起领先的大功率柴油发动机和燃气发动机研发测试基地。

9月25日，广西康明斯工业动力有限公司第

10 万台发动机下线，并且为向非道路国四排放升级做好了准备。

10 月 10 日，康明斯 X13 上市发布，其在动力性、可靠性和节能性方面表现突出，面向快运物流、重工业产品运输及冷链运输等领域的货车用户，为其量身定制大功率发动机解决方案。

2.2020 年

1 月 10 日，康明斯东亚研发中心新基地项目于湖北省武汉市奠基启动。在原有 1 亿美元投资的基础上，康明斯将追加投入 1.5 亿美元，用于新基地扩建、研发设施升级和能力建设。

〔供稿单位：康明斯（中国）投资有限公司〕

安庆合力车桥有限公司

一、企业基本情况

安庆合力车桥有限公司（简称安庆车桥）是安徽合力股份有限公司的全资子公司，专业从事叉车转向桥、驱动桥的研发、制造、销售和服务。

安庆车桥占地面积为 99 200㎡，具有杰出的研发能力和专业化、规模化的生产制造能力。安庆车桥拥有加工中心、数控车床、机器人焊接气割工作站、机器人涂装等自动化设备 300 余台（套）；现已具备年产 28 万台叉车转向桥、5 万台叉车驱动桥的生产制造能力。并通过了质量管理体系、环境与职业健康安全管理体系、国际焊接质量标准体系（ISO 3834-2）认证。

二、展望与发展目标

安庆车桥以市场为导向，瞄准工业车辆前沿技术，全面开展自主技术创新，提升以技术创新为核心、以质量管理、成本管理为两翼的市场竞争能力。

1）积极拓展高端客户市场，稳定和扩大高端客户市场占有率，打造成为工业车辆行业精品车桥制造、研发及出口基地。

2）进一步加快技术改造，投入和应用智能化设备，打造智能化转向桥和驱动桥生产线，持续深化 SAP、MES 系统应用，加快工业化、数字化、智能化体系融合，推进智能化工厂建设。

3）加强产业工人队伍建设，做好人才在"选用育留"关键环节的管理，推进技术、管理、技能系列人才梯队建设，打造一支适应企业发展需要的员工队伍。

三、主要产品

（一）主要产品简介

安庆车桥的主要产品有 0.4～46t 叉车转向桥、0.8～12t 叉车驱动桥系列产品，以及航空地勤类牵引车车桥。

1）1～3.5t 叉车铸造转向桥：①配置了目前精密度高、故障率低和使用寿命长的浮动式横置转向液压缸；②采用了静压铸转向桥体结构，在整体外观、抗振降噪方面具有明显优势；③设计了双圆锥滚子轴承内置式自密封轮边主销座轴承结构，具有更大的承载能力和更好的密封效果。

2）0.4～46t 叉车焊接转向桥：是产品型谱齐全的转向桥产品，90% 以上的产品利用焊接机械手焊接，产品一致性和焊接质量有保障。该类转向桥研发周期短，灵活性高，可根据客户要求进行定制开发，满足客户的个性化需求。

3）0.8～12t 叉车驱动桥：该类驱动桥配套于各类叉车、牵引车，有卡夫连接、软连接、板簧座连接等连接方式，桥体分为焊接式和铸造式，能满足客户的多样化需求。

（二）专利和研发能力

1）专利情况：安庆车桥注重研发创新，获得了多项专利授权。

2）研发能力建设：2015 年开发的 2～3.5t 铸造转向桥荣获"第一届中国工业车辆创新成果奖"；2016 年 10 月，安庆车桥技术中心被认定为安庆市市级工业设计中心；2017 年 12 月，安庆车桥技术中心被认定为安庆市企业技术中心。

（三）产品实验检验能力

安庆车桥建立了计量检测中心，拥有光谱仪、拉力试验机、金相显微镜、硬度检测仪、超声波检测（UT）装置、三坐标测量机（CMM）、光学影像测量仪（VME）、盐雾试验机以及清洁度检测设备，具备从原材料到总成的全流程检测和试验能力。

2016 年，安庆车桥投入了车桥综合试验台，该试验台通过伺服控制系统实现对压力、位移和温度的精准控制，从而实现叉车转向桥转向耐久工况的精准模拟，缩短了新产品研发周期的同时，大大地降低了新产品投入市场后的潜在质量风险。

四、市场经营与销售情况

安庆车桥的主导产品除与集团内主机公司的产品配套以外，还为国内外其他叉车主机制造商供货，已经与全球排名前 10 位的叉车制造商中的 7 家建立了合作关系。安庆车桥的专业售后管理团队致力于满足客户售前、售中和售后的服务需求，为客户提供全程技术支持。

安庆车桥重视客户需求，针对不同的客户群，技术、质量和销售团队会不定期上门走访，了解不同客户群的差异化需求，坚持每单必争、每单必保、每单必好的销售策略，持续完善并优化运营流程，确保客户订单及时交付。近年来，销售订单兑现率始终维持在 99% 以上，客户认可度和满意度较高。

五、企业管理及企业文化

企业建立了较为完善的制度管理体系。持续推进制度流程化、流程信息化建设，持续完善企业内部控制管理体系，防范运营风险，坚持依法合规经营。

企业推行精益管理，灵活运用精益工具和方法，实现高效的生产组织；运用信息化系统实现从订单到交付的全流程管理，保障订单的准时兑现。

安庆车桥成立了企业文化建设领导小组，用安庆车桥文化激励员工为企业发展不断拼搏、创新，不断提升安庆车桥的核心竞争力。

六、2019—2020 年获奖情况

2019 年，安庆车桥获得"安徽省劳动保障诚信示范单位"称号。

2019 年，安庆车桥获得 2019 年度安庆市"金融守信企业"称号。

2019 年，安庆车桥获得安庆市"百企帮百村"脱贫攻坚先进单位荣誉称号。

2020 年，安庆车桥获得安庆市工业企业"安全生产先进单位"称号。

2020 年，安庆车桥开发的"Q-3tD 电瓶叉车驱动桥"荣获安徽省机械工业科学技术奖三等奖。

〔供稿单位：安庆合力车桥有限公司〕

龙合智能装备制造有限公司

一、企业概述

龙合智能装备制造有限公司（简称龙合智能）成立于 2014 年 5 月，坐落于福建省龙岩市经济技术开发区（高新区）环园路 9 号，系一家集自主研发、高端制造和营销服务为一体的现代化智能制造民营企业，龙合智能主营业务包括智能物流搬运设备、装卸设备及其集成应用系统整体解决方案，以及智能仓储软硬件综合集成系统及属具产品等。

龙合智能目前拥有员工 398 人，专业技术、管理人员占职工总数的 29%，其中：高级技术人员 6 人、中级技术人员 11 人、其他专业技术人员 100 人。

龙合智能自成立以来，积极响应《中国制造 2025》的国家战略号召，致力于智能制造领域的开拓和发展，尤其在智能无人装卸、智能物流等

细分领域深耕蓄力，目前已成为全国属具行业、全国智能仓储物流两大重要实体行业的国家标准制定者。未来几年，龙合智能在巩固传统叉车属具行业上游地位的基础上，着力成为国内外仓储物流、智能搬运装卸领域的领先者。

二、重大事件

2018 年 10 月，龙合智能的"垛装物料装车托盘自动转换总集成总承包系统解决方案"入选国家第二批"服务型制造示范项目"名单。

2019 年 6 月，龙合智能被工业和信息化部认定为第一批专精特新"小巨人"企业。

2019 年 7 月，龙合智能荣获"福建省质量管理优秀单位（2019—2020 年）"称号。

2019 年 8 月，龙合智能的"全向搬运机器人"获得 2019 年闽粤赣两用技术成果对接会组委会颁发的"一等奖"荣誉证书。

2019 年 9 月，龙合智能荣获"第八届中国创新创业大赛（福建赛区）暨第七届福建省创新创业大赛二等奖"。

2019 年 9 月，龙合智能荣获"福建省新型研发机构"称号。

2019 年 10 月，龙合智能被评为"福建省制造业单项冠军企业（产品）"。

2019 年 10 月，龙合智能被评为"福建省循环经济示范试点单位"。

2019 年 10 月，龙合智能的"自适应全向移载设备"荣获"2019 年福建省重点新产品"称号。

2019 年 11 月，龙合智能荣获"2019 年龙岩市绿色工厂"称号。

2019 年 12 月，龙合智能被评为"2018—2019 年守合同重信用企业"。

2020 年 3 月，龙合智能的"垛装物料装车托盘自动转换设备关键技术"荣获 2019 年度福建省科学技术进步奖三等奖。

2020 年 5 月，龙合智能与龙岩学院共建的"福建省焊接质量智能评估重点实验室"被认定为"福建省企业重点实验室"。

2020 年 8 月，龙合智能荣获"2020 年福建省绿色工厂"称号。

2020 年 9 月，龙合智能的"Q/LHZN002—2018 垛装物料装车托盘自动转换设备"荣获"福建省标准贡献奖三等奖"。

2020 年 9 月，龙合智能荣获"第九届中国创新创业大赛（福建赛区）暨第八届福建省创新创业大赛三等奖"。

2020 年 11 月，龙合智能荣获"第九届中国创新创业大赛全国总决赛优秀企业"。

2020 年 11 月，龙合智能被批准设立博士后科研工作站。

2020 年 12 月，龙合智能凭借"基于互联网的数字化工厂"项目被评为"福建省第二批工业互联网应用标杆企业"。

三、产品简介

（一）产品分布

由于龙合智能产品的特殊性，目前，龙合智能设计生产制造的属具产品均销售给各品牌叉车、工程机械、农业机械生产商（含其销售公司、代理商），如林德、丰田、海斯特、合力、杭叉、TCM、三菱、柳工、徐工、诺力、永恒力、JCB、曼尼通等设备生产商，最终交付其遍布全球的各行业终端客户。这些终端客户遍布石化、汽车制造、白色家电、国防、化工、回收、造纸、印刷、食品、物流仓储、铸造、砖瓦及市政等行业，如中国石化、中国石油、北京奔驰、中粮集团、华润集团、海尔、益海嘉里、宁德时代、徐工集团、林德（中国）、中集、台塑重工、百威、大连恒力、理文纸业和可口可乐等。

（二）重点产品

1. 纸卷夹

纸卷夹应用于纸卷的搬运作业现场，可以进行 360° 旋转，以便夹持垂直或水平放置的纸卷，具有高效、安全、无破损的作业特点，广泛应用于造纸厂、纸箱厂、水泥预制管或金属管、物流仓库、印刷厂以及变压器厂等场合。

2. 调距叉

调距叉能够高效地对货叉间距进行液压调节；以便叉取不同规格的托盘类货物；在堆垛、搬运及装卸作业时，侧移功能能够实现货物横向位置微调，使上述作业更得心应手。调距叉适用于不同规格托盘类货物的堆垛、搬运及装卸作业。

3. 软包夹

软包夹适用于各种形式的包类货物，如棉花羊毛、纺纤、波纹板、白板纸、碎布、干草及工业碎料包的无托盘化搬运、堆垛和需要进行旋转作业的场合，具有高效、经济和安全的特点，广泛应用于造纸、回收公司、铁路运输、物流仓库、码头及纺织等相关行业。

4. 推拉器

推拉器广泛用于无托盘类货物的搬运及堆垛作业，借助于货物下面的滑板，将货物拉至载板上进行搬运，到达目的地后将货物推至目标处。该种作业方式提高了作业效率、降低了托盘的采购和维护成本。推拉器广泛应用于石化、化工、制药、物流及其他需要无托盘搬运作业的行业。

5. 推出器

推出器广泛用于无托盘类货物的搬运及堆垛作业，借助于所配的多个叉齿（可以设计成圆杆型或方型），叉入特殊的带有凹槽的载物托盘，叉车货叉架提升后，推出器的多齿承载起货物，并与载物托盘分离；运至目的地后将货物推至目标处。该种作业方式提高了作业效率、降低了托盘的采购和维护成本。推出器广泛应用于石化、化工、制药、物流饲料及粮库等袋装类货物的搬运作业行业。

6. 单双托盘叉

单双托盘叉能够高效地一次性搬运一个或两个托盘类货物；在堆垛、搬运及装卸作业时，侧移功能能够实现货物横向位置微调，使上述作业更得心应手；四叉完全张开时又能适用于外形狭长的货物搬运作业，如酿酒、石化、食品和物流等领域的货物搬运作业。

7. 纸箱夹

纸箱夹可以安全高效地搬运各种纸箱包装物。侧向移动式夹臂能够使夹持和侧移动作更顺畅；大块橡胶板以及作为选项的四档调压阀都可以保证夹持作业时不会将货物夹坏。纸箱夹适用于烟草、白色家用电器制造和物流行业使用，如烟叶箱包、电冰箱、电视机、洗衣机等行业的无托盘搬运和堆垛作业场合使用。

8. 托盘转化装置

对于叉车或托盘搬运车叉取的托盘类货物，通过托盘转化装置的旋转机构按一定设计角度旋转或平移机构水平移动，可以实现托盘类货物的托盘更换或托盘与货物的分离。该类托盘转换装置特殊的侧板设计可以保证和规整货物外形，避免货物和托盘在旋转或平移过程中可能发生的垛形坍塌或变形。该类托盘转换装置具有操作简单、安全的特点，可以与仓储物流管理系统配合使用。

9. 旋转器

旋转器广泛应用于需要将货物进行旋转或将容器进行倾倒作业的场合，如机加工、资料回收、冶炼浇铸、石化和制药等行业。旋转器配置侧移功能装置后，可以使叉车在进行堆垛、装卸作业时，变得更加顺畅高效。

10. 侧移器

侧移器能够使叉车货叉实现左右向移动，便于货物的叉取和堆垛，大大提高了叉车的灵活性和搬运效率，适用于叉车搬运和堆垛的各种工作场合。

11. 智能产品

智能无人装卸系统，解决仓储物流最后 1km 人工搬运装卸难题，实现机器替代人。

（三）市场开发与维护

龙合智能以现有的属具基础业务为依托，进一步拓展至智能搬运装备产品领域，开发出新的利润增长点，并深耕现有市场，不断开拓新市场，完善营销服务体系；加大技术研发投入，提升产品的核心竞争力；优化人才结构，加强人力资源体系建设。

龙合智能的销售体系分为国内和国际两大部分。在国内市场上，以主机厂的龙头企业为主，以其他市场客户为辅，以点带面，划分成三大区域进行售前、售中和售后服务，目前，龙合智能的产品已覆盖国内许多终端客户。在国际市场上，以龙合本部营销部门为中心，通过世界各地的经销商、代理店及 B2B 平台等，对分布在 70 多个国家和地区的 180 余个国际客户进行高效的服务，以保证龙合智能的产品长期正常使用。

（四）后勤保障管理

1. 物资管理

物资管理的范围包括：原材料仓库、综合配套仓库和成品仓库，以及待检区、不合格品区。物料进库根据生产计划中的物料需求进行采购入库，物料出库根据生产计划中的使用需求按单领料出库，并采用物料配送制度，确保物料快速流转，提升了生产效率。定期盘点，确保仓库内的物资与台账、卡一致。

2. 运输管理

龙合智能与国内物流百强企业建立了长期合作关系，如德邦物流、百世快运、盛辉物流等，并签订了相关运输合作协议、保密协议及廉政协议等，对运输物资车辆采取 GPS 定位，实时监控物资的在途运输情况，确保运输安全，并做好相关物资的签收移交手续。

四、企业文化

龙合智能自成立以来始终秉承"世界本是一家人"的经营理念，多年来形成了自身独有的企业文化：

企业理念：真诚、感恩，世界本是一家人。

企业使命：致力于解决物流搬运难题。

企业愿景：成为国际智能搬运装备领先企业。

企业核心价值观：高品质，倚创新，重效率，稳发展，创幸福。

龙合智能建设了咖啡厅、党员活动室、文化展厅等文化设施，组织公司的篮球爱好者组建了龙合职工篮球队，组织唱歌爱好者组建了龙合合唱团；平时定期、不定期地通过车间宣传栏、公司内网、微信公众号和员工微信群等渠道向全体员工宣传公司的重大事件，传达领导的重要指示等；同时，为增强员工的凝聚力，体现公司以人为本的企业文化，组织了一系列的文体活动：

2019 年 2 月，龙合智能举办了表彰暨职工文艺晚会活动。

2019 年 9 月，龙合智能举办了中秋趣味运动会。

2019 年 9 月，龙合智能开展"歌唱祖国"庆祝中华人民共和国成立 70 周年活动。

2019 年 12 月，龙合智能举办员工技能比武活动。

2019 年 12 月，龙合智能举办"不忘初心再出发，牢记使命勇担当"党建活动。

2020 年 1 月，龙合智能举办"不忘初心，砥砺前行"表彰暨春节晚会活动。

2020 年 7 月，龙合智能举行篮球友谊赛。

2020 年 8 月，龙合智能开展"心系员工，爱在龙合"系列亲子活动。

2020 年 8 月，龙合智能举办"奋斗时光，感恩有您"双职工七夕活动。

2020 年 10 月，龙合智能举办"迎中秋，贺国庆"系列活动。

2020 年 11 月，龙合智能开展"党建引领、合作共赢"党建活动。

五、荣誉

2019 年 6 月，龙合智能董事长杨静荣获"龙岩市十佳青年企业家"称号。

2020 年 5 月，龙合智能董事长杨静荣获"庆祝'三八'国际妇女节 110 周年龙岩 110 位推动闽西发展'最美的她'"称号。

〔供稿单位：龙合智能装备制造有限公司〕

安徽益佳通电池有限公司

一、企业概述

安徽益佳通电池有限公司（简称益佳通）

于 2016 年 1 月成功落户在安徽省宣城市经济技术开发区，注册资金 2 亿元，占地面积为

260 亩（1 亩 =666.7m²）。益佳通专业从事锂离子动力电池（组）的研发、生产和销售，主营业务：数码电池（三星手机）、动力电池（叉车锂电池、船舶锂电池、电动二三轮车锂电池）和储能系统的研发和生产。

目前，益佳通职工总数为 800 余人，其中工程技术人员占 30%。2019 年，益佳通的总销售额为 2.3 亿元，工业车辆总产值为 9 300 万元；2020 年益佳通的总销售额为 3 亿元，工业车辆总产值为 1.8 亿元。仅仅一年时间，工业车辆总产值近翻了一翻。可见，客户的信赖以及产品的优势极其重要。

二、重大事件

1）2019 年 4 月 17 日上午，"'长三角 G60 科创走廊'九城市媒体联合采访活动"在安徽省宣城市启动，来自中央及省（市）级的 60 多名媒体记者走进益佳通产业园，集中对益佳通进行了采访，深入了解益佳通的创新进展及融入"长三角 G60 科创走廊"的有关情况。

2）2020 年 11 月 12 日下午，国务院发展研究中心产业经济部副部长、研究员、北京大学经济学博士许召元一行到益佳通调研指导工作。

三、工业车辆（叉车）产品开发与生产

（一）产品开发

1. 开发背景

2017 年，益佳通的三元锂离子电池以及磷酸铁锂离子电池通过了国家检验检测中心的认证，成立了安徽省新能源汽车动力电池博士后科研工作站、数字化车间。

2. 组织

2018 年，在不断地分析市场行情、进行实际市场调研的基础上，益佳通决定实施，战略转型增加工业车辆版块，于是成立了工业车辆事业部，主攻叉车锂电池及专用电芯。经过大家的共同努力，很快得到了市场回馈，2018 年年底与许多知名一流叉车公司开展了供货合作，截至 2020 年年底，已与数百家知名叉车公司进行了合作。

（二）产品简介

作为叉车锂离子电池系统的专业制造商，益佳通针对叉车开发出叉车专用锂电池，其使用的电芯能降低能量密度，增加电池的循环寿命；两侧独特的极耳设计使其抗振能力强，适于无减振器、实心胎叉车；全部用超声波焊接极耳，满足了叉车电池大电流充、放电，2C 充电，3 ～ 5 C 放电的需求。

四、市场经营与销售情况

（一）市场开发与维护

2019—2020 年，益佳通与林德、永恒力、合力、凯傲宝骊、海斯特等公司建立了稳定的合作关系，并不断进行产品研发，对相关人员及时进行技术培训，全面提高了产品品质、性能，同时提升了各大主机厂、后市场客户对益佳通产品的信任度和认可度。

（二）销售

益佳通的产品已销售至全国各地，并已出口至亚洲、非洲、南美洲、欧洲和大洋洲五大洲。在售前、售中管理方面，益佳通及时掌握行业及市场动态，迅速搜集相关市场信息，了解客户需求，并对其进行数据分析，以便有效地策划销售目标及制定销售策略，有效地与客户沟通，最终促使订单完成和合同签订实现产品销售；在售后服务方面，以当日报当日达的效率，第一时间为客户解决问题，益佳通专门组织了一支售后服务团队，并在我国西南地区、北方大区、华东大区及南方大区设立了售后服务网点，真正地做到让客户无后顾之忧。

五、企业管理及文化

对待客户，益佳通自成立以来，一直坚持用"芯"成就未来，坚持"用心做好产品，专注品质，服务至上"的理念。

对待员工，益佳通为员工创造优质的工作环境，关心员工的个人发展及个人需求，实现公司与员工共同发展。

〔供稿单位：安徽益佳通电池有限公司〕

广东爱普拉新能源技术股份有限公司

一、公司概况

广东爱普拉新能源技术股份有限公司（简称爱普拉）是一家以创新科学技术为核心竞争力，专注于新能源电动充电设备研发、生产、销售及服务于一体的国家高新技术企业。

爱普拉成立于 2015 年，注册资金 1 亿元，总部位于我国广东省东莞市松山湖国家高新技术开发区，占地面积 13 000 m²，其中生产面积 10 000 m²，在新疆、宁夏、陕西、辽宁、安徽、江苏、重庆、四川、云南、广西、湖南、海南等地及印度设立了 2 家子公司、12 家办事处及 1 家海外（印度）代理商。

爱普拉自成立以来，充分利用德国在该领域的领先技术优势，大胆创新充电解决方案新模式，努力解决我国新能源汽车、工业车辆充电难题，节能减排达到了我国规定的要求。同时，爱普拉与上海交通大学共建新能源汽车充电运营产学销一体化合作示范基地，采用"互联网+"思维方式，推出了"互联网 + 充电设施 + 移动补电"的创新商业模式，依托大数据、云计算及车联网等新型信息技术，为城市新能源应用提供创新的充电解决方案。

爱普拉的锂电池智能充电机随着我国工业车辆的锂电化提速得到了迅速发展，已为合力、比亚迪、徐工、龙工等知名企业提供锂电池智能充电整体解决方案及配套服务。为了满足北美主机厂等国际市场的发展需求，爱普拉着重推出了美标、欧标锂电池智能充电配套设备，并通过了 TÜV 南德在产品温升、环境、机械和电气安全等方面的测试检验，并取得了 DC 24V/DC 36V/DC 48V/DC 72V/DC 80V 等系列锂电池智能充电机的 cTUVus 证书，为我国工业车辆进军北美、欧洲等国际市场提供

了完整的充电解决方案。

爱普拉的充电设备已广泛应用于电动汽车、电动叉车、智能 AGV、电动高空作业平台、电动搬运车、电动堆高车、电动清扫车、电动洗地机、电动观光车及电动游艇等领域。具有国际权威认证机构的欧标、美标认证，产品已出口到欧洲、美洲、中东、亚太等地区的多个国家。

2021 年，爱普拉紧跟行业发展大趋势，坚持创新驱动发展战略，坚持以技术研发、产品创新助推企业快速发展。面对当前原材料价格不断上涨以及行业竞争白热化的形势，爱普拉将为客户开发高度集成的新型充电系统，该系统将具有噪声低、效率高、防护等级高和使用寿命长等特点，助力主机企业构建新能源产品竞争优势。爱普拉始终坚持"质量第一，客户至上"的经营理念，在研发创新的同时严格管控产品质量，扎实推进质量管理体系建设，不断完善服务网络，2021 年，爱普拉规划在原有的全国 12 家服务网点的基础上，将服务网点数量增加至 30 个，为各区域客户提供更优质的产品一体化服务。爱普拉希望通过产品的技术创新以及优质的服务为我国工业车辆行业的发展贡献一份力量，将公司努力打造成为一家专注推动绿色发展、助力低碳环保事业、肩负社会责任的新能源服务企业。

二、研发情况

爱普拉是一家坚持以技术创新驱动公司发展的企业，公司的研发人员数量占企业员工总数的 36% 以上，每年投入的研发经费占销售收入的 5% 以上，公司自成立以来，多项产品获得高新技术产品认证等。

截至 2021 年 3 月，爱普拉的研发专利见表 1。

表 1　爱普拉的研发专利

序号	专利名称	专利号（申请号）	申请日期
1	一种电动汽车充电桩的付费装置	CN201621268003.4	2016-11-23
2	一种电动汽车充电桩的声波支付装置	CN201621268370.4	2016-11-23
3	一种新型电动汽车充电桩的智能计费装置	CN201621268004.9	2016-11-23
4	一种直流快速充电机变电站	CN201621269394.1	2016-11-23
5	一种充电桩的智能充电装置	CN201621268287.7	2016-11-23
6	一种便携式电动汽车充电宝	CN201621272748.8	2016-11-23
7	一种 PASP 锂电池充电柜	CN201720992145.3	2017-08-09
8	一种充电柜开关门锁结构	CN201721029510.7	2017-08-17
9	电动汽车充电桩的集中控制器	CN201520850043.9	2015-10-27
10	带有定位监控报警系统的电动汽车充电桩	CN201520939653.6	2015-11-22
11	锂离子充电柜	CN201730362514.6	2017-08-09
12	锂电池充电柜	CN201730362515.0	2017-08-09
13	立式双枪交流充电桩	CN201530470787.3	2015-11-22
14	壁挂式充电桩（3）	CN201530470784.X	2015-11-22
15	充电桩（壁挂式 2016-01）	CN201630030333.9	2016-01-27
16	充电桩（便携式 2016-01）	CN201630030332.4	2016-01-27
17	充电桩（立式 2016-01）	CN201630030331.X	2016-01-27
18	充电桩（直流立式）	CN201630030330.5	2016-01-27
19	电动汽车充电桩的付费方法	CN201510714270.3	2015-10-27
20	电动汽车充电桩的智能计费方法	CN201510890651.7	2015-12-05
21	电动汽车充电桩的声波支付方法	CN201510888612.3	2015-12-05
22	充电桩的智能系统及充电方法	CN201510982485.3	2015-12-22
23	一种基于 RS485 双屏控制的叉车充电系统	CN201822031090.7	2018-12-05
24	一种新型交流充电桩磁保持继电器驱动电路	CN201822031119.1	2018-12-05
25	一种锂电池叉车充电机电路	CN20182057009.2	2018-12-04
26	锂电池充电机	CN201830696777.5	2018-12-04
27	充电桩（便携式）	CN201830696774.1	2018-12-04
28	一种便捷支付的电动汽车充电桩	CN201822025391.9	2018-12-04
29	一种基于 RS485 双屏控制的叉车充电系统	CN201811475771.0	2018-12-04
30	一种新型交流充电桩磁保持继电器驱动电路	CN201811474306.5	2018-12-04
31	锂电池充电机（APSP24V100A）	CN201930378017.4	2019-07-16
32	锂电池充电机（APSP80V200A-B）	CN201930378006.6	2019-07-16
33	锂电池充电机（APSP80V200A-H）	CN201930378000.9	2019-07-16
34	锂电池充电机（APSP80V200A）	CN201930377716.7	2019-07-16
35	一种继电器防带载切换驱动保护电路	CN2019219112223	2019-11-07

（续）

序号	专利名称	专利号（申请号）	申请日期
36	一种充电桩放电电阻保护电路	CN201921917782X	2019-11-07
37	一种新型低能耗宽电压范围的电池反接检测电路	CN2019219260827	2019-11-07
38	APSP 叉车充电机	CN2019219499132	2019-11-07
39	双枪直流充电桩	CN2019219494482	2019-11-07
40	一种一体四枪直流充电桩	CN2019222004065	2019-12-10
41	一种充电枪输出线固定器	CN2019223379769	2019-12-23
42	一种新型充电机 BNS 供电选择电路	CN2019223536384	2019-12-23
43	锂电池充电机（600）	CN2021301059906	2021-02-25
44	锂电池充电机（800）	CN2021301059893	2021-02-25
45	充电机（1）	CN2021301623617	2021-03-25
46	充电机（2）	CN2021301623481	2021-03-25
47	一种枪线稳定限位的充电机	CN2021206064619	2021-03-25
48	一种防尘效果好的充电机	CN2021206064572	2021-03-25
49	一种散热稳定的便携式充电机	CN2021206063194	2021-03-25
50	一种放置稳定的便携式充电机	CN2021206063071	2021-03-25
51	一种防水效果好的充电机	CN2021206062929	2021-03-25

三、产品介绍

爱普拉专注于新能源充电设备的研发、生产，不断改进和提升技术水平，开发新产品，满足客户的不同需求，为全国乃至国际不同市场、不同用户提供全方位的新能源充电整体解决方案。爱普拉的主要系列产品如下：

1. 电动汽车充电桩

1）适用领域：电动轿车、电动泥头车、电动清扫车、电动垃圾车、电动大巴、电动物流车等电动汽车，以及电动挖土机、电动作业车、电动高空作业平台等高压工业车辆等领域。

2）产品技术规格：产品技术规格见表2。

表2　产品技术规格

产品系列	功率（kW）	输入电压（V）	输出电压（V）	充电接口
壁挂式交流充电桩	7/14/21/42 等	AC 220/380	AC 220/380	国标枪接口，单枪/双枪可选
立式交流充电桩	7/14/21/42 等	AC 220/380	AC 220/380	
直流一体式充电桩	30/40/60/80/100/120/160/200/240 等	AC 380	DC 200～500/DC 200～750	
直流分体式充电桩	360/480 等	AC 380	DC 200～500/DC 200～750	

防护等级 IP54 以上；通信接口可选 RS485/CAN/RS232 等，有欧标认证产品

2. 锂电池智能充电机

1）适用领域：锂电池叉车、智能 AGV、电动高空作业平台、电动搬运车、电动堆高车、电动清扫车、电动洗地机、电动观光车及电动游艇等领域。

2）产品技术规格：产品技术规格见表3。

表3 产品技术规格

电压	电流（A）							备注
	30	50	100	150	200	300	400（双枪）	
24V		√	√	√	√			
36V		√	√	√	√	√	√	
48V		√	√	√	√	√	√	
72V	√	√	√	√	√	√	√	可根据客户需求定制开发
80V	√	√	√	√	√	√	√	
96V		√	√	√	√			
115V		√	√	√				
150V		√	√	√				

可提供200～750V（20kW、30kW、40kW）高压锂电池充电机、AGV锂电池充电机等产品，可选接口：国标枪口，REMA口、安德森接口等

3. 充电管理云平台

爱普拉－爱电桩充电管理平台，为客户提供完整的自主充电运营管理方案。该充电管理平台具备充电桩实时监控、充电用户管理、充电运营管理、第三方支付系统对接、第三方平台系统对接、车辆状态实时监控、车辆运营管理、车以及充电设备的售后服务、数据分析、充电搜索、营销工具、扫码预约充电等功能，为广大用户提供充电管理服务。

四、市场与售后服务

在市场开拓方面，爱普拉始终坚持"质量第一、客户至上"的经营理念，以创新技术为发展动力，为客户创造竞争优势，与客户共谋发展，爱普拉凭借着过硬的产品质量和丰富的产品可选择方案，已与合力、比亚迪、徐工、龙工等优秀企业建立了长期稳定的合作关系。爱普拉自成立至今已在全国设立了12家办事处、2家分公司及1家海外服务网点，初步形成了以广东为核心，华东、华北、华中和华南为重点区域，东北、西北、西南为发展区域，基本覆盖全国重点区域和客户的销售服务网络，产品畅销全国各地以及欧洲、亚太、中东、美洲等地区的许多国家。

在售后服务方面，爱普拉的发展离不开广大用户的支持和认可。爱普拉建立了完善的售后服务管理体系，为客户提供方便、快捷、主动的服务，并坚持在售前、售中和售后，针对用户的需求变化提供有针对性的完整服务；爱普拉通过提供增值服务，实现用户满意度的提高，让终端用户用得安心、用得满意。用户满意就是对爱普拉充电机的最大认可与支持。

爱普拉依托其全国办事处、分公司和总部售后服务团队，为全国34个省区的500多个城市（覆盖全国95%的城市）提供7×24小时的不间断服务。

时势巨变，日月更替，唯一不变化的是爱普拉的优质产品和服务。2021年，爱普拉在新的征途上将担负起更多的责任、使命，创造出更多的优质产品，满足用户的各种需求。

〔供稿单位：广东爱普拉新能源技术股份有限公司〕

TVH 集团

——打造一站式工业车辆配件供应商

TVH 集团是一家全球性公司，在五大洲 180 个国家拥有 78 个分支机构，总部位于比利时。TVH 集团成立于 1969 年，员工人数超过 6 700 人，设有两大分支部门，即配件部和工业车辆部，是全球最大的工业车辆一站式配件及服务提供商，深耕中国市场 15 年来，凭借其在业内早已耳熟能详的 Total source、伊兴、HEZE 三大品牌，一如既往地为中国市场提供一站式全方位工业车辆配件解决方案和卓越的服务。

厦门伊海兴程贸易有限公司（简称 TVH 中国）是 TVH 集团在中国的营销总部，致力于为中国客户提供高品质的配件和优质的服务。TVH 中国的前身是厦门伊兴机电设备有限公司（简称伊兴机电），伊兴机电成为 TVH 集团的中国营销总部后，进行了业务整合，补充了 TVH 集团的配件渠道，凭借产品优势，服务中国后市场客户的能力明显提高。目前，TVH 集团是全球规模最大的后市场零配件供应商，提供的产品适应于各类品牌叉车、高空作业车、港口机械、清扫设备、机场设备等。TVH 集团在全球可提供 4 200 万种有识别编号的零件，库存配件 77.5 万种。尤其是齐全的叉车配件种类在世界叉车零配件供应商中具有巨大优势，销售占比也较高。TVH 集团在中国有 3 家分公司，分别位于上海、天津和厦门，搭配了一个全国中心仓库，可确保库存配件在最短的时间内到达用户手上。

目前，TVH 集团在中国拥有两大业务，即配件业务和属具业务，未来，TVH 集团将致力于提高盈利能力、效率和可持续性发展能力。

一、工业车辆配件：打造一站式配件解决方案

TVH 拥有全球最完善的工业车辆配件库存类别，注重解决客户购买配件的繁琐程序，林德、海斯特、永恒力、TCM、丰田、三菱、日产、BOSS、克拉克、卡尔玛、FANTUZZI、小松、B.T、阿特莱特、卡特彼勒、科朗、STILL、NICHIYU/PRAT、YALE 等主机厂的配件，甚至一些偏门的配件，依托 TVH 集团强有力的库存和数据识别能力，都能在第一时间提供给客户，缩短用户的维修时间，减少客户的维修成本。

二、工业车辆属具：轻松搬运更高效

叉车属具是发挥叉车一机多用的最好工具，较方便地更换在以货叉为基型的叉车上的多种工作属具，可使叉车适应多种工况需要。机械化搬运比传统的人工搬运作业时间短，同时降低了劳动力的支出和成本，提高了工作效率。在同一个搬运循环中，叉车的动作次数明显降低，叉车相应的轮胎消耗、传动齿轮消耗、油耗等也相应降低，运行成本也相应减少。

TVH 集团的属具业务包括旋转类、滑臂类、侧移/倾翻类、特殊类四大类液压属具和一类机械类属具，共五大系列产品、近 300 个品种，同时，TVH 集团中国属具工厂拥有数控切割机、液压矫直设备、CO_2 半自动焊机、抛丸机、清洗机、涂装与烤漆线等先进制造设备；探伤仪、化学分析仪、测漏仪等进料检验设备；多工位全模拟综合试验台、整机负载测试设备等完善的成品检测试验设备，确保质量全程得到有效控制，产品品质得到保障。

TVH 中国利用从欧洲 TVH 工厂进口配件的优势，结合国内行业的配件资源，与国内外多家知名厂家建立了战略合作关系，以高品质、低价位的产品及供应渠道优势为工业车辆配件行业打造了一个全新的资源供应环境，为用户提供一站式工业车辆配件用品解决方案！

三、未来战略

近期，TVH集团发布了集团《2025战略计划》（简称《计划》），《计划》提出，TVH集团将继续拓展全球业务，同时聚焦中国市场，在全球将推出200项具体计划，并且TVH集团将清晰规定计划中每一个项目的具体实施时间和不同角色的职责分工，该《计划》的实施时间将延展至2025年。

从长远来看，TVH集团的目标是成为客户的首选，通过具有前瞻性的解决方案和技术为客户的业务赋能。同时，TVH集团也希望通过自己的努力，促进经济活跃，生态和社会发展，从而为TVH集团所有利益相关者创造可持续的价值。为此，TVH集团正在致力于提高盈利能力、效率和可持续性发展能力。

TVH中国副总裁徐子期先生表示：TVH集团一直把中国市场作为TVH集团未来的重要市场，TVH集团拥有非常强大的配件库存和数据开发系统，可以在第一时间满足客户的不同需求，结合TVH集团的全球电商系统MyTotalSource平台，客户可以足不出户挑选自己满意的产品，将传统制造维修服务模式逐步转换为以工业互联网操作平台为支撑的数字化服务模式，同时将进一步加深与各行业合作伙伴的合作关系，以此强化自身的市场地位。

〔供稿单位：厦门伊海兴程贸易有限公司〕

中叉智联国际物流装备产业城

中叉智联国际物流装备产业城（简称产业城）是由中叉智联股份有限公司在广东省东莞市投资建设并运营的物流装备产业园区。产业城致力于为物流装备企业提供一个高附加值的集成服务平台。产业城一直围绕"构建体验场景、助力品牌推广、开拓更多业务"的运营思路和理念，和进驻企业一起发展，助推进驻企业做大做强，打造行业新地标。

一、构建体验场景、提升品牌认知

我国是全球叉车需求大国，销售在全球每年也处于领先地位。早期因为市场信息不对称和产品供应稀缺，叉车市场属于卖方市场。近年来，随着互联网和物流业的快速发展，国内叉车产能的快速提高，产品竞争逐渐加剧。在快速发展阶段，大多数行业以发展和占领市场为第一目标，企业普遍以价格竞争和商务政策竞争为主要竞争方式。

随着市场竞争的加剧和品牌强国意识的提高，打造品牌成为各企业新阶段的发展目标，各企业逐渐重视产品的体验化和专业化销售。为用户构建一个专业化的产品体验场景，增强用户的产品体验感逐渐成为从价格销售转向体验销售的新趋势。产品的场景体验不仅可以提升用户对产品的认可度，还可以提升用户对企业的品牌认知度。产业城提供的不仅是一个场地，而且是一个和进驻企业一起构建的产品体验和品牌提升场景。

二、助力品牌推广、积累品牌资产

传统的品牌推广模式多以黄页、展会及活动等方式为主，现今涌现了短视频平台、新媒体平台等层出不穷的品牌推广模式。品牌不仅是一个符号，其内涵着品牌资产的积累，包括品质、服务、特点等的综合积累，品牌存在的目的就是让客户降低选择成本。

物流装备企业特别是物流装备制造企业，将重心和精力主要投入生产和研发当中。产业城针对行业特点，在为进驻企业提供传统的活动、展会、会议品牌推广营销方式的同时，和进驻企业一起不断摸索品牌推广的新思路和新方式，比如拍摄剧情短视频曝光品牌、产品直播演示、在社群推广产品和品牌等。通过不断地重复营销和曝光某产品、品牌，为进驻企业品牌注入品牌资产，影响和驱动用户，使其主动选择此品牌的产品。

三、深耕产业园区、助力行业企业品牌影响力提升

行业企业在发展过程中，在不同阶段需要不同的能力和不同的服务。比如普通叉车代理商需要解决的是客户来源问题，一定规模的租赁企业需要解决的是资金问题，大型企业需要解决的是股权融资问题等。此外，在企业内部管理优化、企业品牌建立、人员培训、企业文化建设等方面，都会随着企业的发展而需要不一样的能力和资源。

产业城围绕不同企业不同阶段的需求，以园区为平台，联合产业以外的专业金融机构及财税、营销、品牌等咨询公司，为进驻企业提供专业服务。通过不断地服务同类产业客户，也让外部机构对产业城的专业性认识更加深刻，为用户提供更加符合行业需求的专业建议和解决方案。

产业城的使命是为物流装备企业提供一个高附加值的集成服务平台。产业城作为服务载体，承担着构建线下体验场景的职能。产业城不仅提供线下体验场景，同时还提供线上商城让客户实现在线体验。中叉智联股份有限公司始终围绕致力于成为物流装备产业生态平台的使命，和进驻企业、行业共同发展的同时，深耕园区资源，助力进驻企业打造品牌，携手开拓更多业务，最终帮助进驻企业实现长久持续经营的目标。

〔供稿单位：中叉智联国际物流装备产业城〕

安庆联动属具股份有限公司

一、企业概述

安庆联动属具股份有限公司（简称联动属具）是安徽省属国有大型企业——安徽叉车集团有限责任公司的控股子公司，成立于 2011 年 1 月，2016 年 3 月，联动属具在新三板挂牌。

联动属具是集工程机械属具及零部件研发、制造、销售和服务于一体的规模化、专业化公司。联动属具已成为国内自主品牌叉车属具的行业龙头企业和最大的研发、制造基地。联动属具的产品广泛应用于造纸、仓储、烟草、港口、化工、建筑和冶炼等行业，是机械化装卸、堆垛和短距离运输的高效搬运设备。联动属具先后被认定为安徽省高新技术企业、安徽省创新型试点企业和省级企业技术中心。联动属具被认定为国家安全生产标准化二级企业。

二、自主创新

联动属具拥有一支具有很强研发、设计能力及丰富实践经验的叉车属具科技人员队伍。截至2020 年 12 月，联动属具员工总数为 240 余人，本科及以上学历人数占企业从业人员总数的 23% 以上。联动属具研发部门被认定为省级企业技术中心，每年与高校开展产学研合作，属具产品型谱目前达 3 000 多种。联动属具的关键核心零部件基本实现自主研发、制造。

1. 知识产权

联动属具作为高新技术企业，十分重视知识产权及专利工作，现已获得国家授权专利 81 项，其中：发明专利授权 5 项。"LDSJ"商标已成功注册为我国第 12 类注册商标，在英国、美国、德国和韩国等国家也已成功注册。通过了马德里商标核准注册，覆盖范围为印度、菲律宾、俄罗斯联邦、越南和澳大利亚五个国家。"LDSJ"牌叉车属具荣获"2016 年度安庆名牌产品""2015—2016 年度安徽名牌产品"荣誉称号；2017 年，"LDSJ"商标被认定为"安徽省著名商标"。

2. 标准工作

联动属具作为全国工业车辆标准化技术委员会属具工作组成员单位，主持和参与制定了 5 项行业标准，正在主持、参与制定的国家行业标准有 4 项。联动属具正在承担国家标准《叉

车属具　设计规范》的制定工作。

3.新产品研发

联动属具的产品分为侧移器类、夹类属具及关键核心零部件，主要配套于 1.5～12t 内燃叉车、电动叉车。联动属具的关键零部件产品基本实现自主开发、制造，目前正在开发智能化、轻巧化的电液控制叉车属具，产品逐步向工程机械领域拓展。

2016 年以来，联动属具先后有 4 项产品通过了安徽省新产品新技术鉴定，主要技术指标处于国内行业领先（先进）水平，多项产品获得行业技术进步奖。其中，LC15-45 系列侧移器、QF20-30 系列倾翻架、RJ22ST 系列软包夹、ZJ20 系列纸卷夹 4 项产品入选安徽省新产品认定名单；1～2.5t 系列推出器、360°双向旋转器、多功能软包夹荣获安徽省机械工业科学技术奖三等奖。

三、市场开拓

联动属具坚持以客户为中心，秉承"以精品回报社会"的经营理念，在为客户提供优质产品的同时，还为客户提供系统物流搬运解决方案，赢得了许多优质客户的青睐。联动属具还和美国纳科集团、德国永恒力集团、凯傲宝骊等外资知名品牌主机企业建立了商务合作关系，为公司业务的持续稳定增长奠定了坚实的基础。

四、大事记

2011 年 1 月，联动属具正式成立。

2013 年 7 月，联动属具被认定为安徽省高新技术企业。

2014 年 8 月，安徽省委书记张宝顺莅临联动属具视察指导工作。

2014 年 11 月，联动属具通过质量、环境、职业健康安全管理体系认证。

2015 年 1 月，联动属具被认定为"安徽省创新型试点企业"。

2015 年 9 月，联动属具通过 ISO 3834-2 国际焊接质量体系认证。

2015 年 9 月，联动属具技术中心被认定为"省级企业技术中心"。

2016 年 3 月，联动属具在全国中小企业股份转让系统成功挂牌。

2016 年 12 月，联动属具的"LDSJ 叉车属具"荣获"2015—2016 年度安徽名牌产品"称号。

2017 年 10 月，联动属具"LDSJ"商标被认定为"安徽省著名商标"。

2019 年 8 月，联动属具的"多浮动砖块夹"研发项目荣获第五届"中国工业车辆创新奖"零部件类银奖。

2019 年 10，联动属具被认定为 2019 年安徽省劳动保障诚信示范单位。

2020 年 3 月，安徽省副省长李建中赴联动属具调研。

五、企业使命

联动属具将积极推进自主创新，加快产品结构调整和升级换代步伐，不断提升企业的整体技术水平；以信息化建设为手段，提升公司的智能化、数字化制造水平和管理效能，致力成为行业技术发展的创新先导型企业，打造出更轻松、更高效和更环保的短距离搬运装备，持续提升人类的工作与生活质量。

〔供稿单位：安庆联动属具股份有限公司〕

合肥和安机械制造有限公司

一、企业概述

合肥和安机械制造有限公司（简称合安机械）成立于 1981 年，是安徽叉车集团有限责任公司的下属子公司，是工业车辆零部件的规模化、专业化制造商，已为国内外很多知名整机企业提供配套产品，产品远销美国、英国、法国、日本和韩国等国际市场。合安机械始终坚持"以人为本，以精品回报社会"的核心价值观，以服务为宗旨，以责任为动力，全面深入推进产品、技术及管理革新，努力打造工业车辆零部件重要生产基地。

二、企业现状

合安机械位于素有"三国旧地，科教新城"之称的安徽省合肥市经济技术开发区，厂区占地面积 40 000m^2，现拥有职工近 500 人。合安机械持续实施全面质量管理，顺利通过 IATF 16949、ISO 9001、ISO 14001、ISO 45001、ISO 3834-2 认证，荣获国家高新技术企业、国家安全质量标准化机械制造二级企业、国家两化融合管理体系贯标企业、安徽省知识产权贯标企业、安徽省制造业与互联网融合发展试点企业、合肥市品牌示范企业、合肥市智能工厂、合肥市数字化车间等资质，并被授予全国"五星级现场"等荣誉称号。

2020 年以来，面对复杂严峻的国际形势，合安机械立足打赢新冠肺炎疫情防控阻击战和"十三五"收官战，紧扣生产经营中心任务，保持了持续稳健的良好发展态势。2020 年，合安机械主要经营指标再创新高，全年实现营业收入约 4.13 亿元，同比增长 23.28%。截至 2020 年年底，合安机械资产总额为 2.53 亿元、净资产为 1.45 亿元。

三、2019—2020 年公司重大事件及荣誉

2019 年 1 月，合安机械电器车间的 MES 正式上线。

2019 年 3 月，合安机械被评为"肥西县优秀企业"，电器车间荣获"全国巾帼文明岗"称号。

2019 年 4 月，合安机械电器车间荣获安徽省"工人先锋号"称号。

2019 年 8 月，安徽省总工会授予合安机械"省职工职业道德建设标兵单位"荣誉称号，并在《安徽工人日报》专题报道。

2019 年 10 月，合安机械荣获安徽省机械工业科学技术奖三等奖及优秀奖。

2020 年 1 月，合安机械被评为 2019 年度"安徽省制造业与互联网融合发展试点企业"。

2020 年 2 月，合安机械顺利通过 IATF16949 质量管理体系首次认证审核。

2020 年 3 月，合安机械荣获 2019 年度"肥西县高质量发展优秀企业"及肥西县首届"十佳诚信工业企业"称号。

2020 年 7 月，合安机械符合 CNAS 实验室认证标准的试验中心改造项目顺利竣工，试验中心投入使用，被认定为"合肥市工程车辆零部件智能制造工厂"。

2020 年 9 月，合安机械荣获"工业车辆排气消声器及司机座椅行业标准起草证书"，被评为"合肥市和谐劳动关系示范企业"。

2020 年 10 月，在 2020 年"红旗杯"首届全国机械行业班组长管理技能大赛中喜获佳绩，合安机械荣获三等奖 1 名、优秀奖 3 名。

2020 年 11 月，合安机械成功亮相 bauma CHINA 2020 第十届上海国际工程机械、建材机械、矿山机械、工程车辆及设备博览会

四、产品研发过程与能力

1. 研发组织与能力

合安机械的技术中心下设电气系统、护顶架、胶管、排气系统、制动系统、座椅及工艺共计 7 个专业研究室和 1 个专业试验中心（如图 1），现有专业技术人员 40 余人，研发团队人员的专业知识涉及机械、电子、电气、自动化、模具和高分子等领域，是一支多学科有机互补、专业搭配合理的研发团队。技术中心坚持以创新设计和创新服务的理念引导和管理科研人员开展工作。专业人员具备独立进行产品研发和市场开拓的能力，可独立承担公司的研发项目相关工作；项目负责人均有 10 年以上的研发经验，具备项目组织和技术攻关能力。技术中心已通过安徽省企业技术中心、安徽省工业设计中心、合肥市工程技术研究中心认定。合安机械是合肥工业大学产学研合作基地。

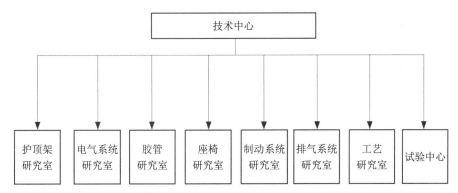

图1 合安机械的研发机构

合安机械坚持以客户需求为导向,现已形成包括市场调研、概念设计、项目计划、设计开发、产品验证和产品发布在内的产品开发流程。合安机械利用信息化技术,及时响应客户需求,与客户进行协同设计,缩短了研发设计周期,提高了研发效率。"十三五"以来,在合安机械战略的指引下,合安机械围绕"立足工艺优化,加快技术创新",构建起完善的研发体系,搭建了CDP、TDM、WHS等研发平台,提升了市场规划、开发过程管理、平台管理、协作管理、创新文化管理和产品组合管理六大核心能力。

合安机械注重产品技术研发、成果转化和知识产权保护,现有有效专利90余项,其中:发明专利12项。注册的2个商标都通过了安徽省知识产权贯标认证。合安机械主导制定了2个行业标准,有6个项目获得安徽省机械工业科学技术奖,1个项目获得合肥市职工创新成果奖,3个项目通过了安徽省新产品鉴定。合安机械技术研发方面的相关资质、荣誉见表1。

表1 合安机械技术研发方面的相关资质、荣誉

获奖名称	获得年度	颁发单位
安徽省企业技术中心	2016	安徽省经济和信息化委员会
安徽省工业设计中心	2016	安徽省经济和信息化委员会
合肥市工程技术研究中心	2017	合肥市科技局
安徽省机械工业科学技术奖三等奖(2项)	2017	安徽省机械行业联合会
安徽省新产品鉴定(3项)	2017	安徽省经济和信息化委员会
安徽省机械工业科学技术奖三等奖(1项)	2018	安徽省机械行业联合会
合肥市职工创新成果奖	2018	合肥市人民政府
安徽省机械工业科学技术奖优秀奖(2项)	2019	安徽省机械行业联合会
安徽省机械工业科学技术奖三等奖(1项)	2019	安徽省机械行业联合会

技术中心配套建设了 $1\,000\mathrm{m}^2$ 试验中心,按照专业领域划分为材料、电气、理化、环境、盐雾、试制6个独立试验室,以及液压、制动、座椅和综合4个专业试验区,如图2所示。拥有盐雾试验机、胶管脉冲试验台、温湿振动综合试验台、光谱分析仪、FARO扫描仪等高端试验检测仪器60余台(套),满足了公司各类产品的试验和检测要求。

图2 试验中心的专业试验和检测能力

2.产品生产制造能力

合安机械目前拥有年产20万台各类叉车零部件的生产能力，以自动化、信息化和智能化为引领，科学应用SAP、MES和WMS等信息系统，成功搭建起包括自动化立体仓库及AGV小车在内的智能仓储及物流配送系统。合安机械拥有可视化线束装配流水线、现代化消声器生产流水线等20余条生产线，拥有全自动焊接（装配）单元、焊接机器人、大功率光纤激光切割机、三维激光切管机、数控立式加工中心、数控立式钻铣中心、数控车削中心、数控弯管机、数控折弯机、全自动金属切管机、数控液压剪板机、扁钢自动下料一体机、全自动端子压着穿栓机等400多台（套）先进生产设备。

五、产品概述

合安机械的产品主要为合力叉车配套，部分产品远销美国、法国、日本和韩国等国际市场。公司的主导产品有：行车制动操纵装置、停车制动操纵装置、护顶架、挡货架、消声器、排气管、高压胶管、制动泵、座椅、电器线束、电缆线、蓄电池引线、电子加速踏板、电器控制盒、操纵杆、转向管柱、液化气罐支架、拉杆支架、串杆等叉车属具和其他结构件。

六、企业管理

1.管理体系概述

合安机械秉承"以人为本，以精品回报社会"的核心价值观，积极学习并导入卓越绩效管理模式、精益生产、六西格玛、内控及全面风险管理等先进管理模式和工具，按照"合力运营管理体系"的结构体系和管理要求组织并不断完善内部管理工作，"十三五"以来，重点推进管理工作信息化，提升管理效率。

2.质量管理

合安机械坚决贯彻"企业的生命，员工的品质"的合力质量观，不断引入并学习新的品质管理理念和工具方法，完善和提升公司在质量策划、过程控制、试验验证、质量改进、培训教育等方面的能力，公司的产品质量及可靠性逐年提升。

（1）质量策划与质量教育

合安机械各岗位的职责分明，针对不同的产品制定不同的质量控制计划，并根据质量控制计划编制产品检测标准及检验、试验工作计划等。为提高职工的质量意识，强化质量控制，促进质量持续改进，合安机械不定期地组织职工进行质量管理知识及专业技能方面的培训，提升员工的质量意识和专业水平。合安机械每月召开质量问题分析会议，寻找问题根源，制定解决对策。

（2）检验与试验能力建设

合安机械配备了先进的检验、检测设备，拥有专业的检验与试验技术人员，依据国家标准、行业标准和企业标准制定适应产品性能及设计要求的检验与试验工艺规程，检验与试验场地、环境、温度、设备、工装、安全防护等完全符合安全技术规范、标准、设计文件规定的要求，确保产品品质的可靠性和稳定性。建立线上TDM实验数据管理系统，助推试验项目、数据、成本和质量等方面的管理工作规范开展。

（3）过程质量管理

合安机械按照IATF 16949管理体系要求，关注全过程质量控制，从产品设计开发、生产计划、物资采购、加工制造、产品交付到客户服务全过程，做到每个环节都有标准可循。MES实现了数据的集中管理和实时采集、分析,生产数据的实时性、可靠性大大提高。建立不良品记录及汇总查询系统,对产品缺陷进行追溯,对返修过程进行跟踪管理,实现有针对性的生产质量改进,实现产品质量的全流程追溯。

（4）质量改善

通过对质量数据的收集、分析,结合问题的难易程度,采取自主改善和指定改善相结合的形式,以改善提案、QC小组活动、质量改进项目及六西格玛项目等方式实施质量改进,防止质量问题再发生。培养员工运用科学方法、工具的能力,充分调动员工的积极性,提高员工的责任心,激发员工的创造力。

3. 精益管理

合安机械以精益生产"4+4"模块为载体,对生产全价值链进行优化,以"1+1融合"的精益管理为手段,将精益理念融入公司全体员工的心中,将精益工具应用于企业生产制造全过程管理中,不断提升企业的管理水平,助力公司提升各项运营指标。合安机械的各项管理深度融合5S管理、流线化、TPM等八大模块功能,建立了"以节拍一致为核心,流线打造为抓手,七大任务为根本,模块融合评价为保障"的精益管理体系;七大任务部门采用精益管理方式进行日常工作管理,运用精益思想和工具对生产线布局、作业过程等实施精益管理,精益理念已深入公司的各项管理工作中。

4. 生产管理及信息化系统建设与应用

合安机械全面应用SAP系统,实现从生产、采购、销售到财务业务的规范有效管理。实施WMS自动仓储系统,细化库位管理精度,规范物料出入库管理,同时采用AGV小车,提高物料运输能力。根据合安机械信息化发展规划,应用了MES,将生产部门的资源管理、生产任务管理、车间计划与排产管理、生产过程管理、质量过程管理、物料跟踪管理、车间监控管理和统计分析等功能整合到MES进行制造层的管理。合安机械通过集成SAP、WMS、MES各系统,实现其产品

的智能制造,提高车间的目视化水平,实现车间的数字化智慧管理,生产数据实时反馈,打造数字化智慧企业。合安机械通过了合肥市智能工厂、合肥市数字化车间等认定。

七、企业文化

合安机械的企业文化深深植根于合力文化土壤中,并在合安机械近40年的持续发展中不断提炼和渗透,逐步形成了一套符合社会主义核心价值观,并与合力文化一脉相承,又独具传统文化底蕴的价值观念、行动准则及人文精神内涵,将其归纳总结为提倡团队精神、创新精神、勤奋进取,并提出合安机械的"和、诚、勤、安"四字精神。

在文娱设施建设方面,合安机械设有专门的运动健身场所,配有台球室、乒乓球室、瑜伽室及专业的健身器材,为员工提供舒适的娱乐休闲环境;同时,合安机械设有"职工书屋",收藏了近3 000册图书、20多种报刊。合安机械全面实施职工素质建设工程,不断丰富职工的精神文化生活。

在文化活动组织方面,合安机械大力支持并广泛组织员工参加各类技能比武、劳动竞赛等创先争优活动,适时组织员工开展微视频、摄影、书画、征文大赛及趣味运动、新春联欢等活动,并积极倡导员工通过新煤体渠道分享合安机械的文化故事,推广和宣传品牌、先进事迹等,最大限度地增强员工的凝聚力和激发员工的创新活力。

在企业文化宣传方面,合安机械不断创新宣传载体、形式,开通了企业微信公众号,升级改版了对外官网,对内举旗帜、聚人心,对外展形象、强品牌;并对办公及生产区域、职工更衣室等场所的陈旧褪色宣传看板、标识进行重新更换,统一悬挂合力核心价值观、合力"十大准则"、精益改善十大原则、和安精神等宣传标语,进一步规范合安机械的目视化管理,使企业文化入脑入心,为合安机械高质量发展营造浓厚的正向舆论氛围和良好的人文环境。

八、市场营销与售后服务

合安机械始终坚持"用户至上"的市场理念、"以

精品塑造名牌，以创新发展品牌"的品牌观和"诚信合作，实现共赢"的合作观。秉承售前是参谋，售中是朋友，售后是伙伴的市场服务理念，以期为顾客提供优质的产品和服务。密切关注市场变化，向客户提供"一体化"的综合性服务。

1. 售前服务

按照用户要求，提供设计咨询服务，为用户提供最经济、最可行的方案。

2. 售中服务

当产品试装时，可安排研发及销售人员现场指导及跟踪试装情况，确保用户满意。

必要时可让客户的相关人员直接到合安机械参加相关产品的生产、装配，使其进一步了解产品的性能。

保证产品质量符合国家有关标准的规定和技术要求。

3. 售后服务

产品出厂即进入质保期，在质保期（一年或者2 000小时）内，产品可免费更换或维修。

为客户提供热情、周到的服务，接到客户问题反馈后，在48小时内给出解决方案。

为客户提供永久性的咨询服务。

九、发展目标与展望

"十四五"时期是开启全面建设社会主义现代化国家新征程、向第二个百年奋斗目标进军的第一个五年，合安机械要主动融入新发展格局，高举习近平新时代中国特色社会主义思想伟大旗帜，深刻把握"创新""智能""服务""系统""数字化""国际化"等"十四五"发展规划的主要工作方向，坚定不移地围绕合安机械的高质量发展方针目标，以市场为导向，以数字化、智能化为产品技术发展方向，加速推进具有自主知识产权的技术创新和产品开发；以提升产品质量，提升生产、采购等过程中的运营质量为目标，打造有竞争力的企业管理体系；以工业化和信息化的深度融合为引领，打造"两化融合"环境下的新型竞争力。

2021年是"十四五"规划开局之年，既要谋划长远，又要干在当下，确保合安机械"十四五"开门红，顺利完成年度经营目标任务。合安机械2021年的主要预期目标：①营业收入、外部市场业绩实现新突破；②产品的整体技术水平和市场竞争优势进一步增强；③管理水平和运营质量进一步提高，各项工作在新的起点上实现良好开局。同时，力争至2025年年末，合安机械能够在更大范围拓展新领域、新业务，成为工业车辆及相关领域专业的零部件研发、生产、销售服务供应商。

〔供稿单位：合肥和安机械制造有限公司〕

浙江恒久机械集团有限公司

一、企业概述

浙江恒久机械集团有限公司（简称恒久集团）始建于1953年，总部位于浙江省诸暨市，是一家专注于钢制链条、工程塑料链条和链条专用设备研发、制造、销售与服务的专业公司，在浙、皖、赣、苏4省建有8个专业制造基地，其中：钢制链条制造基地有6个，工程塑料链条和链条设备制造基地各1个，厂房占地面积为60多万㎡，总资产10亿多元。恒久集团拥有1 450余名经验丰富的员工。

恒久集团旗下有"恒久""黄山""双力"等品牌，现有25 000多种规格的链条，广泛应用于叉车、立体停车库、冶金机械、制糖机械、矿山机械、水泥机械、木材加工机械、摩托车、自动开窗机、酒及饮料机械、烟草机械、工程机械、棕榈油机械、乳胶手套机械、农用机械、汽车组装线、汽车发动机、汽车分动箱、食品机械、印刷机械、港口机械、玻璃工业、造纸机械、污水治理设备、石油钻探机械、健身设备、工业粉尘治理设备等设备或领域，是主机制造厂首选的链条配套品牌。

恒久集团旗下有 2 家国家认定的高新技术企业、2 个省级企业技术中心、1 个省级博士后科研工作站、4 个模具制作中心。在 4 位国家链传动行业专家的带领下，恒久集团的科技创新成果不断涌现，现拥有国家专利近 70 项、国家新产品 30 多项、行业优秀新产品 50 多项。

恒久集团旗下有 200 余名研发和质量管理人员，3 个检测试验中心，3 000 多台（套）先进的生产、检测和试验设备，建立了 EAS 质量数据库，通过了 ISO 9001、API、TS 16949、ISO 140001 等体系认证，实施卓越绩效管理，持续开展"做精品、创名牌"活动。

积 60 多年专业经验，恒久集团本着"安全可靠"和"使用户工作效率最大化"的原则，竭力为新老客户量身定制产品，并提供系统的链传动最佳解决方案。

二、重大事件

2019 年 4 月，恒久集团成立太仓恒久传动有限公司。

2019 年 6 月，恒久集团的输送用平顶链助力青岛啤酒股份有限公司建成国内首条运行最快的啤酒自助生产线。

2019 年 7 月，恒久集团成功中标马钢集团的特大型 H 型钢项目。

2019 年 9 月，恒久集团通过海斯特供应商审核。

2019 年 11 月，恒久集团承办了"2019 年全国叉车与工业车辆技术质量信息交流会"。

2020 年 2 月，恒久集团积极援助一线抗疫，向安徽绩溪县疫控单位和浙江省诸暨市人民医院一线疫控医护人员捐款 40 万元。

2020 年 4 月，恒久集团的塑料链条成功投放国内外市场；自主研发的销合链成型机组以及平顶链整链装配专机全面投产。

2020 年 5 月，恒久集团通过丰田全球供应商审核；承办国家标准《机械式停车设备　术语》和《机械式停车设备　分类》修订版初稿讨论会。

2020 年 6 月，恒久集团开展职业健康安全管理体系专题培训。

2020 年 8 月，恒久集团一次性通过凯傲集团供应商审核。

2020 年 12 月，恒久集团通过两化融合管理体系认证。

三、叉车链条的开发与生产

1995 年，恒久集团开始制造各类叉车链条。

自 2000 年开始，恒久集团为日本某大型链条企业代工叉车链条，间接配套于日本著名的叉车厂商。

2010 年，恒久集团成立了叉车链条事业部。

2017 年，恒久集团自主研发的全自动叉车链条生产线投入使用，该生产线集装配、动态紧节检查、机械式磁通感应、外节外宽检测、铆头上油、拆节等 10 多道生产和检测工序于一体，不仅确保了产品品质，极大地提高了生产效率，而且使多品种、小批量、快交付成为现实。

2019 年，恒久集团新增加了两条全自动装配和在线检测生产线，叉车链条日产量突破 25 万 m，在国内叉车主机市场所占份额超过了 35%。

2020 年，恒久集团不断加强叉车链板块的硬软件投入，新增加了两条叉车链产检一体化生产线和一批设备（已申报国家发明专利），并重点围绕耐磨性、抗疲劳性和耐腐蚀三方面进行技术研发和产品升级。2020 年，恒久集团的叉车主机配套业务同比提升 50% 以上，主要经营指标均呈现健康良好的发展态势。

四、叉车链条概述

1. 叉车链条的产品种类及定制化服务

恒久集团可提供全系列叉车链条及附件，包括 AL、BL、LL 系列板式链，以及液压泵齿形链、带油管导槽链条、带螺杆链条等。

根据不同的叉车作用环境，恒久集团可提供经过磷化发黑、达克罗工艺处理过的和钢本色等的链条产品，其中：经过磷化发黑工艺处理过的产品，其盐雾试验时间超过了 72 小时，其防腐性能显著提高。

目前，恒久集团已为多家叉车主机厂定制开发链条及附件，并提供润滑防锈方面的综合优化方案。

2.叉车链条的特点

叉车链条对零部件尺寸的精度及一致性要求极高，并要求整链有极佳的疲劳强度和疲劳极限。恒久集团研发团队不断完善和创新从设计到制造的每一环节，以追求叉车链条更高的耐磨性、更强的疲劳强度和更优的抗腐蚀性能，满足叉车高负荷连续作业的工况需求，确保设备拥有更长的使用寿命、更高级别的安全性能和更低的维护成本。恒久集团的叉车链条具有以下优点：

1）采用大型钢厂的优质合金钢，确保满足设计要求。

2）链板采用同步承载原理设计，生产时精密控制内孔和孔心距尺寸，达到高精度和重复一致性。

3）销轴采用碳氮共渗或整体淬火工艺，链板表面采用镀层工艺，大大提高了整链的抗冲击性能，以适应不同使用场合的需要。

4）链板内孔采用钢球连续挤孔技术，可消除链板内孔表面的残余应力，从而有效减少疲劳引发的断裂发生。

5）采用特殊的硬化工艺，有效增强了链条铰接处的耐磨性和整链的疲劳强度。

6）链板表面采用磷化发黑工艺处理后，大大提高了链条的抗腐蚀性能。

7）端接头采用合金钢锻造，联接螺纹挤压成形，确保达到更高的安全性能，能经受原始设备制造厂最严格的门架可靠性试验。

五、市场经营与销售

恒久集团的板式链条通过了欧盟 CE 认证，并已荣获两届"中国工业车辆优秀配套件供应商"称号，目前是合力、杭叉、龙工、比亚迪、江淮、吉鑫祥及中联重科等公司的主要供应商，在国内叉车主机市场所占份额超过了 40%，产品同时出口到日本和欧洲市场。

六、企业荣誉

近两年来，恒久集团通过了"品字标"浙江制造认证、两化融合管理体系贯标、能源管理认证，先后被授予"省级企业研究院""省级高新技术企业研究开发中心""出口名牌""绿色工厂""高质量发展先进企业""优秀民营企业""机械工业百强企业"等荣誉称号，并获得各项专利 16 件，获得中国机械通用零部件工业协会技术创新特等奖的产品有 3 个、优秀奖的产品有 4 个。

集团将持续加大产品创新和研发力度，致力于成为国际工业车辆配套的链传动产品的领军者，为实现工业车辆行业向更高质量发展尽绵薄之力。

〔供稿单位：浙江恒久机械集团有限公司链事业部〕

唐山盛航环保机车制造有限公司

一、企业概述

1.简况

唐山盛航环保机车制造有限公司（简称唐山盛航）成立于 2011 年，位于唐山市丰润区经济开发区工程机械（盛航）产业园，是一家专业设计生产仓储搬运设备、工程车辆等系列配件产品的高新技术企业。唐山盛航拥有国内最先进的加工中心、机器人焊接生产线、现代化涂装生产线，具有年生产机械配件 20 万 t，叉车门架、门架总成 20 万台（套）的能力。唐山盛航是河北省重点建设项目单位。

2.2019—2020 年公司现状

唐山盛航现拥有员工 310 名，其中：高级技术人员 9 人，中级技术人员 29 人，其他专业技术人员 55 人，专业技术人员占职工总数的 30%。

唐山盛航始终坚持"以发展为目标、以自主研发为支撑、以产品质量为突破、以满足市场需求为根本"的经营方针，内修工匠精神，外销名优产品，发挥自身优势，用创新推动企业发展。公司技术中心先后开发、研制出定尺叉车门架钢、滑道、横梁、叉车门架、叉车门架总成等系列产品 50 余种，获得 18 项实用新型专利（2019—2020 年获得 10 项实用新型专利）。唐山盛航荣获国家级高新技术企业、河北省科技型中小企业、河北省"专精特新"中小型企业、河北省制造业单项冠军示范企业。

唐山盛航始终以满足市场需求为宗旨，已形成了独特的供应、销售体系。唐山盛航与国内著名的合力、杭叉、诺力、安徽好运叉车、海斯特叉车、凯傲宝骊以及享誉国际市场的韩国现代叉车、斗山、克拉克叉车，日本丰田叉车，意大利博索尼奥拉茂等知名企业均建立了稳固的供应关系。

唐山盛航已通过 ISO 9001：2015、KS 质量管理体系认证，以及 ISO 3834 国际焊接质量体系认证、海关高级企业认证、职工健康安全管理体系认证、环境管理体系认证等项质量和管理体系认证。连续被河北省评为"河北省质量信誉消费者信得过（会员）单位""河北省市场最具影响力营销企业""河北省信息产业与信息化 5A 诚信企业"。

2020 年，唐山盛航的固定资产原值为 2.16 亿元、净值为 1.72 亿元、产值为 6.14 亿元、产量为 9.52 万 t、销售额为 5.84 亿元、利税为 0.41 亿元、出口创汇额为 1 850.82 万美元，创汇率为 20.99%。

3. 发展成就

2019—2020 年唐山盛航的经济指标完成情况见表 1。

表 1　2019—2020 年唐山盛航的经济指标完成情况

序号	项目	2019 年	2020 年	序号	项目	2019 年	2020 年
1	工业总产值（亿元）	5.01	6.14	7	利润总额（亿元）	0.37	0.41
2	工业增加值（亿元）	0.84	0.87	8	总资产贡献率（%）	12.58%	13.36%
3	年末资产总计（亿元）	2.89	3.06	9	资产保值增值率（%）	116.66%	121.54%
4	所有者权益（净资产）（亿元）	2.78	3.01	10	资产负债率（%）	1.39%	1.34%
5	主营业务收入（亿元）	4.96	5.57	11	全员劳动生产率（元／人）	1 926 923.08	1 980 645.16
6	主营业务利润（亿元）	0.46	0.50				

唐山盛航的发展得益于集团的转型升级和中国制造业的快速发展。近几年，唐山盛航一直深耕装备制造业，通过加大技术研发力度，优化生产工艺，引进优秀的专业技术人才，开发了各种型号的叉车门架钢，截至 2020 年年底共开发叉车门架钢 50 余种。目前，唐山盛航已由单一生产叉车钢、滑道、横梁逐渐发展为以叉车门架、叉车横梁和叉车门架总成为主打产品，已成为开发、生产物流装备配件的专业制造商。

《中国制造 2025》、"京津冀一体化"为企业发展带来巨大机遇，唐山盛航紧跟国家政策和行业发展趋势，顺势而为，通过一系列举措的实施，打造现代化的智能工厂。2019—2020 年，唐山盛航先后购入多台智能、数控设备，建设配件加工中心。目前已形成型钢切割中心、配件加工中心、机器人焊接生产线、自动化涂装生产线、门架总成组装生产线等全流程的生产体系。2020 年盛航研发的四节门架采用了 CHHH 式的型钢搭配方式，进箱作业高度可达 1.5m，最大起升高度达 8.5m，产品结构紧凑，承载能力及稳定性得到了较大提升，产品性能优于当前国外水平，填补了国内空白。

4. 发展目标与展望

未来几年，唐山盛航将在巩固叉车配件行业上游地位的基础上，着力成为国内外仓储物流、工程车辆配件板块的领先者，同时要着力打造叉车门架、叉车门架总成的盛航品牌；2021 年，建立叉车门架钢品质参数企业标准；坚持科技创新，进一步推进智能化生产，完成数字化车间建设。

展望未来，任重而道远，但充满希望，唐山盛航将以客户需求为抓手，在做精、做细现有系列产品的同时，组织精干力量进行智能产品研发，同时加大人才引进力度，提升研发中心级别（已通过省级研发中心验收），把唐山盛航打造成创新研发型、技术先进型、节能环保型的新兴物流、工程车辆配件生产基地。

二、2019—2020年公司重大事件

1. 型钢开发

2019—2020年唐山盛航新开发的型钢见表2。

表2　2019—2020年唐山盛航新开发的型钢

序号	开发时间（年）	型钢类型	示图	简要技术特性
1	2019	6JHF		国内首制。由韩国现代公司定制的新一代叉车门架型钢。与普通型号门架相比，节省金属15%，结构强度提高30%
2	2019	6CHF		
3	2019	10C		为小型智能化电动叉车门架研制的型钢
4	2020	18Ca		国内首制。由世界顶级叉车制造企业——德国凯傲林德公司定制的叉车门架型钢。型钢结构代表了当今国际叉车门架发展趋势，型钢精度在热轧型钢行业是最高的，代表了国内热轧型钢的最高水平
5	2020	13H		
6	2020	10H		为小型智能化电动叉车门架研制的型钢
7	2020	S90		国内首制。由世界叉车属具制造企业——意大利博索尼公司定制。型钢精度要求高，形状复杂，属于难以轧制成型的型钢。公司创新了轧制工艺，采用导卫调整工装，完成了型钢的研制

2. 门架总成开发

1）2019年开发生产了2～2.5t系列、2.5～3.5t系列电动和内燃叉车的二级、三级系列门架。采用无侧滚轮结构，起升高度为3～6.5m，可选配各类属具。

2）2020年开发生产了3.5～4.5t系列内燃叉车的二级、三级系列门架。采用无侧滚轮结构，起升高度为3～6.5m，可选配各类属具。

3）2020 年开发生产了 5～7t 内燃叉车的二级、三级系列门架。起升高度为 3～6.5m，可选配各类属具。

4）2020 年开发生产了 2～2.5t 系列电动和内燃叉车的四级门架。采用无侧滚轮结构，起升高度为 5.5～7.5m，可选配一联属具。

5）2020 年开发生产了 10～16t AGV 单级串杆式门架。采用无侧滚轮结构，起升高度为 5.5～7.5m，可选配一联属具。

3. 获得的专利

2019—2020 年唐山盛航获得授权的专利见表 3。

表 3　2019—2020 年唐山盛航获得授权的专利

序号	项目名称	专利号	申请日	授权日
1	一种叉车门架焊接内开档定位机构	CN2019109288252	2019-09-28	2020-03-31
2	一种叉车门架组焊气动夹具	CN2019109288483	2019-09-28	2020-03-31
3	一种卧式多刀拉床及其加工工艺	CN2019109288553	2019-09-28	2020-03-31
4	一种叉车门架组焊气动夹具	CN2019216325980	2019-09-28	2020-03-31
5	一种卧式多刀拉床	CN201921632582X	2019-09-28	2020-03-31
6	一种叉车门架链条固定结构	CN2019215399737	2019-09-28	2020-03-31
7	一种叉车门架焊接内开档定位机构	CN2019216325961	2019-09-28	2020-03-31
8	一种叉车门架内开档量具	CN2019215369252	2019-09-28	2020-03-31

4. 重大事件

1）2019 年 1 月，唐山盛航通过了石家庄海关的高级企业认证。

2）2019 年 1 月，唐山盛航通过了环境管理体系认证、职工健康安全案例体系认证。

3）2019 年 3 月，唐山盛航通过了唐山市企业技术中心认定。

4）2019 年 4 月，唐山盛航成为中国工程机械工业协会会员。

5）2019 年 8 月，唐山盛航成为唐山市丰润区科技企业创新联盟会长单位。

6）2020 年 9 月，唐山盛航获得"AAA 级诚信经营示范单位""AAA 信用单位"称号。

7）2020 年 12 月，唐山盛航通过了河北省工业企业 C 级研发机构认定，荣获河北省"专精特新"中小企业称号。

三、叉车配件产品开发与生产

（一）开发

1. 开发背景

唐山宏润实业有限公司是型钢压延企业，拥有 850 型万能轧机生产线，主要生产 H 型钢。2010 年，杭叉集团委托唐山宏润集团开发生产 16CB 叉车门架钢，唐山宏润集团技术研发部技术人员经过夜以继日的刻苦公关，设计轧辊、孔型、调整生产工艺，最终试制成功，得到杭叉集团的充分肯定，并且每年为杭叉集团批量生产 16CB 产品。2011 年，注册成立唐山盛航，主营物流、工程车辆配件产品。

2. 组织结构

2016 年 5 月，唐山盛航成立技术研发中心，引进科技人才，同时与华北理工大学、燕山大学的专家、学者建立帮扶关系，充分发挥企业和专家、学者的研发优势，实现了轧制门架钢各种材质和规格的关键技术突破。目前，唐山盛航的技术研发中心已拥有高级技术人员 9 人，中级技术人员 29 人，已形成了以研发技术总监、中心主任为领衔的 30 多人的研发团队。

3. 创新成果

近年来，唐山盛航的技术研发中心共设计开发了 50 种叉车槽钢、叉车横梁，叉车两级和三级门架各 9 种；叉车两级和三级门架总成各 3 种。四级门架总成2种。

为国内外叉车主机厂研发的型钢主要有：

叉车门架槽钢：C160b、C140a、J180b、C160a、H120、C180b、C200b、C220b、C140b、J140b、154C、147J、12C 、10C、12J、M2J、M4i、M1C、M1J、M4C、M5i、M5C、I140、C164、C134、I130、C、I、M2C、M2i、6JHF、6CHF、6JHF、6CHF、10C、18Ca、10H、13H。

叉车横梁钢：50×105、50×90、40×100、50×135、40×70、50×60。

S型钢：S90。

（二）研制

1. 试验场地及研制过程

新产品轧制车间：完成新产品设计和工艺准备之后，为验证所设计的新产品图样、工艺等技术文件是否正确，能否达到预期的设计要求和质量标准，由设计人员会同车间轧制技术员对原材料材质、技术要求、轧制数据进行核对，逐一测量轧辊、竖辊定位，同时要确保炉温达到规定要求，在轧制过程中要控制好运行速度和除磷效果，以达到设计要求。

当产品试制成功后，要对产品的性能参数等进行全方位的检测，通过各种测试来验证所设计的图样、工艺文件等是否正确。当测试完成之后出具详细的测试报告，对产品的优化更改提供强有力的依据。验证过程既可以对新产品进行全面鉴定，同时又可以通过试验数据来定位新产品的价值以及对市场竞争力做出分析。

2. 新产品的鉴定

1）经过检验测试，确定产品是否达到原定技术性能指标，质量稳定性、安全可靠性是否符合技术要求，并出具质量分析报告。

2）取样化验产品的化学成分和物理性能是否符合企业标准，并出具质量分析报告。

四、产品简介

1. 概述

唐山盛航主要从事叉车门架槽钢、货叉架横梁、侧移器型钢及叉车门架结构件、门架总成等产品的研发、生产和销售，主要为叉车、特种车辆、物流搬运设备等提供核心基础材料和模块化部件。目前，唐山盛航已成长为国内知名的物流搬运车辆配件制造企业，产品线从最初的热轧叉车门架槽钢、货叉架横梁到叉车门架结构件、叉车门架总成，在仓储物流搬运车辆配件板块占据了市场领先地位。

2. 产品种类

唐山盛航研发、生产和销售的产品包括仓储物流搬运车辆所用的叉车门架槽钢、货叉架横梁、侧移器横梁、叉车门架结构件、叉车门架总成以及工程车辆所用的履带板等产品。

3. 产品用途

唐山盛航的产品主要用于仓储物流搬运车辆和工程车辆。

五、市场经营与销售

1. 市场开发与维护

1）制定各项市场开发计划。

2）全面调研市场情况，编制销售部工作计划，并按计划高效实施。

3）依据唐山盛航的战略规划及市场行情，制定年度市场开发战略并实施。

4）编制销售部每月、每季度的业务开展计划和预算报告。

5）对同行业竞争企业、市场环境等进行调研，不断调整市场开发策略。

6）积极维护老客户、开发新客户，与客户共同探讨提升产品品质、降低成本的长期战略合作之道。

7）定期向唐山盛航高层汇报市场开发情况，并与生产部门、品质部门等相关部门进行市场反馈信息方面的沟通。

8）收集汇总各方面的市场信息，并建立项目信息库。

2. 销售

销售部主要做好如下工作：

（1）售前管理

1）负责销售渠道的选择、建设与管理。

2）对国内外市场进行充分调研，对行业发展趋势进行分析和汇总。

3）对潜在客户进行深度挖掘，细分目标市场，对目标客户进行前期调研。

4）做好前期资料的准备工作，包括产品技术对接工作、解决方案和合作模式。

5）与客户进行全面沟通，获取客户的详细需求，根据客户需求和市场实际情况修订各项准备材料。

6）与客户进行商务谈判，确定各方面的合作事宜。

7）做好合同管理工作，落实技术、运营、维护工作，落实回款细节，并确认回款。

（2）售中管理

1）对成交的订单进行审核，由唐山盛航领导签字确认销售数量和价格。

2）与公司法务部共同制定销售合同条款。

3）对生产部门下达生产计划，并监控产品质量和生产周期。

4）在与客户约定的交货期限内，准时保质保量交付产品。

（3）售后管理

1）确认产品是否及时到达客户指定卸货地点。

2）对产品使用过程进行跟踪，及时掌握产品品质及其他数据。

3）对客户反馈的各种问题，会同生产、品质等部门共同填报《质量反馈意见书》。

4）对出现的问题及时向唐山盛航高层汇报，并与客户协商解决相关问题。

5）督促生产部门和品质部门不断对产品工艺和产品品质进行改善。

6）定期对客户进行拜访，了解使用现场情况，与客户建立互信互利的合作关系，为下一次合作打好基础。

六、企业管理

（一）管理机构与沿革

唐山盛航成立于2011年，按照唐山盛航发展需求设立了综合办公室、财务部、销售部、生产部、设备部和安环部等管理机构。随着唐山盛航业务范围的不断延伸、扩大，分别于2015年、2019年对管理机构进行了调整，成立了办公室、财务部、销售部、门架事业部、涂装事业部、品质部、设备部、安环部、储运部和技术中心等管理机构。

（二）质量管理

2013年，唐山盛航根据对国内叉车市场的调研，在中机科（北京）车辆检测工程研究院有限公司的大力支持下，研发出叉车专用型钢，经过技术人员的不懈努力，顺利地将普通型钢转型生产出叉车门架专用型钢。

2014年，随着唐山盛航叉车门架型钢质量的趋于稳定，产品质量得到了国内外客户的认可，唐山盛航为客户提供型钢二次加工服务，既降低了主机厂的生产成本，又使唐山盛航的产品迅速占领市场，同时还可进一步延伸唐山盛航的产业链，为将唐山盛航打造成为高科技、智能制造的现代化企业打基础。

为了提高产品质量，唐山盛航多次走访韩国现代、克拉克、斗山及国内的杭叉集团、合力等叉车龙头制造企业，学习名优企业的质量管理经验，并结合唐山盛航的实际情况制定了一整套《质量管理实施细则》，多次进行全员岗位质量培训，增强职工的质量意识。自2019年1月以来，与韩国现代、克拉克针对技术、工艺、质量、验收环节等进行了深入交流，完成了样品制作，双方已验收确认。对APQP和PPAP等量产必备资料进行了系统完善，具备了客户量产要求的基本条件。公司分批组织员工到韩国客户制造基地进行实地培训，提高员工的质量意识及操作技能。

唐山盛航已通过ISO 9001∶2015、KS质量管理体系认证，ISO 14001环境管理体系和职业健康管理体系认证。

（三）生产管理

2019—2020年，各种生产设备安装调试完成后，编制了各种生产制度，规范了工艺流程，实行了"物料流转卡"管理模式，合理定员定岗。按客户需求编制作业计划，规范地组织生产、外协、采购，按时给客户提供了合格的产品。

2019 年，在技术、生产和采购等部门的积极配合下，唐山盛航的 ERP 管理系统正式运行。2019 年至今，局部推行了 MES 生产管理系统。2020 年年底，推行 WMS 生产管理系统。

（四）财务管理

在财务管理方面，唐山盛航依据《中华人民共和国会计法》《会计准则》和《企业会计制度》等法律法规，制定严谨的财务制度，保证财务合法。唐山盛航的财务制度主要包括资金（预算）管理、资债项目管理、权益项目管理、或有事项管理、税务管理、票据印鉴管理。在资金管理方面，唐山盛航制定了严格的报销制度，并加强流动资金管理，定期盘点，做到日清日结；在成本费用控制方面，唐山盛航强化内控，对各项成本费用的必要性、合理性进行审核；在利润与税金管理方面，唐山盛航加强利润和税金管理，利用税收政策法规规范财务核算，实现利润最大化；在价格管理方面，实行价格管控，规范价格，提高价格竞争力，合理提升毛利率。

七、企业文化

1. 文化设施

唐山盛航建有多功厅、羽毛球场、乒乓球场、台球室、文艺排练厅、篮球场、文化展厅、党员活动室等文化宣传场地及设施。

2. 文化活动

开展职工文艺汇演活动，以唐山盛航各部室、车间为演出单位，开展歌曲、舞蹈、朗诵、小品、乐曲和快板等文艺活动，歌颂祖国，弘扬唐山盛航文化。

举办爱国主义教育知识竞赛、爱岗敬业知识竞赛、职工岗位技能比赛等。

举办乒乓球、羽毛球比赛。

3. 宣传教育

每月组织员工进行安全教育培训，提高全体员工的安全防范意识。

定期通过车间宣传栏、《盛航月报》公司内网、微信公众号、员工微信群等向全体员工宣传唐山盛航的重大事件。

〔供稿单位：唐山盛航环保机车制造有限公司〕

合肥宝发动力技术股份有限公司

一、企业概述

合肥宝发动力技术股份有限公司（简称公司）成立于 2012 年 8 月，注册地址为安徽省合肥市经济技术开发区始信路 128 号，注册资本为 500 万元，占地面积为 2 100m²，是环保产品、人工智能产品的研发及制造企业。公司主要从事汽车环保产品、空气净化产品、消毒防疫机器人的研究开发，柴油机械尾气治理产品（DPF+DOC）、降低柴油机械尾气排放的前处理产品、非道路车辆替代燃料发动机动力的研发制造。公司主营环保设备、人工智能设备及医疗器械，当前盈利的核心产品与技术是颗粒捕集器（DPF）及其再生技术。目前，公司与合力、杭叉集团、江淮重工等 10 余家公司建立了稳定的合作关系，产品配套于这些公司的

产品上。公司拥有良好的市场开拓与研发支撑团队，在册研发人员 21 人，其中具有本科以上学历的人员 8 人；获得科技成果 20 多项，其中：发明专利 3 项，实用新型专利 21 项，软件著作权 5 项。

公司目前是高新技术企业，获得 2019 年中国工程机械零部件品牌 100 强、第一届中国工业车辆创新鼓励奖、第五届中国工业车辆创新奖铜奖、合肥市科学技术奖二等奖、合肥市创新型企业等荣誉。公司的"BF4Y 电喷系列叉车发动机"荣获安徽省新产品证书，"柴油机械双模态颗粒物捕捉器"入选 2018 年重点环境保护实用技术名录。公司获得合肥市科技小巨人专项资金支持。

公司起草制定的标准有：行业标准 JB/T 4198.1—2019《工程机械用柴油机　第 1 部分：

技术条件》（名列主编单位第3位）、JB/T 4198.2—2019《工程机械用柴油机　第2部分：性能试验方法》（名列主编单位第3位）；国家标准 GB/T 36997—2018《液压传动　油路块总成及其元件的标识》（名列主编单位第3位）、GB/T 36703—2018《液压传动　压力开关　安装面》（名列主编单位第3位）；团体标准 T/HFJX 2011—2018《再制造　柴油改液化石油气叉车》（名列主编单位第1位）、T/HFJX 2048—2020《柴油颗粒电捕集器》（名列主编单位第1位）、T/HFJX 2047—2020《再制造液压挖掘机排气烟度测量方法　模拟加载法》（名列主编单位第1位）。

2019—2020年，公司主营业务收入稳步增长。2019—2020年公司的各项技术指标完成情况见表1。

二、重大事件

2019—2020年公司的重大事件见表2。

表1　2019—2020年公司的各项技术指标完成情况

项目	2019年	2020年
工业总产值（亿元）	0.20	0.31
工业增加值（亿元）	0.03	0.08
年末资产总计（亿元）	0.22	0.29
所有者权益（净资产）（亿元）	0.08	0.11
主营业务收入（亿元）	0.13	0.35
主营业务利润（亿元）	0.04	0.07
利润总额（亿元）	0.02	0.05
总资产贡献率（%）	27	28
资产保值增值率（%）	121	138
资产负债率（%）	37	30
全劳动生产率（元／人）	150 000	380 952

表2　2019—2020年公司的重大事件

2019年	公司获得中国工程机械零部件品牌100强荣誉
2019年	公司在安徽省股权托管交易中心科创板精选层正式挂牌
2019年	公司的"DPF/GPF电加热离线主动再生系统"获得第五届中国工业车辆创新奖（CITIA）（零部件类）铜奖
2020年	公司荣获"长三角环保领军企业"称号
2020年	公司通过 TS 16949 质量管理体系认证
2020年	公司的"柴油机械用双模态DPF尾气净化器"入选《2020年绿色"一带一路"技术储备库入选技术》
2020年	公司总经理蒋旭东入选第六批安徽省创新创业领军人才特殊支持计划创业人才
2020年	"基于荷电凝并吸附技术的主动式柴油颗粒电捕集器项目研发团队"入选2020年"庐州产业创新团队"

三、工业车辆（叉车）产品开发与生产

（一）产品开发

1. 开发背景

近几年，国家相继出台了一系列内燃机排放政策法规，非道路移动机械采用国三标准，轻型车、重型柴油车采用国六标准，即将全面实施非道路移动机械国四标准。行业减排政策的实施可以防治污染，有利于保护和改善生态环境，保障人体健康。由于排放法规越来越严格，必须采用高效合理的综合净化技术。

2. 科研团队

科研领导小组：公司科研领导小组组长为具有高级工程师职称的公司总经理兼总工程师蒋旭东，副组长一般为博士，视具体项目而定。

科研设计小组：公司的科研设计小组现有8人，其中：机械工程师3人、电气工程师2人、材料工程师1人、质量及实验工程师2人。公司长期与多所大学实验室及研究组进行产学研合作，进行项目研发。

（二）研制

1. 试验场地

公司的试验场地主要为公司厂房及附近区域，部分试验在有产学研合作关系的大学进行，如合肥工业大学、合肥学院等。

2．研发过程

公司的新产品研发过程一般分为：

1）市场调研。了解市场实际需求量，并按需求的紧迫性分成不同等级；评估预开发产品的市场价值及能否为公司带来实际收益。

2）政策及法规研读。评估产品研发方向是否符合当下国家政策，是否在国家相关法规允许范围内。

3）立项。制作产品立项书，成立项目组，细分各职能部门的职责，制作产品研发预算书，申请前期预支费用。

4）设计。制作设计任务书、设计计算书，项目组分解并汇总评审设计任务。

5）采购。根据设计图、BOM清单进行物料采购，采购部关注采购进度。

6）样品测试。技术部门在生产部门的配合下进行样品组装及产品测试验证。

（三）生产

1．工艺设计与管理

工艺设计：①确定原材料、毛坯；基于产品设计资料，查阅公司库存材料标准目录。②依据工艺要求确定原材料、毛坯的规格和型号。③根据原材料性质、产品的质量要求确定加工工序。④根据公司现有的条件和将来可能有的条件、类似的工件、标准的工艺路线和类似的工艺路线以及经验，确定加工和装配的顺序。⑤根据企业现有的能力和将来的能力，基于尺寸和精度的要求，确定完成各个作业所需的人员、机械设备、操作方法与步骤、检验要求、质量控制方式等。⑥以相关的文件形式将上述要求清晰地表达出来。

工艺管理：技术开发部负责工艺文件的编制、工艺实施的指导、工艺纪律的检查。生产部会同技术开发部对工艺实施情况进行监督、检查，考核工艺纪律的执行情况。

技术开发部根据产品的技术质量要求，确定所需原材料、工艺流程、加工方法、产品质量标准、设备条件、接受准则等工艺文件（工艺卡、作业指导书等）的编制。工艺文件应做到：①正确——

生产中使用的工艺文件要做到正确、清晰，符合有关标准规定，能正确指导生产，保证生产稳定进行；工艺流程安排合理、切实可行，能指导操作，保证加工质量。②完整——产品技术标准、图样、工艺文件必须完整，主要产品的完整度要求达到100%。③统一——各种技术文件之间不能发生矛盾，要统一。④有效——能确保产品质量、降低生产成本。⑤实用——工艺文件规定的工艺方法要与公司现有的生产设备、工装、检测手段、工艺技术水平和生产组织情况相结合。

工艺文件一经批准，就成为公司的技术法规，有关单位必须严格执行，不得擅自更改或降低要求。

2．生产过程

公司推行精益生产，强调全员参与、团队合作，以消除生产过程中的一切浪费为出发点，追求零切换浪费、零库存、零缺陷；推行柔性化生产，通过看板管理等方式，进行生产现场的物流、生产节拍控制，实现车间物流平衡；推行全面质量管理，每一个人都参与每个生产环节的质量检测、控制。

3．产品更新换代

公司每年都进行多项新产品立项及研发；对于现有产品，根据市场需求情况，会在半年到一年期内进行更新迭代。

四、产品简介

1．概述

目前，公司的主要业务是非道路柴油机械尾气治理类产品的研发及制造，以及部分汽油机及双燃料发动机改造项目的开发与运营。

2．产品种类

1）动力系统类产品：491发动机，LPG、CNG双燃料发动机（改造）。

2）后处理类产品：柴油颗粒捕集器（DPF）、宝发等离子电捕集器（DPEF）及宝发等离子前处理设备。

3．名优产品

目前，公司的名优产品是DPF柴油颗粒捕集器。该产品获得环保产业重点实用技术奖，拥有

10 项发明及实用新型专利，是主机厂新车出厂的标准匹配产品，是最早参与机场车辆改造的产品，是现在运行保有量最高的产品。

4. 重点产品

1）宝发等离子电捕集器（DPEF）。该产品的使用原理是通过高压电场使经过电场区的尾气颗粒物发生电晕荷电，并向对应相反的电极吸附的过程。产品主要分为高压电源、静电吸附本体及主动再生模块三部分，对尾气的净化效率超过90%。同时吸附在本体内的颗粒物可以通过主动再生模块一键再生，产品恢复初始使用状态。

2）宝发前处理设备。该产品与上述产品的技术路线一致，也是应用等离子体技术，即：通过高压电场使经过电场区的燃油荷电，使燃油分子细化，改善了雾化效果，达到节油及降低排放的目的。

5. 发展成就与存在的问题

公司自 2016 年开始专注非道路柴油机械尾气后处理产品的研发及制造，参与过山东重卡、首都机场等改造项目。公司响应国家"碳中和"的号召，开展非道路尾气治理产品的研究，在行业内起到了标杆效应。

公司已经成为国内非道路移动机械改造领域的龙头企业。对于非道路柴油机械的尾气治理，公司已经形成了一套完整的体系。公司的产品在全国各领域的非道路移动机械尾气改造项目中得到广泛应用。

由于港口机械、矿山机械等燃油、工况都比较恶劣的内燃机械领域并不适合用 DPF 类产品进行改造，公司经过不断探索，推出了 DPEF 及前处理产品，弥补了该领域的空白。

五、市场营销

1. 经销商开发与维护的营销模式

（1）选择客户的策略

1）行业内受到推崇的客户。

2）在一个地区拥有垄断实力的客户。

3）服务水准最佳的客户。

4）有专业水准、能提供策略性意见的客户。

5）销售额稳定的客户。

6）有积极拓展生意欲望的客户。

7）观念新、市场拓展能力强的客户。

8）市场覆盖面广、分销渠道多的客户。

9）竞争对手的客户。

（2）选择客户的条件

1）客户的经营规模。

2）客户的员工人数、素质状况。

3）客户决策者的能力、人品、诚信度。

4）客户的仓储能力。

5）客户的运输能力。

6）客户的销售网络覆盖面。

7）客户的内部管理及组织机构。

8）客户的采购计划。

9）客户的经营体制。

（3）寻找客户的基本方法

1）客户信息收集。

2）客户介绍。

3）报营销总监审批，确定准客户。

4）如果客户要求，在得到公司允许后，可以让客户到公司参观。

5）填写客户资料表，交文员登记开户。

6）签订合作合同。

7）报计划，打款后进货。

（4）管理与维护

经销商管理的原则与技巧：

1）对客户进行分类，具体情况具体对待，遵循二八法则。

2）是否有不断创新的欲望。

2. 销售

（1）售前管理

1）对产品足够了解。

2）了解顾客的需求。

3）与顾客进行针对性的聊天。

（2）售中管理

1）要注意收集顾客的信息。

2）收集顾客与产品有关的信息。

（3）售后管理、跟踪服务

1）询问是否收到货。

2）询问对产品和服务等的感受。

六、企业管理

（一）管理机构与沿革

公司目前有三个自然人股东及深圳鑫域股权投资企业（有限合伙）风险投资机构股东。公司法定代表人蒋旭东为公司总经理，负责公司的日常经营管理。

公司下设销售部、采购部、技术部、质量部、生产制造部、行政部。各部门严格按照管理体系运行。公司于2019年10月在安徽省股权托管交易中心科创板精选层挂牌。公司管理机构如图1所示。

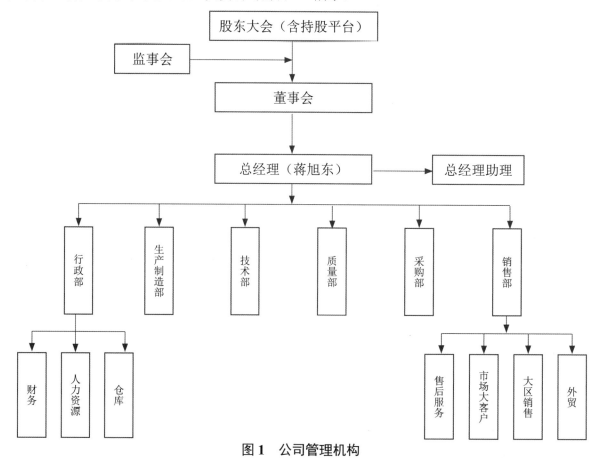

图1　公司管理机构

（二）质量管理

1. 组织沿革

公司成立之初就设立有质量部。2014年通过了ISO 9001质量体系认证，2020年通过了ISO/IATF 16949汽车行业质量体系认证。

质量部作为公司产品品质把控的核心团队，设有1名部长，1名入库、来料检测人员，1名成品检测人员，1名过程检测人员。

2. 质量策划与培训

质量策划：公司每年都制订年度质量目标、质量要求及质量体系，并坚决贯彻执行。针对不同的产品制订符合产品规范要求的质量策划方案。

质量培训：公司每年都组织内部人员进行产品体系学习，对内审员进行专业知识培训，每周、每月进行产品质量问题汇总教育，进行年度质量考核分析。

3. 检验与试验

公司每年年底制订下一年度质量检验与试验工作计划，对全年的质量检验和试验工作作出大致安排；每个部门结合公司年度细化经营方针和工作目标，制订部门的年度细化工作目标，并落实到部门的具体工作中，指导具体工作的实施。

制订监视和测量设备、工装周检计划、产品抽检计划。编制、完善受检器具台账目录，建立周检、检查与试验记录制度，按计划组织周检、检查与试验工作，并督促检查与考核。

4. 过程质量管理

坚持按标准组织生产，强化质量检验机制，实行质量否决制度。抓住影响产品质量的关键因素，设置质量管理点或质量控制点。

5. 群众性质量管理活动

针对质量体系内容，每月对员工进行考核，考核前三名给予"质量之星"荣誉及奖励；每年在全体员工中开展全面质量管理知识竞赛。

6. 质量信息管理

（1）公司质量信息网络图（见图2）

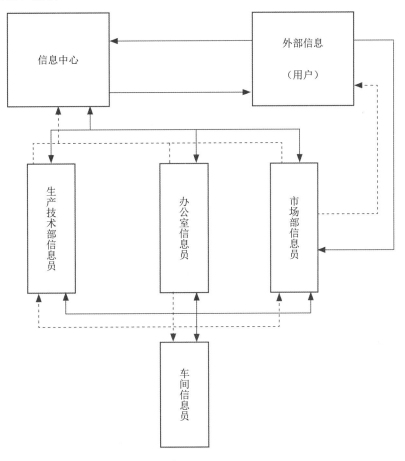

图2　质量信息网络图

注：虚线表示反馈信息，实线表示传递信息。

（2）质量信息的分类

质量信息分为正常质量信息和异常质量信息两类。正常质量信息是指反映企业生产经营过程中产品质量状况和水平的统计报表、分析报告等。异常质量信息是指企业在生产经营活动中出现的质量指标突变、各种产品质量问题以及在正常信息中分析出来的异常问题等。

对特别重大的质量信息，涉及质量事故、产品批废、用户投诉、国家质量监督抽查不合格等方面的信息，由信息中心负责组织处理。

对较大的质量信息，同时涉及多个部门或影响生产正常运行，需协调解决的质量信息，由信息中心组织处理。

对次要的或个别出现的质量问题，由相关部门处理。

（3）质量信息的传递和处理

对于正常质量信息由质量部门每月填报质量月报表并报信息中心。对于异常质量信息，按下列规定传递和处理：

A级质量信息由信息发生部门立即填写质量信息反馈单，在2小时内报信息中心，由信息中心报告厂长批示后转交有关部门处理。

有关部门接到信息反馈单后，应及时组织力量进行调查、分析，3日内处理完毕，同时在信息反馈单上填写处理措施及结果，转交信息中心。

对于B级信息，信息发生部门要在8小时内填写质量信息反馈单，转交责任部门处理。责任部门应在3日内处理完毕，并填写处理结果，每月汇总后报信息中心存档。

对于C级信息，一般不填写信息反馈单，在本部门内分析处理，每月汇总后上报信息中心。

信息中心在接到处理完毕的质量信息反馈单后，应签署验证结论并存档。质量信息流程图如图3所示。

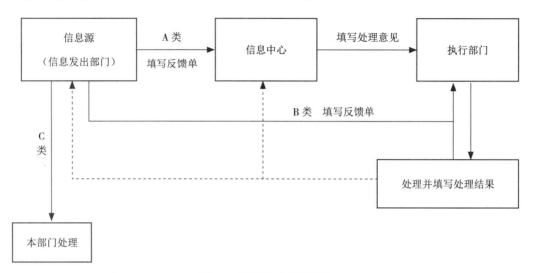

图3　质量信息流程图

（4）质量信息的分析和保存

信息中心会同有关部门每季度对质量信息进行统计分析，写出分析报告将作为质量改进的依据。

质量信息闭环传递处理后，A级、B级信息由信息中心负责登记存档。C级信息由各部门存档。

（5）质量记录

公司的质量记录包括质量信息反馈单、产品质量月报表、产品质量季报表、产品质量年报表、质量信息反馈台账等。

7．质量考核与奖惩

公司设立年度质量奖和月度质量奖，用于奖励生产一线的员工。对于及时发现质量问题隐患，并向有关部门汇报或采取措施避免重大质量问题发生的员工，公司在综合考虑避免损失大小、是否属职责范围内等因素的前提下，给予其一定的现金奖励。

对于年度内质量水平处于公司前三名，且每月均达到规定质量目标，考核年度内在公司工作满10个月以上的员工，以及为公司质量水平的提升或为避免重大质量问题发生有突出贡献的人员，可评为公司的质量先进个人，予以表彰并给予特别奖励。

（三）生产管理

1．概况

公司秉承以核心部件技术掌控在自己手上为宗旨，组建了一支由电器、发动机装配、焊接、机械制造方面能力突出的人员组成的团队。

2．生产作业计划管理

利用现有人力和设备，实现生产能力最大化。对所有订单按优先原则（交货日期、客户等级）进行排序及订单合并，保质保量完成生产任务。

严格按照生产计划、生产工序流程进行生产，严抓质量管理。

（四）财务管理

公司的财务部全面负责公司的财务管理和会计核算工作。财务部在总经理的直接领导下开展财务工作，向全体股东负责，股东及股东委托的代表有权检查、指导公司的财务工作，财务部门必须配合。

公司制定了财务管理制度，对财务机构和人员设置及其职责、财务审批权限及流程、费用报销和款项支付结算、货币资金的管理、财务核算及报告、财务会计档案管理等进行了规范。

财务部设财务经理岗、会计岗、出纳岗。财务经理全面主持公司的财务工作，全面负责公司费用报销和款项支付的审核，调度安排公司货币资金，公司财务会计制度的建立健全，公司日常的会计核算及财务管理工作，代表财务部定期向上级汇报财务工作。会计负责公司的日常会计核算、财务报表及报告的编制等工作。出纳员负责公司的货币资金的收支业务及核算工作。

（五）后勤保障管理

为进一步规范公司的后勤管理工作，做好后勤服务保障，让后勤工作顺利进行。公司建立了完备的后勤保障制度，由专人负责相关工作。依据制度做好物资管理、仓储管理、员工保障管理，保障企业生产生活物资丰富、仓储流程完善流畅、员工均能享受各种节假日福利。

七、企业文化

公司是一家柴油机械尾气环保治理产品的研发、制造企业。产品技术在非道路柴油机械环保治理领域走在行业前列，"让天下没有堵塞的治理产品"是公司的制造理念。持续的科技创新是公司的基本发展路线，环保、绿色、低碳、节能、卫生、智能、高效是公司开发产品的重要原则。

公司秉承"技术创新、品牌领先"的企业发展理念，本着高起点、专业化的战略指导思想，倡导"创新、敬业"的企业文化，积极构建一支高素质、专业化的员工队伍，致力于为客户提供质优价廉的产品，满足客户的不同需求。公司始终把与业界同仁相互协作、合作共赢视为公司迈向成功的基石。

为弘扬企业文化，树立起公司的正面形象，增强员工的归属感与荣誉感，调动员工的工作积极性，公司建立了企业文化长廊，既美化了公司环境，又能作为公司的企业文化窗口，充分展示公司的经营理念、发展动态、荣誉、员工风采等。公司积极参与社会公益活动，用爱心与责任回报社会。

公司非常重视企业的思想文化教育工作，把

学习科学发展观和争先创优活动贯穿于全体党员教育工作的始终；努力建设一支充满朝气、求真务实、奋发有为、勇于创新的班子队伍；建设一支党性强、奉献精神强、大力探索新模式和新方法的先锋党员队伍。

八、组织机构与人员

公司创建了"学习型、服务型、创新型"领导团队，蒋旭东总经理为带头人，其他管理人员均具有较长的行业从业年限、较高的组织管理水平。培训是公司带给员工的最大福利。每年公司内部都要举行10余次技术方面的集体学习，并且还邀请相关企业的技术人员前来公司介绍先进的产品研制经验。

为不断提高公司的自主创新能力，公司成立了企业技术中心。公司还成立了专家顾问团，聘请行业内的一些国内知名专家学者为高级顾问，为公司开展科技工作提供决策支持。同时，公司通过整合国内外优势资源，构建了以企业为主体、以市场为导向、产学研用相结合的技术创新体系。公司与合肥工业大学、安徽合力股份有限公司等建立了良好的科研合作关系，在部分项目上开展产学研合作和人才技术交流，努力吸收国内外先进技术，建立了外委研究、自主开发和全员参与三个层次的技术研发体系。三个层次研发团队的研发方向各有侧重，把产学研合作作为主线贯穿其中，互为补充，形成了多层次、相互衔接、高效互动、全员参与的技术创新体系。

九、人物传记

蒋旭东，高级工程师，硕士研究生，从事非道路移动机械行业工作30余年，是非道路移动机械环保治理专家库专家，带领公司进行了柴油机械尾气治理产品（DOC+CDPF、DPEF、宝发前处理设备等）、柴油发动机油改气、车载尾气检测设备（PEMS）等产品的开发，取得了多项核心关键技术，开发了20余种新产品。获得发明专利2项、实用新型专利10项、合肥市科学技术奖二等奖1项；主持研发了BF4Y电喷系列叉车发动机；起草3项国家标准（名列起草人第3位）、2项行业标准（名列起草人第3位）、4项团体标准（名列起草人第1位）；2016年入选合肥市创新创业领军人才，2020年入选第六批安徽省创新创业领军人才特殊支持计划创业人才，2021年带领公司技术团队入选"2021年庐州产业创新团队"。

〔供稿单位：合肥宝发动力技术股份有限公司〕

检验检测单位

国家起重运输机械质量监督检验中心

一、企业简介

国家起重运输机械质量监督检验中心（简称质检中心）成立于1985年，是首批国家检测中心之一，是中国起重运输机械行业唯一一家历史最久、项目最全，集检验检测、认证评审为一体的国有大型综合性国家检测中心。建有多个专业实验室，获得国家认监委国家中心资质认定授权证书、计量认证证书、实验室认可证书，是首批特种设备型式试验机构和鉴定评审机构，军工产品检测试验机构。

承担特种设备中场（厂）内专用机动车辆、各类起重机械、机械式停车设备及安全保护装置的型式试验和鉴定评审；承担各类带式输送机、手拉葫芦、千斤顶以及浮式起重机、斗轮堆取料机、斗式提升机、埋刮板输送机的实地核查和产品检验；承担物流仓储设备的检验检测。

质检中心还承担产品仲裁检验、事故鉴定、科技成果鉴定、产品质量鉴定和安全评估等委托检验工作，协助政府部门制定安全技术规范和有关技术文件。

二、受企业邀请进行产品检验和评审

质检中心在2019—2020年，共计完成百余台场（厂）内专用机动车辆产品的检验工作，完成了80多家场（厂）内专用机动车辆制造条件的鉴定评审工作。产品类型包括：平衡重式叉车、托盘堆垛车、前移式叉车、三向堆垛车、插腿式叉车、侧面式叉车、越野叉车、伸缩臂叉车、防爆叉车、空箱堆高机、内燃观光车、蓄电池观光车、内燃观光列车和蓄电池观光列车等。所检验产品的生产企业不仅涉及国内企业，也包括美国、德国、荷兰、英国、法国、日本和韩国等国家的国际知名企业。

三、完成的重大工作

1) 参与国家市场监管总局特种设备安全监察局的课题"叉车安全监控系统应用试点"工作。

2) 参与国家市场监管总局特种设备安全监察局的课题"叉车安全监控系统可行性研究"工作。

3) 参与国家市场监管总局特种设备安全监察局的课题"起重机械和场（厂）内专用机动车辆作业安全警示教育宣传片"录制工作。

4) 承担国家市场监管总局特种设备安全监察局的课题"起重机械风险分析和关键防控措施研究"工作。

5) 承担国家市场监管总局特种设备安全监察局的课题"桥门式和门座式等起重机械安全风险防控技术研究"工作。

6) 参与起草国家标准GB/T 38393—2020《工业车辆　安全监控管理系统》。

7) 完成了目前世界最大额定起重量的55t内燃平衡重式叉车型式试验。

8) 完成了目前国内最大额定起重量的16t蓄电池平衡重式叉车型式试验。

9）完成了目前世界最大吨位的 2 600t 移动式门座起重机型式试验。

10）完成了目前国内首台（套）1 000t 运架一体架桥机型式试验。

11）完成了目前国内首台（套）1 000t 高铁架桥机型式试验。

12）完成了四川境内重点工地的 40 台起重机安全性能抽查检验。

13）完成了数台 900t 高铁架桥机安全评估检验。

14）完成了 150t 飞机吊装索具检验。

〔供稿单位：国家起重运输机械质量监督检验中心〕

全国工业车辆标准化技术委员会

一、工业车辆标准的现状

1. 国家或行业标准

我国工业车辆标准的归口管理工作由全国工业车辆标准化技术委员会（简称工业车辆标委会）（SAC/TC332）负责。截至 2020 年 12 月底，我国工业车辆行业共有现行有效标准 78 项，其中：国家标准 53 项，机械行业标准 25 项。工业车辆中量大面广的产品如平衡重式叉车、插腿式叉车、前移式叉车、牵引车、托盘堆垛车及托盘搬运车等产品，标准基本上已实现配套。我国工业车辆行业的标准构成情况见表 1。

表 1 我国工业车辆行业的标准构成情况

标准类别	基础	产品	安全	管理	方法	总计
数量（项）	13	34	6	2	23	78
占比（%）	16.7	43.6	7.7	2.5	29.5	100

从表 1 中可以看出，我国的工业车辆标准体系中主要以产品标准为主，共计 34 项，约占标准总数的 43.6%；方法类标准占比为 29.5%，基础类标准占比为 16.7%，安全类标准占比为 7.7%，管理类标准占比为 2.5%。

2. 采用国际标准情况

截至 2020 年 12 月 31 日，工业车辆标委会对口的 ISO/TC110 工业车辆技术委员会共有正式国际标准 73 项，其中：11 项标准我国不准备转化，已转化的国际标准有 38 项，相关联的国际标准转化率已达到 61.3%。

二、国内标准化工作情况

2019—2020 年，工业车辆标委会共组织完成了 9 项国家标准和 5 项机械行业标准的制修订工作（见表 2），并重点完成了如下重要标准的修订工作及其他标准化工作。

表 2 2019—2020 年制修订的 9 项国家标准和 5 项机械行业标准

序号	标准名称	标准级别	制定修订	标准性质	代替标准
1	工业车辆 稳定性验证 第 1 部分：总则	国标	修订	推荐	GB/T 26949.1—2012
2	工业车辆 安全监控管理系统	国标	制定	推荐	
3	工业车辆 电磁兼容性	国标	修订	推荐	GB/T 30031—2013
4	越野车辆 安全要求和验证 第 5 部分：伸缩臂式叉车和整体式人员工作平台的联接装置	国标	制定	推荐	
5	工业车辆 稳定性验证 第 12 部分：搬运 6 m 及其以上长度货运集装箱的伸缩臂式叉车	国标	制定	推荐	

（续）

序号	标准名称	标准级别	制定修订	标准性质	代替标准
6	工业车辆　安全要求和验证　第2部分：自行式伸缩臂式叉车	国标	制定	推荐	
7	越野叉车　对用户的要求　第5部分：越野叉车和整体式人员工作平台的接口	国标	制定	推荐	
8	越野叉车　对用户的要求　第4部分：悬吊可自由摆动载荷伸缩臂式叉车的附加要求	国标	制定	推荐	
9	越野车辆　安全要求和验证　第7部分：纵向负载距系统	国标	制定	推荐	
10	叉车属具　单双托盘叉	行标	制定	推荐	
11	叉车属具　纸箱夹	行标	制定	推荐	
12	叉车属具　推出器	行标	制定	推荐	
13	叉车属具　调距叉	行标	制定	推荐	
14	叉车属具　旋转器	行标	制定	推荐	

1. 制定国家标准标准 GB/T 38893—2020《工业车辆　安全监控管理系统》

根据 2014—2018 年原国家质检总局和国家市场监管总局的统计数据，叉车发生的安全事故在整个特种设备事故中所占的比率较高，而且呈现逐年上升趋势，已经引起了国家市场监督管理总局领导的注意和重视，要求尽快降低事故的绝对数量。因此，为加强在用工业车辆的使用安全，保障作业人员的生命和财产安全，降低工业车辆的安全事故率，配合特种设备的监督管理，需要在工业车辆上加装安全监控管理系统。为实现安全监控管理系统标准的统一，急需制定国家标准《工业车辆　安全监控管理系统》。

GB/T 38893—2020《工业车辆　安全监控管理系统》规定了工业车辆安全监控管理系统（简称"监控系统"）的术语和定义、构成、内容、要求、检验方法和检验项目。该标准适用于平衡重式叉车、前移式叉车、侧面式叉车、插腿式叉车、托盘堆垛车及三向堆垛式叉车，其他类型的工业车辆可参照使用。

2. 行业标准复审情况

根据中国机械工业联合会发布的"关于开展2019 年机械行业标准复审的通知"（中机联标〔2019〕261 号文件）的要求，工业车辆标委会组织了对本专业领域标龄已满5年的现行有效的10 项机械行业标准的复审工作，复审结论为4项继续有效、6项需要修订。

3. 团体标准制定情况

为全面贯彻《深化标准化工作改革方案》的要求，激发市场自主制定标准的活力，不断完善标准体系，推动社会团体制定一批引领产业发展、促进产业升级的团体标准，引导和规范团体标准化工作健康发展。工业车辆标委会受中国工程机械工业协会工业车辆分会的委托，根据 2019 年7 月 29 日中国工程机械工业协会批准的团体标准工作计划的安排，组织开展了《工业车辆　非车载传导式充电机》（计划编号：2019020）和《工业车辆用锂离子电池及其系统》（计划编号：2019021）两项团体标准的制定工作，并于 2019年9 月 18—20 日在广东省韶关市组织召开了中国工程机械工业协会标准《工业车辆　非车载传导式充电机》和《工业车辆用锂离子电池及其系统》（初稿）讨论会。2020 年6 月5 日，完成了上述两项团体标准送审稿，2020 年8 月9—11日，在福建省宁德市组织召开了上述两项团体标准送审稿的专家审查会。目前，两项团体标准已于 2020 年 12 月1 日正式批准发布，并于 2021年3 月1 日正式实施。

4.积极完成上级单位下达的各项任务

1）完成工业车辆标委会年报。按照国家标准化管理委员会的要求，结合专业现状以及各年度实际工作情况，认真编制了 2018 年和 2019 年《全国工业车辆标准化技术委员会工作报告》和《全国工业车辆标准化技术委员会工作报表》。

2）开展国际标准转化情况调研工作。根据国家市场监督管理总局司（局）函标创函〔2019〕35 号"关于开展国际标准转化情况调研工作的通知"的要求，按时完成了工业车辆领域《对口国际标准转化情况研究报告》《对口国际标准转化情况明细表》《未来三年国家标准英文版清单》和《未来三年行业标准英文版清单》的上报工作。

3）中国标准外文版工作现状调查。根据国家市场监督管理总局司（局）函标创函〔2019〕36 号文"关于开展中国标准外文版工作现状调查的通知"的要求，从以下三个方面完成了工业车辆专业部分的上报工作。

①本技术委员会的国家标准、行业标准外文版项目数量与清单明细。

②未来三年内本技术委员会拟制定的国家标准、行业标准外文版项目数量、清单明细、亟需翻译的原因等。

③本技术委员会国家标准、行业标准外文版实施应用的成功案例，在制定标准外文版过程中遇到的实际困难。

4）"全国专业标准化技术委员会工作平台"等的新功能启用及维护。根据国家市场监督管理总局办公厅函〔2019〕980 号"市场监管总局办公厅关于修改完善国家标准制修订工作管理信息系统功能有关事项的通知"的要求，启用了"全国专业标准化技术委员会工作平台"和"国家标准制修订工作管理信息系统"中的"委员联名提案"和"公开征求意见"功能，并对系统中的单位信息进行了维护。

5）参与《机械工业"十四五"标准化发展规划》中工业车辆"十四五"标准化规划的编制。根据中国机械工业联合会"十四五"标准化规划编制工作的要求，工业车辆标委会配合编写组长单位完成了《工业车辆"十四五"标准化规划》初稿的编制。

6）上报国际标准转化情况统计数据和研究报告。根据中国机械工业联合会秘书处文件机联秘标〔2020〕55 号"关于印发机械工业国际标准转化工作推进会会议纪要的通知"的要求，工业车辆标委会秘书处疏理了工业车辆专业领域的国际标准转化情况统计数据，总结了工业车辆专业领域开展国际标准转化工作中存在的问题，完成了《对口国际标准转化情况研究报告》《对口国际标准化组织关系及其出版物情况表》和《对口国际标准转化情况明细表》的编制和上报工作。

7）完成了《工程机械领域国际先进标准对标达标分析项目研究报告》中工业车辆分领域研究报告的编写。根据中国机械工业联合会秘书处文件机联秘标〔2020〕41 号"关于印发工程机械领域国际先进标准对标达标分析研究项目推进会会议纪要的通知"的要求，工业车辆标委会秘书处完成了《工程机械领域国际先进标准对标达标分析项目研究报告》中工业车辆分领域研究报告的编写，并完成了《国际先进标准拟转化的项目清单》《2021—2023 年亟待提升水平的标准项目清单》的填报。

8）完成了工业车辆行业节能与综合利用领域标准化工作总结。根据中国机械工业联合会提出的"为持续推进工业高质量绿色发展，完善工业节能与综合利用、绿色制造标准体系，做好'十三五'有关领域标准化工作梳理总结"的要求，工业车辆标委会结合本专业领域工作实际，重点围绕"十三五"期间本专业领域节能与综合利用、绿色制造标准化工作进展、标准制修订情况等完成了《工业车辆行业节能与综合利用领域标准化工作总结》。

9）协助国家市场监管总局标准技术管理司完成了有关工业车辆标准网上留言的答复工作。

工业车辆标委会秘书处配合国家市场监管总局标准技术管理司装备与材料标准处对网上留言：①槽钢型货叉是否属于 GB/T 5182—2008 标准规定的实心横截面货叉。②槽钢型货叉是否需要依照 GB/T 5182—2008 标准执行相关试验，如冲击试验，屈服试验和制造，在征求相关专家意见的基础上进行了答复。

10）配合中国工程机械工业协会完成相关工作。①配合中国工程机械工业协会完成了《中国工程机械行业志（2011—2015）》中工业车辆标委会基本情况、标准制修订情况、国际交流情况，

以及《中国工业车辆年鉴 2017—2018》中 2017—2018 年度全国工业车辆标准化技术委员会工作介绍等内容的编写。②完成了《工业车辆"十三五"标准化工作成果和"十四五"重点方向和项目》的编制以及团体标准 T/CCMA 0070—2019《电动工业车辆非车载传导式充电机与电池管理系统之间的通信协议》等百项团体应用示范项目的申报资料撰写。

5. 2019—2020 年批准发布的工业车辆标准情况

2019—2020 年工业车辆专业领域批准发布了 4 项国家标准和 5 项行业标准，详见表 3。

表 3 2019—2020 年批准发布的工业车辆标准

序号	标准编号	标准名称	采标情况	代替标准
1	GB/T 26949.22—2019	工业车辆 稳定性验证 第 22 部分：操作者位置可或不可起升的三向堆垛式叉车	ISO 22915-22:2014	
2	GB/T 27542—2019	蓄电池托盘搬运车		GB/T 27542—2011
3	GB/T 38055.1—2019	越野叉车 对用户的要求 第 1 部分：通用要求	ISO 11525-1:2012	
4	GB/T 38893—2020	工业车辆 安全监控管理系统		
5	JB/T 13692—2019	工业车辆 排气消声器		
6	JB/T 13693—2019	工业车辆 司机座椅		
7	JB/T 13694—2019	叉车属具 推拉器		
8	JB/T 13695—2019	工业车辆 制动器		
9	JB/T 13696—2019	无人驾驶工业车辆		

三、工业车辆标委会自身建设

1. 工业车辆标委会委员调整情况

根据《全国专业标准化技术委员会管理办法》和《全国工业车辆标准化技术委员会章程》的规定，为更好地推动工业车辆标准化工作，对因工作变动、退休等原因不再适合继续担任委员职务的委员进行了调整，并已通过国家标准化管理委员会批准。具体调整情况如下：柳州柳工叉车有限公司的王云华调整为冯宗军；永恒力合力工业车辆租赁有限公司的许一平调整为陈先成；浙江佳力科技股份有限公司的高峰调整为丁海波；凯傲宝骊（江苏）叉车有限公司的江福清调整为王玉栋；增补上海市市场监督管理局的庄敏慧和浙江中力机械股份有限公

司的许林杰为委员。

2. 对属具工作组的日常管理

根据《全国工业车辆标准化技术委员会章程》的有关规定，工业车辆标委会负责对属具工作组进行日常管理，及时将属具工作组拟立项的标准计划项目上报上级主管部门，并于 2020 年 11 月 1—3 日，在福建省厦门市组织召开了"全国工业车辆标准化技术委员会属具工作组一届四次会议"。对属具工作组 2020 年工作总结及 2021 年工作安排进行了备案，并将相关内容纳入工业车辆标委会 2021 年工作计划中。

3. 成立电气工作组（SAC/TC332/WG2）

为做好全国工业车辆标准化技术委员会电气工作组的组建工作，依照工作程序，2020 年上半

年，工业车辆标委会秘书处针对工业车辆电气控制系统的主要构成、电气控制系统行业基本情况、电气控制系统需要制定的标准等问题对工业车辆行业部分主机厂进行了调研。在北京市组织召开了"全国工业车辆标准化技术委员会电气工作组组建工作会议"，讨论并确定了电气工作组的初步组建方案。会后，工业车辆标委会秘书处根据组建方案对电气工作组组员进行了征集。

2020年7月，工业车辆标委会以工标技函字〔2020〕43号发布"关于批准成立全国工业车辆标准化技术委员会电气工作组（SAC/TC332/WG2）的函"，正式批复成立电气工作组。全国工业车辆标准化技术委员会电气工作组由20名组员组成，李飞任组长，工作组组长单位为郑州嘉晨电器有限公司。电气工作组主要负责制修订工业车辆电气领域标准，并按照《全国工业车辆标准化技术委员会电气工作组章程》等规定开展工作。全国工业车辆标准化技术委员会负责电气工作组的标准立项及报批等业务指导，并按照《全国专业标准化技术委员会管理办法》及《全国工业车辆标准化技术委员会章程》等规定对标准制修订情况进行监督管理。2020年8月，工业车辆标委会在河南省郑州市组织召开了"全国工业车辆标准化技术委员会电气工作组（SAC/TC332/WG2）成立大会暨一届一次会议"。

四、重要标准宣传贯彻情况

1）2019年7月24—26日，工业车辆标委会在安徽省合肥市组织召开了TSG 07—2019《特种设备生产和充装单位许可规则》、JB/T 2391—2017《500kg～10 000kg乘驾式平衡重式叉车》及T/CCMA 0060—2018《牵引用铅酸蓄电池电源装置箱体》宣传贯彻会，全国工业车辆行业的生产

单位、检验机构和使用单位等单位的代表共计80余人参加了宣传贯彻会，此次宣传贯彻会的成功举办，为提高工业车辆的产品质量，配合特种设备的监管打下了良好的基础。

2）2020年10月28—30日，工业车辆标委会在河南省郑州市组织召开了"GB/T 38893—2020《工业车辆　安全监控管理系统》和T/CCMA 0070—2019《电动工业车辆非车载传导式充电机与电池管理系统之间的通信协议》宣传贯彻会"，全国工业车辆行业的整机制造商、检验机构、使用单位以及工业车辆安全监控管理系统的制造商等单位的代表共计110余人参加了宣传贯彻会。本次宣传贯彻会积极配合了工业车辆加装安全监控管理系统的有关工作，为提高我国工业车辆的使用安全性，减少工业车辆安全事故的发生，统一锂电池工业车辆充电机与电池管理系统之间的通信协议，规范新能源工业车辆市场，加强特种设备监管，打下了良好的基础。

五、国际标准化工作情况

工业车辆行业对口的国际标准化组织是工业车辆技术委员会（TC110）。2019—2020年，我国积极组织参与了工业车辆领域的国际标准化活动，并完成了以下重要工作。

1.牵头制定国际标准情况

截至目前，我国牵头制定的工业车辆国际标准共3项，详见表4。其中ISO 21262—2020《工业车辆——使用、操作与维护安全规范》已于2020年5月11日由ISO正式发布，ISO 23434-1《工业车辆——可持续性——第1部分：术语》及ISO 23434-2《工业车辆——可持续性——第2部分：因素和报告》正按照规定的程序稳步推进，目前正处于征询意见阶段。

表4　我国牵头制定的国际标准

序号	标准编号	标准名称	制修订	立项时间	制定周期
1	ISO 21262—2020	工业车辆——使用、操作与维护安全规范	制定	2016-03-07	2020年5月11日已正式发布
2	ISO 23434-1	工业车辆——可持续性——第1部分：术语	制定	2018-09-19	48个月
3	ISO 23434-2	工业车辆——可持续性——第2部分：因素和报告	制定	2018-09-19	48个月

2.国际标准投票情况

2019—2020年，共收到ISO/TC110投票文件79个，实际投票79个，投票率为100%。正式出版国际标准18个、标准修改件3个。

3.组团参加国际标准化组织工业车辆技术委员会（ISO/TC110）系列会议

1）2019年11月11—15日，组织17人代表团在安徽省合肥市参加了2019年国际标准化组织工业车辆技术委员会（ISO/TC110）系列会议。

会议由国家标准管理委员会（SAC）主办，由北京起重运输机械设计研究院有限公司和安徽合力股份有限公司共同承办。来自澳大利亚、中国、法国、德国、意大利、日本、瑞典、韩国、英国及美国（通过视频会议参会）共10个国家的40余名代表出席了会议。北京起重运输机械设计研究院有限公司作为ISO/TC110国内技术对口单位，组织了由17名行业专家组成的代表团代表国家标准化管理委员会（SAC）参加了系列会议。此次系列会议包括3个工作组（WG）会议、3个分技术委员会（SC）会议、2个主席顾问团会议和ISO/TC110大会，中国代表团成员参加了为期5天的全部会议。

2019年11月14日，在安徽省合肥市召开了国际标准化组织工业车辆技术委员会可持续性分技术委员会（ISO/TC110/SC5）会议，在SC5主席赵春晖女士的出色主持和秘书处承担单位安徽合力股份有限公司的精心策划和周密安排下，圆满地完成了会议议程规定的所有内容，获得了与会代表的高度赞扬。会议期间，针对由中国牵头起草的两项国际标准ISO 23434-1《工业车辆——可持续性——第1部分：术语》和ISO 23434-2《工业车辆——可持续性——第2部分：因数和报告》召开了第一次工作组会议，会上重点对两项国际标准草案各国反馈意见的处理情况进行了汇报和讨论。此次会议的召开，为顺利完成上述两项国际标准的制定工作打下良好的基础。另外，根据2018年ISO技术

管理局最新的政策规定，从2020年5月底开始，中国与德国结束结对关系，由中国的赵春晖女士独立担任ISO/TC110/SC5主席，由安徽合力股份有限公司代表中国独立承担秘书处工作。

2）2020年10月19—23日，组织10人代表团参加了2020年ISO/TC110系列会议。

会议以视频会议方式召开，来自澳大利亚、中国、法国、德国、丹麦、意大利、日本、瑞典、西班牙、韩国、英国及美国共12个国家的代表出席了会议。我国由北京起重运输机械设计研究院有限公司作为ISO/TC110国内技术对口单位，组织10人代表团代表国家标准化管理委员会（SAC）参加了视频会议。本次系列会议包括2个工作组（WG）会议、3个分技术委员会（SC）会议、2个主席顾问团会议和ISO/TC110大会，中国代表团成员参加了为期5天的全部会议。

2020年10月20日，召开了国际标准化组织工业车辆技术委员会可持续性分技术委员会（ISO/TC110/SC5）会议，在SC5主席赵春晖女士的出色主持和秘书处承担单位安徽合力股份有限公司的精心策划和周密安排下，圆满地完成了会议议程规定的所有内容，获得了与会代表的高度赞扬。另外，在SC5会议上，赵春晖女士代表中国做了中国区域活动报告，介绍了中国团体标准T/CCMA 0099—2020《工业车辆　排气烟度　平衡重式叉车测量方法》以及强制性国家标准GB 20891—2014《非道路移动机械用柴油机排气污染物排放限值及测量方法（中国第三、四阶段）》修改单（二次征求意见稿）的相关情况。

4.ISO/TC110/SC5主席续任情况

自2018年1月1日起，中国正式承担了ISO/TC110/SC5主席和秘书处工作，赵春晖女士担任ISO/TC110/SC5主席，任期为2018—2020年。2020年6月17日—7月17日，国际标准化组织工业车辆技术委员会（ISO/TC110）对下届SC5主席进行了委员会内部投票，一致通过赵春晖女

士继续担任 ISO/TC110/SC5 主席，任期为 2021—2023 年。

5. 中国标准英文版翻译工作

为支撑我国工业车辆产品、技术和服务走出去，推动我国工业车辆标准在国外的应用，加强国内外技术交流和合作，根据国家标准化管理委员会文件国标委发〔2019〕35 号"国家标准化管理委员会关于下达《防盗保险柜（箱）》等 513 项国家标准外文版计划的通知"的要求，以及"工业和信息化部办公厅关于 2019 年第四批行业标准制修订和外文版项目计划的通知"的要求，

工业车辆标委会组织开展了 GB/T 26950.2—2015《防爆工业车辆　第 2 部分：内燃工业车辆》（项目计划编号为 W20190804）和 JB/T 2391—2017《500kg ～ 10 000kg 乘驾式平衡重式叉车》（项目计划编号为 2019-W079-JB）英文版的翻译工作，2020 年 5 月 15 日完成了征求意见稿，2020 年 6 月 23 日组织召开了视频专家审查会。目前已完成上述两项标准英文版的报批。

〔供稿人：全国工业车辆标准化技术委员会秘书长赵春晖〕

中机科（北京）车辆检测工程研究院有限公司

中机科（北京）车辆检测工程研究院有限公司（原机械科学研究院工程机械军用改装车试验场）（简称中机检测）始建于 1976 年 7 月，是原机械工业部直属科研事业单位。1999 年 7 月，随机械科学研究总院转制为中央直属大型科技企业。2017 年 10 月完成了公司制改制工作，更名为中机科（北京）车辆检测工程研究院有限公司。中机检测是全国唯一专门从事各类工程机械、军用改装车、汽车、工业车辆、民航地面设备、专用机械、特种设备和环保机械等产品试验检测、科研开发和行业服务的大型第三方检验机构。中机检测检验资质齐全、资源配置完备、检测手段先进、管理体系健全、建设规模庞大。

中机检测是中机寰宇认证检验有限公司（简称中机认检）的子公司，中机认检目前有 6 家子公司及控股公司，为企业客户提供"产品认证 + 体系认证 + 试验检测"一体化服务，为政府决策提供专业化、定制化技术咨询，为企业提供试验检测、智能升级、管理提升等一站式服务。中机检测拥有 24 项国家市场监管总局、国家认监委、工业和信息化部、交通运输部、生态环境部等部委授权的检测资质；检测服务涵盖汽车整车及零部件、工程机械、特种设备、航空器地面服务设备及军

品等领域。

中机检测作为国家工程机械质检中心的挂靠单位，2020 年，国家工程机械质检中心特种设备事业部进行了 300 余台产品的型式试验，较高的行业增长速度促进了试验量的增加。

按试验类型统计，2020 年，叉车类产品试验检测共计 186 台次，占比为 57.0%。第三方委托性试验检测 99 台次，占比为 53.2%。用于招投标或企业设计验证的第三方委托检验量有明显增长，说明以验证和投标为目的的型式试验市场认可度有所提高。

按检测产品的类型统计，2020 年，平衡重式叉车 65 台，仓储式叉车 84 台，叉车零部件 37 项，占比分别为 34.9%、45.2% 和 19.9%。其中：内燃平衡重式叉车 29 台，蓄电池平衡重式叉车 36 台，前移式叉车 28 台，托盘堆垛车 48 台，侧面式叉车 1 台，插腿式叉车 5 台，三向堆垛车 2 台。仓储车随着市场认知度的提高，仍然为主要试验机型，符合总体行业产销量的发展趋势。

试验主要依据 TSG N0001—2017《场（厂）内专用机动车辆安全技术监察规程》技术规范和 JB/T 2391—2007 以及 GB/T 10827.1—2014 等标准进行。

从检测结果来看，产品的可靠性较前几年有明显提高，质量更加稳定。现阶段，主机选用的配件还存在质量不稳定、可靠性差、工艺制造和检测手段薄弱、技术研发能力不强等问题。配套件质量和可靠性差往往是造成主机整体质量及可靠性水平低，达不到规定要求的主要原因。我国叉车与国际品牌叉车的可靠性差距主要表现为早期故障率高、小毛病多、渗漏问题严重。不得不承认，国产叉车还存在一些质量问题。我国企业必须清醒地认清当前复杂严峻的外部环境和市场竞争的激烈程度，找出自身存在的问题，增强企业的抗风险能力。在战略上要居安思危，在战术上要苦练内功，提高行业核心竞争能力。

2021年对于我国叉车行业来说，竞争必将更加激烈，形势更加严峻，风险与机会并存，如何提升企业自身的运营能力，无论对叉车主机厂，还是对广大的叉车经销商，都是一个必须面对的课题，坚守产品本身的价值，持续完善产品、服务和品质，才能成为最后的赢家。

〔供稿单位：中机科（北京）车辆检测工程研究院有限公司〕

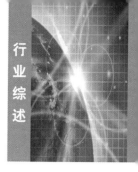

公布 2019—2020 年颁布的与工业车辆行业相关的法律、法规及国家标准和团体标准

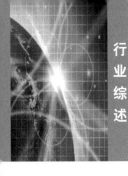

行业综述

市场情况

统计资料

企业概况

法律、法规与标准

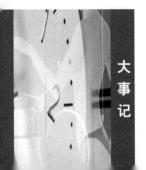

大事记

中国工业车辆年鉴 2019—2020

法律、法规与标准

2019—2020年国家颁布的与工业车辆相关的法律、法规和标准

工业车辆国内标准目录

2019—2020 年国家颁布的与工业车辆相关的法律、法规和标准

序号	标准名称	标准编号或文件编号	发布机构	发布时间	实施时间
1	特种设备生产和充装单位许可规则	TSG 07—2019	国家市场监督管理总局	2019-05-13	2019-06-01
2	特种设备无损检测人员考核规则	TSG Z8001—2019	国家市场监督管理总局	2019-05-27	2019-06-01
3	特种设备作业人员考核规则	TSG Z6001—2019	国家市场监督管理总局	2019-05-27	2019-06-01
4	关于加快推进非道路移动机械摸底调查和编码登记工作的通知	环办大气函〔2019〕655 号	生态环境部办公厅	2019-07-29	2019-07-29
5	非道路柴油移动机械污染物排放控制技术要求	HJ 1014—2020	生态环境部	2020-12-28	2020-12-28
6	北京市机动车和非道路移动机械排放污染防治条例	北京市人民代表大会公告第 2 号	北京市第十五届人民代表大会第三次会议主席团	2020-01-17	2020-05-01

〔供稿单位：中国工程机械工业协会工业车辆分会〕

工业车辆国内标准目录

序号	标准编号	标准名称	采标情况	代替标准
1	GB/T 5140—2005	叉车　挂钩型货叉　术语	ISO 2331:1974, IDT	GB/T 5140—1985
2	GB/T 5143—2008	工业车辆　护顶架　技术要求和试验方法	ISO 6055:2004, IDT	GB/T 5143—2001
3	GB/T 5182—2008	叉车　货叉　技术要求和试验方法	ISO 2330:2002, IDT	GB 5182—1996
4	GB/T 5183—2005	叉车　货叉　尺寸		GB/T 5183—1985
5	GB/T 5184—2016	叉车　挂钩型货叉和货叉架　安装尺寸	ISO 2328:2011, IDT	GB/T 5184—2008
6	GB/T 6104—2005	机动工业车辆　术语	ISO 5053:1987, IDT	GB/T 6104—1985
7	GB/T 6104.1—2018	工业车辆　术语和分类　第 1 部分：工业车辆类型	ISO 5053-1:2015, IDT	部分代替 GB/T 6104—2005
8	GB/T 7593—2008	机动工业车辆　驾驶员控制装置及其他显示装置用符号	ISO 3287:1999, IDT	GB/T 7593—1987
9	GB 10827.1—2014	工业车辆　安全要求和验证　第 1 部分：自行式工业车辆（除无人驾驶车辆、伸缩臂式叉车和载运车）	ISO 3691-1:2011,IDT	GB 10827—1999
10	GB 10827.5—2013	工业车辆　安全要求和验证　第 5 部分：步行式车辆	ISO 3691-5:2009, IDT	

（续）

序号	标准编号	标准名称	采标情况	代替标准
11	GB/T 14687—2011	工业脚轮和车轮		GB/T 14687—1993, GB/T 14688—1993
12	GB/T 17910—1999	工业车辆　叉车货叉在使用中的检查和修复	idt ISO 5057:1993	
13	GB/T 17938—1999	工业车辆　电动车辆牵引用铅酸蓄电池　优先选用的电压	idt ISO 1044:1993	
14	GB/T 18849—2011	机动工业车辆　制动器性能和零件强度	ISO 6292:2008, IDT	GB/T 18849—2002
15	GB/T 22417—2008	叉车　货叉叉套和伸缩式货叉技术性能和强度要求	ISO 13284:2003, IDT	
16	GB/T 22418—2008	工业车辆　车辆自动功能的附加要求	ISO 24134:2006, IDT	
17	GB/T 22419—2008	工业车辆　集装箱吊具和抓臂操作用指示灯技术要求	ISO 15871:2000, IDT	
18	GB/T 26560—2011	机动工业车辆　安全标志和危险图示通则	ISO 15870:2000, IDT	
19	GB/T 26562—2011	自行式坐驾工业车辆踏板的结构与布置　踏板的结构与布置原则	ISO 21281:2005, IDT	
20	GB/T 26945—2011	集装箱空箱堆高机		
21	GB/T 26946.2—2011	侧面式叉车　第 2 部分：搬运 6m 及其以上长度货运集装箱叉车的附加稳定性试验	ISO 13563-2:2001, IDT	
22	GB/T 26947—2011	手动托盘搬运车		
23	GB/T 26948.1—2011	工业车辆　驾驶员约束系统技术要求及试验方法　第 1 部分：腰部安全带	ISO 24135-1:2006, IDT	
24	GB/T 26949.1—2020	工业车辆　稳定性验证　第 1 部分：总则	ISO 22915-1:2016, IDT	GB/T 26949.1—2012
25	GB/T 26949.2—2013	工业车辆　稳定性验证　第 2 部分：平衡重式叉车	ISO 22915-2:2008, IDT	GB/T 5141—2005
26	GB/T 26949.3—2018	工业车辆　稳定性验证　第 3 部分：前移式和插腿式叉车	ISO 22915-3:2014, IDT	GB/T 26949.3—2013
27	GB/T 26949.4—2016	工业车辆　稳定性验证　第 4 部分：托盘堆垛车、双层堆垛车和操作者位置起升高度不大于 1 200mm 的拣选车	ISO 22915-4:2009, IDT	GB/T 21468—2008
28	GB/T 26949.5—2018	工业车辆　稳定性验证　第 5 部分：侧面式叉车（单侧）	ISO 22915-5:2014, IDT	GB/T 26946.1—2011
29	GB/T 26949.7—2016	工业车辆　稳定性验证　第 7 部分：两向和多向运行叉车	ISO 22915-7:2009, IDT	GB/T 22420—2008
30	GB/T 26949.8—2016	工业车辆　稳定性验证　第 8 部分：在门架前倾和载荷起升条件下堆垛作业的附加稳定性试验	ISO 22915-8:2008, IDT	GB/T 21467—2008
31	GB/T 26949.9—2018	工业车辆　稳定性验证　第 9 部分：搬运 6 m 及其以上长度货运集装箱的平衡重式叉车	ISO 22915-9:2014, IDT	GB/T 26561—2011
32	GB/T 26949.10—2011	工业车辆　稳定性验证　第 10 部分：在由动力装置侧移载荷条件下堆垛作业的附加稳定性试验	ISO 22915-10:2008, IDT	
33	GB/T 26949.11—2016	工业车辆　稳定性验证　第 11 部分：伸缩臂式叉车	ISO 22915-11:2011, IDT	
34	GB/T 26949.13—2017	工业车辆　稳定性验证　第 13 部分：带门架的越野型叉车	ISO 22915-13:2012 , IDT	

（续）

序号	标准编号	标准名称	采标情况	代替标准
35	GB/T 26949.14—2016	工业车辆　稳定性验证　第14部分：越野型伸缩臂式叉车	ISO 22915-14:2010, IDT	
36	GB/T26949.15—2017	工业车辆　稳定性验证　第15部分：带铰接转向的平衡重式叉车	ISO 22915-15:2013, IDT	
37	GB/T 26949.16—2018	工业车辆　稳定性验证　第16部分：步行式车辆	ISO 22915-16:2014, IDT	
38	GB/T 26949.20—2016	工业车辆　稳定性验证　第20部分：在载荷偏置条件下作业的附加稳定性试验	ISO 22915-20:2008, IDT	
39	GB/T 26949.21—2016	工业车辆　稳定性验证　第21部分：操作者位置起升高度大于1 200mm 的拣选车	ISO 22915-21:2009, IDT	
40	GB/T 26949.22—2019	工业车辆　稳定性验证　第22部分：操作者位置可或不可起升的三向堆垛式叉车	ISO 22915-22:2014, IDT	
41	GB/T 26950.1—2011	防爆工业车辆　第1部分：蓄电池工业车辆		
42	GB/T 26950.2—2015	防爆工业车辆　第2部分：内燃工业车辆		GB/T 27542—2011
43	GB/T 27542—2019	蓄电池托盘搬运车		
44	GB/T 27543—2011	手推升降平台搬运车		
45	GB/T 27544—2011	工业车辆　电气要求	ISO 20898:2008,I DT	
46	GB/T 27693—2011	工业车辆　安全　噪声辐射的测量方法	EN 12053—2001,IDT	
47	GB/T 27694—2011	工业车辆安全　振动的测量方法	EN 13059—2002,ID T	
48	GB/T 30031—2013	工业车辆　电磁兼容性	EN 12895:2000,IDT	
49	GB/T 32272.1—2015	机动工业车辆　验证视野的试验方法　第1部分：起重量不大于10t的坐驾式、站驾式车辆和伸缩臂式叉车	ISO 13564-1:2012, IDT	
50	GB/T 35205.1—2017	越野叉车　安全要求及验证　第1部分：伸缩臂式叉车	ISO 10896-1:2012, IDT	
51	GB/T 36507—2018	工业车辆　使用、操作与维护安全规范		
52	GB/T 38055.1—2019	越野叉车　对用户的要求　第1部分：通用要求	ISO 11525-1: 2012, IDT	
53	GB/T 38893—2020	工业车辆　安全监控管理系统		
54	JB/T 2391—2017	500kg ～ 10 000kg 乘驾式平衡重式叉车		JB/T 2390—2005, JB/T 2391—2007
55	JB/T 2785—2010	工矿内燃机车		JB/T 2785—1994, JB/T 3247—1991, JB/T 3248—1991, JB/T 6131—1992
56	JB/T 3244—2005	蓄电池前移式叉车		JB 3244—1999
57	JB/T 3299—2012	手动插腿式液压叉车		JB 3299—1999
58	JB/T 3300—2010	平衡重式叉车　整机试验方法		JB/T 3300—1992
59	JB/T 3340—2005	插腿式叉车		JB/T 3340—1999
60	JB/T 3341—2005	托盘堆垛车		JB/T 3341—1999

（续）

序号	标准编号	标准名称	采标情况	代替标准
61	JB/T 3811—2013	电动固定平台搬运车		JB/T 3811.1—1999，JB/T 3811.2—1999
62	JB/T 6127—2010	电动平车　技术条件		JB/T 6127—1992
63	JB/T 9012—2011	侧面式叉车		JB/T 9012—1999
64	JB/T 10750—2018	牵引车		JB/T 10750—2007，JB/T 10751—2007
65	JB/T 11037—2010	10 000kg～45 000kg 内燃平衡重式叉车　技术条件		
66	JB/T 11764—2018	内燃平衡重式叉车　能效限额		
67	JB/T 11840—2014	叉车侧移器		
68	JB/T 11988—2014	内燃平衡重式叉车　能效测试方法		
69	JB/T 12388—2015	自行轮胎式平板搬运车		
70	JB/T 12574—2015	叉车属具　术语		
71	JB/T 12575—2015	叉车属具　纸卷夹		
72	JB/T 13367—2018	叉车属具　倾翻架		
73	JB/T 13368—2018	叉车属具　软包夹		
74	JB/T 13692—2019	工业车辆　排气消声器		
75	JB/T 13693—2019	工业车辆　司机座椅		
76	JB/T 13694—2019	叉车属具　推拉器		
77	JB/T 13695—2019	工业车辆　制动器		
78	JB/T 13696—2019	无人驾驶工业车辆		

〔供稿单位：中国工程机械工业协会工业车辆分会〕

（续）

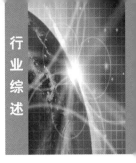

行业综述

市场情况

统计资料

中国工业车辆年鉴 2019—2020

大事记

记载 2019—2020 年工业车辆行业的重大事件

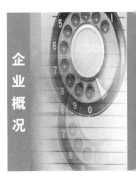

企业概况

法律、法规与标准

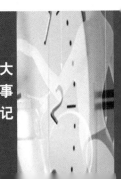

大事记

行业综述

市场情况

统计资料

2019 年
2020 年

企业概况

法律、法规与标准

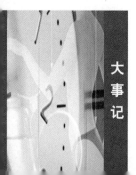

大事记

中国工业车辆年鉴 2019—2020

大事记

2019 年

1 月

1. 永恒力合力工业车辆租赁有限公司总部和上海子公司乔迁新址，新地址位于上海市普陀区绥德路 2 弄 12 号楼 1—2 层。

2. 诺力智能装备股份有限公司董事长丁毅入选科技部"创新人才推进计划科技创新创业人才"。

3. 韶关比亚迪实业有限公司参与的"磷酸铁锂动力电池制造及其应用过程关键技术"项目荣获国家科学技术进步奖二等奖。

4. 杭叉集团股份有限公司与宁德时代新能源科技股份有限公司联合开发了新型 XC 系列新能源叉车。

5. 德国前总统武尔夫到安徽叉车集团有限责任公司参观。

6. 国家标准《工业车辆 安全监控管理系统》启动会在郑州市成功召开，该标准由河南嘉晨智能控制股份有限公司牵头起草。

7. 林德（中国）叉车有限公司在第八届中国公益节上荣获"2018 年度责任品牌奖"。

8. 林德（中国）叉车有限公司荣膺"2018 年度京东物流最信赖伙伴奖"。

9. 诺力智能装备股份有限公司董事长丁毅入选"2018 年度十大风云浙商"。

10. 科朗叉车商贸（上海）有限公司苏州工厂正式将 WT 车型叉车投入生产线。

11. 广州佛朗斯股份有限公司举行叉车租赁规模突破 20 000 台庆祝仪式。

12. 龙合智能装备制造有限公司的"垛装物料装车托盘自动转换总集成换总承包系统解决方案"入选国家第二批"服务型制造示范项目"名单。

13. 安徽叉车集团有限责任公司高级技师黄彦军被命名为"江淮工匠"。

14. 安徽叉车集团有限责任公司员工董慧（2018 年全国劳动模范）荣获人力资源和社会保障部组织评选的第十四届"中华技能大奖"。

15. 安徽叉车集团有限责任公司青年员工刘飞荣获"全国青年岗位能手"称号。

16. 合肥和安机械制造有限公司电器车间 MES 系统正式上线。

2 月

1. 永恒力叉车（上海）有限公司的三款产品荣获 2019 年"IFOY 奖"提名。

2. 安徽省副省长何树山到安徽全柴动力股份有限公司调研。

3. 诺力智能装备股份有限公司入选"2018 年浙江省创新型领军企业"名单。

4. 龙工（上海）叉车有限公司被松江社会治安综合治理委员会评为"2018 年度松江区平安单位"。

5. LogiMAT2019 在德国斯图加特举办。

6. 科朗叉车商贸（上海）有限公司推出 Encore 新生代叉车，以及货架及仓库安全产品和相关解决方案。

7. 上海海斯特叉车制造有限公司发布三款 H2.0-3.5UT 系列内燃平衡重式叉车、五款 P 系列托盘搬运车及 S 系列堆高机三类电动仓储搬运车。

8. 爱尔兰商业部长到伟轮叉车（东莞）有限公司参观。

9. 淄博火炬能源有限责任公司获淄博市人民政府组织评定的"淄博市工业企业 50 强"称号。

10. 安徽叉车集团有限责任公司荣获"2018 年度全省信访工作责任目标考核优秀单位"称号。

3月

1. 杭叉集团股份有限公司东南亚公司开业庆典在泰国曼谷隆重举行。

2. 广州佛朗斯股份有限公司上海分公司荣获百世快运"最佳双赢合伙伙伴""2018—2019 年金芒奖"称号。

3. 安徽叉车集团有限责任公司成功获得"能源管理体系认证证书"。

4. 杭叉集团股份有限公司总工程师徐征宇获国务院政府特殊津贴。

5. 浙江中力机械股份有限公司的 WPL201（2t 锂电池搬运车）获得设计界奥斯卡"2019 IF 设计奖"。

6. 中国工程机械工业协会工业车辆分会统计工作会议在北京召开。

7. 浙江中力机械股份有限公司荣获中共安吉县委、安吉县人民政府评定的"2018 年度明星企业""企业规模晋级奖"。

8. 林德（中国）叉车有限公司荣获中国物流与采购联合会颁发的"物流技术装备推荐品牌奖"。

9. 淄博火炬能源有限责任公司再次被山东省科技厅认定为"高新技术企业"。

10. 施耐德电气中国区总裁尹正先生带队到诺力智能装备股份有限公司子公司无锡中鼎集成技术有限公司访问交流，并与无锡中鼎集成技术有限公司签订战略合作协议。

11. "2019 诺力智能装备股份有限公司新品发布会"在诺力智能装备股份有限公司四期工厂举行。会上发布了诺力智能装备股份有限公司的全系列锂电产品，并隆重推出了天罡家族的又一新成员——2.0t 步驾式智能锂电池搬运车"天罡 20"。

12. 安徽合力股份有限公司安庆车桥厂（2021年 7月 1日更名为"安庆合力车轿有限公司"）获得安庆市"金融守信企业"称号。

13. 卡斯卡特（河北）货叉有限公司获得"河北省工业企业研发机构证书"。

14. 上海施能电器设备有限公司成立外贸部，自主开拓海外市场。

15. 合肥和安机械制造有限公司电器车间荣获"全国巾帼文明岗"称号。

4月

1. 永恒力叉车（上海）有限公司荣获美团点评"优秀合作供应商"奖。

2. 科朗叉车商贸（上海）有限公司被《福布斯》杂志评为"2019 年最佳雇主"称号。

3. 中国工程机械工业协会工业车辆分会七届三次常务理事会议在安徽省全椒县召开。

4. 以"新变化、新挑战、新发展"为主题的中国工程机械工业协会五届四次理事会、会员代表大会在浙江省长兴县召开。

5. 永恒力叉车（上海）有限公司再次荣获"Beste Logistik Marke"最佳物流品牌奖。

6. 杭叉集团股份有限公司入选"中证浙江凤凰行动 50 指数"。

7. 中国电信在诺力智能装备股份有限公司智能工厂完成了 5G 通信系统核心装置的安装，该 5G 通信系统是浙江省首个工业用 5G 基站。

8. "长兴美国工业村"项目组成员美国驻沪总领事谭森先生、美国商会会长及商会会员单位代表到诺力智能装备股份有限公司参观交流。

9. "'长三角 G60 科创走廊'九城市媒体联合采访活动"在安徽省宣城市启动，中央及省（市）级的 60 名媒体记者走进益佳通产业园，对安徽益佳通电池有限公司进行了集中采访，深入了解公司的创新进展及融入"长三角 G60 科创走廊"的有关情况。

10. 柳州柳工叉车有限公司收购英国 CPMS 公司建立了首家国际直营公司。

11. 江苏万达特种轴承有限公司参加如皋市的"2019 年亿元以上工业项目集中签约"活动。

12. 上海施能电器设备有限公司被评为"上海市文明单位"。

13. 合肥长源液压股份有限公司连续两届荣获"国家（行业）标准制定有突出贡献单位"称号。

14. 安徽叉车集团有限责任公司的"基于操运会竞技平台的技能人才培养创新管理"荣获"2019年安徽省企业管理现代化创新成果二等奖"。

15. 安徽叉车集团有限责任公司的信访工作获得安徽省国资委的表彰。

16. 合肥宝发动力技术股份有限公司在安徽省股权交易中心科创板精选层挂牌成功。

17. 合肥和安机械制造有限公司电器生产线荣获2018年度安徽省"工人先锋号"称号。

5月

1. 广州佛朗斯股份有限公司子公司广州鹏泽机械设备有限公司荣获三菱物捷士TCM品牌的杰出贡献奖、销售冠军奖和零件贡献奖三大荣誉奖项。

2. 福建省政协副主席、省工商联主席王光远到龙合智能装备制造有限公司调研。

3. 广西柳工集团有限公司董事长曾光安获评"全国机械工业企业经营管理大师"称号。

4. 韶关比亚迪实业有限公司荣获"智慧物流服务品牌企业"称号。

5. 上海海斯特叉车制造有限公司受第三届物流嘉年华主办单位邀请主办了"海斯特"杯叉车技能大赛。

6. 斗山叉车（中国）有限公司的"北斗"系列平衡重式内燃车新品上市。

7. 凡己科技（苏州）有限公司的"FJD1系列高效交流控制器和智能网联仪表组件"荣获"中国工业车辆创新奖"（CITIA）（零部件类 管理和服务类）金奖。

8. 第四届"林德杯"叉车职业技能大赛中国站总决赛成功举办。

9. 安徽合力股份有限公司在泰国成立合力东南亚有限公司。

10. 安徽全柴动力股份有限公司成立海外市场部，董事长谢力一行到东南亚考察。

11. 淄博火炬能源有限责任公司的全国首条牵引电池铸焊线投入使用。

12. 安徽省委副书记、省长李国英到安徽叉车集团有限责任公司调研。

13. 中央纪委常委、国家监委委员，中央纪委国家监委驻国资委纪检监察组组长陈超英到安徽叉车集团有限责任公司调研。

6月

1. 安徽理士电源技术有限公司被授予"2018年度淮北市民营企业五十强""2018年度淮北市民营企业纳税十强"等荣誉称号。

2. 杭叉集团股份有限公司与浙江电信、浙江大学控制学院在杭叉工业园举行"5G智能控制创新实验室"签约仪式。

3. 上海海斯特叉车制造有限公司的"HXT内燃叉车"荣获"中国绿色仓储配送技术设备创新奖"。

4. 安徽叉车集团有限责任公司党委书记、董事长张德进荣获"全国机械工业企业经营管理大师"称号。

5. 安徽叉车集团有限责任公司荣获国资委评选的"2018中央企业熠星创新创意大赛优秀奖"。

6.《特种设备生产和充装单位许可规则》宣传贯彻会在北京起重运输机械设计研究院有限公司召开。

7. 广州佛朗斯股份有限公司上海分公司荣获京东物流华中区"6.18优秀供应商"奖项。

8. 永恒力叉车（上海）有限公司的ETV 216i在奥地利维也纳市荣获"IFOY奖"。

9. 安徽全柴动力股份有限公司荣获"全国机械工业先进集体"称号。

10. 林德（中国）叉车有限公司荣获"德邦快递2019年供应商大会卓越品质奖"。

11. 韶关比亚迪实业有限公司荣获中国交通运输协会颁发的2019年中国物流技术装备"金智奖"。

12. 丰田产业车辆（上海）有限公司携2.5t燃料电池叉车参加"2019国际储能和氢能及燃料电池工程技术大会暨展览会"。

13. 宁波如意股份有限公司名誉董事长储吉旺第10次赴北京大学演讲，在北京大学经济学院主办的经济史学名家系列讲座中演讲了《储吉旺：企业家，商人和政府官员》。

14. 宁波如意股份有限公司的"慈善一日捐"活动点燃了爱心火焰，共捐款458万元助力慈善事业。

15. 江苏万达特种轴承有限公司的"新型双列六点接触球滚轮"项目通过中国轴承工业协会的科技成果鉴定。

16. 江苏万达特种轴承有限公司被工业和信息化部认定为第一批专精特新"小巨人"企业。

17. 浙江中力机械股份有限公司发布"手搬终结者"金刚153并顺利举办出征仪式。

18. 淄博火炬能源有限责任公司外贸型特种电池产品亮相泰国国防展。

19. 淄博火炬能源有限责任公司蓝海系列高端电池批量投放市场。

20. 安徽叉车集团有限责任公司领导班子获2018年度安徽省委考核"好"等次，张德进同志记三等功。

21. 龙合智能装备制造有限公司董事长杨静荣获"龙岩市十佳青年企业家"称号。

22. 龙合智能装备制造有限公司被工业和信息化部认定为第一批专精特新"小巨人"企业。

7月

1. 安徽理士电源技术有限公司荣获"蓄电池行业五大民族品牌"奖。

2. 韶关比亚迪实业有限公司的CPD50电动平衡重式叉车荣获"2019年度智慧物流装备创新应用优秀案例"奖。

3. 广西柳工集团有限公司董事长曾光安当选APEC中国工商理事会理事。

4. 林德（中国）叉车有限公司荣获服装物流行业"优秀技术装备供应商"奖。

5. 永恒力叉车（上海）有限公司荣获MH&L全球十大叉车制造商排行榜第三名。

6. 安徽全柴动力股份有限公司荣获"2018年中国机械工业百强企业"称号。

7. 诺力智能装备股份有限公司四期工厂运用5G技术提高生产效率与产能案例在中央电视台《新闻联播》"坚持高质量发展　中国坚定前行"中报道。

8. 柳州柳工叉车有限公司荣获"全国模范劳动关系和谐企业""全国机械工业先进集体"称号。

9. 丰田产业车辆（上海）有限公司分别在华南、华北举办客户交流会，激光导引AGV产品及MIRI新产品首次亮相。

10. "丰田产业车辆（第二届）全国技能大赛"成功举办。

11. 宁波如意股份有限公司名誉董事长储吉旺被评为"全国模范退役军人"、浙江省"十大优秀退役军人"，在浙江省人民大会堂受到浙江省委书记车俊、省长袁家军等省领导的接见，并与领导人合影。

12. 江苏万达特种轴承有限公司被江苏省知识产权局评为江苏省知识产权管理贯标优秀企业。

13. 龙合智能装备制造有限公司荣获"福建省质量管理优秀单位（2019—2020年）"称号。

14. 台励福机器设备(青岛)有限公司冠名的"幸福号"高铁首发。

15. 由人力资源和社会保障部、中华全国总工会、中国企业联合会/中国企业家协会、中华全国工商业联合会共同组织的"全国构建和谐劳动关系先进表彰暨经验交流会"在京召开，宁波如意股份有限公司获评"全国模范劳动关系和谐企业"称号。

8 月

1. 全国工业车辆标准化技术委员会举办的《特种设备生产和充装单位许可规则》《500kg～10 000kg 乘驾式平衡重式叉车》等标准宣传贯彻会在安徽省合肥市召开。

2. 山东圣阳电源股份有限公司被工业和信息化部授予第四批"绿色工厂"称号。

3. 合肥宝发动力技术有限公司获得"中国工程机械零部件品牌前 100 强""中国工程机械专业化制造商前 50 强"荣誉称号。

4. 广州佛朗斯股份有限公司董事长侯泽宽先生荣获由中国建设银行科技金融创新中心、南方报业传媒集团联合主办的"榜样的力量——2018'FIT 粤'科创先锋大赛"颁发的"创新工匠奖"。

5. 广州佛朗斯股份有限公司获 2 000 台叉车菜单式维修服务订单。

6. 淄博火炬能源有限责任公司的"运用酸循环新技术与质量技术工具相结合提高产品一致性"项目获得第四届全国质量创新大赛的"QIC-IV 技术成果"奖。

7. 江苏华骋科技有限公司获得"中国农业机械零部件龙头企业"荣誉称号。

8. 由长三角 G60 科创走廊联席会议办公室和湖州市人民政府联合主办的"长三角 G60 科创走廊智能装备产业联盟成立大会"在浙江省湖州市举行。会议确定了诺力智能装备股份有限公司为理事长单位。诺力智能装备股份有限公司院士专家工作站签约院士谭建荣、研究院副院长刘杰当选为该联盟的专家委员会成员。

9. 美国权威物料搬运领域杂志《MMH》公布的"2018 年度全球 20 强叉车供应商"排行榜显示，

浙江中力机械股份有限公司成为全球前 20 强中叉车销售额增长第一的供应商。

10. 浙江中力机械股份有限公司电动叉车新生产线正式落成开工。

11. 由中国工程机械工业协会工业车辆分会指导，《起重运输机械》杂志举办的第五届"中国工业车辆创新奖（零部件、管理和服务类）"评选活动在北京举行。

12. 安徽省总工会授予合肥和安机械制造有限公司"安徽省职工职业道德建设标兵单位"荣誉称号，并在《安徽工人日报》上专题宣传。

9 月

1. 中国工程机械工业协会主办的第十五届中国（北京）国际工程机械、建材机械及矿山机械展览与技术交流会隆重召开。中国机械联合会王瑞祥会长出席开幕式。本届展会，各参展单位共有万余种高技术和高可靠产品充分展示，其中一大批数字、智能、绿色、轻量、成套和人性化服务等新产品集中亮相，一批产品和技术在国内或全球首次发布。同期举办第二届"一带一路"工程机械国际合作论坛、第二届中非工程机械合作发展论坛及《中国工程机械工业年鉴 2019》新书发布式。

2. 科朗叉车商贸（上海）有限公司连续三年被美国《食品物流》杂志评为"领先绿色供应商"。

3. 浙江省委常委、组织部长黄建发到杭叉集团股份有限公司调研。

4. 诺力智能装备股份有限公司子公司无锡中鼎集成技术有限公司荣获"中国电子商务物流优秀设备供应商"称号。

5. 由美国工业车辆协会（ITA）主办的第 22 届世界工业车辆联盟会议在美国圣地亚哥举行。

6. 全国工业车辆标准化技术委员会举办的两项团体标准《工业车辆　非车载传导式充电机》和《工

业车辆用锂离子电池及其系统》初稿讨论会在广东省韶关市召开。

7. 诺力智能装备股份有限公司董事长丁毅荣获"2019 湖州人大会银杏奖"。

8. 诺力智能装备股份有限公司入选工业和信息化部公布的第四批"国家绿色供应链管理示范企业"名单。

9. 诺力智能装备股份有限公司董事长丁毅荣获中国工程机械工业协会颁发的"庆祝新中国成立70 周年工程机械行业突出贡献人物"奖；诺力智能装备股份有限公司荣获"庆祝新中国成立70 周年工程机械行业影响力企业"称号；诺力智能装备股份有限公司"胜诉手动液压搬运车欧盟反倾销案"荣获"庆祝新中国成立70 周年工程机械行业典型事件"；"基于智能控制的四向堆高车"荣获"庆祝新中国成立70 周年工程机械行业杰出产品"。

10. 丰田产业车辆（上海）有限公司的9FBM 大吨位电动平衡重式叉车在全球上线发布，并荣获"2019 年度物流行业经典产品奖"。

11. 丰田产业车辆（上海）有限公司被评选为"2019 年中国物流知名品牌'叉车'"。

12. 宁波如意股份有限公司储吉旺报告厅启用仪式在北京大学经济学院隆重举行，大会还隆重举行了储吉旺奖教奖学金捐赠仪式，用于支持学科发展。同时，北京大学经济学院正式将报告厅冠名"储吉旺报告厅"。

13. 宁波如意股份有限公司冠名的"2019 年浙江省职工'如意·西林杯'叉车司机职业技能竞赛"在浙江省宁波市宁海县隆重举行。

14. 江苏华骋科技有限公司被评为"江苏省四星级上云企业"。

15. 江苏华骋科技有限公司与江苏大学共建泰州市新能源汽车电子重点实验室。

16. 龙合智能装备制造有限公司成功申报并被评为"福建省新型研发机构"。

17. 合肥宝发动力技术股份有限公司获评"中国工程机械零部件品牌前100 强"。

10 月

1. 安徽叉车集团有限责任公司会同中国移动、华为公司开展联合协同创新，制造出国内首款5G 无人驾驶 AGV 叉车。

2. 在工业和信息化部指导、中国信息通信研究院、IMT-2020（5G）推进组及中国通信标准化协会联合举办的第二届"绽放杯"5G 应用征集大赛上，杭叉集团股份有限公司的"5G 无人驾驶叉车项目"喜获二等奖，并获得"最佳人气奖"。

3. 中国工程机械工业协会工业车辆分会第七届三次会员代表大会暨2019 年年会在河北省唐山市隆重召开。

4. 昆明云内动力股份有限公司获得"2019 年全国质量标杆"荣誉。

5. 诺力智能装备股份有限公司获授"2019 年浙江本土民营企业跨国经营30 强"。

6. 全国工业车辆标准化技术委员会组织举办的国家标准《工业车辆　安全监控管理系统》（送审稿）定稿会在上海成功召开。

7. 安徽全柴动力股份有限公司荣获2018 年度"安徽创新企业100 强"。

8. 柳州柳工叉车有限公司荣获"2019 年度劳动关系和谐企业""2019 年度中国工业车辆用户品牌关注度十强企业"称号。

9. 凯傲宝骊（江苏）叉车有限公司首次携手集团旗下兄弟品牌林德和德马泰克，共同亮相亚洲国际物流技术与运输系统展览会（CeMAT ASIA）。

10. 上海海斯特叉车制造有限公司受邀参加"2019 中国国际造纸科技展览会及会议"，并在会上介绍了海斯特叉车在造纸业的优秀应用案例。

11. 宁波如意股份有限公司名誉董事长储吉旺荣获第六届"浙江慈善奖"。

12.安徽合力股份有限公司安庆车桥厂（2021年7月1日更名为"安庆合力车轿有限公司"）被安徽省人力资源保障厅认定为"2019年安徽省劳动保障诚信示范单位"。

13.靠普－东方（厦门）叉车属具有限公司参加"2019第20届亚洲国际物流技术与运输系统展览会（CeMAT ASIA），携带的产品有双托盘叉、推拉器、前伸叉和纸箱夹等。

14.龙合智能装备制造有限公司成功申报并被评为"福建省制造业单项冠军企业（产品）"。

15.龙合智能装备制造有限公司荣获福建省"循环经济示范试点单位"称号。

11月

1.诺力智能装备股份有限公司四期工厂——智能化节能型电动叉车智能工厂被评为"2019年浙江省智能工厂"。

2.诺力智能装备股份有限公司成功申报并被评为"制造业单项冠军示范企业"。

3.韶关比亚迪实业有限公司叉车在全国汽车物流行业年会上荣获"2019年度汽车物流行业优秀技术装备供应商"称号。

4.林德（中国）叉车有限公司在全国汽车物流行业年会上荣获"汽车物流行业优秀技术装备供应商（2019年度）"奖。

5.林德（中国）叉车有限公司在中国财经峰会冬季论坛暨全球新商业大会上荣获"2019年度企业社会责任奖"。

6.浙江中力机械股份有限公司承办的"第三届全国工业车辆标准化技术委员会三届二次扩大会议在湖州市安吉县隆重召开。

7.上海海斯特叉车制造有限公司在中国率先发布由中国研发团队为主导，协同海斯特美国全球研发中心、海斯特欧洲研发中心共同打造的J1.5-3.5UT系列电动叉车。

8.上海海斯特叉车制造有限公司总裁Colin Wilson率领众人以敲响纽约证券交易所的开市钟声的形式，庆祝海斯特成立90周年，美国耶鲁物料搬运设备公司成立100周年，以及Hyster-Yale集团成立30周年。

9.江苏万达特种轴承有限公司新厂区"精密特种轴承生产项目"地块成功摘牌并完成交地手续。

10.浙江中力机械股份有限公司的"RPL201（2t踏板式搬运车）"荣获"2019年度物流行业经典产品"奖。

11.浙江中力机械股份有限公司举办了"第三届'中力杯'叉车行业骑行越野大赛"。

12.浙江中力机械股份有限公司在"第四届双11"活动中销售量突破3万台。

13.合肥长源液压股份有限公司通过工业和信息化部"制造业单项冠军培育企业"复核。

14.林德（中国）叉车有限公司荣获"2019年度企业社会责任奖"。

12月

1.河南嘉晨智能控制股份有限公司荣获"2019全国电子信息行业优秀企业"称号。

2.林德（中国）叉车有限公司荣获2019中国化工物流行业"金罐奖"——最佳车辆品牌奖。

3.浙江中力机械股份有限公司荣获2019中国化工物流行业"金罐奖"——最佳车辆品牌奖。

4.安徽叉车集团有限责任公司董事会秘书张孟青荣获"'金质量'优秀董秘奖"。

5.诺力智能装备股份有限公司再登"国"字号榜单，连获"国家知识产权示范企业"和浙江省专利金奖殊荣。

6.杭叉集团股份有限公司喜获"2019浙江省装备制造行业数字化领军企业奖"。

7. 中国工程机械工业协会承担的标准技术管理专项"中国－巴西工程机械标准比对及中国标准应用和推广研究"项目通过国家市场监督管理总局标准技术管理司的验收。

8. 中国工程机械工业协会工业车辆分会秘书长张洁应江苏省泰兴市政府和泰兴市叉车协会、商会的邀请，前往泰兴到多家叉车制造企业进行调研。

9. 安徽省委常委、常务副省长邓向阳到安徽全柴动力股份有限公司调研。

10. 上海海斯特叉车制造有限公司叉车入选"2019 年物流技术装备十大品牌"榜单。

11. 诺力智能装备股份有限公司与上海交通大学联合开发的"无人驾驶工业车辆关键技术及应用"项目获得教育部颁发的"2019 年度高等学校科学研究优秀成果奖－技术发明奖二等奖"称号。

12. 诺力智能装备股份有限公司顺利取得工业和信息化部颁发的"两化融合管理体系评定证书"。

13. 科朗叉车商贸（上海）有限公司推出了 C-Dx 系列内燃叉车并进一步完善产品线。

14. 韶关比亚迪实业有限公司荣获"2019 年度智慧物流最佳智能装备服务品牌"称号。

15. 上海海斯特叉车制造有限公司获得"2019 年度中国工业车辆用户品牌关注度十强企业"称号。

16. 浙江省副省长高兴夫到杭叉集团股份有限公司调研。

17. 江苏万达特种轴承有限公司的"江苏省技术中心"通过了江苏省工业和信息化厅的复评认定。

18. 江苏万达特种轴承有限公司通过了环境管理体系年度复审和质量管理体系年度监督审核。

19. 浙江中力机械股份有限公司的产品销售量较上年增长突破 25%。

20. 江苏华骋科技有限公司被评为"江苏省质量强省突出贡献单位""江苏省工业设计中心"。

21. 龙合智能装备制造有限公司被评为"2018—2019 年守合同重信用企业"。

2020 年

1 月

1. 烟台金潮宇科蓄电池有限公司荣获"2019 年度国家级知识产权优势企业"称号。

2. 诺力智能装备股份有限公司董事长丁毅荣登"2019 年度湖州市慈善排行榜"。

3. 中国工程机械工业协会在河北省石家庄市组织召开了年度分支机构工作会议。

4. 凯傲集团向凯傲宝骊（江苏）叉车有限公司增资 3 000 万美元，加大对靖江工厂的投资建设，向其植入更多凯傲元素。

5. 杭叉集团股份有限公司的"电动车辆装配工艺效能创新工作室"被浙江省总工会、浙江省科学技术厅授予"浙江省高技能人才（劳模）创新工作室"称号。

6. 江苏华骋科技有限公司被评为"2019 年度江苏省服务型制造示范企业"，汽车电子 SMT 车间被评为"泰州市智能车间"。

7. 靠普－东方（厦门）叉车属具有限公司成功生产首台 25t 旋转器。

8.中国工程院苏万华院士到安徽全柴动力股份有限公司调研。

9.合肥和安机械制造有限公司被评为"2019年安徽省制造业与互联网融合发展试点企业"。

2月

1.上海海斯特叉车制造有限公司的叉车追踪器荣获物料搬运产品新闻（MHPN）授予的"2019年度读者选择产品"奖。

2.耶鲁（Yale）自动前移式叉车荣获物料搬运产品新闻（MHPN）授予的"2019年度读者选择产品"奖。

3.浙江省政协副主席郑继伟到诺力智能装备股份有限公司调研。

4.诺力智能装备股份有限公司的"天罡系列PSE12N堆高车产品"荣获汉诺威工业设计论坛的"IF设计奖"。

5.江苏万达特种轴承有限公司的轴承生产项目开工仪式在江苏省如皋市城东工业区万达轴承新厂隆重举行。

6.永恒力叉车（上海）有限公司的ERC 216zi锂电池堆垛车荣获汉诺威工业设计论坛的"IF设计奖"。

3月

1.诺力智能装备股份有限公司上榜工业和信息化"制造业单项冠军企业""浙江省隐形冠军企业"。

2.浙江省政协主席、党组书记葛慧君到诺力智能装备股份有限公司视察。

3.潍柴动力股份有限公司20 000台产能的氢燃料电池发动机工厂正式投产。

4.龙工（上海）叉车有限公司被中共上海市松江区委政法委员会命名为"2019年度平安单位"。

5.上海海斯特叉车制造有限公司搭载最新款驾驶舱和操控系统的H8‑18XD（8～18t）系列

重型叉车正式发布。

6.淄博火炬能源有限责任公司成功申报"淄博市阻尼及辐射防护材料工程实验室"。

7.安徽叉车集团有限责任公司携叉车首次亮相"2020美国亚特兰大物流装备系统（MODEX）展会"。

8.安徽省委副书记、省长李国英到安徽叉车集团有限责任公司调研考察生产经营情况。

4月

1.河南省长尹弘到河南嘉晨智能控制股份有限公司调研。

2.安徽省政协主席张昌尔到安徽叉车集团有限责任公司调研。

3.安徽省副省长何树山到安徽叉车集团有限责任公司开展5G应用场景调研。

4.杭叉集团股份有限公司被推荐为"推进新时代浙江产业工人队伍建设改革非公企业试点单位"。

5.江苏万达特种轴承有限公司主导起草的JB/T 7360—2019《动轴承　叉车门架用滚轮、链轮轴承　技术条件》正式发布实施。

6.永恒力叉车（上海）有限公司连续四次荣获德国商业杂志 *Logistik Heute* 举办的"Beste Logistik Marke"最佳物流品牌奖。

5月

1.卓一电动叉车有限公司荣获2019年度"国家知识产权优势企业"荣誉称号。

2.浙江省副省长高兴夫到诺力智能装备股份有限公司调研。

3.安徽叉车集团有限责任公司荣获第11届中国上市公司投资者关系天马奖"最佳投资者关系奖""主板最佳新媒体运营奖"。董事会秘书张孟青荣获"主板最佳董秘奖"。

4. 杭叉集团股份有限公司喜获 e-works 数字化企业网颁发的"2020 中国标杆智能工厂"荣誉。

5. 安徽叉车集团有限责任公司喜获 e-works 数字化企业网颁发的"2019 年度中国工业互联网杰出应用奖""2020 中国标杆智能工厂"两项荣誉。

6. 科朗叉车商贸（上海）有限公司推出了 V-Force 系列锂电池储能系统，同期还推出了 SHC 系列步行式平衡重式叉车。

7. 上海海斯特叉车制造有限公司的 H9XM-EC7（9t）空箱堆高机上线。

8. 上海海斯特叉车制造有限公司进口的 J4.0-5.5XN6 电动平衡重式叉车正式登陆中国市场。

9. 林德（中国）叉车有限公司与中国电信厦门分公司签订战略合作协议。

10. 江苏万达特种轴承有限公司成功研发"新型精密三圈特种轴承"。

11. 江苏华骋科技有限公司的新能源车辆电源产品生产车间建成并投入使用。

12. 龙合智能装备制造有限公司与龙岩学校共建的"福建省焊接质量智能评估重点实验室"被认定为"福建省企业重点实验室"。

6 月

1. 云南省副省长董华到昆明云内动力股份有限公司调研。

2. 杭叉集团股份有限公司获得符合 2006/42/EC 欧盟机械指令和 ISO3691-4：2020 最新国际标准的无人驾驶工业车辆 CE 证书。

3. 科朗叉车商贸（上海）有限公司推出 D4 扶手作为科朗 C-5 系列、FC 系列和 SC 系列坐式平衡叉车的选件。

4. 上海海斯特叉车制造有限公司的 J1.6-2.0UTT 系列三支点电动平衡重式叉车正式上市。

5. 凡己科技（苏州）有限公司被评为"2020 年度苏州工业园区企业上市苗圃工程"重点企业。

6. 杭叉集团股份有限公司深入实施智能制造、引领行业发展的典型案例被中央综合频道和国际频道报道。

7. 江苏华骋科技有限公司"基于纯电动汽车多功能电源转换器"产品被列入"江苏省重点推广应用的新技术新产品目录"。

8. 中联重科安徽工业车辆有限公司承接的"中联工程起重机白俄罗斯工厂装配车间的 AGV 智能物流项目"成功落地。

9. 安徽叉车集团有限责任公司首创的增程式超级电容混动堆高机在珠海交付用户。

7 月

1. 杭叉集团股份有限公司建成国内领先的 2、3 类车辆试验场。

2. 林德（中国）叉车有限公司承担的中国首个工业车辆国际标准 ISO 21262：2020《工业车辆——使用、操作与维护安全规范》正式发布。

3. 康明斯（中国）投资有限公司荣获"2020 中国大学生喜爱雇主"称号。

4. 诺力智能装备股份有限公司的"工业车辆自动控制技术及其应用"项目荣获浙江省科技厅颁发的"2019 年度浙江省科学技术奖—技术发明奖二等奖"。

5. 凯傲宝骊（江苏）叉车有限公司的质量文化提升项目——"'骊'精图'质'搬天下"工厂正式启动。

6. 由杭叉集团股份有限公司投资的杭叉集团（天津）叉车销售有限公司、杭叉集团（天津）租赁有限公司先后在天津自贸试验区注册成立，标志着杭叉集团北方运营中心项目正式落户天津。

7. 江苏万达特种轴承有限公司通过了计量管理体系评审，获得"质量保证确认证书"。

8. 永恒力叉车（上海）有限公司的"ETV 216i 前移式叉车"被 MM（*MaschinenMarkt*）杂志授予材料运输类"最佳工业奖"。

9. 淄博火炬能源有限责任公司的"涤纶排管在管式电池中性能衰减研究"等 4 个项目荣获山东省机械工业科学技术协会颁发的"2020 年山东省机械工业科学技术奖"一等奖、二等奖、三等奖。

10. 安徽叉车集团有限责任公司青年员工储继龙荣获第 20 届"全国青年岗位能手"称号。

11. 上海施能电器设备有限公司荣获"上海市守合同重信用 AAA 级企业"称号。

12. 上海施能电器设备有限公司的叉车锂电池充电机销售量突破万台。

13. 合肥和安机械制造有限公司的"工程车辆零部件智能制造工厂"符合 CNAS 实验室认证标准，被认定为"合肥市智能工厂"。合肥和安机械制造有限公司获得"合肥市和谐劳动关系示范企业"称号。

8 月

1. 诺力智能装备股份有限公司的专利"一种工业车辆升降机构的控制装置及控制方法"获得由中国国家知识产权局和世界知识产权组织授予的"第 21 届中国专利优秀奖"。

2. 全国政协副主席万钢到潍柴动力股份有限公司调研。

3. 浙江中力机械股份有限公司被评为"2020 年度湖州市第一批'四星级绿色工厂'企业"。

4. 龙工（上海）叉车有限公司被上海市松江区经济委员会认定为"松江区企业技术中心"。

5. 科朗设备公司在全球纪念科朗设备公司成立 75 周年。

6. 斗山叉车（中国）有限公司的 BNS 系列电动平衡重式叉车上市。

7. 丰田产业车辆（上海）有限公司被评选为"2020 年度中国物流知名品牌"。

8. 杭叉集团股份有限公司投资 2 000 万元，在天津自贸试验区成立了集研发、制造、销售于一体的全资子公司 —— 杭叉集团（天津）新能源叉车有限公司。

9. 安徽全柴动力股份有限公司获得安徽省人民政府颁发的"第五届安徽省人民政府质量奖"。

10. 龙合智能装备制造有限公司荣获"2020 年福建省绿色工厂"称号。

11. 淄博火炬能源有限责任公司的"低温型动力电池技术"等两项成果通过了中国船舶集团有限公司科技部组织的科技成果鉴定，产品主要技术指标达到国际先进水平。

12. 安徽叉车集团有限责任公司的"前移式叉车关键技术开发与应用"项目喜获"安徽省科学技术进步奖三等奖"。

13. 台励福机器设备（青岛）有限公司正式成为丰田自动织机株式会社 100% 的子公司，推出了五周年纪念车型。

14. 安徽叉车集团有限责任公司在第 14 届中国上市公司价值评选中荣获"主板上市公司价值 100 强"称号。

15. 杭叉集团股份有限公司在第 14 届中国上市公司价值评选中荣获"主板上市公司价值 100 强"称号。

9 月

1. 浙江中力机械股份有限公司入选 2020 年浙江省 AAA 级"守合同重信用"企业。

2. 安徽叉车集团有限责任公司被上海证券交易所评为信息披露"A"等级。

3. 安徽梯易优叉车有限公司获评"合肥市和谐劳动关系单位"称号。

4. 河南嘉晨智能控制股份有限公司被授予"全国工业车辆标准化技术委员会电气工作组组长单位"。

5. 中国工程机械工业协会工业车辆分会举办的首届"中国叉车安全日"启动仪式在江苏省苏州市举行。

6. 中国工程机械工业协会工业车辆分会七届四次会员代表大会暨 2020 年年会在江苏省苏州市召开。

7. 广州佛朗斯股份有限公司荣获广州市番禺区"大龙街五星级企业"称号。

8. 河南嘉晨智能控制股份有限公司荣获郑州市政府"亩均论英雄"制造业 A 类规模以上企业。

9. 龙合智能装备制造有限公司的"终端物料智能无人装车设备及系统解决方案"顺利入选"2020省级智能制造重点项目"。

10. 凯傲宝骊（江苏）叉车有限公司的仓储车荣登英国权威物流电子杂志 HSS。

11. 江苏万达特种轴承有限公司通过了江苏省南通市的信用管理示范企业复核验收。

12. 康明斯（中国）投资有限公司携手中通快递在上海联合发布"高效清洁能源物流动力解决方案"，推出了 12N 和 15N 两款不同排量的产品。

13. 江苏华骋科技有限公司的软件"HC 国四组合仪表监控软件 V6.0"被列入"2020 年江苏省重点领域首版次软件产品应用推广指导目录"。

14. 淄博火炬能源有限责任公司的"华龙一号核级铅酸蓄电池"通过由中国机械工业联合会组织的科学技术成果鉴定。

15. 合肥和安机械制造有限公司荣获"《工业车辆排气消声器及司机座椅行业标准》起草证书"。

10 月

1. 林德（中国）叉车有限公司的 H20-H35 系列内燃平衡重式叉车被 Logistra 杂志评为"2020年最佳实践创新"。

2. 杭叉集团股份有限公司在第十五届中国上市公司竞争力公信力调查评选中荣膺"最佳持续投资价值上市公司"。

3. 由全国工业车辆标准化技术委员会主办，河南嘉晨智能控制股份有限公司承办的国标"GB/T 38893—2020《工业车辆　安全监控管理系统》和团体标准 T/CCMA 0070—2019《电动工业车辆非车载传导式充电机与电池管理系统之间的通信协议》标准宣传贯彻会在郑州召开。

4. 诺力智能装备股份有限公司的"全领域智能物流服务先行者"入选《浙商》杂志发布的"2020浙江民营上市企业高质量发展创新案例"。

5. 诺力智能装备股份有限公司的"天罡"电动搬运车""锂电池前移式叉车"荣获中国美术学院颁发的"中国设计智造大奖佳作奖"，"锂电池前移式叉车"获得设计创投榜第四名。

6. 诺力智能装备股份有限公司的"FEXP 型电动叉车"入选第五批国家绿色设计产品名单。

7. "丰田产业车辆（第三届）全国技能大赛"顺利举办。

8. 宁波如意股份有限公司冠名的"'如意西林'杯长三角城市叉车司机职业技能竞赛"在浙江省宁波市宁海县隆重举行。

9. 浙江中力机械股份有限公司安吉工厂开工建设。

10. 河南嘉晨智能控制股份有限公司的"电动工程车工业互联网平台"被评为"2020 年河南省工信厅工业互联网培育平台"。

11. 安徽省副省长何树山到安徽全柴动力股份有限公司调研。

12. 安徽叉车集团有限责任公司班组长斩获"红旗杯"首届全国班组长管理技能大赛多项大奖。

13.2020 年国际标准化组织工业车辆可持续性分技术委员会（ISO/TC110/SC5）国际会议顺利召开，安徽叉车集团有限责任公司作为 SC5 秘书处单位，筹备并主持了本次会议。

11 月

1. 浙江省长郑栅洁到诺力智能装备股份有限公司调研。

2. 永恒力叉车（上海）有限公司荣获 EcoVadis 金奖认证。

3. 浙江新柴股份有限公司荣获"中国内燃机产业 30 年卓越企业""中国内燃机行业排头兵企业（2017—2020）"称号。

4. 广州佛朗斯股份有限公司举行租赁车规模突破 30 000 台的庆祝仪式。

5. 浙江中力机械股份有限公司荣获中国物资储运协会颁发的"2020 年度数字化供应链科技创新奖"及"2020 年度数字化仓储优秀奖"。

6. 永恒力叉车（上海）有限公司荣获叉车类"2020 年度中国物流知名品牌"。

7. 龙工（上海）叉车有限公司的新能源"油改电"叉车正式批量生产，第 5 代内燃平衡重式叉车成功下线并交付试验。

8. 诺力智能装备股份有限公司成功获批设立国家博士后科研工作站。

9. 诺力智能装备股份有限公司的"特色机械装备'智能一代'技术研究及应用 —— 基于智能制造生产系统物联协同技术的研发应用"项目入选"2021 年度浙江省重点研发计划竞争性项目"。

10. 诺力智能装备股份有限公司法国中心被认定为"2020 年度省级企业海外研发机构"。

11. 国务院发展研究中心产业经济部副部长、研究员、北京大学经济学博士许召元到安徽益佳通电池有限公司调研。

12. 杭叉集团股份有限公司企业大学揭牌成立。

13. 杭叉集团股份有限公司北美研发中心（英文名称：Hangcha Research Institute, North America, 缩写为 HCRI-NA）宣告成立。

14. 杭叉集团股份有限公司横畈科技园二期建成投产。

15. 浙江中力机械股份有限公司推出 10 余款新品：油改电系列、小强系列、堆高车系列等新品相继面市。

16. 浙江中力机械股份有限公司正式发布"搬马机器人"。

17. 浙江中力机械股份有限公司在"第五届双 11"活动中，销售量突破 11 万台。

18. 河南嘉晨智能控制股份有限公司入选工业和信息化部第二批专精特新"小巨人"企业。

19. 台励福机器设备（青岛）有限公司入选工业和信息化部第二批专精特新"小巨人"企业。

20. 台励福机器设备（青岛）有限公司被认定为山东省"制造业单项冠军"。

21. 龙合智能装备制造有限公司荣获"第九届中国创新创业大赛全国总决赛优秀企业"。

22. 龙合智能装备制造有限公司成功获批设立博士后科研工作站。

23. 淄博火炬能源有限责任公司的"电动叉车用锂离子电池组"在"第二十四届全国发明展览会"上荣获"发明创业奖·项目奖"金奖。

24. 安徽叉车集团有限责任公司与安徽省国有资产运营控股集团有限公司签署战略合作协议。

25. 安徽省第七届工业设计大赛"合力杯"叉车设计专项赛颁奖典礼顺利举行。

26. 安徽叉车集团有限责任公司荣获"安徽省第七届工业设计大赛专项赛组织工作优秀奖"。

27. 安徽叉车集团有限责任公司在第 22 届上市公司"金牛奖"颁奖典礼上荣获"2019 年度社会责任奖"。

12 月

1. 广州佛朗斯股份有限公司荣获"粤港澳大湾区科创先锋大赛'最具创新力奖'"。

2. 杭叉集团股份有限公司入选"浙江省第二批'雄鹰行动'培育企业"。

3. 安徽叉车集团有限责任公司荣获中国国际工业设计博览会"优秀展示单位"称号。

4. 浙江加力仓储设备股份有限公司获得"2020 年度中国工程机械行业企业信用等级 AAA 级"。

5. 浙江加力仓储设备股份有限公司获得"2020 年度湖州市第二批四星级绿色工厂"及其"新能源叉车制造数字化车间"被认定为"2020 年湖州

市数字化车间"称号。

6. 杭叉集团股份有限公司入围浙江省高新技术企业创新能力百强榜。

7. 安徽叉车集团有限责任公司成功入选"2020 年安徽省制造业高端品牌培育企业名单"。

8. 龙工（上海）叉车有限公司被上海市松江区人才工作协调组评定为"松江区重点扶持企业"。

9. 广西柳工集团有限公司董事长曾光安获得中国工程机械工业协会、美国设备制造商协会、韩国建筑设备制造商协会颁发的"2019—2020 年度全国优秀企业家""2020 年全球工程机械产业贡献奖"。

10. 柳州柳工叉车有限公司荣获"2020 年智慧物流装备技术推广优秀企业"称号。

11. 斗山叉车（烟台）有限公司正式更名为斗山叉车（中国）有限公司。

12. 林德（中国）叉车有限公司入选 2020 制造业与互联网融合发展试点示范项目。

13. 永恒力叉车（上海）有限公司加入联合国倡议的"50 家可持续发展与气候领袖企业"。

14. 江苏华骋科技有限公司荣获"2020 年度泰州市市长质量奖"提名奖等奖。

15. 江苏华骋科技有限公司的"物联网数字化仪表"被评为"2020 年度江苏省专精特新产品"，"新能源车辆无线充电系统"产品被列入"2020 年江苏省重点推广应用的新技术新产品目录"。

16. 龙合智能装备制造有限公司凭借"基于互联网的数字化工厂"项目被评为"福建省第二批工业互联网应用标杆企业"。

17. 中联重科安徽工业车辆有限公司 12t 平台内燃叉车产品及 3.5t S 系列电动叉车产品成功上市。

18. 安徽叉车集团有限责任公司顺利实施安徽省首家集团保税试点项目。

〔供稿单位：中国工程机械工业协会工业车辆分会〕

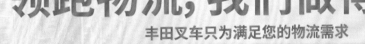

柳工核心价值观
OUR CORE VALUES

客户导向
Customer Oriented

品质成就未来
Assuring the Future by Quality

以人为本
People Foremost

合作创造价值
Creating Value Through Cooperation

柳工核心价值观

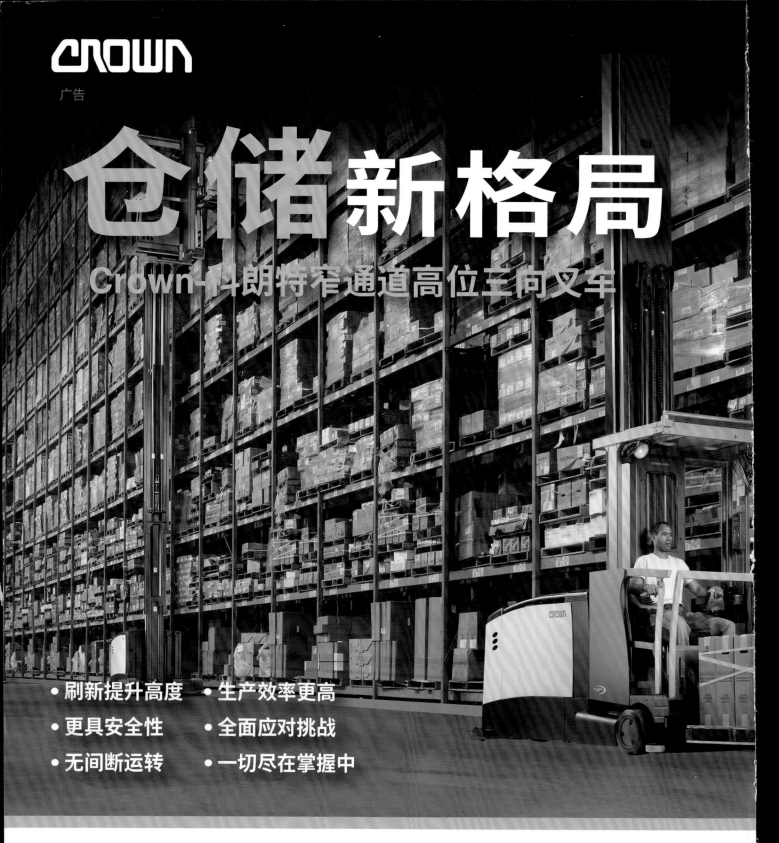